Volker Grundmann

MIT DEM WOHNMOBIL NACH ALBANIEN

Die Anleitung für einen Erlebnisurlaub

Meiner viel zu früh verstorbenen Gattin gewidmet.

DER WOHNMOBIL-VERLAG
D-98634 Mittelsdorf/Rhön

Bibliografische Information der Deutschen Bibliothek

Die Deutsche Bibliothek verzeichnet diese Publikation in der Deutschen Nationalbibliografie.
Detaillierte bibliografische Daten sind im Internet über <http://dnb.ddb.de> abrufbar.

Titelbild: Gjirokastra – Qafe e Pazarit, das Herz der Altstadt

Fotos: S. 5, 152/2 und 164/2 mit freundlicher Genehmigung des Hotels Mex, Shen Vasil, alle anderen Fotos vom Autor

2. Auflage 2016

Druck:
www.schreckhase.de

Vertrieb:
GeoCenter ILH, 70565 Stuttgart

Herausgeber:
WOMO-Verlag, 98634 Mittelsdorf/Rhön
GPS: N 50° 36' 38.2" E 10° 7' 55.6"

Fon: 0049(0)36946-20691
Fax: 0049(0)36946-20692
Autoren-eMail:Grundmann@womo.de
Verlags-eMail: verlag@womo.de
Internet: www.womo.de

ISBN 978-3-86903-752-3

EINLADUNG

Vor der ersten Auflage dieses Bandes im Jahre 2012 gab es im Verlag tatsächliche Bedenken, ob denn ein WOMO-Führer für ein so „abwegiges" Land wie Albanien nicht ein Flop werden würde. Die Bauchschmerzen hatten sich nach Erscheinen sehr schnell erledigt. Es war für uns als Verlag geradezu faszinierend zu sehen, wie viele WOMO-Freunde Interesse zeigten, dieses „abwegige" Stück Europas mit ihrem Gefährt zu bereisen.

Tausende WOMO-Freunde haben erkannt, dass die Route entlang der Adria-Ostküste, von Triest bis Patras, heute zu den großen Fernreiserouten Europas zählt. Und mittendrin liegt nun mal Albanien, ein Land am Kreuzweg zwischen dem Festhalten an uralter Tradition und dem Aufbruch in die Moderne, voll von historischen, Natur- und anderweitig interessanten Plätzen. Da lohnt es sich schon, nicht nur die 400 km reine Transitstrecke herunter zu reißen, sondern sich auch hier und da mal Besonderheiten seiner tiefen Provinz zu erkunden.

Mit dieser vollständig überarbeiteten Neuauflage wollen wir Ihnen umfassend aktualisierte Orientierung dafür auf den Weg mitgeben.

Ihre

Waltraud Roth-Schulz

Sehr geehrter Leser, lieber WOMO-Freund!

Reiseführer sind für einen gelungenen Urlaub unverzichtbar – das beweisen Sie mit dem Kauf dieses Buches. Aber aktuelle Informationen altern schnell, und ein veralteter Reiseführer macht wenig Freude.

Sie können helfen, Aktualität und Qualität dieses Buches zu verbessern, indem Sie uns nach Ihrer Reise mitteilen, welchen unserer Empfehlungen Sie gefolgt sind (freie Stellplätze, Campingplätze, Wanderungen, Gaststätten usw.) und uns darüber berichten (auch wenn sich gegenüber unseren Beschreibungen nichts geändert hat).

Bitte füllen Sie schon während Ihrer Reise das Info-Blatt am Buchende aus und senden Sie es uns sofort nach Ihrer Rückkehr zu (per Brief, Fax oder formlos als eMail). Dafür gewähren wir Ihnen bei Ihren nächsten Buchbestellungen direkt beim Verlag ein Info-Honorar von 10%.

Bitte schreiben Sie evtl. Korrekturen auch in unser Forum unter: forum.womoverlag.de

Um die freien Übernachtungs- und Campingplätze auf einen Blick erfassen zu können, haben wir diese im Text in einem Kasten nochmals farbig hervorgehoben und, wie auf den Karten, fortlaufend durchnummeriert. Wir nennen dabei wichtige Ausstattungsmerkmale und geben Ihnen eine kurze Zufahrtsbeschreibung. "Max. WOMOs" soll dabei andeuten, wie viele WOMOs dieser Platz maximal verträgt und nicht, wie viele auf ihn passen würden (schließlich gibt es auch Einwohner und andere Urlauber)!

Übernachtungsplätze mit Bademöglichkeit sind mit hellblauer Farbe unterlegt. Wanderparkplätze sind grün gekennzeichnet. Picknickplätze erkennen sie an der violetten Farbe. Auf Schlafplätzen, denen die gerade genannten Merkmale fehlen – also auf einfache Stellplätze – weist die Farbe Gelb hin. Empfehlenswerte Campingplätze haben olivgrüne Kästchen. Wanderungen, die wir Ihnen besonders ans Herz legen möchten, haben wir hellgrün unterlegt.

INHALTSVERZEICHNIS

Gebrauchsanleitung
für einen Erlebnisurlaub 7

Anreise & Einreise 13

Die Touren durch Albanien

Welt-Kulturerbe: Archäologiepark Butrint (Tour 1-3)

Zeichenerklärungen für die Tourenkarten

Touren / abseits der Touren

———— Autobahn (Gebühr)

━ ━ ━ 4-spurige Straße

———— Hauptstraße

———— Nebenstraße

— — — Schotterstraße

·············· Wanderweg

11 14 WOMO-Stellplatz, WOMO-Badeplatz
        (geeignet für freie Übernachtungen)

Alle übernachtungsgeeigneten Plätze sind im Text
und auf den Tourenkarten fortlaufend durchnummeriert.

♠ ♣ Kirche, Kloster

♫ ♪ Burg, Schloss, Ruine

▲ Berggipfel
1493 m

⊖ Grenzübergang

••• Ausgrabungsstätte

✹ Sehenswürdigkeit

➔✳ Aussicht, Rundsicht

△15 △C empf./sonst. Campingplatz

N50° 36' 38.2" E10° 07' 12.5" GPS

Vorwort des Autors zur 2. Auflage 2016

Es ist gewiss, dass eine komplette Neuauflage her muss.
Und dies nicht nur, weil der Nachdruck der 1. Auflage verkauft
ist. Das Land befindet sich geradezu im Transformations-Tau-
mel und das verändert auch die Infrastruktur schneller, als einem Reiseführer-Autor lieb sein kann.
Insbesondere der Regierungswechsel nach den Parlamentswahlen von 2013 brachte für das Spezialinteresse des Wohnmobilisten düpierende Ergebnisse. Die abgewählte Vorgängerregierung Berisha hatte erhebliche Gelder, und noch mehr, Versprechungen von solchen, auf einen Flickenteppich von Stra-
ßenerneuerungen konzentriert. Für den Tourenentwurf eines
Reiseführerautors wenig hilfreich, vom Standpunkt des Wirt-
schaftsanalytikers ohnehin zweifelhaft.

Die Nachfolgeregierung Rama korrigierte diesen Kurs. Sie ver-
änderte zum ersten die Prioritäten im Straßenbau. Man konzentriert nun stärker auf wenige, aber durchaus sinnvolle Groß-
projekte.
Folge für die 1. Auflage 2013 aber unter anderem: Die Asphaltierung einer wichtigen, von mir voll Hoffnung schon beschriebene Route wurde mittendrin gestoppt. Sie ist folglich bis heute noch nicht für WOMO nutzbar. Zum zweiten wurden mit Bra-
chialgewalt – mit Bulldozern und Sprengstoff – Verstöße gegen
das Baurecht unter der Vorgängerregierung bestraft. Ganze
Küstenstriche wurden so von Bauten bereinigt. Selbst um den
Ohrid-See herum ließ man insgesamt 18 große Beherbergungs-
und Gastronomie-Einrichtungen abreißen, weil sie ohne gültige Genehmigungen errichtet worden waren, darunter auch zwei
bei der internationalen Community gut eingeführte Campingplätze.
Für die Umwelt ein Segen, für meine 1. Auflage ein Problem,
denn anstelle der abgerissenen entstanden, allerdings eben
anderenorts, schnell fünf neue.
Ich nehme an, allein letzteres Beispiel überzeugt:

Die Neuauflage war überfällig. Und hier ist sie.

Ihr
Volker Grundmann, März 2016

Einführende Hinweise und Informationen

Grundsätzliches zu meinem Herangehen

Meine Prägung als Autor allgemeiner Reiseführer kann natürlich auch ich nicht so einfach hinter mir lassen. Als Relikt meines früheren Wirkens schleppe ich hier zumindest einen abweichenden Habitus mit in diesen WOMO-Führer. Ich reise nicht mehr oder weniger zufällig irgendwo herum und mache daraus ein Buch, ich bearbeite auch die Erfordernisse des WOMO-Reisens nach **systematisch-flächendeckenden Gesichtspunkten.**

Während meiner beiden Groß-Recherchen 2012 und 2015 habe ich folglich alle Routen abgeprüft, die für Wohnmobilisten sinnvoll sein könnten. Sie finden also hier das komplette Kompendium dessen, was sich an Großtouren durch Albanien anbietet, Ergänzungshinweise zu möglichen Nebentouren oder nützlichen Abkürzungen und letztlich, Hinweise, warum was nicht geht oder warum was nicht sinnvoll ist.

Mir se vini - Willkommen!

Auch in der Wichtung der Übernachtungsplätze weiche ich etwas vom Credo der anderen Verfasser der WOMO-Reihe ab. So vorhanden, liegt **meine Präferenz** auf Plätzen, die sich ausdrücklich mit Piktogramm oder Schild (meist „Caravan Camping") für WOMO-Übernachtung anbieten. Dies vor allem, weil wildes Campen zurzeit in Albanien ohnehin noch nicht verboten ist, Sie können also praktisch an beliebigem Ort über Nacht stellen. Natürlich werden Sie im Buch auch ausreichend Hinweise finden, wo dies vielleicht am zweckmäßigsten ist.

Hinweis des Autors:
Der Verlag bietet passend zum jeweiligen Buch für 6,90 € eine GPS-CD mit den GPS-Koordinaten der Übernachtungsplätze an, um diese bequem vom PC aufs Navi laden zu können.
Dies kollidiert mit meinem eigenen Geschäftsinteresse, folglich habe ich mich in diesem Punkte verweigert. Ich verkaufe seit Jahren die GPS-Sätze der in meinen Büchern beschriebenen Touren, aber eben nicht nur 70 oder 80 Positionen von möglichen Übernachtungsplätzen, sondern die Positionen von sämtlichen von mir beschriebenen Orten, mithin also gut zweitausend solche Wegpunkte für Albanien. Zusätzlich enthält mein Datensatz den Gesamtumfang meiner bereinigten Reisetracks, was, für Besitzer eines Track-ladefähigen GPS-Geräts oder Navis deutlich die noch immer fehlende Digitalkarte für Albanien ersetzt. Dies alles biete ich in systematisch aufbereiteter Form an. Das Material - wird per mail übersandt - kostet 20 €. Einzelheiten übermittle ich Ihnen gern auf Anfrage über meine Adresse: volkergrundmann@gmx.de.
Hinweis des Verlages:
Dies ist ein Privatangebot außerhalb der rechtlichen Verantwortung des Verlages.

Zum systemischen Aufbau des Buchs

Hier im unmittelbar Folgenden finden Sie zunächst einige Grundinformationen die auch jene Eiligen kurz überfliegen sollten, die ansonsten Vor-Ort-Lerner sind, also Fragen der An- und Einreise. Es folgen die Beschreibungen der Touren. Da diese fast alle recht lang sind, unterteile ich sie in jeweils bis zu drei **Tourabschnitte**. Innerhalb der Tourabschnitte erläutere ich jeweils im **Reiseverlauf**, was Sie sowohl von der Umgebung, die Sie durchqueren, als auch straßen- bzw. verkehrstechnisch auf der Tour-Route erwartet, stelle Ihnen dabei die wichtigsten Sehenswürdigkeiten vor. Zugleich kennzeichne ich hier, auch kilometermäßig, die Abfahrten zu den Besichtigungsplätzen, zu möglichen Nebentouren sowie zu den Stellplätzen. **Herausragende Besichtigungsplätze**, also Orte/Plätze, von denen ich der Meinung bin, dass man sie bei einer solchen Reise unbedingt gesehen haben sollte, erhalten jeweils ein eigenes Unterkapitel mit ausführlichen Beschreibungen. „**WOMO-Stellplätze**" finden Sie, gemäß der Tradition der Reihe, jeweils in Ortsnähe über den Text verteilt. Die dabei von mir verwendeten Codes sind sicher verständlich. Mit „**C**" sind offizielle Campingplätze gekennzeichnet, mit „**S**" die „wilden" Stellplätze, mit „**B**" die „wilden" Badeplätze. Die Zahl dahinter ist eine Qualitätskategorie. Zu deren Bedeutung sehen Sie bitte hinten im Lexikon nach. Der nächstfolgende Begriff ist der Name des Orts, der der Stelle am nächsten liegt. Es folgt, nach dem Komma, der

So viele WOMO sind in Albanien noch selten beieinander, die hier sitzen vor Butrint fest wegen griechischem Grenzerstreik

Name des Platzes.

Die hauptsächlichen Besichtigungsvorschläge enthalten eine „**Einführung zum Ort/Platz**", in der ich u.a. historische Entwicklungen erläutere. Es schließt sich die „**Pflichttour**" an, also ein Rundgang zu jenen Besichtigungsstätten, die ich für die wesentlichen des Ortes halte. Der Begriff „Pflichttour" soll dabei verdeutlichen, dass es mir weniger um umfassende Vollständigkeit ging, sondern auch wieder darum, dass Sie während eines Kurzaufenthaltes in der Stadt/an der Stätte das meines Erachtens Wichtigste, Charakteristischste für den Ort zu sehen bekommen.

Unter der Rubrik „**Anfahrt**" letztlich wird der im **Reiseverlauf** charakterisierte Abzweig von der Tourstraße wieder aufgenommen, Sie werden im Detail die letzten Kilometer bis zum Ziel geführt, es werden hier auch die Parkmöglichkeiten dargestellt. Entweder direkt im Tourverlauf oder gegebenenfalls Haupt-Besichtigungsplätzen zugeordnet, finden Sie Hinweise auf mehr oder weniger entfernt liegende, ergänzende Besichtigungsmöglichkeiten, für jene, die sich etwas mehr Zeit für das Land nehmen wollen und auch Abstecher nicht scheuen. Zum Abschluss dann biete ich, wie in der Reihe üblich, unter „Tipps und Tricks", ergänzendes Material, das Sie landeskundlich grob ins Bild setzen oder auch unterwegs helfen soll. Unter anderem ist darin auch eine kleine „Berühmtenliste" zu Personen enthalten, die Ihnen in Form von Straßennamen oder Denkmälern häufig begegnen werden, sowie einige grundsätzliche Hinweise zu sprachlichen Dingen einschließlich eines Not-Verständigungsprogramms. Es hätte meinem Naturell (und auch meinen Kenntnissen über das Land) deutlich mehr entsprochen, Sie wesentlich umfangreicher informieren zu können. Allein, jede Verlagsreihe hat ein Format, und und an dem, was dieses an Platz nicht mehr her gibt, scheitert am Ende die beste Absicht jedes Autors, erweiterte und Hintergrund-Informationen zu bieten.

Elnige der von mir benutzten Ausdrucksformen mögen ungewöhnlich, wenn nicht im ersten Ansatz unverständlich erscheinen, etwa der zur Charakterisierung von Sanitäranlagen benutzte Ausdruck **„defizitär“**. Es ist dies ein Notbehelf, die überaus vielschichte Situation in diesem Bereich würde verlangen, mit umfassenden Einzelheiten das halbe Buch zu füllen. Lesen Sie bitte im Lexikon unter „Hygiene- und Sanitärfragen" nach, was Sie bei diesem Begriff zu erwarten haben.

Wer sollte sich an Albanien versuchen?

Albanien ist ein interessantes Land. Seine Menschen, insbesondere im ländlichen Raum, pflegen oft noch eine ursprünglich-rustikale Lebensweise und Mentalität, die uns berührt. Diese macht sie gegenüber Fremden, und als Touristen sind wir solche, noch ungewöhnlich aufgeschlossen, interessiert, ja neugierig, im Bedarfsfalle aber in vielen Fällen auch hilfsbereit in einem Maße, wie wir das in deutschsprachigen Landen kaum noch erleben dürfen. Einflüsse mehrerer großer Religionen erzwangen besondere Formen und Regeln von Toleranz und Miteinander.

Solch anrührende Bilder kriegen Sie auch in Albanien nur zu bestimmten Zeiten und Orten zu sehen...

Etliche Landschaften und Plätze Albaniens beeindrucken in einem Maße, dass wir sie durchaus als majestätisch, wenn nicht grandios, apostrophieren dürfen. Darüber hinaus verfügt das Land über eine spannende Geschichte, deren zahlreiche, und vor allem verschiedenartige Zeugnisse uns an vielen Orten begegnen. Letztlich gibt die Art und Weise, wie die

Albaner heute ihre Gesellschaft, ihr Miteinander formen, aber auch, wie sie sich im Verhältnis zu den Entwicklungsprozessen Europas sehen, Anlass, dass man sich einmal vor Ort

Aufregende Landschaften des Öfteren...

damit beschäftigt. Ein Besuch Albaniens wird uns also um viele erfreuliche Erfahrungen und Erkenntnisse bereichern.
Albanien ist aber auch ein Spätstarter in Europa. Lange Zeiten der Isolierung, nicht erst unter dem „kommunistischen" Diktator, Enver Hoxha, haben zunächst zu wirtschaftlichen wie zu kulturellen Defiziten geführt, dann zu einer überhasteten Aufholjagd mit teilweise chaotischen, ja, auch unschmackhaften Begleiterscheinungen. Ihre Folgen, Ergebnisse und Dissonanzen, etwa im Bereich der Industrieentwicklung oder des Umweltverhaltens, im Widerspruch zwischen dem Bekenntnis zur Demokratie und dem Fortbestand spätosmanischen Nepotismus und Klientelwirtschaft, wirken auf uns oft bedenklich, teilweise beängstigend, die Ausdrucksformen nicht selten lächerlich.
Mit den daraus resultierenden Unzulänglichkeiten werden insbesondere Individualtouristen fast zwangsläufig während ihres Aufenthalts im Lande konfrontiert. Es gibt über etliches die Nase zu rümpfen, ja Unzufriedenheit zu entwickeln. Wer sich also anschickt, die Erfahrung Albanien zu machen, der sollte schon in der Lage sein, sein Anspruchsniveau an solche Verhältnisse anzupassen, dem Urlaub auch dann Spaß abzugewinnen, wenn die versprochene warme Dusche mal eine kalte ist, der Anblick von zu viel Müll das Auge zu häufig

düpiert, einen am gewählten Übernachtungsplatz auch die Streunerhunde besuchen, oder, was eventuell die häufigste Klage sein wird, das WOMO nur allzu oft vorsichtig über Schlaglö-

...und auch Sonstig-Skurriles wird sich Ihnen häufig darbieten.

cher gehoben werden muss. Wägen Sie bitte vorher ab, wie viel Perfektion und heile Welt Sie von Ihrem Urlaub erwarten. Im Zweifelsfalle warten Sie noch ein paar Jahre mit Ihrem Besuch. Letztlich wird mit der Zeit auch in Albanien alles nur besser.

Anreise und Einreise nach Albanien

Fern-Anreise

Albanien hat ungefähr zwanzig Grenzübertrittstellen. Für WOMO mit Normalantrieb kommen immerhin noch zehn plus zwei Fährhäfen in Betracht (der Rest liegt im Off-Road). Die konkreten Orte ersehen Sie aus der Karte im hinteren Umschlag. Im Buch folge ich dem Credo der WOMO-Reihe und wähle für Sie diejenigen aus, die erstens der Logik der angebotenen Touren entsprechen und zweitens die üblichen Fernanreisewege berücksichtigen. Die anderen zähle ich um der Gesamtübersicht willen im hier Folgenden mit auf, in den Tourenbeschreibungen weise ich auf ihre Anbindung an mein Tourennetz hin.

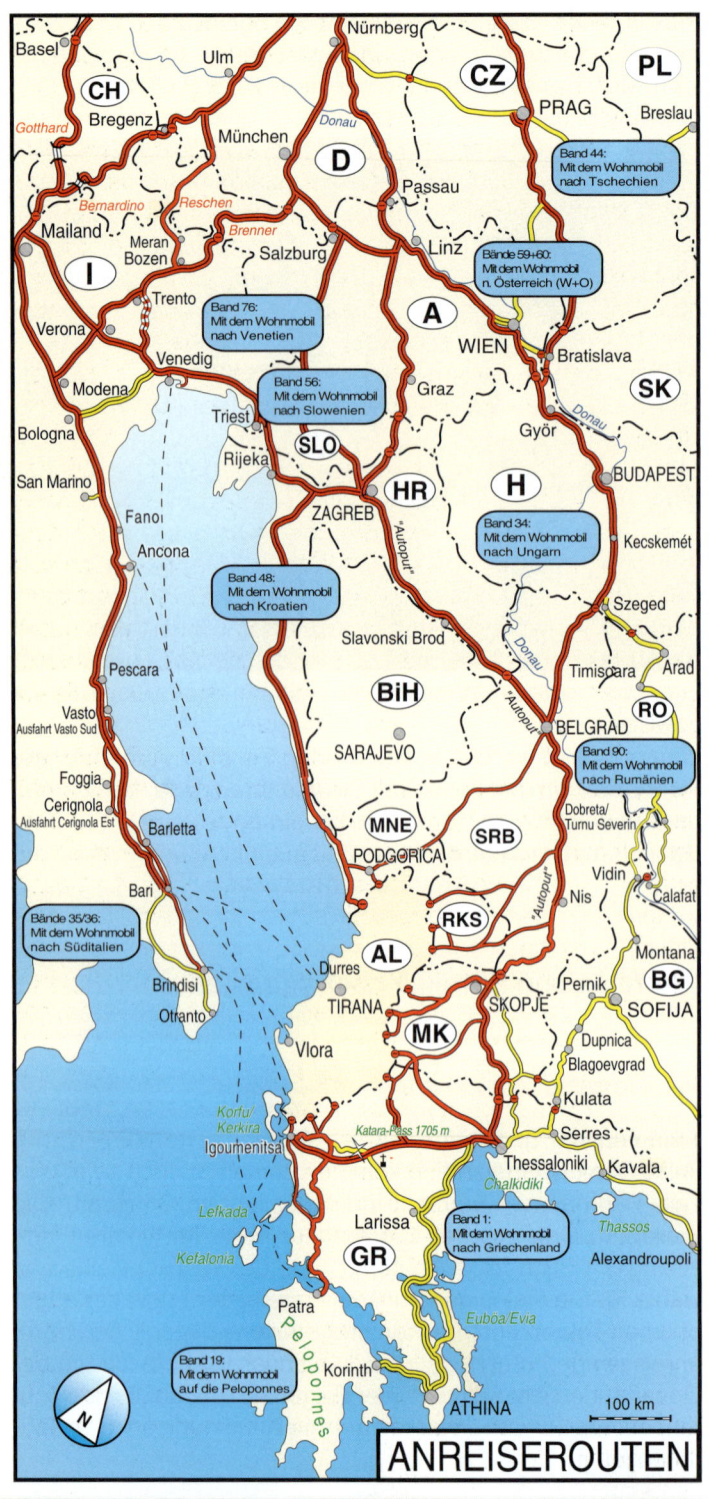

ANREISEROUTEN

14 Gebrauchsanleitung & Anreise

Was zunächst diese Fernanreisewege betrifft, so wird die Idee einer **Tour entlang der Adria-Ostküste** die Hauptrolle spielen. Diese Route bündelt die Interessen sowohl jener, die aus Österreich, der Schweiz oder aus Süd- und Westdeutschland kommen. Das Gleiche gilt für die **Anreise per Fähre über Italien**. Albanien-Interessenten insbesondere aus dem Osten Deutschlands werden auch eine **Route über Tschechien-Ungarn-Serbien** in Betracht ziehen. Ich selbst habe alle drei Optionen vielfach genutzt. Es fällt mir schwer, grundlegende Vor- oder Nachteile zu formulieren. Auf der Osteuropa-Route können Ihnen zu Spitzenverkehrszeiten lange Wartezeiten insbesondere an der serbisch-mazedonischen Grenze drohen, weil dort auch die Verkehrsströme der Nordost-Griechenland-Urlauber durch laufen.

Auf der Ostadria-Route kommen zur Staugefahr um München herum sowie am Tauerntunnel noch Grenzwartezeiten in Kroatien und das spezielle Problem der montenegrinischen Küste. Dort läuft die Fernstraße praktisch durch die im Sommer vollgestopften Urlaubsorte. Die Staus und Ungelegenheiten hier können die Grenzwartezeiten durchaus noch in den Schatten stellen. In der Vor- und Nachsaison hält sich aber beides, Grenzwartezeiten wie Staus, doch auf beiden Routen, bis auf gewisse kritische Zeiten, recht in Grenzen.

In der Qualität der Straßen und Autobahnen ist in der Summe wenig Unterschied. Deutlicher fällt wahrscheinlich ins Gewicht, dass man, z.B. von Mazedonien kommend, bei Einreise über den Grenzübergang Bllata bei Peshkopi zuvor die zwar mit wundervollen Naturpanoramen angefüllten, aber eben auch windungsreichen und engen Straßen durch den Naturpark Mavrovo durchqueren muss.

Für die **Ostadria-Route**, jeweils von der nächstgelegenen deutschen bis zur nächstgelegenen albanischen Grenze, geben die Routenplaner für Reisen im PKW-Modus rund 1100 km und 13,5 Stunden vor. Für die **Osteuropa-Route** produzieren sie meist Fehler. Mein eigener Überschlag besagt 1600 km und 17 Stunden im PKW-Modus (allein, weil der Startpunkt, die Grenze bei Dresden, viel weiter nördlich liegt). Mit dem WOMO im Urlaubsmodus sollte man also vernünftiger Weise mit zwei Zwischenübernachtungen rechnen, bevor man albanischen Boden erreicht.

Dafür Plätze zu finden, ist schwieriger als man denkt, zumindest, wenn man, was ja nahe liegt, auf den Autobahnen reist. Dort finden sich praktisch nirgends Hinweise auf Campingplätze, selbst wenn diese gar nicht weit entfernt sind. In Serbien und FYROM-Mazedonien sind die Plätze ohnehin sehr dünn gesät.

Auf dem Wege von Slowenien nach Kroatien habe ich aus diesem Grunde z.B. mehrfach die ziemlich nervige Bergkurvenroute von Novo Mesto nach Bosiljevo benutzt, weil sich dort etliche Plätze befinden, z.B. zwei ruhige unmittelbar vor der Grenze (etwa Camp Katra, N 45°27'31.42", E 15°15'9.12"). Diese Route bietet noch einen weiteren Trost für die Bergkurven: An dem Grenzübergang stehen selten mehr als drei Autos. Insgesamt empfiehlt sich für die Übernachtungen im Raum Ungarn-Serbien-Mazedonien-Slowenien einige Vorplanung. Anleitungen in Buchform dazu finden Sie unter shop.womo.de/catalog/, Internet-Material etwa bei www.camping.info. An der alten kroatischen Küstenstraße sieht es etwas besser aus. Hier finden Sie so reichlich Campingplätze direkt an der Straße, dass Sie zumindest in der Vor- und Nachsaison praktisch auf gut Glück reisen und im Laufe des Nachmittags irgendwo stellen können.

Einreise mit Fährlinien ab Italien

Die Einreise von WOMO mit der Fähre kann über die Häfen **Durres** und **Vlora** erfolgen. Ab oder nach Durres laufen die Verbindungen nach **Bari** (täglich) und **Ancona** (dreimal wöchentlich). Übersichten finden Sie unter www.directferries.de bzw. www.adriaferries.com. Vlora bedient ausschließlich den „Vorortzug" nach **Brindisi** mit täglichen Abfahrten (www.european-ferries.com).
Als Kultlinie der aus deutschsprachigen Landen einreisenden Touristen galt über Jahre die Linie Triest-Durres. Nach zeit-

Nach Durres mit der Fähre ist keine schlechte Idee.

weiliger Kompletteinstellung bastelt man wohl an ihrer Wieder-
auferstehung. Vergewissern Sie sich bei http://www.aferry.de,
aber prüfen Sie die Fährdauer. Fähren über 22 Stunden laufen
erst noch Ancona an.

Eine Möglichkeit, die man häufig übersieht: Vom **montenegrinischen Hafen Bar** aus ist man in einer Stunde plus Grenz-
durchgangszeit auch in Shkodra und hat so einen guten Einstieg in eine Albanien-Tour. Nach Bar kommt man gut von Ancona aus.

Einreise auf der Ostadria-Tour aus Montenegro

Die Idee einer Tour entlang der Adria-Ostküste ist nun schon
seit Jahren ein Selbstläufer, etwa wie entlang der Cote Azur
oder vergleichbare. Wer sie also im Programm hat, der braucht
keine Anleitung, wie er nach Albanien kommt. Er spult sein
längst vorbereitetes Reiseprogramm ab und steht eben irgendwann vor einem albanischen Grenzkontrollpunkt.

Die Detailfragen am Ende sind ausschließlich zwei, nämlich 1)
möchten Sie bis zuletzt **nahe der Küste** reisen oder in Montenegro einen Abstecher in die **Hauptstadt Podgorica** unternehmen? Und 2), wenn sie nahe der Küste reisen, wollen Sie dies
bis zur letzten Konsequenz treiben und auch noch den montenegrinischen **Urlauberort Ulqin** besuchen, oder wollen Sie den
letzten größeren Dreiecksumweg vor Albanien „kurzschließen"?
Wobei hier zumindest darauf hingewiesen sein soll, dass die
Stadt Ulqin/Ulcinj, erstens sowieso eine ursprünglich albani-

Eine Menge hübscher Anblicke lohnen die Ostadria-Tour.

Am kuschligen Stadtstrand von Ulcinj

sche ist und es dort noch immer recht „albanisch" zugeht. Und dass zweitens ein Umweg über sie wegen der schönen Altstadt, dem Gesamtensemble um den kuschligen Stadtstrand und letztlich auch wegen der südlich anschließenden Strände durchaus lohnenswert ist.

In Abhängigkeit von der Beantwortung beider Fragen entscheiden Sie sich zunächst entweder für den Grenzübergang **Sukobin/Muriqan** oder für **Hani Hotit** (E762). Falls Sie in ersterer Variante nicht über Ulqin reisen möchten, beachten Sie, dass dann Ihr Abzweig zur Grenze ab Bar nur einen Kilometer nach Ortsende jäh und unerwartet nach oben erfolgt (Weisung „Sukobin", Vladimir").

Für die Routenbeschreibung wählte ich **Sukobin/Muriqan**, in der Annahme, dass dies die am häufigsten gewählte Variante sein wird. Der Vollständigkeit halber sei jedoch auf die Nachteile dieser Routenwahl hingewiesen. Während die Grenzzufahrten über Hani Hotit zwischen Podgorica und Shkodra mittlerweile auf beiden Seiten saniert wurden (in Montenegro noch nicht die Ortsdurchfahrten), sind auf der Strecke über Sukobin-Muriqan auf montenegrinischer Seite bislang nur die letzten 7 km der 25 km Zufahrt ausgebaut.

Der Rest, egal, ob von Bar direkt oder über Ulqin, ist noch problematische, kurvige 4-m-Engstraße. Für die Passage von Muriqan sind weiterhin zeitlich definierte **„Katastrophenwarnungen"** auszusprechen. Die Strände im heute montenegrinischen Ulqin werden von vielen Einwohnern Shkodras historisch bedingt als die ihren verstanden und folglich sommers stark frequentiert. Hinzu kommt beträchtlicher Familienverkehr, da viele Albaner Verwandte jenseits der Grenze haben. Speziell an Sommerabenden müssen Sie daher an diesem Grenzübergang einreiseseitig mit langen Wartezeiten rechnen, Sonntags Ende August kommen da schon fast routinemäßig drei bis sechs Stunden zusammen. Falls ihre Grenzpassage zu solchen Zeiten stattfinden soll, schauen Sie sich an, wie lang der Tunnelrückstau am **Tunnel nach Podgorica** bei Sutomore ist (hier fällt naturgemäß der Rückstrom von Hauptstadt-Tagesausflüglern ins Gewicht). Wenn es hier günstig ausschaut, nehmen Sie doch lieber den Umweg über Hani Hotit, dort kommen Sie fast immer schneller durch.

Da es vom WOMO-Verlag seit 2015 einen **„Band 48: Mit dem Wohnmobil nach Kroatien und Montenegro"** gibt, erübrigen sich hier weitläufige Ausführungen zu Stellplätzen und WOMO-Besonderheiten in Montenegro.

Kotorbucht-Fähre in Montenegro: Fähren lassen oder Bucht umfahren?

Einreise aus dem Kosovo

Diese Variante wird zunehmend genutzt ,ist an den albanischen Grenzübergängen unproblematisch und selten mit Wartezeiten verbunden. Es kommen vorrangig die Grenzübergänge bei **Tropoja** („**Qafë Morinë**") und bei **Kukes** („**Morinë**") in Frage, auch **„Qafë Prush"** bei **Kruma** ist möglich. Alle anderen jüngst eröffneten Grenzübergänge sind für den kleinen Grenzverkehr gedacht.

Die grenznahen Straßen sind in gutem Zustand. Zu berücksichtigen ist, dass Sie für den Kosovo eine gesonderte Autoversicherung brauchen. Um da etwas zu sparen, lassen Sie Ihr Fahrzeug als Sonderfahrzeug klassifizieren, da kommen Sie besser weg. Desweiteren ist die Situation in dem Lande noch immer nicht stabil. Informieren Sie sich vorab über die aktuelle Lage und rechnen Sie auch mit der Möglichkeit von Behinderungen an der serbischen Grenze.

Einreise aus Mazedonien (FYROM)

Hier käme im Regelfall der Grenzübergang **Qafë Thana** am Ohrid-See in Frage. Ich sage „käme", weil ich mittlerweile zur Kenntnis nehmen musste, dass sich die Gesamtumfahrung des Ohrid-Sees mit zwischenzeitlichem **Besuch im mazedonischen Ohrid** großer Beliebtheit erfreut. Vorschub leistet dem eine jüngste Errungenschaft, die Schaffung einer ordentlichen Straße auf albanischer Seite. Es sind daher viele, die,

von Skopje kommend, zunächst das mazedonische Ufer abfahren, dann über den Übergang **Tushemisht** im Südostbereich des Sees nach Albanien einreisen, den Ohrid nun auch westlich umrunden und über den Thana-Pass Richtung Elbasan weiter fahren. Dem steht

Ohrid-See: Der Schauwert auf mazedonischer Seite ist höher.

auch fahrtechnisch nichts im Wege. Deutlich seltener frequentiert wird hingegen der auch technisch tadellose Übergang **Gorica (Kallamas)** am Prespa-See. Hier dürften wohl die fahrtechnisch anspruchsvolle Gebirgsanfahrt auf mazedonischer Seite eine Rolle spielen. Dies gilt praktisch auch für den Grenzübergang **Bllata** bei Peshkopi. Auch hier ist auf mazedonischer Seite im großartigen Nationalpark Mavrovo eine kurvige und enge Straße zu bewältigen.

Einreise aus Griechenland

Hier stehen, von West nach Ost, vier Übertrittmöglichkeiten zur Verfügung.

Qafë Botë bei Konispol (Richtung Fährhafen Igoumenitsa) ist eigentlich ein Neben-Übergang, wird aber als Tor zu diesem viel genutzten Fährhafen speziell von WOMO-Reisenden stark frequentiert. Die Hauptzuführung wurden vor kurzem völlig neu gestaltet. Beachten Sie, dass Ihnen damit drei Anfahrtvarianten ab Saranda zur Verfügung stehen – falls Sie sich nicht vor dem primitiven Pontonkasten von Fähre fürchten, den Sie in in der einen Variante bei Butrint benutzen müssen (Einzelheiten Siehe Tour 1, Abschnitt 3).

Kakavijë bei Gjirokastra sowie **Kapshtica** bei Korca werden als Bestandteil des europäischen Hauptverkehrsnetzes im Balkan betrachtet. Die Zufahrten zu beiden sind folglich auf hohem Niveau schnellstraßenähnlich ausgebaut. Leider ist auch für diese beiden Grenzübergänge „Katastrophenwarnung" auszusprechen, und zwar hier für die Zeit zwischen 20. und 25. August.

Albanien hat im Süden des Landes eine starke griechische Minderheit, die auch mit griechischen Pässen ausgestattet ist und mangels Alternativen im Land das Jahr über in Athen oder Thessaloniki arbeitet. Im Juli-August kommen sie auf Urlaub, Ende August setzen sie sich, wie auf Kommando, alle wieder nach Griechenland in Bewegung. Anlass genug für die albanischen Zeitungen regelmäßig die Titelzeilen darauf auszurichten: „Wieder zwei Tage Rückstau an der griechischen Grenze".

Berücksichtigen Sie bitte auch die latente Streikfreudigkeit griechischer Grenzbeamter. Zum Recherchezeitpunkt traf ich bei Butrint auf eine geradezu beängstigende Massenansammlung von Wohnmobilen, die eigentlich längst auf der Fähre nach Italien sein sollten – aber, fünf Tage Grenzerstreik.

Tre Urë bei Permet ist eine gute Wahl, wenn man hinterher noch die griechischen Tourismus-Regionen Zagora bzw. Vikos-Schlucht zum Ziel hat, bzw. von dort kommt.

Einreise, Prozeduren und Bestimmungen

Für die Einreise in Albanien sind nur der Personalausweis, die Fahrzeugzulassungen und die grüne Versicherungskarte erforderlich.

Falls die Fahrzeugzulassungen nicht auf Ihren Namen lauten, ist es zweckmäßig, den Miet-Papierkrieg bzw. ein Bestätigungspapier des Eigentümers (also etwa der Vermietfirma) in Englisch mitzuführen, dass er Ihnen das Fahrzeug überlassen hat. Alle für WOMO in Frage kommenden Grenzübergänge sind 24 Stunden geöffnet.

Bei Aufenthalten bis zu 60 Tagen ist für PKW-ähnliche Fahrzeuge nur eine Gebühr von insgesamt einem Euro zu entrichten (alle typischen WOMOs, unabhängig von ihrer Länge, werden gewöhnlich als solche betrachtet). LKW-ähnliche WOMOs fallen – Ermessenssache des Grenzbeamten - unter die Bestimmungen für LKW, dafür sind saftig höhere Gebühren zu entrichten. Weiter gehende Hinweise unter:
www.auswaertiges-amt.de/DE/Laenderinformationen.

TOUR 1 (ca. 400 km)

Schon fast ein Klassiker: Von Montenegro nach West-Griechenland – einschließlich Besuch Tiranas

Einführung zur Gesamt-Tour

Länge: 389 km. Dauer: siehe im Folgenden. Die Tour-Idee geht von einer Einreise am albanisch-montenegrinischen Grenzübergang Sukobin/Muriqan aus.

Die Tour nimmt zunächst den Verlauf der E851 und teilweise der E853 (albanische Straßencodes SH1 bzw. SH4). Südlich der Stadt Fier läuft sie jedoch auf die neue Autobahn A2 nach Vlora, während die internationalen Transitroute (weiterhin als SH4) hier Richtung Gjirokastra abbiegt. Im Weiteren folgen wir der küstennahen Fernstraße von Vlora nach Saranda, um die Sehenswürdigkeiten und Schönheiten der albanischen Südküste vorstellen zu können.

Hübsche Landschaftsbilder werden Sie auf der ganzen Tour begleiten

In der Annahme, dass ein relativ großer Teil der Nutzer den bedeutendsten griechischen Fährhafen der Westküste, Igoumenitsa, zur Heimreise über Italien benutzt, endet die Tour auch am dafür geeignetsten albanischen Grenzübergang, Quafe Bote nördlich Igoumenitsa. Modifikation, vielleicht Weiterreise bis hinunter auf die Peloponnes, kein Problem – dann geht es eben zuletzt rüber zum Grenzübergang Kakavija.

Das Einfügen der Hauptstadt Tirana in eine der Touren dieses Buches ist ein Kraftakt – nicht nur für den WOMO-Fahrer, der die Hauptstadt sehen möchte, auch für den Autor, der überlegen muss, wo er sie einfügt. Nach der Devise „lieber ein Ende mit Schrecken…" habe ich die Flucht nach vorn angetreten und packe die Hauptstadt gleich in diese Tour.

Badeplatz am Wege von Quafe Bote nach Igoumenitsa

Es bedarf keiner großen demoskopischen Befragung, um zu wissen, dass die Mehrzahl der WOMO-Freunde, die Albanien bereisen, dies auch in den nächsten Jahren deshalb tut, weil das Land nun mal mittendrin auf ihrer Ostadria-Tour liegt. Zum Glück aber ist die Zeit vorbei, wo die in Reiseforen in Bezug auf Albanien am häufigsten gestellte Frage lautete „Wie lange brauche ich, um das Land von Nord nach Süd auf den schnellsten Wege zu durchqueren?" (das sind übrigens nur etwas über sieben Stunden). Die heutigen Durchreisenden wollen eher wissen: „Was sollte ich mir während der Durchreise anschauen und wie viel Zeit muss ich dafür einplanen?" Wenn sie aber dafür keinen Zeitrahmen vorgeben, wird die Frage schon nahezu unbeantwortbar. Denn gerade diese Tour 1 bietet, mehr als die anderen, neben Hauptsehenswürdigkeiten noch Dinge, die auch interessant sind, neben Architektur und Museen noch Natur und Strände, neben Dingen eng beieinander in Stadtzentren noch etliches, was nur mit erheblichem Fahraufwand nach außerhalb erschließbar ist. Besichtigungspotential also allein auf dieser Tour im Bereich zwischen drei Tagen und drei Wochen.

Ich verweigere mich also strikt der Angabe einer möglichen Gesamtdauer, gebe aber jeweils ungefähr an, was ich bei den einzelnen Stätten und Nebentouren ganz grob veranschlagen würde – jeweils ab Tourstraße und ohne etwaige Essenspausen natürlich. Als Reisegeschwindigkeit auf Fernstraßen sollten Sie mit durchschnittlich etwa 50 km/h rechnen, die Entfernungen im Einzelnen finden Sie beim Reiseverlauf. Stellen Sie sich also bitte daraus selbst einen Reise- und Zeitplan zusammen.

KARTE TOUR 1
Abscnitt 1

TOUR 1-1 (ca. 120 km)

Von der montenegrinischen Grenze bis nördlich Durres, Tirana einbegriffen

Freie Übernachtung:	u.a. Razma, Baks, Patok, Tirana, Lalez
Campingplätze:	Shkodra, Barballush, Vraka, Shengjin, Velipoja, Zogai, Tale, Fushe Kruja (3x), Tirana, Lalez
Ver-/Entsorgung:	Campingplätze, Gaststätten der Stellplätze.
Baden:	Velipoja, Shengjin, Tale, Baks, Lalez u.a.
Besichtigen:	Shkodra, Lezha, Kruja, Tirana, Mesi-Brücke, Rera hedhur, Gjader, Velipoja, Shengjin, Tale, Rodon, Albanopoli, Preza.
Essen:	Gaststätten werden im Text verwiesen.

Entfernungsangaben

Grenzübergang Muriqan bis Shkodra .... 13 km
Shkodra, Rondell östlich neben der neuen Buna-Brücke, bis Lezha, Rondell westlich neben der innerstädtischen Drin-Brücke .... 35 km
Lezha, Rondell westlich neben der innerstädtischen Drin-Brücke bis Fushe Kruja, Zwei-Ebenen-Kreuzung mit Abbiegung nach Durres .... 36 km
Fushe Kruja, Zwei-Ebenen-Kreuzung bis Durres – Stadteinfahrt .... 32 km

Von Muriqan nach Shkodra

Nachdem Sie die Fährnisse der Engstraße von Bar oder Ulqin bis zum Grenzübergang Sukobin/Muriqan erfolgreich gemeistert haben, erwartet Sie auf dem Rest bis Shkodra eine vernünftige, breite Straße, die gering kurvig durch die Flussebene der Buna (serbisch: Bojana) verläuft. Die Buna ist eigentlich das Endstück des Drin, des mächtigsten und auch wichtigsten Flusses in Albanien, der seinen Hauptursprung im einzigen Abfluss des Ohridsees hat. Die Buna selbst war ursprünglich nur der kleine, sehr kurze Abfluss des Shkodra-Sees. Die Ehre, mit ihrem Namen den Drin ins Meer zu geleiten, kommt ihr deshalb zu, weil der Drin vor etlichen Jahrzehnten im Gefolge einer Hochwasserkatastrophe ins Bett der Buna durchbrach. Vorher mündete er bei Lezha. Das tut, in seinem ehemaligen Lauf, und sogar immer noch unter seinem Namen, nun eigentlich der Fluss Gjader, der lediglich die Wässer der Zadrima-Ebene zwischen Shkodra und Lezha bei Shengjin ins Meer leitet. Nominell gibt es also zwei Drins, die nicht miteinander verbunden sind. Auf die also ziemlich mächtig wirkende Buna stoßen Sie kurz vor Shkodra und genießen dort neben dem hübschen Flussanblick zugleich den eines mächtigen Hügels mit einer deutlich sichtbaren Festung obenauf – Rozafa, wir kommen gleich darauf zurück. Die Großbrücke über die Buna, die Sie bald passieren, ist ein besonderer Stolz der Nord-Albaner. Lief doch der ganze internationale Grenzverkehr bis 2011 auf einer entsetzlich maroden, nur wechselweise einspurig befahrbaren Eisengitterkonstruktion mit Bretterauflage, geradezu Inkarnation der Rückständigkeit des Landes. Diese existiert zurzeit noch ein paar hundert Meter nördlich der heutigen, ist aber gesperrt.

Jenseits des Flusses sollten Sie dann unbedingt nach Shkodra hinein abbiegen, die Stadt ist, abgesehen von solchen „Sondervermögen" wie Gjirokastra oder Berat, möglicherweise die sehenswerteste in ganz Albanien.

Shkodras Tor zur Welt, die große Buna-Brücke

(1) WOMO-Campingplatz-Tipp: C-2 Legjenda Camping, Shkodra

GPS: 42° 2'39.27" 19°29'25.18" (Eingang!)   **geöffnet:** ganzjährig

http://www.campinglegjenda.com, Tel.:00355 69 6506746

Lage/Ausstattung: Zur Tour günstigst gelegener Platz im Raum Shkodra, in Laufentfernung zur Festung Rozafa, ideale Busverbindungen zur Innenstadt. Ab Grenze ausgeschildert. Einfahrt unmittelbar nach Überquerung der neuen Buna-Brücke am Ortseingang Shkodra, 70 m hinter dem nachfolgenden Rondell, Richtung Tirana, rechts.

Allgemeines: Der erst 2015 neu geschaffene Platz liegt ruhig, über 200 m von der Straße entfernt, in waldartigem Areal. Der Untergrund des Stellraumes ist befestigt, Netze rund um den Rand spenden Teilschatten. Das zugehörige Restaurant in gepflegter, fast subtropisch anmutender Umgebung gilt als höherklassig. Eine Verkaufsstelle ist ebenfalls vorhanden.

Max. WOMO: Bis zu 60, Anmeldung in der Saison zweckmäßig.

Ausstattung: Ausreichend E-Docks, WLAN.

Sanitäranlagen: Lt. ersten Berichten „sehr sauber und großzügig"

Preis (2015): 15,00 €/WOMO/ 2 Pers..

(2) WOMO-Campingplatz-Tipp: C-2 Barballush, Camping Albania

GPS: 41°55'25.4" 19°32'31.8"　　　　**geöffnet:** April bis Oktober.

http://www.camping-albania.eu, Tel.:00355 69 2771644

Lage/Ausstattung: Im Dorf Barballush, zu erreichen über den Ort Bushat, knapp 9 km südlich der großen Buna-Brücke Shkodras liegend. Der Ort Bushat wird von der Tour-Route nur peripher in seiner lockeren Außenbebauung berührt und daher, trotz vorhandener Wegweisung zum Camping, von Interessenten häufig nicht erkannt. Orientieren Sie sich an der deutlich ausgewiesenen Abfahrt links, der Richtungen „Vau i Dejes", „Puka". Der Abzweig nach Süd-Südwesten in Richtung Ortszentrum Bushat befindet sich 300 m südlich davon. Von dort durch Bushat hindurch, gabelt die Straße nach weiteren 3,5 km erneut, der Camping ist auf der linken Seite, nach links weisend, ausgeschildert. Nach weiteren 3 km, im Ortszentrum Barballush, finden Sie erneut einen Ausweis nach rechts und erreichen dann nach nochmals einem Kilometer das Grundstück, auf dessen Hinterareal sich der Platz befindet.

Allgemeines: Platz ruhig in dörflicher Umgebung gelegen. Großes, mit dichtem Kleegras bewachsene Stell-Areal im hinteren Grundstücksbereich. Seit 2009 der erste vollwertige Campingplatz Albaniens, von einem holländischen Ehepaar betrieben. Als Transitplatz fand er trotz seiner etwas versteckten Lage schnell Zuspruch bei der internationalen WOMO-Community. Bei Albanien-Wiederholungstätern, insbesondere Niederländern, hat er Kult- und damit Pflichtbesuchs-Status.

Im vorderen Bereich bieten die Gaststätte im Haupthaus ein exzellent zu nennendes Angebot auf Basis örtlicher Bio-Produkte sowie ein 10x16-m-Pool Gelegenheit zu ein paar ausgreifenden Schwimmzügen.

Max. WOMO: Bis zu 50, Anmeldung in der Saison dennoch zweckmäßig.

Ausstattung: Ausreichend E-Docks, WLAN.

Sanitäranlagen: Mitteleuropäischer Standard, auch Fahrzeug-Abwasserentsorgung.

Preis (2015): 10,00 €/Nacht/WOMO/ 2 Pers. +2 € Stromentnahme.

(3) WOMO-Campingplatz-Tipp: C-1 Vraka „Lake Shkodra Resort"

GPS: N42° 8'18.6" E19°28'1.8"   **max. WOMOs:** bis zu 100.
geöffnet: April bis Oktober
http://www.lakeshkodraresort.com Tel.: 00355 69 2750337
Lage/Anfahrt: Außerorts, umgrenzt von Wiesenflächen, am Ostufer des Shkodra-Sees gelegen. Von Shkodra, nördlicher Ortsausgang, 8 km in Richtung Grenzübergang Hani Hotit (E762). Dort gut ausgeschilderte, 1,5 km lange, grob geschotterte Zufahrt. Weiteres Kennzeichen ist eine neu erbaute, schräg laufende Eisenbahnbrücke, die die Fernstraße 500 m südlich der Zufahrt überquert. Vom Grenzübergang Hani Hotit kommend, 8 km südlich des Ortsausgangs (Umfahrungsrondell) von Koplik.

Allgemeines: Platz liegt insbesondere günstig für diejenigen, die über Hani Hotit einreisen. Er liegt sehr ruhig, auf dichtem, gut gepflegtem Rasen. Die befragten Nutzer empfahlen ihn durchgängig auch für mehrtägigen Aufenthalt. Ein hübsches Blockhüttenrestaurant versorgt mit ländlich-rustikalem Essen. Der eigene Badestrand am See leidet etwas unter den natürlichen Gegebenheiten des Seeufers: Es ist zwar klar, jedoch etwas grobsteinig-glitschig. Künstliche Aufbesserungen wurden dem Betreiber aus Naturschutz-Gründen untersagt.
Ausstattung: 66 E-Docks, ausreichend Wasserzapfpunkte. Die Rand-Stellplätze sind mit Schattennetzen ausgestattet. WLAN.
Sanitäranlagen: Vorbildlicher Standard, auch die Fahrzeug-Abwasserentsorgung.
Preis (2015): 14 €/WOMO/ 2 Personen, Mehrtagsrabatte.

Shkodra (Shkodër) *5-6 Stunden*

Einführung zur Stadt

Von allen albanischen Präfekturstädten, bekenne ich offen, ist mir Shkodra die liebenswerteste. Und nicht etwa nur wegen der hier besonders gefällig gekleideten Studentinnen (es werden hier gekonnt traditionelle Kleidungselemente mit modernen variiert). Nein, die Stadt hat eine erstaunliche Mischung aus burschikoser Quirligkeit und Getragenem in sich Ruhen. Das Flair ist ein besonderes, das in einem Augenblick begeistert, im nächsten konsterniert. Der Verkehrsablauf z.B. grenzt ans orientalische Chaos: Was machen, wenn ihnen ein Radfahrer seelenruhig vor den Bug radelt, aus der Gegenrichtung kommend?

Die Stadt war die erste, die es schaffte, einen Kernteil ihres Altstadtzentrums schlüssig zu restaurieren, ohne ihn – wie Gjirokastra oder Korca –zum Museum zu machen, das abends geschlossen wird. Natürlich entstand auch hier parallel dazu ein modernes Zentrum um den heutigen Zentralplatz „Sheshi Demokracia". Ob es gefällt, darüber dürfen Sie gern mitstreiten.

Shkodra als Platz wird auch durch seine lange Geschichte geadelt. Als die Macht der Illyrer unter König Agron um 230 v.Chr. ihren Höhepunkt erreichte, und auch später unter Gentius, dem letzten Illyrer, der Rom herausforderte, galten Lezha und Shkodra als deren Residenzplätze. Die Römer machten Shkodra später zur Hauptstadt ihrer Provinz Praevalitania. Als Grenzstadt zwischen Ost- und Westrom, dann im Byzantinischen Reich, erfuhr die Stadt bedeutende bauliche Aufwertung. Im Mittelalter wechselte die Herrschaft über Shkodra etliche Male. Serbische Könige, Herrscher aus dem Fürstentum Zeta (heute Montenegro) herrschten hier, dann die Venezianer. Eine tiefe Zäsur setzte die Eroberung durch die Türken 1479, in deren Gefolge die Stadt zunächst verödete. Bald erhob sie sich aber auch unter türkischer Herrschaft zu noch höherer Blüte, wurde Hauptstadt einer Großprovinz. Zugleich entwickelte sie sich zu einem der bedeutendsten Handelszentren des Balkan. Ausländische Mächte eröffneten hier ihre Konsulate. Die Wohnarchitektur der sich nun ausdehnenden Stadt, anfangs durch voneinander isolierte Anwesen geprägt, fand gegen Mitte des 19.Jh. wieder zu städtischer Konzentration. Eine prächtige Architektur solider Bürgerhäuser zeugte bald von neu entwickeltem bürgerlich-kommunalem Gemeinsinn und von Wohlstand. „Albanien" gab es noch nicht, aber man meinte es wohl, wenn man „Shkodra" sagte. Dann, der Niedergang. Im Balkankrieg sowie im und nach dem I. Weltkrieg mehrfach belagert, in Brand gesteckt, besetzt (längere Zeit auch von Österreich), blutete Shkodra aus. Kurze Wiederbelebung nur zwischen den Kriegen, aber die Enver Hoxha-Zeit gab der Stadt den Rest: Nihilistisch-kulturschänderische Eingriffe in die historische Bausubstanz fanden statt, der berühmte Basar verschwand. Letztlich ein schweres Erdbeben 1979. Die einst so Wichtige verschwand im Schatten des aufstrebenden Tirana.

Die neue Zeit nach 1991 traf Shkodra zunächst auf dem falschen Fuß. Später als die ewigen Konkurrenzschwestern, Durres und Vlora, fand man zu Erneuerungsdynamik, holte dann aber mit Riesenschritten auf und punktet

Blick auf Shkodras Zentrum, den Sheshi Demokracia

heute eben mit jener Kombination aus geretteter historischer Substanz und modernem Stadtumbau. Ich jedenfalls erwarte meinen nächsten Besuch schon mit Spannung: Wie entwickelt sich Shkodra weiter?

Die Stadt-„Pflichttour"

Zentrum

Der stadtarchitektonische Charakter der heute 100 000-Einwohner-Stadt hat sich über die Jahrhunderte mehrfach gewandelt. Das ursprüngliche Shkodra lag bis ins späte Mittelalter unmittelbar unterhalb der Burg. Bis auf die Moschee mit dem Bleidach (siehe Teil „Festung Rozafa") gibt es dort heute kaum mehr Sehenswertes, Veränderungen der Flussläufe erzwangen eine Verlegung des Stadtzentrums um etliche Kilometer nach Nordosten. Im Ergebnis bildeten sich ab dem 18. Jahrhundert sukzessive ein neues Zentrum heraus, der heutige Kern datiert vorwiegend aus des 19. Jahrhundert.

Ob mit WOMO oder anderem Verkehrsmittel, Sie sollten zur systematischen Orientierung zunächst den **Zentralplatz („Qender", „Sheshi Demokracia")** anstreben. Die Mehrzahl der Furgone von allen drei Stellplätzen haben hier ihre Endhaltestelle, es gibt jedoch auch welche, deren Linie fast einen Kilometer vor dem Platz endet!.

Günstig ist es, sich den Platz sonntags anzutun. Denn, während das tolle Springbrunnenareal unter der Woche von dem umflutenden Verkehr schlicht marginalisiert wird, lagert sonntags darauf die studentische Jugend und gibt ihm Leben und Bewegung.

Der Zentralplatz selbst wurde in den jüngsten Jahren zum Teil mit modernen, anspruchsvollen Hochhausarchitekturen umbaut, Besichtigungspunkte

Handwerksmarkt am Eingang der Kole Idromeno, links die neue Moschee

eigener Ordnung. Das Rundturm-Gebäude an der Westseite beherbergt den Ortsender **Radio Shkodra**, leider auch dessen Sendeanlagen, sodass Sie in der Nähe keinen gps-Empfang haben. Von den hohen Neubauten fast miniaturisiert, ist hinter der Nordwestecke zurück gesetzt ein so streng wie elegant wirkender, pinkfarbener Tempelbau zu sehen, das nach dem in Shkodra geborenen Dichter Migjeni benannte **Stadttheater**.Shkodra verfügt über die längste und ausgeprägteste moderne Theatertradition in Albanien. 1880 wurde im Vorgängertheater das erste in albanischer Sprache verfasste Theaterstück aufgeführt.

Wenden Sie sich vom Zentralplatz aus zunächst nach Südosten, in die breite Rr. Teuta. Gleich Rechts haben Sie das wuchtige Gebäude des alten Zen-

tralhotels „Rozafa", an dem man bereits seit Jahren herumrestauriert.
Dahinter folgt gleich der Pavillion der städtischen **Touristen-Information**, die in Shkodra - im Gegensatz zu den meisten anderen Großstädten - recht gut funktioniert. Sie bekommen hier Informationen, Stadtkarten, Andenken, Bücher. Länger Verweilende fragen nach dem sehr informativen (meist kostenlosen) Klein-Stadtführer „Shkodra In your pocket" mit Stadtkarte und aktuellen Erlebnisangeboten.

Links drüben, noch nahe am Platz, wird Sie zunächst ein im Castle-Stil erbauter Uhrtum stutzen lassen. Er geht zurück auf einen Engländer, der von hier aus versuchte, eine protestantische Mission aufzubauen. Das heute im Vorbau befindliche Restaurant gilt als eines der besseren in Shkodra.

Unmittlbar dahinter passieren Sie ein Grüngelände, in dessen Zentrum eine der prächtigsten neuen Moscheen Albaniens steht. Zwar hat sie nur zwei Türme, aber die sonstige Gestaltung und die Proportionen des Baukörpers weisen einen frappierenden Anklang an die „Agia Sofia" in Istanbul auf. Ein Blick nach Innen lohnt sich, da die enormen Fensterflächen den Raum auf besondere Weise lichterfüllt wirken lassen.

An das Moscheegelände schließt sich der Eingangsbereich des Prachtstücks der Stadtarchitektur, des Zentralboulevards der Altstadt, **Rr. Kole Idromeno,** an. Beginnend mit Bank- und Hoteladressen der Neuzeit rechts, geht er alsbald in eine knapp 400 m langen Bereich umfassend restaurierter, meist aus dem 19. Jahrhundert stammenden Bürgerhäuser über. Vollkommen zur Fußgängerzone erklärt, gelang es schnell, durch Ansiedlung entsprechender Gastronomie aller Stufen, von Kunstgewerbeläden, Galerien und vor allem Künstlerateliers, hier jenes Flair zu erzeugen, das so eine Altstadt einfach braucht – und das dem Andenken des Namensgebers der Straße auch angemessen huldigt (siehe Liste der Persönlichkeiten). Sollte Ihnen der Trubel direkt auf dem Boulevard über werden, fliehen Sie in die Cafes der Innenhöfe, etwa ins Cafe „Oborri" im dritten Altstadthaus, rechts.

Ab dem Jahre 2016 soll es im Mittelbereich des Boulevards eine besondere Attraktion geben: In Shkodra ansässig ist eine Kulturinstitution nationaler Bedeutung, die **„Marubi-Fotothek".** Die Familie Marubi hat, beginnend 1858, auf hundertfünfzigtausend Bildern und Negativen wichtige Momente der neuzeitlichen albanischen Geschichte festgehalten und in einem Archiv konzentriert. Bislang fristete die Sammlung ein Dasein in ungeeigneten Räumen ohne angemessene Besucherausstellung für die Schätze. Die für 2016 geplante Eröffnung des neuen Austellungsbaus sollte Shkodra um eine weitere Attraktion bereichern.

Bevor der Altstadtboulevard endet, gehen Sie rechts in die schräg abzweigende Straße **Rr. Gjuhadol.** Diese, nochmals etwa 400 m lang, bietet architektonisch die Fortsetzung der Kole Idromeno. Zum Teil sehen Sie hier noch prächtigere Fassaden, oft Stadtvillen ähnlich, mit stolzen Bogenfenstern, Zier-

segmenten, mit Eisenbalkonen auf künstlerisch aufwendig gegossenem Stützwerk. Hier werkelt man allerdings noch an den Sanierungen. Schauen Sie sich die Fortschritte an, während Sie sich auf das Ende der **Rr. Gjuhadol** zubewegen. Denn dort, über die nachfolgende Hauptstraße hinweg, finden Sie die katholische **Stefanskathedrale**. Shkodra war

Historisches Museum Shkodra

selbst in der osmanischen Epoche immer ein Ort starken Katholizismus, in den tiefen Berglagen um die Stadt hat der Islam nie gegriffen. Allerdings konnten die Katholiken sich erst 1865, unter österreichischem Kulturprotektorat, ein Gotteshaus erbauen, das ihrem religiösen Einfluss in der Region entsprach. In der Enver Hoxha –Zeit zweckentfremdet, wurde die Kathedrale 1991 wieder rekonvertiert, 1993 in Anwesenheit des Papstes geweiht. Das Innere ist relativ schmucklos, fokussiert auf die weiß-marmorne Nachbildung eines prächtigen Kirchentempels. Die Kathedrale gilt als die wohl größte katholische des Balkans und soll Platz für 11000 Gläubige haben. Verinnerlichen Sie die Inschrift auf der Tafel an der Portalecke . „Dio vede tutto".

Maya? Koreanisch? Shkodranisch!

Für den Rückweg zum Zentralplatz empfehlen sich zwei Alternativen: Freunde kirchlicher Baukunst nehmen etwa in der Mitte der Rr. Gjuhadol, links, die Gasse **Rr. At Gjergj Fishta** in Richtung Kole Idromeno. Sie kommen hier an einer imposanten Franziskanerkirche vorbei. Freunde der Zeitgeschichte nehmen die an der Kathedrale vorbei führende Straße 200 m in Richtung Südwest und biegen dort nach rechts in den **Bulevardi Skenderbeu** ein. Im vierten Gebäude rechts, einem Flachbau, befindet sich das **„Vendi i dëshmisë dhe i kujtesës"**, das vermutlich eindrucksvollste Museum über den Terror der Enver-Hoxha-Diktatur in Albanien (englischsprachige Erläuterungen, Öffnung aber nur unter der Woche bis 14.00 Uhr). Den Boulevard weiter, erreichen Sie nach 350 m wieder den Beginn der Kole Idromeno. Deren Verlängerung in Richtung Südwesten führt über den **Sheshi Nene Tereza** in die **Rr. 28 Nentori** und von dort in die **Rr. 13 Dhjetori.** Auch dieser Bereich lohnt wegen seiner Architektur und seiner Gaststätten einen Blick. Nach 350 m gelangen Sie so auf den **Sheshi Parruce**, einer parkähnlichen Grün-Oase, die im Sommer auch als Liegewiese dient. Hier finden Sie die eindruckvollen Repräsentativbauten der **Bürgermeisterei** und des **Gymnasiums 28 Nentori**, beides Relikte der österreichischen Herrschaftsperiode. Die **Skulptur** davor gedenkt Hasan Riza Pasha, eines besonders tragischen Helden. Nachdem er Shkodra 1913 tapfer und geschickt gegen eine Übermacht von Montenegrinern und Serben verteidigt hatte, wurde er von einem eigensüchtigen albanischen Verbündeten hinterrücks ermordet. Die merkwürdigen, auf dem Rasen längs des Hotels Europa installierten Tische sind den Schach- und Tavli-Spielern vorbehalten, die sich hier regelmäßig in großer Zahl einfinden.

Vom Sheshi Parruce bewegen Sie sich über die nordöstlich anschließende breite **Rr. Studenti** in Richtung Sheshi Demokracia zurück. Interessenten an der jüngeren Shkodraner Malschule seien noch auf das entsprechende **Museum für Moderne Kunst** (Galeria Arteve) hingewiesen. Es befindet sich im Hinterhof des nördlichen Eckgebäudes der Rr. Nuri Bushati, in Bewegungsrichtung etwa 130 m über den Zentralplatz hinaus, rechts (zum Recherchezeitpunkt befand sich im gleichen Hinterhaus auch noch die erwähnte **Marubi-Fotothek**). Ansonsten biegen Sie 100 m vor Erreichen des Zentralplatzes, vor dem dem Rundbau von **Radio Shkodra,** links auf die enge **Rr. Gjylbegaj** ab, die nachfolgend in die **Rr. Oso Kuka** übergeht. In diesem Viertel erlangen Sie ein Stück authentischen Eindruck von der Markt- und Handelsatmosphäre, die Shkodra einst prägte. Sie können sogar bis zu dem zu Unrecht nirgend erwähnten heutigen Zentralmarkt vordringen. Dieser befindet sich am Ende der Straße, 100 m links.

Eigentlicher Zweck des Durchstreifens sollte aber der Besuch des **Histori-**

schen Museums, ungefähr 200 m ab dem Radiogebäude, rechts, sein. Bei dem Museumsgrundstück mit massivem, bogenüberbautem Eingangstor handelt es sich um eines der wenigen erhaltenen typischen Anwesen mit Originalhaus, die in der ersten Prosperitätsperiode der Türkenzeit entstanden, als sich die Stadt nach Nordosten grundlegend verlagerte. Die Anwesen dieser Zeit wurden von hoher Mauer umgeben, die Häuser polyfunktional strukturiert. Unten die Ställe, darüber eine große überdachte und mit Geländer versehene Offenfläche. Um diese herum ordneten sich an drei Seiten Wohn- und Zweckräume.

Das modern aufgebaute archäologische Museum im ehemaligen Stall zeigt Stücke, die die Geschichte der Region seit der Steinzeit illustrieren. Dazwischen etliches Auffälliges, wohl aber wissenschaftlich nicht sicher Interpretierbares. So findet man unter Nr. 28 eine Steinplatte mit höchst merkwürdigen, deutlich einer Schrift entprechenden Ritzungen. Der Laie würde sagen, einem Mittelding zwischen arabischen Zeichen und germanischen Runen. Einzig existierendes Dokument einer Illyrer-Schriftsprache? Der Wissenschaft scheint es für einen Interprationsversuch zu wenig zu sein.

Im Obergeschoss ist die Ethnografische Abteilung untergebracht. Hier in Shkodra sind die Exponate in einem Raum gut aufs Wesentliche konzentriert, man versteht die Unterschiede der regionalen Traditionskleidung: Dukagjin, Katholisch, Türkisch. Dazu ein Ur-Exemplar des regionalen Musikinstruments Lahuta (Öffnungszeiten nur Mo-Fr).

Intermezzo auf dem Wege zur Rozafa-Festung: Der „Neue Basar"
Am Ufer der Buna, gleich nördlich der Rozafa-Festung, lag er einst, der einzigartig orientalische Basar von Shkodra. Er galt noch vor hundert Jahren als der wichtigste Handelsumschlagplatz an der unteren Adria, wegen ihm eröffneten die westlichen Mächte hier Konsulate. Die Ereignisse um die Balkan-Kriege, Enver Hoxhas Herrschaft, zuletzt ein Erdbeben, zerstörten nicht nur seinen Nimbus, auch seine Gebäude.

Ganz Shkodra nordöstlich vom Zentralplatz ist, wie Sie gesehen haben, eigentlich nach wie vor ein natürlicher Basar. Aber die Stadt bemüht sich etwas künstlich-angestrengt, die Tradition auf zwei neue architektonische Ensembles „Neuer Basar" zu fokussieren. Der Versuch ist bislang ziemlich missglückt, die angebotenen Geschäftsräume stehen zu einem Drittel leer. Die Schuld wird auf die Hochwasser geschoben, das das Areal in den jüngsten Jahren mehrfach überschwemmten. Mir deucht allerdings, dass die Ensembles doch zu viel Ähnlichkeit mit einem trivialen westeuropäischen Einkaufszentrum haben, um z.B. Touristen vom Hocker zu reißen. Wenn Sie ohnehin Rozafa besuchen oder vom Stellplatz (1) aus einen Abendbummel unternehmen, bilden sie sich selbst ein Urteil, der größere Komplex liegt nördlich gleich unterhalb der Festung.

Analog zum bislang Fehlschlag, die Aura des Basars mit heutigen Mitteln wieder aufleben zu lassen, ist leider auch etwas anderes nicht geglückt: Eine hiesige Kunsthandwerksstätte ist Zulieferer von handwerklich außergewöhnlich vollendeten Masken zum großen Maskenball von Venedig. Jegliche ausländische Regierungsdelegation wird, von Tirana aus vorarrangiert, stolz durch die Produktionsstätte defiliert, der Shkodra-Tourist hat nichts davon, es gibt derzeit weder Ausstellung noch Verkauf solcher Masken in der Stadt. Ein kurzzeitiger Versuch der Firma mit einem Laden in der Rr. Kole Idromeno wurde wieder eingestellt. Bleibt zu hoffen, dass man sich eines Besseren besinnt.

Übrigens, und dies als Allerletztes: Falls Sie den Kühlschrank Ihres WOMO nicht genügend mit feinen geräucherten Wurstwaren aufmunitioniert haben, Shkodra ist der wohl südlichste Vorposten solcher Hochkultur. Weiter südlich finden Sie zwar auch noch Angebote als Importe von hier in Kaufhallen, aber richtige Läden, vollgestopft damit, eher nicht.

Das „Kommandantenhaus" der Festung

Rozafa-Festung
Die Festung ist neben Gjirokastra und Berat die dritte der wichtigen in Albanien, also, anschauen. Mit einem Umfang von 900 m thront sie auf einem steilen Berghügel südwestlich der heutigen Stadt. Ihre Geschichte reicht bis in illyrische Zeiten zurück, der letzte Widerständler gegen die Vorherrschaft der Römer, König Gent, soll von hier aus seinen letzten Kampf geführt haben. Nach dem Niedergang des byzantinischen Reiches übernahm sie die Venezianer und rüsteten sie zu einer der modernsten Festungen ihres Machtbereiches auf. Die angreifenden Türken brachten 1478 in zehn Monaten Belagerung ihre stärksten Kaliber – Kugeln mit 60 cm Durchmesser – zum Einsatz. Sie konnten das Bollwerk trotz der von 1.600 auf 400 Mann zusammengeschmolzenen Verteidigungsmannschaft nicht nehmen. Das durch mehrere Kriege geschwächte Venedig konnte daher in Istanbul wenigstens einen recht ehrenvollen Abzug aushandeln. Die Türken bauten die Festung zunächst noch stärker aus. Das Ende bereitete ihrer Nutzung eine Naturkatastrophe von 1865. Ein Blitz entzündete das Pulvermagazin und sprengte wohl ein Drittel der Festung in die Luft.
Dem Festungsnamen Rozafa ist eine Dutzendlegende des Balkans zugeordnet. Das Bauwerk wollte angeblich nicht werden, eine Frau – Rozafa musste eingemauert werden, um die Götter gnädig zu stimmen. Doch

Die Bleidach-Moschee

damit nicht genug. Die auserkorene Rozafa hatte erst kurz vorher ein Baby zur Welt gebracht. Opfer- und entsagungsbereit, wie Balkanfrauen von ihren Männern nun mal gewünscht werden, bat sich Rozafa nur aus, durch ein Loch in der Einmauerung noch ihr Kind säugen zu dürfen.

Die Festung besteht aus drei Ebenen. Sie betreten sie durch einen mächtigen **Torkomplex mit Kasematten,** steigen zur zweiten Ebene auf, wo hauptsächlich noch die bis über die Höhe ihrer großen, gefällig proportionierten Fensterbögen erhalten gebliebene **Festungskathedrale** zu sehen ist, die später in eine Moschee umgewandelt wurde.

Links vom Weg steht die Tafel mit dem **Gesamtplan** der Festung, wie sie einst aussah.

Auch der oberste Hof wirkt zunächst riesig leer, in die Ostecke kuscheln sich die Reste des **Hauptturmes** sowie das graue, ungeschlacht wirkende, drei Stockwerke hohes **Kommandantenhaus** mit neun mittig angeordneten, in dem gesamten Proportionsgefüge winzig wirkenden Höhlenfenstern. Hinter seinen über drei Meter dicken Mauern findet man heute das **Festungsmuseum**, während das Bunkergebäude daneben zur **Gaststätte** umfunktioniert wurde. Dort, von hübschen Trachtenmodellen flankiert, kann man im historischen Stile touristisch-zünftig essen und einiges Kolorit genießen. Rechts neben dem Eingang lohnt ein Blick hinter die kurze Mauer, die Lochplatte dort dürfte die Festungstoilette, Vorfahre der heutigen Hocktoiletten, gewesen sein. Im südwestlichen Hofbereich sehen sie einen antik ornamentierten Steinkelch ohne Boden, er sitzt auf einer der Öffnungen, die den Blick in die Festungsunterwelt eröffnen. Dort (von den Schachtstümpfen im Mittelhof noch deutlicher zu sehen), befindet sich ein riesiges **Kavernensystem** für die Belagerungsvorräte. Den unscheinbaren Zugangspunkt finden Sie in der Südecke, ein Loch im Boden mit steiler Treppe. Heute führt er nur noch bis zu einem geheimen Auslass, Touristen dürfen nicht mehr ins Kavernensystem, nachdem Unfälle passiert sind.

Grandios ist der Ausblick von der Festung auf Stadt, Fluss und die hohe Bergwelt im Hintergrund. Von der Festungsmauer nach Süden direkt nach unten schauend, sehen Sie am Fuß des Berges ein ganz besonderes Bauwerk, eine **Moschee mit 14 bleiverkleideten Kleinkuppeln**. Das Gebäude gilt als der aufwändigste islamische Kultbau, der sich in Albanien erhalten hat. Leider ist es mit seiner von einem Scheich versprochenen Renovierung noch nicht weit gekommen, der Bau ist geschlossen und der Weg – ab der Buna-Brücke oder ab Dreiecksplatz, asphaltiert - lohnt eher nicht (für große WOMO dürfte er wegen Enge und Windung auch kritisch werden). Vom Dreiecksplatz hinunter laufen ist natürlich eine Alternative.

Essen in Shkodra:
Der Versuch, im Vorbeigehen irgendwo einen Döner abzufangen, mag in Frust enden. Die Stadt hat unzählige Kaffeestuben, aber nur wenig brauchbare Fastfood-Plätze. Planen Sie Zeit für ein Restaurant ein, davon empfehle ich mehrere mit Freude. Meine Nummer Eins wäre die **„Villa Bekteshi"** (Rr. Hasan Riza Pasha) erlesene traditionelle Küche in harmonischer Umgebung, eigenes Bier). Zu dieser Gaststätte gelangen Sie übrigens auch direkt von der Rr. Kole Idromeno durch das Gelände der mehr studentischen **„Palma"** hindurch. Dann die museal ausgestattete **„Tradita"** (Rr. Edith Durham) - hier wurde mir allerdings unter grandiosem historischem Brauchtum zuweilen zu viel mindere Fleischqualität versteckt, **„Chicago"** (Sheshi Nene Teresa), hat wirklich Essen, mit dem man vor Geschäftsfreunden brillieren kann, aber die Klientel hier mag manchem zu business-like, um nicht zu sagen, zu Al-Caponisch, vorkommen. Im Restaurant unterhalb des Uhrturms pflegte auch der Geschäftsführer der GIZ mit gutem Gewissen Gäste zu bewirten.

Anfahrt

Mit Bordmitteln oder öffentlichen Verkehrsmitteln:
Grundsätzlich ist das Stadzentrum von allen drei stadtnahen Stellplätzen mit öffentlichen Verkehrsmitteln gut zu erreichen. Diese oder Bordmittel empfehlen sich auch angesichts der schlechten Parksituation in der Innenstadt unter der Woche, Sonntags ist die Lage entspannt. Die **Stellplätze (1) und (3)** verfügen über Furgon-Anbindung in sehr kurzen Intervallen, bei **Stellplatz (2)** beschränkt sich diese auf Kernzeiten. Ziehen Sie hier das Taxi in Erwägung, Kostenpunkt unter 15 Euro eine Strecke. Der Haupt-Taxistand für die Rückfahrt ist auch gleich am Zentralplatz, am Eingang der Rr. Teuta.
Mit Bordmitteln Vorsicht, auf den inneren Zufahrtsstraßen zur Stadt geht es teilweise chaotisch zu.

Mit dem WOMO in die Stadt
Stadtzentrum und Festung liegen fast 3 km auseinander, sie brauchen zwei Parkplätze. **Zum Zentrum:** Folgen Sie aus allen Richtungen den Ausweisungen zum Zentralplatz („Qender") mit dem Orgelpfeifen-Springbrunnen, drehen Sie eine Ehrenrunde um diesen und fahren Sie - auch, wenn Sie von dort kommen - über die nach Südosten abgehende Rr. Teuta wieder ab. Nach 150 m haben Sie links die Boulevard-Straße Kole Idromeno und die große Hauptmoschee. Nach 600 m am dortigen Rondell nach rechts in die Rr. Edith Durham abbiegend, sollten Sie dann hier folgend die besten Chancen haben, in Shkodras Zentrum ein WOMO abzustellen. 250 m links auf dieser Straße sehen Sie, etwas zurückgesetzt, das historische Gebäude der Traditionsgaststätte „Tradita". Falls auf dem Parkplatz davor etwas frei ist, dürfen Sie mit ausdrücklicher Genehmigung des Eigentümers ihr WOMO hier für einen Kurzaufenthalt parken.

Falls nichts klappt bei Parken, der Platz vor der „Tradita" ist uns zugesagt.

Zur Festung Rozafa: Der Festungsberg thront, unübersehbar, am südlichen Stadteingang unmittelbar gegenüber der neuen Buna-Brücke. Beide Zufahrten (auf 10 m über NN) sind gut beschildert, Achtung, der Südschenkel der Zufahrt, aus Richtung Brücke, ist Einbahnstraße nach oben! Über beide Zufahrten gelangen Sie zunächst bei 35 m (über NN) auf einen Dreiecksplatz, dort können Sie auch große WOMO parken oder notfalls wenden, falls dieser mit Touristenbussen (Am Wochenende vormittags häufig) vollgestellt ist. Von hier engt sich die Straße, weiter steigend, zu einem Pflasterweg, der nach 150 m zu einem privat betriebenem Parkplatz führt. (4,5 m Breite, Fahrer von großen Womos erkunden bitte zunächst zu Fuß, ob sie es bis dahin schaffen). Der oberste Parkplatz (Höhe 75 m über NN), ist nur für kleine WOMO geeignet und an Wochenenden meist voll (50 m zuvor besteht aber **noch eine Wendemöglichkeit).**

Falls alles zugeparkt sein sollte, haben Sie mit großen WOMO an Wochenenden Chancen am Parkplatz direkt am Nordende des „Großen Basars", der unterhalb der Festung liegt. Dorthin ist von der Hauptstraße Linksabbiegen möglich. Unter der Woche ist es dann genau umgekehrt, der

Die Festungskathedrale, Sie sind schon fast ganz oben.

Dreiecksplatz oben ist meist leer, der Parkplatz am Basar voll.

Der sich vom Dreiecksplatz notwendiger Weise anschließende Fußmarsch (bis nach ganz oben 75 Hm Unterschied) wäre etwas schweißtreibend, die bucklige, sehr rutschige Originalpflasterung innerhalb der Mauern ist für Gehbehinderte kaum das Ideale.

Beachten Sie bitte für Shkodra weiter:
Hoffnung für eine richtig gute Stadtumfahrung ist nicht in Sicht. Die großzügige, bereits vortrassierte Westtangente wird wegen Umwelteinwänden und anderen Verlaufsbedenken z.Z. nicht weiter gebaut. Lassen Sie sich, von Süden kommend, etwa, um nach Vraka im Norden zu gelangen, bei Umfahrungsabsicht möglichst nicht auf die bislang ausgewiesene Umfahrung östlich der Stadt abdrängen. Diese ist in ihrem Nordbereich richtig scheußlich. Den umgekehrten Zugang zu der in Nord-Süd-Richtung ausgewiesenen, recht günstigen Variante, die nicht als solche gekennzeichnet ist, erreichen Sie, indem Sie, 1,7 km ab Rondell Buna-Brücke, den Abgang am Sheshi Balshaj rechtwinklig in die Rruga Faik Konica nehmen.

Besichtigungsmöglichkeiten im weiteren Umkreis von Shkodra

Hinweise zu Gebirgsabstechern bei Shkodra: Razma, Theth und Vermosh
(nördlich außerhalb des Kartenausschnitts liegend)
Die Albanischen Alpen ganz im Norden des Landes, das „Große Bergland", wie die Albaner meist dazu sagen, gilt wegen seiner schroffen, bis zweieinhalbtausend Meter hohen Berge und seiner tief eingelassenen, schwer zugänglichen Täler neben der Küste als die touristisch attraktivste Flächenregion Albaniens. Sie beherbergt aber nur vier Orte von höherer touristischer Bedeutung, und zwar die Traditionsorte **Vermosh, Theth** und **Valbona** sowie einen Aufsteiger der jüngsten Jahre, **Razma**. **Valbona** ist ausschließlich aus der Nordost-Ecke, von Bajram Curri aus, zugänglich, wir kommen darauf bei Tour 2 zurück.

Vermosh kann wegen des schlechten Weges mit WOMO nur auf großem Umweg vom montenegrinischen Gusinje aus angefahren werden. mehrere Stellplätze sind vorhanden.
Als Beispiel:

Das gäbe es zum Beispiel zu sehen:
Formenstreng gestaltete Kirche in Theth.

(4) WOMO-Stellplatz: Vermosh, am Guesthouse Mitaj

GPS: N 42°35'5.00", E 19°43'31.69"   **Max. WOMOs:** > 10
Lage/Ausstattung: 1,6 km ab Auffahrt des Zubringers von Gusinje auf den Hauptweg Richtung Ort (ausgeschildert). Auf umzäunter, offiziell als Camping ausgewiesener Privatwiese. Mitbenutzung der Gästehaus-Sanitäranlagen, Stromzuführung möglich.

Die Asphaltierung von Hani Hotit aus (Abzweigrondell 1300 m östlich vom Grenzübergang) ist im Gange und soll bis März 2017 erledigt sein. Derzeit erlaubt sie eine Zufahrt bis in die Kleinst-Stadt Tamara (15 km ab Abzweig). Der Besuch ist lohnenswert, zum einen wegen der Abfahrt über enorme Serpentinen ins malerische Tal, zum anderen wegen eindrucksvoller Wander-Erlebnisse ab Tamara. Man kann, den Cemi entlang, durch ein enges Steilwand-Tal dem Weg aufwärts Richtung Vermosh, etwa bis Selca, folgen. Noch eindrucksvoller ist wohl die Wanderung ins Seitental von Vukli-Nikc. Stellplätze bieten auch hier mehrere Gästehäuser, z.B.:

(5) WOMO-Stellplatz: Tamara, am Guesthouse Adriatik

GPS: N 42°27'56.14", 19°33'52.77"E
Lage/Ausstattung: Grundstück am nördlichen Ortsausgang rechts erhöht am Hang. Stellen am oder unterhalb vom Gästehaus, weitere Leistungen mit der Eigentümerin zu vereinbaren. Sie ist Lehrerin und spricht gut Englisch.

Richtung **Theth** lohnt sich aus Gründen des Landschaftserlebnisses ebenfalls ein Abstecher. Der Abzweig vom Grenzzubringer nach Hani Hotit erfolgt am aus beiden Richtungen zweiten Rondell der Umfahrungsstraße der Stadt Koplik. Die Tour (42 km) kann, wieder über enorme Serpentinen, bis auf den 1600-m-Pass führen. Dort endet der Asphalt, aber man hat einen umwerfenden Blick in den Talschlund von Theth. Zwei winzige Campingplätze finden sich im Ort Boga am Serpentinenfuß. Beispiel:

(6) WOMO-Stellplatz: Boga, Camping Gegaj

GPS: N 42°23'47.77", E 19°38'36.50"   **Max. WOMOs:** 4
Lage/Ausstattung: Abgezäunte Wiese am Ortseingang links, tiefer liegend, Rampe vermutlich problematisch für große WOMO. Dürftige Sanitäranlagen. Einfaches Restaurant nebenan. Die Platzauffahrt des zweiten Camping, Richtung Ortsausgang, ist nur für Kleinbus-Ähnliche tauglich.

Falls Sie aber wirklich bis hinunter nach Theth kommen wollen, nutzen Sie die Hin-Rück-Bustouren der Agentur Rupa, 7.00 Uhr ab Shkodra, vom Zentralplatz in die Rr. Teuta, 400 m links, zweites Haus nach dem Kino Millenium. Die angebotenen vier Stunden Aufenthalt reichen.

Razma-Zentralplatz: Da ist doch noch Platz für Sie.

Der Ort **Razma** (Razëm) liegt zwar auch 1050 m hoch, jedoch am äußeren Gebirgsrand und ist über eine jüngst asphaltierte 4-m-Straße erreichbar (ab Shkodra 2 Stunden Fahrt). Razma bestand traditionell nur aus einer Handvoll Häuser unterhalb einer großen, in einer Senke liegenden Almwiese, sowie aus noch weniger Bauten um die Almwiese herum. In der Enver Hoxha –Zeit hatten die obersten Bonzen des Systems die Häuser um die Almwiese herum für ihre Erholungszwecke beschlagnahmt und dadurch dem Platz einen besonderen Nimbus verliehen. Anknüpfend an diesem sowie der guten Erreichbarkeit, wurde der Ort nach 1990 zunächst bei Menschen mittleren oder höheren Alters aus der unteren Mittelschicht so eine Art Geheimtipp für einfachen, leicht zu erlangenden Sommerurlaub. Man mietete sich in den nach wie vor ältlich-einfachen, komfortlosen Unterkünften ein, steckte rechtzeitig am Tage einen Hammel auf den Spieß, sodass man nach gemächlichem Umlauf (Wandern gilt bei den meisten älteren Albanern nicht als Freizeitbeschäftigung, sondern als zwangsweise Alltags-Fortbewegungsform) den Nachmittag zusammen verbrachte, Hammel aß, Raki trank und Karten spielte. Etwa um 2007 platzte der Knoten, ein erstes modernes Hotel mit Wellness-Bereich entstand, andere Häuser wurden auf Modern umgerüstet. Plötzlich wurde der Platz auch bei jüngeren Aufsteigern hip und bietet heute in der Saison ein repräsentatives Beispiel, wie die Mittelschicht Albaniens Bergurlaub betreibt. Das Erlebnis, das mal zu sehen, vielleicht selbst ein bisschen dort zu wandern, etwas zu wellnessen und sich beim gebratenen Hammel einzufinden, sollte Ihnen einen Verweiltag da oben wert sein.

Die **Abfahrt vom Zubringer** zum Grenzübergang Hani Hotit erfolgt wie für Theth erläutert, ausgewiesen mit Touristenschild. Von hier aus sind es 23 km (der Komplex bald rechts ist ein Hochsicherheitsgefängnis). Der Abzweig von der Straße nach Theth im Orte Dedaj (km 12) ist ebenfalls ausgewiesen. Folgen Sie der Straße über das Zwischendorf Vrith hinaus bis zum Hauptparkplatz vor der scharf nach unten ziehenden Ortszufahrt. Die besagte zentrale Almwiese gleich unterhalb der Zufahrt ist mittlerweile umzäunt worden und daher nur noch im hintersten Bereich als Stellplatz nutzbar. Falls Sie im Ort über Nacht stellen wollen, vergewissern Sie sich zunächst zu Fuß, ob unten ein Stellplatz frei ist. Ansonsten bleiben Sie auf dem oberen Parkplatz.

(7) WOMO-Stellplatz: Razma, Zentralwiese

GPS: N 42°20'40.3" E 19°33'1.7"   **Max. WOMOs:** > 5.
Lage/Ausstattung: Am Nordende hinter der umzäunten Zentralwiese, um die ebenfalls umzäunte Brunnengalerie herum (siehe Bild).

Mesi-Brücke (Ura e Mesit) – Dauer: 2 Stunden

Sie haben in Albanien an sehr vielen Stellen Gelegenheit, beeindruckende, ja elegante Bogenbrückenkonstruktionen aus der Türkenzeit zu bewundern. Meist sind sie von rundbucklig-hohem Typ, mit drei Bögen ausgestattet. Östlich von Shkodra hingegen finden Sie das Prachtexemplar seiner Art, eine Bogenbrücke mit 12 Bögen, von insgesamt 108 m Länge. Ihre Führung erfolgt nicht gerade über den Fluss sondern in der Mitte abgeknickt. Die mittleren Teile der Brücke sind in besserer handwerklicher Qualität ausgeführt als die äußeren, eine feine, kaum wahrnehmbare Ansatzwulst trennt beide Baukörperteile. Denn ursprünglich gehörte die Brücke zum „rundbuckligen" Typ, d.h., auch sie besaß eine hohe Steigung, in ihrem Falle vielleicht sogar langgezogene Treppenabsätze. Um die Begehung auch bei Hochwasser zu sichern, wurden später Bögen nachgesetzt, die Brückenoberfläche dabei begradigt.

Mesi-Brücke

Von hier, ergänzend für Festungs-Fans: Festungsfreunde würden, die Asfaltstraße jenseits der Brücke auf 6 km nach Osten weiter verfolgend, den beschwerlichen Gelände-Aufstieg zu den Überresten von Außenmauern und einiger Gebäude der **Burg Drisht** erreichen. Ich erwähne das, weil diese in

Ostseite des Sees: Oft in Wildnis explodierende Natur.

anderen Reiseführern herausgehoben wird. In einem der Häuser am Fuß hat einst Edith Durham übernachtet . Ansonsten: Wohl ähnlicher Bauart gewesen, wie die Festung von Lezha (im Weiteren), sehen Sie dort heute etliches mehr als in Drisht.

Anfahrt: Über die ausgewiesene östliche Stadtumfahrung Shkodras erreichen Sie die nach Nordosten weisende Stadtausgangsstraße (Rr. Inxh. Gjovalin Gjadri), die Brücke ist hier mit Touristenschild ausgewiesen. Auf dieser Straße, bald am Trockenbett (im Sommer) des Flusses Kir entlang, gelangen Sie nach 6 km in eine kleine Siedlungslage. Obacht, die historische Brücke liegt, durch Häuser verdeckt, unten, neben der modernen. Wenn Sie die kurze Stichstraße erkennen, empfiehlt sich, sie nach unten zu benutzen, die neue Brücke zu überqueren und auf der anderen Seite zu parken.

Zum Westufer des Shkodra-Sees – Shiroka und Zogaj (Dauer: 2-3 Stunden)

Mit bis zu 500 km² gilt der See als der größte des Balkans. Seine tiefste Stelle scheint sein größtes Geheimnis zu sein: Einige Autoren geben 60 m an, andere 44 m. Ich habe natürlich den ultimaten Geheimtipp: Die Tourenführer des Nationalparks auf der montenegrinischen Seite schwören (und führen die Touren auch zu diesem Platz), dass es ganz im Norden direkt am Ufer einen gigantischen Karsteinbruch gäbe, dieser sei 90 m tief. Hatte keine Leine mit, um zu probieren, ob es wahr sei.

Die **Ostseite des Sees** ist bestenfalls am S**tellplatz (3)** zum Baden oder zum Stellen geeignet. Das Ufer läuft hier extrem flach ein, oft über weithin verschilften oder mit Buschwerk zugewachsenen Sumpfgrund. Der extrem schwankende Wasserspiegel, bis mehrere Meter, tut im Sommer das Übrige, um die Uferzone, bei durchaus klarem Wasser, schlammig, erscheinen zu lassen. Natürlich ist dieses weitgehend naturbelassene Ufer mit Schutzstatus ein Paradies für Vögel und jegliches andere Seeufergetier.

Hingegen fällt entlang der **(Süd-)Westseite** des Sees Bergufer ins Wasser. Hier gibt es zwar Einstiegsstellen, jedoch fast nur über Felsterrain. 500 m westlich von Shiroka ist der einzige größere Strand (kein Parkplatz!). Je weiter westlich man kommt, umso klarer wird das Wasser. Die etwas vom Ufer entfernte Zone ist hier flächenweise mit Schwimmteppichen aus Wasserpflanzen drapiert, zahlreiche, auch seltene und große, Wasservögel sind zu beobachten. Die Westseite gilt in Shkodra als gutes Ausflugsziel für das Wochenende. Eher weniger zum Baden, dazu fährt man ans Meer, aber wegen der hier zu findenden Ausflugstavernen.

Bei dem Abstecher hier entlang geht es zum einen um den optischen Genuss von umwerfender Landschaft. Der Blick auf den Shkodra-See von der bald etwas erhöht am Hang verlaufenden Straße sowie auf die sich majestätisch bietende Bergkette jenseits des anderen Ufers ist grandios. Desweiteren mag es manchem ein Kick sein, den allerhintersten Winkel an der montenegrinischen Grenze zu erreichen. Über einen Kilometer Off-Road-Weg ab Dorfende gelangt man zu Fuß an die ehemalige Grenzstation der Albaner, ein erhöht stehendes, dem Verfall preisgegebenes Barackengebäude. Dort

Die Westseite des Sees ganz hinten.

Im allerletzten Winkel: Das alte Wachhaus an der Grenze.

hört auch aller Weg auf, nach Montenegro gibt es keine Fortsetzung. Heute herrscht hier privilegierte, aber desolate Einsamkeit, Schildkröten sind einzige Anwohner. Eine Quelle wurde vom Berg herangeführt und u.a. zur primitiv-einfallsreichen Spülung einer Hocktoilette benutzt – „Sehenswürdigkeit". Die beiden Dörfer auf der Strecke sind nicht gerade architekturhistorische Attraktionen, die Erfahrung des durchaus eigengeprägten Angebots ihrer Tavernen gehört jedoch zur Sinngebung dieser Tour. Die Fische vom See sind schmackhaft, selbst die Karpfen sind nicht schlammig. Sie kommen, wenn Sie es mögen, auch auf besondere Art zubereitet auf den Tisch. Aber Vorsicht, der Aal (ngjale) und der Karpfen (krap), werden, z.B., als 'Krap ne tjegull' in einem länglichen Tontiegel im eigenen Fett schwimmend ausgebacken. Wer es so fettig nicht mag, nimmt lieber gegrillte Fische oder Scheiben. Bei 'Krap ne tave' liegt der Fisch im Gemüsebett.

Shiroka (4 km ab neue Buna-Brücke) ist der eigentliche Ausflugsort, Sie finden viele Tavernen, auch Hotels, weitere auf dem Weg. Der Ort verfügt als doch etwas besondere Sehenswürdigkeit über eine **Prachtvilla,** die einst König Zogu gehörte. Der Aufstieg (50 Hm) zu dem hübschen Stück mit zierlichen Säulenbalustraden beginnt ortsmittig, rechts vom Restaurant „Shkodra". Zuletzt führt er über einen etwa 100 m langen Treppenbereich.

Zogaj lohnt nur für Abenteuerer wegen des „letzten Winkels", die wenigen Restaurants im Ort schienen eher auf lokale Kundschaft orientiert. In Zogaj arbeitet einer der noch traditionellsten Hersteller von Klein-Teppichware, etwa von soliden Tisch-Läufern. Die Preise sind hier günstiger als in der Stadt. Die **Manufaktur Nebije Qotaj** liegt nahe dem Ortsende, hinter dem Wasserspender die Straße hinauf, links. Produkte wegen der Farben nur kalt waschen!

Anfahrt: Die Orte sind ab der neuen Buna-Brücke an der Westseite der Buna entlang nach Norden ausgewiesen. Sie passieren dabei auch die bereits erwähnte legendäre alte Stahl-rahmenbrücke. In deren Umgebung durchqueren sie den Siedlungsbereich der sesshaften Zigeuner Shkodras. Hier ist etwas Vorsicht geboten, die Kinder waren, als man noch an der alten Brücke zwangswarten musste, gewohnt, in Massen die Ausländer aggressiv anzubetteln.

Die Straße bis Shiroka wurde kürzlich generalsaniert. Auch danach ist sie in Ordnung, jedoch nur 4 m breit. Die letzte Wendemöglichkeit bei dem Versuch, das allerletzte Ende zu erreichen, dürfte für große WOMO die Ortsmitte des zweiten Ortes sein (Zogaj, 10 km, keine Ortsbeschilderung), kleine WOMO wenden 250 m weiter am Asphaltende.

An Sommerwochenenden ist mit viel Ausflugsverkehr zu rechnen, unter der Woche ist jedoch fast immer ruhig, etliche Gaststätten haben Ganzjahresbetrieb.

Zogus hübsche Villa in Shiroka

(8) WOMO-Campingplatz-Tipp: C-5 Zogaj, Restaurant „Park Thellez"

GPS: N 42° 4'7.5" E 19°24'51.5"

Lage/Ausstattung: Letztes größeres Ausflugsrestaurant vor der montenegrinischen Grenze, etwa 1 km südlich des Ortes Zogaj in die Bergrundung eingekuschelt, Restaurantsgebäude auf erhöhter Terrasse unten am See. Parkplatz auf halber Höhe zur weiter oben verlaufenden Straße als WOMO-Platz mit Piktogramm ausgewiesen, jedoch ohne WOMO-Logistik. Toilette unten im Restaurant (modern) nachts nicht zugänglich. Sie können nach Restaurantsschluss (unter der Woche gegen 21.00 Uhr) auf der beleuchteten Terrasse sitzen bleiben, der Wirt versorgt Sie gern noch mit einem Hausweinvorrat. Die Wasserpumpe neben der Terrasse wird nachts ausgeschaltet, deren Steckdose kann dann für den Computer genutzt werden.

Max. WOMOs: Der Parkplatz fasst nur etwa 20 PKW. Es empfiehlt sich Vorerkundung von oben zu Fuß, ob genug Platz zum Parken bzw. Wenden ist.

Strand von Velipoja

Nach Velipoja und zur Rera e hedhun
(Dauer: Nur Velipoja 3-4 Stunden)

Velipoja ist als Badeort Anfang der 1990er aus dem Nichts heraus an einem breiten, feinsandigen Küstenstreifen entstanden, der solche Verwendung auch verdient. Flankiert wird er an beiden Seiten von Lagunenflächen. Die nördliche davon, der Bereich der Buna-Mündung, ist als **Schutzgebiet** ausgewiesen. Fischotter und Goldschakal sollen hier vorkommen. Südlich sind der Lagune prächtige Strandkiefernbestände vorgelagert (lesen Sie zunächst „Baden" im Lexikon).

Die anarchische Bebauung drohte das Siedlungsareal völlig unzugänglich zu machen. Darüber hinaus galt Velipoja auch als hygienisches Sündenbabel. Rigorose Behördendurchgriffe der jüngsten Jahre zeigen jedoch deutliche Fortschritte bei der touristischen Umgestaltung des Ortes. Von der außen liegenden strandparallelen Zentralstraße des Ortes wurden in regelmäßigen Abständen breite Zugangsschneisen zum Strand geschlagen und zum Teil auch schon asfaltiert. Der Zentralplatz präsentiert sich zwar noch immer nicht hinreißend attraktiv, jedoch jetzt befestigt und sinnvoll gegliedert. Die primitiven Stände der Händler sind zugunsten eines adretten Markthallengebäudes verschwunden. Eine palmengesäumte Strandpromenade entstand.

Neben Neugier auf den Ort und vielleicht einer kleinen Wanderung im Naturreservat gibt es einen dritten Grund, der Ihnen den Besuch der Gegend nahe legen könnte. Südlich von Velipoja erstreckt sich die Seeseite des bereits erwähnten Doppelhügels Richtung Lezha, bald mit so steilen Flanken, dass sie auf gut 10 km den Zugang zum Strand praktisch abriegelt. Etwa auf halbem Wege nach Shengjin kann man dort ein kleines Natur-

Sanddüne Rera e hedhur

wunder besichtigen, die bergauf wandernde Düne Rera e hedhur, „Geworfener Sand" (oder in altertümlicher Sprache, Rana e hedhun). Die besonderen Windverhältnisse an dem Ort sowie das offen Liegen eines kleinen Strandbereiches bei ebbeähnlichen Verhältnissen bewirken, dass ständig feiner Strandsand den steilen Abhang hinauf getrieben wird, der dort eine etliche hundert Quadratmeter große Hangdüne bildet.

Sie können den Ort von beiden Seiten nur zu Fuß erreichen. Während man aber mit Off-Road-Fahrzeugen von Shengjin aus weit an die Düne herankommt, haben WOMO von Norden her die bessere Chance, eine günstige Wander-Ausgangsposition zu erreichen. Nebenbei gelangen Sie damit auch an ein deutlich besseres Strandstück als in Velipoja selbst, in fast noch freier Natur.

Anfahrt: *Velipoja:* 24 km ab Abzweig Tourstraße (2 km südlich neue Buna-Brücke). In der Saison ist insbesondere Abends mit starkem Rückstrom der Tagesbesucher aus Shkodra zu rechnen. Sie gelangen in Höhe des nördlichen Strandendes auf die abknickende und dann in 500 m Entfernung parallel zum Strand verlaufende Zentralstraße. Gleich vorn ist der Weg zum Naturreservat und zu dessen Gebäude (50 m) ausgewiesen. Der Zentralstraße folgend, erreichen Sie nach 1700 m den Zugang zum Hauptplatz. Parkgelegenheiten für WOMO in der Saison an der Zentralstraße, sonst auch am Hauptplatz („Qender").

Beim km 12, ostseitig, Wasserwerk der Region mit großem Selbstabholer-Spender.

**(9) WOMO-Campingplatz-Tipp: C-4 Velipoja,
Camping „Ura Vilunit"**

GPS: N 41°51'48.4" E 19°26'31.8"   **Max. WOMOs:** Bis zu 50.

Kommunikation über Fatmir Ullishta, Tel.: 00355 692455524, spricht deutsch

geöffnet: Auch in der Vor- und Nachsaison

Lage/Anfahrt: Am Ende der Zentralstraße kurz vor dem Kanal nach rechts, 250 m über ein unbefestigtes Wegstück bis zum grünen Gebäude des Stauwehrs, Platz liegt vor der Brücke rechts am Kanal.

Allgemeines: Liegt in einem zur gleichnamigen Gaststätte gehörigen, dicht mit mittelhohen Pinien besetzten Waldstück. Entfernung zum Strand etwa 500 m. Das Projekt stockt, das bescheidene Anfangsniveau des Platzes hatte sich bis 2015 kaum verbessert.

Ausstattung: Zulieferung eines Stromkabels möglich.

Sanitäranlagen: Toiletten bescheiden, keine Duschen. **Preis:** wurde 2015 wegen der Mängel gesenkt auf 5 €/Nacht/WOMO, **WLAN:** nein

Anfahrt: *Rera e hedhur*: Den Abzweig nach Baks-Rrjolle finden Sie 18 km vom Tour-Abzweig (oder, umgekehrt, 6 km ab Velipoja) am westseitigen Fuß eines Kettenhügels, den Sie überqueren müssen, ausgeschildert (über den Lagunenabfluss bei Velipoja führt keine Brücke nach Süden). Die Straße ist auf eine Länge von 9 km breit asphaltiert, 500 m vor Asphaltende biegen Sie über 700 m unbefestigte Straße zum breiten, feinsandigen Strand ab und finden dort das Restaurant „Ibiza", einen Platz, ohnehin gut für einen Tag Fahrpause. Ab hier nach Süden den Strand entlang wandernd, erreichen Sie nach 5 km die Wanderdüne (etwa zwei Stunden zu laufen).

(10) WOMO-Badeplatz: B-1 Baks, Restaurant „Ibiza"

GPS: N 41°51'20.0" E 19°28'12.6"

Max. WOMOs: > 5.

Lage/Ausstattung: Neu errichtetes Ausflugsrestaurant mit großem Parkplatz, solitär an sehr schönem, einsamem Strandstück gelegen, Toilettenhäuschen (moderne Ausstattung) außerhalb des Restaurants am Parkplatz, nachts zugänglich, keine Duschen.

Von Shkodra nach Lezha

Sie verlassen den Bereich Shkodra in Richtung Süden („Tirane", „Lezhe", albanischer Straßencode SH1) und folgen der gut ausgebauten Fernstraße. Wundern Sie sich nicht, auf die nächsten, mehr als 200 km platte, flache Ebenen zu befahren und Berge nur mehr oder weniger weit im Hintergrund zu erblicken. Albanien besteht zu 85% aus Bergland, aber im Nord-

Blick von der Festung Lezha auf die Ebene Richtung Shkodra

bereich des Landes ist dem Gebirge fast überall ein mehr oder weniger breiter Ebenenbereich vorgelagert, der in der historischen, teilweise noch in der kürzlichen, Vergangenheit aus Sümpfen bestand.

Die Zadrima-Ebene, die wir unmittelbar hinter Shkodra durchqueren, wird ausschließlich landwirtschaftlich genutzt. Die wenigen Dörfer, die Sie passieren, wirken für albanische Verhältnisse einigermaßen adrett und gut gedeihend (km 9: Abzweig Bushat zum **Stellplatz (2)**). Einige Hügel gliedern sie recht deutlich, östlich im Hintergrund rückt die Hochbergwelt mit jedem Fahrkilometer näher an die Straße heran. Auch westlich droht bald Berg-artiges, beim Orte Torovica passieren Sie die Rückseite des auf S. 46 bereits erwähnten, hohen und über 20 km langgestreckten parallelen Doppelhügels. Der Doppelhügel ist so ein bisschen das Pech der Gegend. Seine Westseite platscht nämlich ziemlich abrupt ins Meer, lässt dort wenig Raum für Strandnutzung. Alle Strandaktivitäten verlaufen praktisch im Anschlussbereich nur zweier Orte, im Norden Velipoja und im Süden Shengjin. Zu den hunderttausenden einheimischen Nutzern dieser beiden Sommerziele kommen noch zahlreiche Gäste aus dem Kosovo sowie Albaner aus FYROM-Mazedonien – das gibt, aber Sie werden das auch an anderen albanischen Stränden im Juli/August erleben müssen - eine ganz besondere Art von High Life (siehe Lexikon, „Lärm").

Dieser Straßenabschnitt bis Lezha ist zumeist nur mäßig befahren. Stau, ja selbst langsames Kolonnenfahren, ist hier praktisch kaum zu befürchten, eher die nervige Überholsucht der Albaner auch an den unmöglichsten Stellen. Sollten Sie trotzdem keinen Bock auf internationale Fernstraße haben, existiert eine recht interessante Alternative. Die Ausfahrt aus Shkodra

Der liebe Gott (oder Vertreter) in Draht

nutzend, die zur Tour 2 alternativ beschrieben wird, gelangen Sie gleich östlich von Vau i Dejes an einen Abzweig „Hajmel" nach rechts. Dort setzt die **historische Fernstraße Shkodra-Lezha** an. Diese, zwar stellenweise nur 4 m breit, aber asphaltiert und sehr wenig befahren,

verläuft, mäßig kurvig, etwas erhöht am Hang und vermittelt eine sehr schöne, panoramatische Aussicht über die Ebene. Interessant zu sehen, etwa die Kirche von **Kallmet** oder die religiösen Drahtskulpturen auf den Bunkern von **Krajna**. Ein Muss:

Grusel-Hangar für Phantom-Flieger

Dass rustikale Restaurant **„Mrizi Zanave"** nördlich außerhalb des Ortes **Fishta**. Als Teil eines Vermarktungsprojekts für besondere landwirtschaftliche Produkte bietet es ungewöhnliche kulinarische Genüsse. Es liegt etwa 100 m östlich der Straße in Gartenbaugelände, der große Parkplatz reicht auch für WOMO.

Bleiben Sie auf der Hauptroute der Tour, passieren Sie beim km 28 die Abfahrt zum Ort („Gjader", „Karrkariq") und **Militärflugplatz Gjader,** der, ausdrücklich nur für Freunde des Militärhistorischen, Entdeckungspotential bietet.

Der paranoide Diktator unterhielt natürlich auch unglaubliche **Bunker zum Schutze seiner Luftwaffe**, ganze Bergmassive wurden dafür unterhöhlt. Eine der Anlagen nebst Rollfeldern befindet sich landseitig im ostseitigen der erwähnten Doppelhügel vor Lezha. Heute ungenutzt, ist sie dennoch militärisches Sperrgebiet. *Anfahrt (Dauer: 2-3 Stunden):* 14 km ab Tourstraße überqueren Sie die Rollfeld-Zufahrt. Über diese kommen Sie nicht an die Bunker, eine Wache verhindert das. Sie können aber das WOMO gut etwa 300 m jenseits des Rollfeldes im Dorf parken. Von dort können Sie dann 200 m nach links, zum kleinen, flachen Fluss, gehen, diesen auf einem wackligen Steg überqueren, und kommen dahinter bis fast an den riesigen Toreingang zum unterirdischen Hangar heran,

Der Betonkasten zuerst: Lezhas berühmtes Memorial (darüber die Burg).

Sie sehen die Zufahrtsrollbahn mit den Strahlabweisern aus Beton. Alternativ können Sie auch noch 4 km weiter fahren und dann, über eine Brücke, den Hangar von hinten anfahren, allerdings ist der Asphalt hier stark schadhaft.

Falls Sie auf dem **Stellplatz (2)** übernachten, können Sie von dort auch eine Abkürzung über die Dörfer nach Gjader nehmen, die Straßen sind WOMO-fähig.

Auf der Tour gelangen Sie als nächstes in den Bereich der Stadt **Lezha**. Die Hochhügel sind hier von beiden Seiten bis fast an die Straße herangerückt. Nach etwa 2 km innerhalb der Ortslage passieren Sie ein großes Rondell, von dem aus eine Brücke in die Innenstadt führt (unser Entfernungsmesspunkt). Den ausgeschilderten Abzweig nach **Shengjin und zur Lagune Kuna** (und damit auch zum **Stellplatz (11)**) finden Sie 600 m weiter.

(11) WOMO-Campingplatz-Tipp: C-3 Shengjin, „Camping Riviera Shengjin"

GPS: N 41°47'7.4" E 19°37'41.1"
http://www.rivierashengjin.com, tel.: 00355 21523792, 00355 69 2419834
geöffnet: Auch in In der Vor- und Nachsaison.

Lage/Anfahrt: An der Zufahrtsstraße von Lezha nach Shengjin, 1,2 km vom Abzweig, unmittelbar vor einer Rechtskurve. Durch vorgelagerte Gebäude des als „Komplexi Riviera" ausgewiesenen Hotels verdeckt.

Allgemeines: Gehörig zu einem Sport- und Freizeit-

komplex mit Volleyballareal, großem Schwimmbad, „Strandbar" sowie kleinem Hotel. Das WOMO-Areal ist eigentlich der große, plattengefliese Parkplatz des Bades und liegt, abgeschirmt von der Straße durch die Betriebsbauten und eine hohe Seitenmauer, in Vor- und Nachsaison ausgesprochen ruhig. An Sommertagen tobt aber an Bar und Schwimmbad vermutlich bis abends der Bär. Entfernung zum Strand von Shengjin 4 km. Ein außergewöhnlich gutes Restaurant, „Rapsodia", befindet sich 1,4 km Richtung Shengjin. Dort ist ein großer Meister am Werk, wählen Sie eines der Menus „Degustation".

Max. WOMOs: In Vor- und Nachsaison > 20.

Ausstattung: Sieben Mehrfach-Steckdosensätze, ausreichend für 20 WOMOs, Wasserhähne für Auffüllzwecke, W-LAN

Sanitäranlagen: Schade, eigentlich neu und ordentlich, aber Hocktoiletten, mit Duschen, ohne Tasse, in selber Kabine integriert, also defizitär. Waschmaschinen.

Preis (2015): 12,50 €/Nacht/WOMO (2 Pers.)

Lezha (Lezhë) *2, mit Festung 4 Stunden*

Einführung zur Stadt

Lezha ist mit etwas über 20.000 Einwohner nicht gerade groß, hat aber historischen Stammbaum. Ihre antike Vorgängerin war das damals überregional bedeutende Hafen- und Handelszentrum Lissos. Veränderungen der Küstenlinie – das Meer, heute gut 4 km entfernt, reichte mal bis zum heutigen Präfekturplatz – nahmen ihr aber diese Bedeutung. Die Stadtfestung galt jedoch weiter als strategisch wichtig, wurde von den Türken erneuert. Die historisch wichtigsten Fakten für die Stadt waren jedoch zum einen die hier stattgefundene Gründung der „Beselidhja", der Liga der albanischen Regionalfürsten zum Kampf gegen die Osmanen unter Skanderbeg 1444 (zu seiner Person siehe Berühmtenliste). Und zum anderen die Bestattung Skanderbegs am Ort. Das neuzeitliche, megalomane Memorial, das man über seinen Begräbnisort gesetzt hat, solte man gesehen haben.

Die Stadt-„Pflichttour"

Skanderbeg-Memorial

Worum es geht, können Sie schon im Vorbeifahren am anderen Ufer nicht verpassen, höchstens missverstehen. Jenseits des Flusses in Richtung des Festungsberges werden Sie bald nach Einfahrt in die Stadtbebauung eines merkwürdigen Baus gewahr, erinnernd an eine verwaiste Fahrzeughalle oder anderweitige Ruine des Betonzeitalters: Der auf dünnen Betonpfeilern lastende Überbau des Memorials. Sich nähernd, erkennt man darunter die steingemauerte Halbruine eines Kirchenschiffs. Es handelt sich um einen der beiden Heiligorte des albanischen Geschichtsverständnisses, nämlich um den symbolischen Begräbnisplatz von Skanderbeg.

Dieser wurde, so die Überlieferung, in Lezha begraben, und zwar in einer Basilika-Kirche. Die letztlich siegreichen Türken, so weiter die Überlieferung, schnitzten Amulette aus seinen Knochen und überbauten das Grab mit einer Moschee, nichts sollte an den so lange erfolgreichen Widerständler erinnern. Das konnte natürlich nicht sein, und so gab Enver Hoxha den Auftrag, die Basilika um jeden Preis zu finden... zumindest irgendeine. Das tat man dann auch, wie es scheint, mit Erfolg. Die Mauern der Ruine wurden etwas höher nachempfunden und das ganze eben giganto-

Im Inneren des Allerheiligsten

manisch Beton-überdacht. Drinnen ist natürlich alles im Tone eines Verehrungsorts gehalten: An den Wänden Kupferwappen mit den Orten seiner siegreichen Schlachten. Vorn, vor dem Hintergrund der albanischen Flagge (die ja auch die von Skanderbeg gewesen sein soll), das Original jener Halbbüste des Helden, die als Bronze- oder auch als golden angestrichene Betonkopie wohl vor Dutzenden offiziellen Gebäuden zu sehen ist. In der Mitte dann ein symbolisches Grab mit den aufgelegten Kopien seines Schwertes und seines berühmten Ziegenbock-Helmes.

Ob er europäische Geschichte wesentlich beeinflusst hat, siehe Geschichtsüberblick, albanische, und vor allem, albanisches Nationalbewusstsein, allemal. Vermutlich war er der erste und dann lange der einzige, der die Idee von der ethnischen Zusammengehörigkeit der Albaner zum Ausdruck brachte.

Das weitläufige Gelände um das Memorial ist als **archäologische Ausgrabungszone** ausgewiesen. Bereits ausgegraben sind, flussseitig, zunächst die Überreste der alten Hafenanlagen(mauern), die belegen, dass eben das Meer tatsächlich in der Antike hier endete. Ein Stein mit Inschrift ist **Julius Cäsar** gewidmet. In der südöstlichen Ecke des Geländes sehen Sie Überreste des wahrscheinlich **wichtigsten Stadttors**: „...das großartigste Tor im Gebiete Albaniens, ja eines der am stärksten befestigten Tore der antiken Militärarchitektur" (KOCH). Es besaß vier Türme, der Feind konnte noch in einem Mittelhof bekämpft werden, ein riesiges Falltor, dessen Führungsnut noch erkennbar ist, ließ sich herunter lassen. Unmittelbar davor wurden vor kurzem die Überreste einer frühchristlichen Basilika ausgegraben.

Festung

Die antike Stadt streckte sich mit Mauern von insgesamt über 2 km Länge den Berg hinauf und endete oben in der heutigen Festung. Wie wichtig diese aufgrund ihrer strategisch unglaublich günstigen Lage für Römer, Venezianer wie auch für die Türken war, können Sie oben nachvollziehen: Aller Verkehr der Regionen muss durch ein Nadelöhr, die Engstelle zwischen Gebirge und hohem Küstenhügel. Die optische Kontrolle über die Ebenen reichte rechts bis Shkodra, links bis Kruja. Der starke Mauerring ist noch geschlossen erhalten, auch von den Gebäuden stehen innen noch erhabene, formschlüssige Ruinen. Am Eingang sollte eine restaurierte Erinnerungstafel an den osmanischen Festungserneuerer, Suleiman den Prächtigen, erinnern. Sie wurde jedoch bereits mehrfach Ziel kleinkarierter Zerstörungswut. Täglich bis 18.00 geöffnet, gehen Sie spätnachmittags, dann piepsen und schnaufen die hier in großer Zahl vorhandenen Schildkröten im Gebüsch.

Der oberste Bereich der Festung

Weiter sehenswert: Bei so viel Skanderbeg-Kult musste sich die Stadt fast zwangsweise auch ein **Denkmal des Helden** leisten, und tat dies recht feinsinnig-superb: Gegenüber dem Präfekturgebäude tritt uns mal kein grobungeschlachter Degenheld entgegen, sondern ein allegorischer, nackter Griechenheld, die Schultern beladen mit wohl allem Kreuz der Welt. Keine Beschriftung, wer gemeint sein könnte. Nur der Ziegenbock-Helm, wie zufällig da obenauf gesetzt, lässt keinen Spielraum für Interpretation – simply fine art.

Der Helm verrät's...

Die benachbarte Skulptur zeigt übrigens Gjergj Fishta, sein Geburtsort, der heißt auch Fishta, liegt ein paar Kilometer nördlich Lezha: „Er zählt zu den wichtigsten kulturellen Persönlichkeiten und größten albanischen Literaten Albaniens in der ersten Hälfte des 20. Jahrhunderts und schuf mit Lahuta e Malcís (Die Laute des Hochlands) das große Heldenepos Nordalbaniens" (Wikipedia).

Um das Thema Skanderbeg zu Ende zu bringen: Ein **Denkmal für die vom ihm 1444 geschaffene gründete Fürstenallianz** in Form eines stilisierten Festungsmauerstücks finden Sie am Zentralplatz der Stadt, durchqueren Sie dazu noch kurz die südöstlich vom Parkplatz gelegene Grünanlage.

Bleibt, für die Stadt der Vollständigkeit halber, auf die prächtige neue Kirche hinzuweisen, die Sie auf dem Berg an der dem Memorial gegenüber liegenden Uferseite des Drin sehen. Sie gehört zu einem **Franziskaner-Kloster.** Hinter ihr verborgen liegt die alte Klosterkirche, die aus dem Jahr 1464 stammt und ein schönes, altes Kirchenschiff mit reicher Freskendekoration im Inneren bietet. Das Kloster wurde, wie es heißt, von Franz von Assisi selbst gegründet, der 1221 bei seiner Rückkehr aus Syrien hier vorbei kam (kleine bis mittlere WOMO können oben parken, 550 m nördlich des Hauptrondells die Straße hinauf).

Anfahrt:

Mit WOMO: Es lohnt ausschließlich der Versuch, sofort den relativ großen Parkplatz von Präfektur und Memorial anzulaufen, erste Ampel, nur 100 m jenseits der Brücke, links 50 m hinein (Rr. Luigi Gurakuqi). Die Belegungssituation dort ist zeitlich sehr unterschiedlich, nachmittags haben Sie gute Chancen. Falls nicht, können Sie dort zumindest gut wenden. Keinesfalls über die Ampelstraße hinaus fahren, Lezha ist wegen der Enge seiner Zentralstraße eine echte WOMO-Falle. Sind Sie erst mal über den gleich folgenden Zentralplatz „Beselidhja", nur 200 m jenseits der Stadtbrücke, hinaus geschossen, müssen Sie sich einen Kilometer weiter durch meist stockenden Verkehr quälen, bevor Sie wenden können, Parken ist hier sowieso nicht.

Hilfsvariante 1, falls der Parkplatz voll ist: Fahren Sie über die Brücke zum Rondell zurück. Der Rondellplatz geht gegenüber der Brückenzufahrt in den dreiecksförmigen Furgon- und Taxi-Standplatz über. An dessen Dreiecksspitze führt westwärts eine unbefestigte Gasse zum Bahnhofsvorplatz (100 m). Hier sind die Chancen auf einen Parkplatz gewöhnlich höher.

Der allerletzte Hat-Trick: Fahren Sie vom Rondell wieder Richtung Shkodra. Suchen Sie sich im Bereich zwischen 400 und 800 m an der Seite oder in einer der rechten Seitenstraßen gleich vorn eine Parkstelle. Drücken Sie z.B. an einer der dortigen Tankstellen oder Autowerkstätten dem Besitzer 500 Leke „Parkgebühr" in die Hand. Nehmen Sie dann zu Fuß entweder die bei 450 m oder die bei 700 m zum Fluss führenden Straßen. Sie erreichen über beide nach 250 m eine Fußgängerbrücke, über diese gelangen Sie nach weiteren 500 m bequem zur Rückseite des Memorials.

Hinauf zur Festung: Am Zentralplatz (200 m jenseits der Stadtbrücke) links ab, nach 300 m (ausgeschildert) scharfe Kehre nach oben (Rr. Varosh). Fahrweg 2 km, Höhenunterschied 150 m, geöffnet bis 18.00 Uhr. Die EU hat der Stadt eben eine exzellente, dem Ambiente angemessene Auffahrtsstraße spendiert, die in einem super Parkplatz endet. Sie ist

Noch für große WOMOs tauglich?

allerdings nur vier Meter breit, hat 12% Gefälle. Zwei zwar

erweiterte, aber dennoch Ansatzüberschneidungen bildende Serpentinenkurven lassen raten, die Sache mit großem WOMO lieber nicht zu versuchen, mit mittlerem, die Kurven, weit, weit ausfahren.

Falls Sie kraxeln wollen: In der ersten Kurve nach dem Abgang nach oben geht ein unscheinbarer Weg ab, der ist steil, verkürzt den Weg aber um die Hälfte. Nebenbei kommen Sie an einem mächtigen Stück der alten Stadtmauer vorbei.

Mit Bordmitteln oder öffentlichen Verkehrsmitteln: In der Hauptsaison sollte für Übernachtende auf Stellplatz (11) einer der dann häufig verkehrenden Furgone das Transportmittel der Wahl sein. In der Vor- und Nachsaison kann es aber sein, dass sie über eine halbe Stunde warten müssen. Ziehen Sie, falls Sie nicht ohnehin über Bord-Transportmittel verfügen, in Betracht, auch dann zur Festung hinauf, ein Taxi rufen zu lassen (Kosten höchstens 5 € - mit dickem Trinkgeld) oder die 2 km zu laufen. Wenn der Furgon kommt, können Sie ihn ja allemal noch stoppen, Furgon- „Bahnhof" in Lezha ist das große Rondell vor der Stadtbrücke, von dort sind es nur 400 m bis zum Skanderbeg-Memorial.

Sehenswertes im Umkreis von Lezha

(12) WOMO-Stellplatz: Shengjin, Lagune Kuna

GPS: N 41°45'52.63", E 19°35'44.80"   **Max. WOMOs:** 5

Lage/Ausstattung: Asphaltierter Großparkplatz am äußersten Ende der Zufahrtsstraße von Shengjin zum Laguneneingang. Ausweichvariante, falls **(11)** zu laut ist. Das letzte Kleinhotel unmittelbar vis-a-vis bietet auf Anfrage Verpflegung. Kein Badeplatz, für diesen Zweck eine Stellstelle auf den Parkflächen zuvor suchen.

Shengjin – Kuna

Die kleine, gut gegen den Nord- und Nordwestwind geschützte Bucht von Shengjin ist Militär-, Fracht- und Ölhafen, zeitweilig war sie sogar Fährhafen. Daneben verfügt sie aber über einen breiten, feinsandigen Strand, der sich südwärts noch weit außerhalb der Stadt erstreckt. Auch hier zeitigen Bemühungen, der chaotischen Tourismusentwicklung Grenzen zu setzen, jüngst sichtbare Erfolge. Es formt sich das Bild eines aufstrebenden Ressorts, zwar beängstigend dicht (und hoch) bebaut, aber mit adretten Seepromenaden. Lagunenfreude finden hier das nächste ihrer Paradiese unmittelbar an der Drin-Mündung in der **Lagune Kuna**, also beträchtlich südlich vom Ort.

Anfahrt: Geradezu in den Ort einfahrend werden Sie in der Hauptsaison kaum Parkplatz finden. Folgen Sie besser gleich zu Ortsbeginn den beiden touristischen Wegweisern „Zona Turistike Shengjin" (Tagesbesucherstrand) und „Laguna Kune

Shengjin (vor Saisonbeginn!)

Shengjin", beide nach links weisend, auf die neue, strandparallele Straße. Hier sollten Sie bald Chancen auf einen Parkplatz haben. Die **Lagune** erreichen Sie auf selbem Wege oder über einen unscheinbaren shortcut, der 2 km nördlich vom Stellplatz (11), in Höhe des links sichtbaren Öllagers, abzweigt. An dessen Ende können Sie nach Süden noch strandparallel 3,5 km bis zu einem kleinen Hotel - **Stellplatz (12)** - vordringen, von dort zu Fuß in den interessantesten Bereich der Lagunenlandschaft starten.

Von Shengjin aus gelangen Sie auf etwas längerem Weg als von Velipoja (Baks) ebenfalls zur **Rera e hedhur** (5 km). Das

Lagunenteil mit Herbstschmuck

nordwestlich ganz am Ende des Orts angrenzende Militärgebiet wurde 2015 für den öffentlichen Durchgang geöffnet, es gelten jedoch Militärbestimmungen. Desweiteren harrt der Weg ab dem Eingang des Militärgebiets noch immer der Asphaltierung. Probieren Sie, ob man Sie gleich hinter dem Tors des Militärbereichs parken lässt, folgen Sie dem Weg nach oben, und dann weiter, hinter den neu erbauten Hotelanlagen entlang bis zur Düne. An den Militärbaracken werden Sie Spruchtafeln sehen, gut, dass Sie nicht verstehen, etwa „Urdhri nuk diskutohet por vetem shpatohet!" („Befehle werden nicht diskutiert, sondern ausschließlich befolgt!").

Von Lezha nach Fushe Kruja

Der E851/SH1 weiter folgend, überqueren Sie 2 km südwestlich Lezha den Drin. Sie hätten an dieser Brücke Gelegenheit, zur **Lagune Vain** abzubiegen.

Lagune Vain
Dieser Hinweis der Vollständigkeit halber. Diese Lagune und der ihr vorgelagerte Strandabschnitt gelten ob ihrer Größe vielen als die touristisch attraktivsten Lagunenstücke der gesamten Gegend von Shkodra bis Durres. Im strandnahen Bereich ließen sich auch Restaurants mit gutem Angebot finden. Leider sind die letzten etwa drei Kilometer nicht asphaltiert. Das gestattet nicht, ein Befahren mit WOMO zu empfehlen. **Anfahrt:** Falls Sie Ihrem WOMO ein bisschen was zutrauen, der Weg zweigt hinter besagter zweiter Drin-Brücke am Fluss entlang in Richtung Meer ab. Auf 3 km fahren Sie zunächst asphaltiert auf einer sehr engen Straße bis zum Beginn der Lagune. Dort müssen Sie Eintritt und WOMO-Camping-Gebühr entrichten. Der Weg bis zum Strand betrüge dann noch einmal 3 km, gegen Ende treffen Sie auf das empfehlenswerte und auch stell-geeignete Restaurant „Diella" [N 41°44'15.4" E 19°34'52.7"], bald danach auch auf weitere.

Fortan bewegen Sie sich wieder auf der Fernstraße SH1 bis zur Stadt Fushe Kruja, durch ebenes, landwirtschaftlich genutztes Terrain, mit der Gebirgsszenerie in nur wenigen Kilometern Entfernung beständig präsent, das Meer weiterhin unsichtbar. Auch diese Ebene war im Mittelalter weitgehend Malaria-Sumpf. Vom Helden

Lagunenfischer beim Netzeflicken

Skanderbeg wird vermutet, dass er an Malaria-Fieber verstarb, das von hier ausging.

Gescheitertes Hotel

Die historische Straße verläuft wieder unmittelbar in Bergnähe, bietet hier jedoch keine wirkliche Alternative. Erstens kommen Sie von dort umständlicher nach Tale und Patok, zweitens ist sie teilweise in schlechtem Zustand. Auf dem normalen Tourverlauf also weiter, wird es erst mal spannend, fahrtechnisch leider bald auch nervig. Zunächst haben Sie beim km 10 ab Lezha die Möglichkeit zum **Strand und zu den Bunkern von Tala** (Dauer: 2 Stunden) abzubiegen, einen Abstecher, den ich wärmstens befürworte.

Die „Bunkerchen" von Tala

Die weitläufige, feinsandige Strandzone mit weitem Reed-Hinterland beim Ort Tala (Tale) ist eines der jüngsten Entwicklungsobjekte des albanischen Tourismus. In nicht allzu ferner Zeit wird man wohl den zuvor geradezu beängstigend leeren Raum verbaut haben und nimmt dabei auch auf die Reedzone kaum Rücksicht. Schauen Sie sich dieses typisch albanische Entwicklungsprojekt in seiner Entstehung an und besichtigen Sie gleichzeitig eines der am bedrohlichsten wirkenden Artilleriebunker-Ensembles Hoxhas, mit dem er alle Feinde seiner Welt abschrecken wollte.

Die Bunker stehen in Reihe auf erhöhtem Postament, dahinter die betonig-vorsintflutlichen Feuerleitstände. Letztere, sowie das Gewirr von unheimlich großen, unterirdischen Versorgungsbunkern, wurden leider vor Kurzem mit Stacheldraht eingezäunt und sind nicht mehr begehbar.

Widerhall einer paranoiden Epoche - die Bunker von Tale

Ebenso gescheitert ist das Projekt eines Deutschen, aus den Artilleriebunkern Hotelzimmer zu machen. Das Pilotobjekt ist jedoch noch zu sehen. Auf das Postament gelangen Sie mit etwas Kraxelaufwand von der Südseite.

Anfahrt: Ab Abzweig „Tale", „Shen Koll" (auch Abzweig **zum Stellplatz (13)** 7 km bis zum strandparallelen Weg, dort rechts halten, noch 2 km bis zu den Bunkern.

(13) WOMO-Campingplatz-Tipp: C-5 Tale, Spiranca

GPS: N 41°42'5.3" E 19°34'59.2"
Max. WOMOs: > 10.
Lage/Ausstattung: Zu einer Strandbar gehöriger, sich als „Kamping" ausweisender, begraster Platz ohne Umzäunung, mit betonierten Laufflächen, ohne WOMO-Logistik, Mitbenutzung der Bartoiletten (defizitär), Duschen kalt, außen, über Gras. In der Vor- und Nachsaison geschlossen, bewacht, jedoch auch dann nutzbar. Geben Sie dem Wächter 500 Leke, damit er ihnen die Wachhunde vom Wagen hält. Bislang (abhängig von den Baufortschritten) können Sie aber auch an verschiedenen anderen Stellen des riesigen Strandes stellen. Eine noch bessere Idee, besonders in der Vor- und Nachsaison, ist die Gaststätte „Keshtjella Margarita" [N 41°41'36.23" E 19°36'30.77"] auf dem Anfahrtsweg, 2 km vor dem Strand. Weniger wegen des großen Parkplatzes, aber dort gibt es ordentliches Essen.

Weiter auf der Tourstraße, passieren Sie beim km 15 den Abzweig zur Autobahn A1 Richtung Kosovo, Beim km 17 können Sie über eine Hochbrückenkreuzung sowohl zum **berühmten Kloster von Lac** als auch **zur Lagune Patok** abbiegen.

Wallfahrtskirche Lac (Laç) – Dauer: 2 Stunden
Der Heilige Antonius (Shna Ndout auf Albanisch) würde mir nicht verzeihen, wenn ich seine seit langem berühmte Wallfahrtskirche am Gebirgsrand beim Orte Lac nicht würdigen würde. Ich tue es, als Atheist, mit gutem Gewissen, weil sich der Blick von hier oben auf die weite Ebene und das Meer dahinter wieder wirklich lohnt. Die relativ kleine Kirche an sich ist ein modernes Gebäude. Innen steht auch nur eine kleine Skulptur des Heiligen an der Wand, aber das Verehrungsritual am Tage des Heiligen (13.Juni) hat die Dimension wie in anderen großen Wallfahrtsorten Europas und bietet das düster-gespenstisches Bild von im Glaubenseifer nach der Statue grapschenden Menschenmassen. Der Andrang war wohl doch zu groß, man hat mittlerweile für diesen Zweck außen eine überlebensgroße Bronzestatue installiert.
Hinter der Kirche befindet sich eine große Grotte, wer in dieser die Nacht des Heiligen verbrachte, und das tun Tausende beim Lichte unzähliger Kerzen, soll Wunder erfahren haben, so fanden zum Beispiel alte Jungfern doch noch einen Mann.

Anfahrt: Ab Abzweig Lac bis in den Ort sind es 3,5 km. Folgen Sie dort der ersten großen Hauptstraße, auf die Sie quer treffen, 500 m nach links. Biegen Sie dann rechts auf die Rr. Kisha e Shna Ndout und folgen dieser engen, aber bis oben gut asphaltierten Straße bis zum Berg und dann noch 4,5 km aufwärts, 300 m Höhenunterschied. Falls auch Sie in der Höhle schlafen wollen (aber um des Heiligen willen nicht um den 13.6.!), ihr WOMO schläft derweil gut auf dem großen Parkplatz der Stätte [N 41°37'44.00" E 19°44'4.61"].

Kloster Lac

Lagune Patok – Dauer: 2 Stunden
Der Besuch hier dürfte besonderen Reiz haben, da es sich um die einzige haffartige Offen-Lagune handelt, die meisten anderen wirken wie Binnenseen. Zudem wurden an verschiedenen Stellen Rohre in den Seegrund getrieben, die, nach dem Prinzip artesischer Brunnen, kontinuierlich Frischwasser in die Lagune pumpen, das hier aus dem Schwemmbett des Flusses Mat unter Druck ansteht.
Auf einem etwa 1 km langen, engen, aber gut asphaltierten Damm durchqueren Sie die Wasserfläche, links und rechts sehen Sie hübsche Pfahlbau-Restaurants in die Lagune gesetzt. Vorn treffen Sie auf ein flachinselartiges Verlandungsstück mit nochmals mehreren Restaurants, das die Binnenwasserfläche nach außen abschließt.

Anfahrt: Die Abfahrt von der Tour ist dieselbe wie nach Lac, nur in die umgekehrte Richtung. Nach 6 km erreichen Sie das Ufer mit dem Dammbeginn.

(14) WOMO-Stellplatz: S-1 Patok

GPS: N41°38'14.7" E 19°35'21.8"   **Max. WOMOs:** > 10.
Lage/Ausstattung: Bei Patok ist der Damm praktisch die „Durchfahrtsstraße", hier ist insbesondere am Wochenende mit etlichem Verkehr zu rechnen. Es empfiehlt sich daher, bis zum Ende des Dammweges durch zu fahren und bei einem der Restaurants auf der sich anschließenden Verbreiterung abzustellen.

Die autobahnartige Verbreiterung der Fernstraße ab dem Kosovo-Zubringer ist leider nur auf 12 km gediehen. Im anschlie-

Pfahlbauten in Patok

ßenden nach wie vor nur zweispurig Bereich, haben Sie dann beim km 33 kaum übersehbar **Campingplatz (15),** eine wuchtige „Keshtjella", eines der häufig anzutreffenden Lokale in Form einer klotzigen Protzburg.

Beim km 36 stoßen Sie auf die Auffahrtrampe zur einzigen Zwei-Ebenen-Straßenkreuzung auf der gesamten Strecke, die Sie oben überqueren, und oben finden Sie auch die Richtungsweiser. Den Ort Fushe Kruja sehen Sie bereits links. Die Kreuzung ist für Sie ein strategischer Richtungs-Entscheidungspunkt. Der Tour folgend, müssten Sie jenseits der Brücke der Weisung „Durres" nachfahren. Auch **Stellplatz (16)** erreichen Sie so nach einem Kilometer. Geradeaus zu fahren, wäre eine der beiden Möglichkeiten, um das **Unternehmen Hauptstadt-Besuch** mit dem WOMO, in Angriff zu nehmen. Unter die Brücke in Richtung Berge abbiegend, gelangen Sie zum nächsten Wallfahrtsort Albaniens, zur, ja, wie soll ich sagen, es ist ja keinesfalls nur ein einfaches Museum. Es ist die **Geschichts-Andachtsstätte Kruja**. Die Stadt liegt zwar 12 km abseits, die Albaner würden mir aber nicht verzeihen, wenn ich sie nicht direkt in die Tour einbauen würde. Nur bei der

Üblich: Fleischverkauf direkt im Staub der Hauptstraße.

Berechnung der Tour-Gesamtlänge, da habe ich sie doch unter den Tisch fallen lassen. Auf dieser Zufahrt ist ein weiteres Schmankerl für Archäologie-Fans anzumerken, der Abzweig nach **„Albanopolis"** (4 km ab Zwei-Ebenen-Kreuzung). Auch **Campingplatz (15)** ist in dieser Richtung, unmittelbar nach Beginn des Berganstiegs zu finden. Nehmen wir uns also die Richtung Kruja zuerst vor.

Albaner sind noch sehr heiratsfreudig - solch Anblick werden Sie öfters haben!

Zgerdhesh – „Albanopolis" *Dauer: 1-2 Stunden*

Ptolemäus verwies im 2. Jh. Albanopolis, die sagenhafte Hauptstadt der „Albanoi" weitläufig in die Gegend um Durres, auf ein paar hundert Kilometer kam es ihm nicht an. Diese „Albanoi" wiederum gelten als das unbewiesene Bindeglied zwischen Illyrern und heutigen Albanern. Daraus leiteten albanische Archäologen, von Enver Hoxhas Vorfahrenkult getrieben, die Schlussfolgerung ab, gelänge der Nachweis, dass die sagenhafte Hauptstadt auf albanischem Boden liege, dann sei auch bewiesen, dass die „Albanoi" wirklich die Vorfahren der heutigen Albaner, und diese mithin die Nachfahren der

Illyrer seien. Tatsächlich gibt es im Großraum die Stadtruinen zweier ungewöhnlich großer, wehrhafter Orte, bei denen bislang nicht gelungen ist, sie namentlich zu identifizieren. Grund genug für den österreichischen Konsul von Hahn im 19. Jahrhundert, der an einem der beiden Orte vorbei kam, sich weit aus dem Fenster zu lehnen und zu behaupten, dies sei „Albanopolis". Das Sehnen aller Albaner es möge gelingen, das zu beweisen, ist seither mit ihm. Und ständige Wiederholung von Hypothesen produziert am Ende doch Wahrheiten, folglich ist es heute Gang und Gäbe, den von Hahn besichtigten geheimnisvollen Ruinenort beim Dorfe Zgerdhesh unweit von Kruja als „Albanopolis" zu apostrophieren. Irgendwie macht der Ort was her, auch mich hat er beeindruckt. Dimension und Art des Mauerbaus, die mächtigen Mauertürme standen in weniger als 50 m Abstand, rufen zumindest bei

Restquader der unteren Mauer von „Albanopolis"

Laien Vergleiche mit namentlich bekannten Ausgrabungsorten anderer antiker Städte in Erinnerung, Lezha vielleicht zuvorderst, aber auch Byllis.

Fast möchte ich darüber vergessen, dass der vielfach von mir zitierte KOCH die Identität von Albanopolis eher dem ähnlich gestalteten Ruinenfeld Persqop zuweist (siehe Kapitel Tirana, Petrele). Aber auch Koch verzichtete auf nachvollziehbare Begründung. Machen Sie einen Abstecher nach Zgerdhesh, vielleicht finden Sie die Wahrheit mit der Wünschelrute raus. Das Gelände ist anhand der unteren Stadtmauer schnell zu finden, sein Areal erstreckt sich über 500 m straff den Hang aufwärts, oben finden sich dann Reste von Mauern und Türmen der Stadtfestung. Wege gibt es nicht.

Anfahrt
Der Abzweig von der Straße nach Kruja ist, 4 km von der Zwei-Ebenen-Kreuzung Fushe Kruja, rechts, mit „Castle of Zgerdheshi" ausgewiesen. Von hier sind es genau 2 km. Folgen Sie dem Verlauf der Dorfstraße (Rr. e fshatit Halil), ab einer Trockenbach-Brücke bietet sie leider nur noch Schotter (Rr. e Zgerdheshit) und diesen auf dem Rest-Kilometer. Zum Recherchezeitpunkt war er aber recht gut geglättet. Wenn's Ihnen zu kritisch wird, der Weg ist ab jetzt zwar eng, aber in regelmäßigen Abständen finden Sie wendetaugliche Stellen, ebenso unmittelbar vor dem letzten hangparallelen Stück 40 m vor dem Gelände, wo Sie auch parken sollten.

(15) WOMO-Campingplatz-Tipp:
C-5 Fushe Kruja, Restaurant „Vllaznia"

GPS: N 41°30'10.2" E 19°41'48.4"
Tel.: 00355 68 2209774, 00355 68 2061725
geöffnet: ganzjährig
Lage/Anfahrt: Auffälliges, kastellartiges Restaurant westseitig, 33 km südlich Lezha
Allgemeines: Plattenbelegte, größere Parkfläche *etwas verdeckt hinter* dem Restaurantsgebäude. Daher wenigstens einige Dämpfung der starken Straßengeräusche.
Max. WOMO: > 10.
Ausstattung: keine, kein WLAN
Sanitäranlagen: Gut vom Platz zugängliche und ordentliche Restaurant(hock)toiletten, Waschbecken ohne warmes Wasser, keine Dusche.
Preis (2015): 10 €/Nacht/WOMO

Blick vom Berge auf das Allerheiligste: Krujas berühmte Festung

(16) WOMO-Campingplatz-Tipp:
C-3 Fushe Kruja, Hotel „Nordpark"

GPS: N 41° 28' 14.0" E 19° 41' 44.0"
http://www.nordpark.al,Tel.: 00355 69 2035123
geöffnet: Auch in der Vor- und Nachsaison
Lage/Anfahrt: Hotel liegt knapp 2 km westlich vom Knotenpunkt Fushë-Kruja an der Hauptverkehrsachse Richtung Durres.

Allgemeines: Konvertierter Wirtschaftsplatz auf der Rückseite der Hotelanlage, ursprünglicher Zweck durch sicht- und hörbare Küchen-ventilations- und Großklima-anlagen nur allzu deutlich erkennbar. Entschädigung durch solide, WOMO-gerechte Ausstattung sowie ästhetische Aufwertung des Ambientes: Im Aufenthaltsbereich begrünter, im Stellbereich grob bekieselter Platz, hübsche Sitzecken bzw. Bänke. Die langgestreckten Hotelgebäude schirmen relativ gut gegen den Verkehrslärm der vorn laufenden Fernstraße ab.
Zum Hotel gehört ein großes, sauberes Schwimmbad, das auch in der Vor- und Nachsaison nutzbar ist (Sie haben es dann für sich alleine).
Max. WOMOs: Etwa 10.
Ausstattung: Vier Elektrodocks (je 4 Dosen), mehrere Wasseranschlüsse stellplatznah. WLAN im Hotelbereich, nicht auf dem Platz.
Sanitäranlagen: Es können die zum Schwimmbad gehörigen Sanitäranlagen genutzt werden.
Preis (2015): 20 €/Nacht/WOMO

(17) WOMO-Campingplatz-Tipp:
C-5 Kruja, Restaurant „Oaz"

GPS: N 41°29'13.7" E 19°46'3.7"
geöffnet: Auch in der Vor- und Nachsaison
Lage/Anfahrt: Restaurant liegt vor der ersten scharfen Kurve des Berganstiegs 5 km vom Knotenpunkt Fushe Kruja direkt an der einzigen Zufahrtsstraße nicht nur zur Stadt Kruja, sondern auch zu den Kalktagebauen. Zuvor mehrfach mit Schild „Parkim Kamping" beworben.
Allgemeines: Zwar sehr großer Parkplatz, jedoch wegen der Straßengeräusche und der Ausstattung eher Notbehelf.
Ausstattung: 2 Steckdosen im Außenbereich.
Max. WOMOs: > 10.
Sanitäranlagen: Restaurant wie sanitäre Einrichtung relativ neu, jedoch nur 2 Hocktoiletten mit Waschbecken, nachts zugänglich.

Kruja (Krujë) *4-5 Stunden*

Einführung zur Stadt
Keine Albanien-Tour, ohne Kruja zu besuchen. Die Stadt hoch am Berghang ist nun mal der personifizierte Heiligenschrein des albanischen Traditionsverständnisses. Der Tourist muss allerdings mehrfach tief durchatmen, so stark sind die Inkompatibilitäten. Da ist schon mal das Umland. Erhabenes Panorama einer steilen, wirklich wie eine Mauer stehenden Bergwand, aber darunter Bereich des Kalkbergbaus, Tagebaugelände und großes Zementwerk. Wenn Sie schwarze Rauchwolken aufsteigen sehen, dann ist dies das

Resultat von Kalk-Kleinproduktion unter Reifenverbrennung. Kruja an sich ist ein erschreckend dröges Städtchen, durch Enver Hoxha-Wohnblöcke schon reichlich verhunzt, derzeit durch schon Pleite gegangene oder zum Teil noch laufende Versuche, in unziemlicher Nachbarschaft zum Historischen moderne Geschäftsarchitektur zu etablieren, im Begriff, weiter verhunzt zu werden.

Die Fama Kruja lebt also ausschließlich von einem kleinen ehemaligen Festungs- und Altstadtbereich, denn diese Festung hatte Skanderbeg zu seinem Hauptplatz erkoren. Er trotzte von hier selbst gewaltigen Heeren der Osmanen (man muss dazu sagen, die Osmanen pflegten alle ihre Feldzüge vor Wintereinbruch abzubrechen, das war wohl nicht nur das Glück für Wien 1429, sondern auch mehrfach für Kruja). An solch wichtigem Ort, ganz klar, durfte sich natürlich die Tochter Enver Hoxhas, eine, nach meiner unfachmännischen Meinung, durchaus begnadete Architektin, austoben. Sie entwarf also für die von den Türken weitgehend geschliffene Festung ein bombastisches, an ein King-Arthur-Castle erinnerndes Museumsgebäude. Dieses wurde selbstredend zum Nummer-eins-Skanderbeg-Heiligenschrein und ist es, mit wenig verändertem Konzept, noch heute. Deshalb, aber nicht nur, dorthin. Lesen Sie im Folgenden.

Kruja, Einfahrtsansicht der Stadt, die Festung jetzt rechts oben

Die Stadt-„Pflichttour"

Sie haben in engem räumlichen Zusammenhang drei Elemente zu bewältigen, nämlich einen Basar, das besagte Museum und die angrenzenden Rest-Teile der Altstadt.

Basar

Wie Sie auch immer hinkommen, der Basar stellt sich Ihnen zuerst in den Weg – halten Sie ihr Portemonnaie fest. Weniger wegen eventueller Diebe, Berichte darüber liegen für den Basar nicht vor. Aber er ist nicht nur der umfänglichste Kunstgewerbe- und „Antiquitäten"basar in Albanien, er ist auch der einzige durch seine Architektur ganzheitlich türkenzeitlich wirkende (mancher wird sagen, der von Gjirokastra sei das auch, dort sind mir zu viele Läden mit heutigen Produkten und Frittenbuden

Kruja, Festung

dazwischen). Bei den Teppichen, die Sie hier kaufen, können Sie sogar zuschauen, wie sie gewebt werden. Waschen Sie sie aber höchstens kalt, das Rot ist nicht farbecht. Eifern Sie auch nicht meiner verstorbenen Frau nach, die ließ sich für 300 Euro eine beschnitzte Truhe aufschwatzen. Hinterher recherchierte ich gemeiner Weise im Internet, so ein Ding hätte sie auch für 70 oder 80 Euro haben können. Auch der Skanderbeg-Brandy, der ist wirklich gut, Sie kriegen ihn aber woanders billiger.

Wenn Sie all das gute Zeug nicht brauchen, bummeln Sie langsam durch und lächeln freundlich, wenn man Sie anmacht. Am Ende gelangen Sie zum Tor der Festung – und dort natürlich erst mal in die Fortsetzung des Basars, hier nur auf Grabbeltischen. Ignorieren Sie auch diese souverän und steigen Sie auf ins Castle.

Skanderbeg-Museum
(Montags geschlossen) In der Krypta-ähnlichen ersten Etage entsprechen Ambientegestaltung und optische Hinführung, über die Darstellung von Skanderbegs Heldentaten bis am Ende zu den Kopien von Schwert und Helm, denen einer sakralen Wallfahrtsstätte. Die jüngsten Modernisierungen brachten hier, soweit ich das übersehe, wohl nur einige Bereicherungen in Form neuer Wandgemälde sowie eine stärkere Betonung auch der Vor-Skanderbeg-Zeit, einschließlich der Rückführung seiner Ahnenkette auf Teuta und Pirro, Helden der Antike.

Die zweite Etage ist zunächst auch vorrangig Verehrungsort, Mitkämpfern und Persönlichkeiten seiner Zeit gewidmet. Im Mittelpunkt interessanter Weise seine Schwester Mamica (die für ihn u.a. die Festung Petrele kommandierte).

Die weiteren Säle dann deutlicher edukativ-museal, gewidmet der Reflektion von Skanderbeg Taten in der damaligen christlich-europäischen Welt, wo man überhöhte Hoffnungen auf das Wirken Skanderbegs gegen die Türken setzte, ohne Bereitschaft zu zeigen, seinen Kampf auch angemessen materiell zu unterstützen.

Über den dritten Saal gelangen Sie auf die große Balkonbrüstung des Hauses mit fantastischem Ausblick, die Zwischenerholung haben Sie auch nötig. Der oberste Saal ist den auswärtigen Bündnissen und Beziehungen gewidmet, die Skanderbeg einging. Prominent dabei die Beziehungen zum damals noch starken ungarischen Reich unter Hunyadi, sowie zu Alfons V. von Aragon und Neapel. Beide galten als Hoffnungsträger der christlichen Welt in deren agonischem Abwehrkampf gegen die Osmanen, die sich zu diesem Zeitpunkt dem Höhepunkt ihrer Rolle als stärkste, aber zugleich von ihrer Zivilisation fremdeste Militärmacht im europäischen Raum näherten. Ob sie brutaler waren als christliche Despoten? Gewiss, der Sultan ließ in Ungnade Gefallene auf Handzeichen gleich vor seinen Augen erdrosseln. Man sagt aber, dass es der unterworfenen christlichen Landbevölkerung, etwa in Ungarn, unter den Türken besser ging als unter den Habsburgern.

Die englischen Erläuterungen im Museum beschränken sich auf spärliche zusammenfassende Tafeln pro Raum. Dennoch meine ich, dass das Ganze ein insgesamt gefälliges Museum und vom ästhetischen Aufbau sehenswert ist – beiläufig dürfen Sie zur Kenntnis nehmen, dass es auch hier nur Hocktoiletten gibt.

Haben Sie den Heiligenschrein überstanden, wählen Sie bitte zwischen weiter museal oder gastronomisch, wobei letzteres hier natürlich in fast allen der sechs oder sieben Einrichtungen auf dem Gelände auch in angemessen musealem Ambiente daher kommt. Die oberen Restaurants (etwa das „Bardhi") wirken in ihrer Einrichtung originaler, aber

Erläuterung nicht erforderlich!

vielleicht etwa ältlich, schwungvoll neu noch die „Gushina Traditionale Kalaja", gleich gegenüber dem Museum. Ich aß übrigens meist im Hotel Panorama außerhalb des Geländes, und, wie ich fand, dort zwar nicht historisch, aber in einem besseren Preis-Leistungsverhältnis.

Wachturm, ethnografisches Museum und Altstadt
Sich konsequent museal haltend, sollten Sie vielleicht zunächst den Platz oberhalb des Museums, mit dem wohl noch **originalen Wachturm Skanderbegs** besuchen. Die fantastische Aussicht auf die wie eine Trutzburg stehende Bergwand hinter der Festung haben Sie hier besser als von der Balkonbrüstung des Museums, dazu natürlich noch einen Hauch von Originalatmosphäre. Letztere bekommen Sie aber nochmals deutlicher beim weiteren Rundgang. Unterhalb des Museumscastles stoßen Sie zunächst links auf das **Ethnografische Museum** in einem Original-

anwesen der frühen Türkenzeit, meines Erachtens zu den fünf anschaulichsten im Lande gehörig, Führung in Englisch (Achtung, lange Mittagsschließzeiten!). Unterhalb finden Sie dann weitere schlüssig-originale Gassen und Häuser der Altstadt, u.a. mit dem ehemalige Hamam.

Nicht etwa Gips, alles in Stein gemeißelt

Bektashi - und andere merkwürdige Plätze

Kruja ist auch ein Zentrum des Bektashi-Islams (siehe Lexikon). In der Nähe sind mindestens drei Kultstätten der Religion zu finden, die erste Tekke gleich am unteren, südlichen Ende des Altstadtareals, keine 200 m vom Museum. Eine weitere können Sie 6 km vom Knotenpunkt Fushe Kruja entfernt, in einer scharfen Berghangkurve, besichtigen, das, wie in dieser Religion üblich, auffällig grüne Gebäude der Tekke „Gjurma e te Shenshit Sari Saltik". Darin, wie noch in mehreren anderen Tekken Albaniens, ein markant geformtes Loch in speckigem Fels, das von den Anhängern der Religion als Fußabtritt des besonders heiligen Sari Saltik interpretiert wird (bitte Schuhe ausziehen zur Besichtigung innen). Letztlich, besagter Heiliger selbst, nicht nur sein Fußabdruck, wird hauptsächlich ganz oben am Bergrand in einer eindrucksvollen Felsgrottenkapelle verehrt. Der Weg dahin (12 km) ist asphaltiert (Wanderaufstieg von der Stadt aus ist auch möglich, zwei Stunden Hinweg).

Den Hinweis auf eine letzte „Sehenswürdigkeit", direkt an der Strecke ohne Abstecher zu erreichen, kann ich mir nicht verkneifen, Rubrik „Perverses am Rande": Albanien wird bekanntlich (und berechtigt) in Europa als ein politischer Paria angesehen und bislang von höchsten Staatsbesuchern gemieden. Einer kam doch, nachdem er woanders kaum mehr irgendwo gelitten war, die Albaner fühlten sich tief geehrt - US-Präsident George W. Bush. Die Dankbarkeit der Albaner kannte buchstäblich keine Grenzen, man benannte nach ihm nicht nur fix etliche Straßen (albanisiert oft „Xhorxh W. Bush"), in Fushe Kruja setzte man ihm sogar ein überlebensgroßes Bronzedenkmal, gleich am Hauptplatz, der natürlich auch seinen Namen trägt, 600 m von der Zwei-Ebenen-Kreuzung.

Anfahrt

Die Anfahrt zu den Kruja-Besichtigungsstätten ist insbesondere mit großen WOMO wieder problematisch. Meine Empfehlung: Erwägen Sie, selbst wenn Sie auf keinem der drei nahe gelegenen Plätze übernachten, den Furgon zu nehmen. In der Nähe des Furgon-Parkplatzes von Fushe Kruja, dieser liegt 400 m von der Zwei-Ebenen-Kreuzung in Richtung Stadt, sollten Sie Parkmöglichkeiten für ein WOMO finden.

Das ethnografische Museum

Für die nicht Abzuschreckenden: Die Zufahrtsstraße bis hoch (12 km ab Zwei-Ebenen-Kreuzung, Höhendifferenz 520 m) ist breit und in gutem Zustand. Serpentinen und scharfer Anstieg setzen sich auch in der Stadtlage (zunächst Rr. Skenderbeu, im weiteren Rr. Kalaja) fort.

Über mehrere extreme Zickzacks gelangen Sie, am großen Skanderbeg-Denkmal vorbei, zum Hotel Panorama. Um dieses sowie um Moschee und Basar oben herum können Sie über 150 m Engstraßenbereich bis zu einem primitiven Hofgelände-Parkplatz („Parking Kalaja") hinter/oberhalb des Basars vordringen – nur Mut, theoretisch (und außerhalb der Saison fast immer auch praktisch) kommen dort auch ein bis zwei große WOMO unter. Falls nicht, besteht Wendemöglichkeit (nur dort, nicht über den Punkt hinaus fahren!). Wenn sie letztere wahrnehmen müssen, ist die nächste Chance, gleich unterhalb des Hotels Panorama nach rechts abzubiegen, in die Rr. Marin Barleti. Dort ist der Busparkplatz, wenn er nicht ausgelastet ist, können Sie dort stehen. Sollte dieser mit Bussen besetzt sein, haben Sie in dieser Straße 200

Wallfahrtshöhle Sari Saltik

m weiter noch eine letzte Chance. Hinter einem roten Gebäude (Schild „Zyra lokale e punesmit" an der Seitenpforte) führt eine kurze Stichstraße, u.a. zur Filiale der Raiffeisenbank. Dort und angrenzend war noch hoffnungsvoller Parkraum auszumachen.

Aufgepasst, mit großen WOMO! Das Zurückverfolgen der Anfahrtroute zwingt Sie ohne Vorwarnung ab dem Hotel Klomidur auf eine Einbahnstraße, deren Engkurven meines Erachtens mit großem WOMO nicht zu bewältigen sind! Natürlich wissen alle Busfahrer und einheimische Lkw-Fahrer um das Problem und nehmen die Alternative, aber der stupideste Verkehrsorganisator Europas, der hier am Werk war, hat wohl schlicht angenommen, dass Touristen in Sieben- oder Acht-Meter-WOMO entweder den Ort nicht besuchen oder dass sie hier die göttliche Eingebung überkommt. Sie haben nur zwei Alternativen, entweder, wie die Busse, die Rr. Marin Barleti nach Norden zu benutzen. Dann müssen Sie aber unbedingt nach der ersten Serpentinenkehre der zweiten nach rechts, nach unten, folgen! Die andere Variante: Zunächst ab Hotel noch 150 m die Anfahrtsroute zurück, hinter dem Skanderbeg-Denkmal aber nicht nach unten abbiegen, sondern geradeaus in die Rr. Donika Kastrioti und dieser dann nach unten folgen.

(18) WOMO-Campingplatz-Tipp: C-1 Tirana, Tirana-Camping in Kashar (Liqeni Kusit)

GPS: N 41°20'17.59", E 19°42'26.01"
http://www.campingtirana.al/de, Tel.: +355.682242342
geöffnet: Auch in der Vor- und Nachsaison
Lage/Anfahrt: Der Platz liegt 15 km vom Zentrum Tiranas entfernt nordwestlich der Stadt, 5 km in den Hügeln an einem hübschen Stausee. Der Zugang erfolgt zunächst über die Schnellstraße Durres-Tirana. Folgen Sie der Tourstraße ab Fushe Kruja Richtung Durres bis zum Aufschluss auf die Schnellstraße Tirana-Durres beim Orte Vora. Nehmen Sie ab hier die von der Tourstraße abweichende Richtung Tirana und folgen dieser auf 4 km bis zum riesigen Einkaufszentrum „City Park", rechts. Fahren Sie unmittelbar dahinter aus, ab hier ist der Platz ausgeschildert, zuletzt 1 km Schotter.
Allgemeines: Ein hübscher, zugleich erholsamer Startpunkt für eine Zentrumsbesichtigung Tiranas mit öffentlichen Verkehrsmitteln. Einzelheiten erklärt und organisiert der Eigentümer, ebenso holt er bei Bedarf nach sms-Meldung ab Schnellstraße ab.
Max. WOMOs: 20
Ausstattung: Elektro/Wasser/Abwasser, WLAN.
Sanitäranlagen: Ausreichendes Niveau
Preis (2015): 13 €/Nacht/WOMO/2 Pers.

Wichtige Doppeladler-Landmarke: Ab hier künftig rechts zur Stadtautobahn!

(19) WOMO-Campingplatz-Tipp: C-5 Tirana, Hotel Baron

GPS: N 41°17'57.3" E 19°51'1.3"
www.hotelbaron.al , Tel.: 00355 42467649, 00355 68 2085115
geöffnet: Auch in der Vor- und Nachsaison
Lage/Anfahrt: Das Hotel liegt jenseits des Zentrums an der alten Ausfallstraße Richtung Elbasan, die zum Recherchezeitpunkt durch eine Stadtautobahn ersetzt wurde. Daher folgende Fall-Empfehlungen: Benutzen Sie ab Fushe Kruja weiter die Tourstraße Richtung Durres, wechseln Sie aber beim Orte Vora (12 km) auf die Schnellstraße in Richtung Tirana. Nach 12 km überqueren Sie die große Kamza Hochbrücke. Knapp 1 km weiter treffen Sie auf eine große Rondellkreuzung, in deren Mitte groß das albanische Doppeladler-Symbol steht (siehe Bild). Sollten Sie hier zuvor eine eindeutige Autobahn-Weisung „Elbasan" nach rechts finden, ist die Stadtautobahn fertig. Folgen Sie ihr auf 6,5 km bis zur Hauptausfahrt „Sauk". Passieren Sie diese geradeaus und fahren erst nach weiteren 1,5 km an der Ausfahrt Rr. Haxhi Dushku aus. Die Stadtautobahn nach Osten überquerend, stoßen Sie nach 500 m auf die alte Ausfallstraße. Dieser nach links folgend, sehen Sie nach knapp 700 m, auf der linken Seite eine Kastrati-Tankstelle, direkt hinter dieser liegt, verdeckt, das Hotel.

Für große WOMO nicht üppig

Falls die Stadtautobahn noch nicht in Betrieb ist, folgen Sie der Schnellstraße über die Doppeladler-Kreuzung hinaus weitere 2,5 km bis zum zentralen Skanderbeg-Platz. Verlassen Sie diesem über dessen Südausfahrt zwischen den den beiden ockerfarbenen, uniformen Ministerialgebäuden (250 m ab Einfahrt!) Befahren Sie den folgenden breiten Boulevard auf 350 m. Ab dort, jenseits der Flussbrücke, sollten Sie klare Weisung „Elbasan" nach links finden, nach weiteren 500 m, rechts, sind Sie auf der alten Ausfallstraße. Nach knapp 4 km, diesmal natürlich rechts, sehen sie ebenfalls die Kastrati-Tankstelle, hinter dieser der das Hotel liegt.
Allgemeines: Für die Stadtbesichtigung derzeit günstigst gelegener Stellplatz, Stellung in der Servicezufahrt hinter dem Hotel (bedeutet, wenig Lärm von der Straße, dafür Geräusche der Klimaanlagen). 8-m-Fahrzeuge parken rückwärts ein. Busse zum Zentrum fahren von hier alle paar Minuten, nur zehn Minuten Fahrzeit.
Max. WOMOs: Bis zu drei große WOMO hintereinander, was gleichzeitiges Abfahren der mittleren mit den äußeren voraussetzt. Zusätzlich noch Parkfläche für mehrere kleine WOMOs. **Falls voll ist:** Hotel „Viktoria", selbe Straße, 1 km weiter südlich (N 41°17'29.04", E 19°51'12.52") nimmt - für geringen Betrag - WOMO wohlwollend auf großer Parkfläche auf (eigene parallele Zugangsstraße!).
Ausstattung: Mehrere Außensteckdosen.
Sanitäranlagen: Zwei separate, modern und großzügig eingerichtete Sanitärräume mit Duschen im Hotel sind ausschließlich für WOMO-Klientel vorbehalten, liegen allerdings auf höheren Etagen.
Preis (2015): 15 €/Nacht/WOMO, WLAN

(20) WOMO-Stellplatz:
Restaurant Julpier, südlich Tirana

GPS: N 41°16'17.12" E 19°50'41.68"   **Max. WOMOs:** 4

Lage/Ausstattung: An der Autobahn Tirana-Elbasan (siehe Tour 3) fehlte zum Recherchezeitpunkt u.a. noch ein 3-km-Zwischenstück unmittelbar südlich Tirana. Dies dürfte noch mehrere Jahre so bleiben. Sie sind dazu verdammt, ab dem Anschlussrondell beim großen Einkaufszentrum TGE bis zum Wiederanschluss bei Mullet die alte Straße zu nehmen. Dabei sehen Sie nach knapp 2 km links unterhalb der Straße eine recht angenehme Restaurantanlage mit großem Swimming Pool, die Abfahrt ist vor einer Tankstelle „Celiku Oil" ausgewiesen. Für 16 Euro gewährt Ihnen der Eigentümer auch Strom sowie Zugang zum Sanitärbereich eines seiner Bungalows.

Tirana (Tiranë) *5-6 Stunden (mit Museum)*

Einführung zur Stadt

Schokoladenseite: Die Stadt vom „Sky Tower," Zentralpark und „Taiwan"

Manche WOMO-Freunde lehnen Besuche in Großstädten ja grundsätzlich ab, die Sache ist Ihnen zu nervig. Allerdings gilt auch der Satz, dass man ein Land nicht gesehen hat, wenn man seine Hauptstadt nicht gesehen hat. Und dieser, scheint mir, gilt für Albanien auf alle Fälle. Schon deshalb, weil von den drei Millionen Albanern (im Inland) mittlerweile wohl eine gute Million in oder im Umkreis der Hauptstadt lebt. Die Stadt plättet einen zwar an vielen Stellen immer noch durch die Armseligkeit ihrer alten Bereiche aus der Enver-Hoxha-Zeit. Aus der Zwischenepoche, den beginnenden 2000ern, wird man Zonen von Bauplanungschaos finden: Unglückselige Zwölfgeschosser, anarchisch-regellos hingeworfen entlang kaum asphaltierter Gassen, die aus dem Denken des Mittelalters geboren wurden (Hoxha hielt bekanntlich private PKW für überflüssig). Aber dann, zentrumsnah, ist eine faszinierende Zeitenwende eingetreten. Die fast winzige Insel von späthistorisch gewachsener architektonischer Gediegenheit, die in den 1920er und 1930er Jahren ihre Wurzeln hat, wird rasant umklammert, marginalisiert, durch die jüngste architektonische Moderne – Bürotürme, einige davon elegant, gediegen, ja, futuristisch. In jedem Falle sehenswert, die architektonische Geschichte der Stadt fortschreibend. Weniger dazwischen, mehr am Rande außerhalb, winzige Relikte von wirklich Historischem. Und - wieder, wie ganz Albanien fast tausend Jahre lang - wird Tirana auch architektonisch zum Konkurrenz-Schaufenster dreier Religionen: Zuerst schufen sich die Katholiken eine große, aber vergleichsweise noch nüchtern-moderne Zentralkirche. Diese toppten die Orthodoxen mühelos mit einem modern-byzantinischen Prachtbau in Weiß und Gold. Derzeit legt der Islam nach: Ironischer Weise an der Straße George W. Bush entsteht die voraussichtlich prachtvolle Zentralmoschee „Namazgjase". Genau genommen handelt es sich insgesamt nur um ein Areal von drei Quadratkilometern, was wirklich Besichtigungswert hat.

Und dann ist da natürlich noch Atmosphäre, Flair wage ich bei Tirana noch nicht, zu sagen. Aber die eigene Atmosphäre werden Sie an verschiedenen Plätzen spüren. Ich denke also schon, ein Albanien-Trip ohne die Hauptstadt gesehen zu haben, das geht nicht. An einem Tag bequem zu schaffen, aber den sollte man sich gönnen.

Zur Geschichte der Stadt ist übrigens peinlich wenig zu sagen, einige Einzelheiten kommen noch im weiteren Text. Hier nur so viel, Tirana war bis 1920 ein völlig unbedeutendes Kleinststädtchen. Die politischen Kräfte der Zeit hätten zwischen gewichtigen konkurrierenden Städten mit Stammbaum, Durres, Vlora, Shkodra, einen Hauptstadt-Entscheid für das neu geschaffene Albanien treffen müssen. Die Gegensätze waren aber nicht zu überbrücken. So kam es denn, ganz unerwartet… Unter Mussolini dann avancierte die Stadt dann zu einer Art balkanischer Nebenhauptstadt seines Reiches. Und da fiel architektonisch durchaus einiges ab.

Die Stadt-„Pflichttour"

Um einen geschlossenen Eindruck von allem Sehenswerten in Tirana zu bekommen, genügt das Ablaufen des zentralen Skanderbeg-Platzes, von etwa einem Kilometer Zentralboulevard sowie einige Abstecher davon von jeweils ein ein paar hundert Metern. Über Nacht zu bleiben, lohnt eigentlich nur, wenn Sie Tirana auch am Abend erleben wollen. Und manch einer sagt, ein solcher Besuch wird immer einen unvollständigen Eindruck hinterlassen, wenn man den Abend nicht mitnimmt.

Letztlich fokussieren alle folgenden Anreisehinweise auf den Zentralplatz, den Skanderbeg-Platz. Ich beginne also dort mit den Hinweisen.

Skanderbeg-Platz (rechts: Historisches Museum)

Skanderbeg-Platz

Der Platz hat eine kurze, aber spannungsreiche Geschichte. Die Italiener machten ihn in den 1930er Jahren zum Zentralplatz von Hauptstadtprägung und gestalteten seine Süd- und Südwestseite, wie sie noch heute ist – als Verwaltungszentrum der Ministerialbehörden. Enver Hoxha war sich des Prestiges bewusst, das ein umfassend gestalteter Hauptstadtplatz seinem Regime verleihen würde, ließ ihn gigantisch vergrößern, dazu die an der Nordostseite vorhandenen Reste der Altstadt abreißen und den Platz von zunächst sowjetischen Architekten neu beplanen. Im Ergebnis entstanden nacheinander der große Gebäudekomplex der Oper, das Nationalmuseum und zuletzt das Großhotel Tirana International. In die riesige Platzmitte setzte man martialisch einen bronzenen Skander-

Der Kern der Hauptstadt - hier bei Tag, gegenüber bei Nacht.

beg mit gezogenem Säbel. Später, nachdem Hoxha verstorben war, schuf man dem großen Führer noch schnell ein vergoldetes Groß-Denkmal an der Nordwestseite. Klar war, der Platz war nicht fertig, zumal der Volkszorn 1991 das vergoldete Hoxha-Denkmal wieder weg fegte. Was aber aus ihm werden sollte, ist seither prestigöser Gegenstand des Gezänks der Hauptparteien. Ein Parteipolitiker der „Sozialisten", der heutige Premierminister Rama (nächste Wahlen 2017), drückte dem Zentrum als Bürgermeister über Jahre seinen Stempel auf. Vieles, was er in die Wege leitete, hat Tirana gut getan. Am Skanderbeg-Platz biss aber auch er sich die Zähne aus. Der von ihm bevorzugte Entwurf war deutlich eine Nummer zu groß. Sein Nachfolger von der Opposition ging vorsichtiger vor, vervollständigte zunächst die Peripherie des Platzes und machte das heiße Eisen, die unmittelbarste Stadtmitte, zunächst zu einer Art neutraler Grünfläche. Diese finden Sie auch heute noch vor, ein bisschen verloren, der Welt gleichsam entrückt, mitten in dem Grün, der bronzen-gewaltige Skanderbeg hoch zu Ross. Sie werden es sicher auch merken, das kann noch nicht das Ende sein, man empfindet das Unfertige, den Transitionszustand des Platzes, fast körperlich. Warten wir ab, wie die unendliche Geschichte vom unfertigen Platz weiter geht.

Nationalmuseum

Gewisse Einsicht in die historische Entwicklung der albanischen Verhältnisse sollten Sie im nationalhistorischen Museum (Montag geschlossen) bekommen. Es ist das kubisch-flach wirkende Gebäude mit dem bunten Stirnfries an der Front an der Nordwestseite des Skanderbeg-Platzes. Das Motiv des Stirnfrieses, wie das Gebäude aus der Enver Hoxha-Ära stammend, ist umstritten. Es soll den Lauf der albanischen Geschichte darstellen, enthält aber nach dem Geschmack der Heutigen zu viel Volkspartisanen-Kampf. Man hat sich aber vorläufig geeinigt, dass es Denkmalsschutz genießt. Je nach Ausgeprägtheit Ihres Interesses werden Sie für das Museum ein bis zwei Stunden brauchen. Ich versuche, Ihre Aufmerksamkeit auf solche Stücke zu lenken, deren Fundorte Sie im Laufe Ihrer Landesbereisung besuchen und dort noch etwas sehen können.

Das Museum erstreckt sich über drei Etagen und wurde kürzlich modernisiert. Der untere Bereich umfasst Ur- und Frühgeschichte sowie Antike. Hier wäre zuerst hinzuweisen auf das Diorama zu den bronze- oder eisenzeitlichen Kultur aus der der Höhle von Tren. Die Höhle ist, wir werden auf Tour 3-1 lernen, für Fans mit einiger Mühe zugänglich. Unweit von ihr sollen sich an hohen Felswänden noch heute sehr ausdrucksvolle und lebendige naive Felswandmalereien

befinden und in Natura zu besichtigen sein, Verkleinerte Kopien davon auf dem Treppenaufgang zur ersten Etage (siehe Bild).

In der Antike-Abteilung dominieren erwartungsgemäß Exponate antik-griechischen Ursprungs. Hervorzuheben wohl Mosaike, die sich auch im europäischen Vergleich sehen lassen können, etwa das in Durres gefundene Bodenmosaik eines wunderschönen Frauenkopfes oder der nahezu modern-karikaturhaft überzogene Männerkopf von Mesaplik. Werfen Sie weiter einen Blick auf die umfangreiche Sammlung hübscher kleiner Bronzefigurinen aus Antigonea. Einen Platz (Tour 3-2), der so Schönes hervorbrachte, den muss man doch besuchen, oder? Mein letzter Hinweis hier gilt den Bronzehelmen, Knieschützern, Kettenhemden, die den Gräbern aus Selca (Tour 3-1) entstammen. Auch dies von meiner Seite mit der Empfehlung, einen Abstecher dorthin ins Auge zu fassen.

Das Rätsel der albanischen (wie auch der internationalen) Geschichtsforschung, was für ein Volk die Illyrer wirklich waren, es schwebt als Frage auch über diesem Saal. Sicher ist, sie waren streitbar, und im Waffenschmieden, das beweisen auch die Exponate, besaßen sie Erfahrung. Ihr Umgang mit Ton, so zumindest der Eindruck, begrenzte sich auf die Schaffung von Gebrauchsgefäßen. Seit der Enver Hoxha-Zeit ist es jedoch die verzweifelte Obsession der

Ich habe die Originale nicht gefunden, vielleicht haben Sie mehr Glück

albanischen Geschichtsforschung, nachzuweisen, dass ihre vermutlichen Vorfahren auch kulturell auf der Höhe ihrer Nachbarvölker waren („...urban culture of Illyria, which is not at all inferior to the other Mediterranean cultures of the Antiquity,...", Zitat aus einer heutigen Broschüre). Na, vielleicht wird man irgendwann auch noch tatsächlich von Illyrern hergestellte Bronzeskulpturen von nackten Göttinnen oder Athleten finden. Fürs erste hat man schon mal die überlebensgroße Skulptur des Führers eines Illyrer-Aufstandes gegen die Römer prominent in den Fokus gestellt – natürlich eine heute geschaffene.

Die zweite Etage ist der Byzantinischen und der Osmanischen Periode gewidmet. Die wiederum weitläufige und sakral anmutende Darstellung der Rolle Skanderbegs anzuschauen, können Sie sich sparen, wenn

Wenigstens etwas Gutes ist über das Tourismusministerium zu sagen: Es hat eines der schönsten Gebäude in der Stadt.

Sie bereits in Kruja waren. Interessanter für Ausländer dürften die Darstellungen zu Themen des Osmanischen Reiches sein, etwa zur Entwicklung der Verwaltung unter den Osmanen oder zur Rolle wichtiger, auch bei uns vom Hörensagen bekannter Persönlichkeiten, wie der des Ali Pasha Tepelena.

Letztlich die agonisch schwierigen und späten Versuche der Albaner, sich vom osmanischen Reich und seinem Geist zu separieren und eine eigene Nationalidentität auszuprägen. Hier vermisst man vielleicht am schmerzlichsten eine ausführliche Darstellung auch in Englisch. Auch die Darstellungen zur Herausbildung der albanischen Schriftsprache, eine nicht minder schwierige Geburt, sollten Sie hier versuchen zu studieren, da das dafür eigentlich mehr prädestinierte „Bildungsmuseum" in Korca meist durch verschlossene Tore glänzt.

Letztlich, die Periode des Erwachens des Unabhängigkeitsgedankens, des Kampfes um die Unabhängigkeit. Hier eingeschlossen die tragisch erfolglos gebliebene Titanenaufgabe, sich gegen die Begehrlichkeiten der starken umgebenden Nachbarstaaten auf Aneignung mehrheitlich von Albanern bewohnten Territoriums zu wehren – die Wurzeln des Kosovo-Krieges der 1990er.

Fragwürdig breiten Raum wird der Ära Zogu (siehe Berühmtenliste) gewidmet. Seine Ahnentafel wirkt, als wolle man seinen Griff nach der Königskrone noch im Nachhinein rechtfertigen. Die Darstellung von Zogus demokratischen, westlich orientierten Gegenspielers Fan Noli wirkt dagegen kurz und blass. Weil er nur kurze Zeit agierte? Hat er aber den Albanern heute nicht viel mehr zu sagen als Zogu? Aber vielleicht passen westlich-demokratische Vorstellungen auch heute noch nicht zur albanischen politischen Mentalität.

In der dritten Etage dann zunächst ein berechtigter Weise wie ein innerer Tresor gefasster Raum mit ausgewählten Stücken aus dem äußerst wertvollen Erbe an Ikonen und anderer sakraler Kunst in Albanien. Auch

Nationalversammlung und „Twin Towers"

hier lohnt neben Bewundern auch Einprägen des Gesehenen, denn dem noch größeren anderen Teil der Sammlung werden Sie im Museum für Mittelalterliche Kunst in Korca begegnen.

Weiter auf dieser Etage eine Darstellung der Herrschaft Mussolinis über Albanien, des Widerstandes gegen den italienischen und deutschen Faschismus, passend hinführend in eine Schau von Waffen der Periode.

In einem gesonderten Bereich wird, für meine Begriffe in für ein Nationalmuseum unangemessener Überproportionalität, dem Wirken der Mutter Teresa gehuldigt – zusätzlich zu dem schon den Eingangsbereich des Museums dominierenden Großrelief und Zitaten von ihr. Albaniens nationale Nabelschau vermarktet intensiv das Image der in Indien tätig (und indische Staatsbürgerin) gewesenen Wohltätigkeitsnonne, die, zufällig von albanischen Eltern stammend, eigentlich während ihres Erwachsenenlebens nichts mehr mit Albanien am Hut hatte.

Letztlich und unvermeidlich ins Museum gehörend: Eine umfassende, erschütternde Auseinandersetzung mit den Gräueltaten der Enver Hoxha-Diktatur. Und gerade hier gibt es nicht einmal eine englische Zusammenfassung. Allerdings sprechen die Bilder für sich. Für mich vielleicht am meisten erschütternd waren die auf Monitoren zu sehenden Filmaufnahmen von den Prozessen gegen „Staatsfeinde", wo man sehr deutlich sieht, wie die bestellte Zuschauermenge frenetischen Beifall für die vermutlich ausgesprochenen Todesurteile spendet.

Unentschuldbar gänzlich verschwunden war zum Recherchezeitpunkt eine äußert hübsche Sammlung albanischer Nationaltrachten, die insbesondere bei ausländischen Besucherinnen stets großen Anklang fand. Stattdessen findet man heute einen Riesensaal der Entwicklung des albanischen Briefmarkenwesens gewidmet, wo man sehr genau studieren kann, wie uninteressiert die Besucher in den Modus Schnellpassage verfallen.

Am Ende haben Sie im Museums-Shop Gelegenheit, recht solide wirkende Stücke albanischer Nationaltracht zu erwerben, das meiste allerdings aus verdichteter Wolle für den Winter.

Östliche Platzseite
Nachfolgend empfehle ich Ihnen, zunächst um das Museumsgebäude herum zu gehen, hinten-gegenüber befindet sich das **Touristen-Informationsbüro** der Stadt. Dort können Sie sich mit einem Stadtplan und anderen Informationsmaterialien ausrüsten oder Ihre Fragen los werden. Sollten Sie länger als einen Tag bleiben und eventuell noch des Abends Veranstaltungen besuchen wollen, lassen Sie sich das Heft „Tirana In your pocket" geben.

Sodann etwas Sport. An der östlichen Seite des Skanderbeg-Platzes konkurriert der vierschrötige, nach venezianischer Art gebaute **Uhrturm** der Stadt trotzig mit dem geradezu beängstigend schlank-hohen, nadelspitzen Minarett der **Ethem-Bey-Moschee**, das sich vor ihn gedrängt hat. Um dorthin zu gelangen, passieren Sie das **Hotel Tirana Internati-**

onal, einst das Flaggschiff der örtlichen Hotelerie. Schlüpfen Sie dann, falls die Sonne gar zu sehr brennt, unter den Arkaden der **Nationaloper** entlang, mit der Chance auf eine Pause im dortigen, sehr beliebten Arkadencafé oder auf einen Blick in die wichtigste internationale Buchhandlung, „Adrion", gleich nebenan. In dem Gebäude befindet sich übrigens auch die Nationalbibliothek (Eingang um die Ecke). Diese unterhält einen speziellen Saal historischer ausländischer Literatur über Albanien. Dort kann man natürlich die Originale etwa der „Historia de vita et gestis Scanderbegi", unter Glas bewundern, jenes Werk des Wahl-Venezianers Barleti, das als Urdokument aller Skanderbeg-Biografie gilt – aber auch staunend zur Kenntnis nehmen, wie intensiv sich insbesondere deutschsprachige Autoren oder Autoren in deutscher Sprache (Deutsch war lange Zeit Gelehrtensprache!) mit dem Phänomen Albanien befassten. Unter den ersten systematischen Sammlern und Übersetzern albanischen Wortschatzes in andere Sprachen waren, zum Beispiel, deutsche fahrende Ritter. Leibniz versuchte sich mit vergleichender Linguistik an der Sprache, der österreichische Generalstab wies im 1. Weltkrieg die Zusammenstellung von Orthografieregeln an, die bis 1944 Staatssprache blieben.

Bevor wir uns aber der Moschee widmen, der angekündigte Sport: 90 eiserne Stiegen den Uhrturm hinauf. Von hier haben wir eine unverzichtbare Aussicht auf das ganze Panorama um den Platz. Der Turm stammt aus dem 19. Jahrhundert. In früheren Zeiten regelte der Schattenlauf des Turmes an der Moschee die Öffnungszeiten des Marktes, der sich einst gegenüber befand. Der Turm ist die Woche über geöffnet (Mo-Do 8-15), freitags wohl nur eingeschränkt. Nebenan gibt es noch zwei kleine Museumsräume mit einigen kunsthandwerklichen Exponaten.

Dann zur Moschee davor, die zugleich für die Stadtgeschichte steht. Ihre Vorgängerin wurde 1614 zusammen mit einem Badehaus auf der grünen Wiese von einem Pasha Bargjini in Auftrag gegeben, auf diese Weise gründete man damals Dörfer. Ein Mulla Bey ließ sie 1794 erneuern, sein Sohn Ethem Bey vollendete sie und ließ insbesondere das Innere ungewöhnlich reich dekorieren. Das Dorf entwickelte sich zögernd zur Kleinstadt. Moscheen gibt es viele in Albanien, diese hier wirkt aber wegen der Gestaltung ihres

Vorbaus, des so genannten Sofas, ungewöhnlich auffällig, im Baukörper besonders harmonisch. Sechzehn kurze, aber schlank wirkende Säulen laufen oben in majestätisch hohe Bögen aus, deren Flächen filigrane Ornamente zieren. Stillleben sind dabei, für Moscheen ein äußerst seltene Sache. Der Raum dazwischen ist rahmenlos verglast und damit sehr flächig wirkend, was den Eindruck des Besonderen an diesem Gebäude noch steigert.

Westliche Platzseite
Der Blick darf dann zunächst zur Platzmitte schweifen. Dort steht, hoch zu Ross und hoch auf Postament **Held Skanderbeg** – heute in all dem neuen Grün einsam, fast zwangsisoliert. Also umrunden wir den Helden in seiner Einsamkeit brav an den bereits erwähnten **historischen Ministerialbauten** vorbei (das erste Gebäude neben der Moschee ist übrigens Sitz des Bürgermeisters), werfen einen

Der Traum von byzantinischer Herrlichkeit...

Blick auf die ebenfalls unter der Regie italienischer Architekten geschaffene **Nationalbank** genau in der Mitte der Westseite hinter einer kleinen Grünanlage, dem Standplatz halblegaler Geldwechsler und Verkäufer vermutlich geklauter Handys. Ihr links zur Seite sehen Sie das hübsche Gebäude des **Tiranaer Puppentheaters,** einst Sitz der ersten Nationalversammlung gewesen.

Dahinter, durch den Ministerialbau in der Ecke halb verdeckt, die brandneue, ungemein prächtige **orthodoxe Kathedrale**, deren Rundkuppel

Am „Taiwan" im Rinia-Park

sich goldig und erhaben über die Gebäude der Umgebung reckt. Eine Symbiose aus modernistisch und byzantinisch-goldglänzend. Die Bogengänge innen aus teurem Marmor, Kapitele und darüber angeordnete Wandteile aufs feinste ziseliert, ebenso die Ikonostase ein Prachtwerk aus Marmor. Der mittige Kronleuchter, ein goldenes Weltwunder aus sich selbst. Auch der bei den Orthodoxen unerlässliche Pantokrator in der Kuppel blickt aus weitgehend vergoldeter Umgebung. Pracht und Herrlichkeit von Byzanz lassen grüßen. Falls Sie eine typische, und einer der angenehmsten, großen Geschäftsstraßen der Hauptstadt sehen wollen, gehen Sie rechts an der Nationalbank vorbei ein paar hundert Meter die Rr. Kavaja hinunter. Ihr baumbestandener Bummel-Mittelstreifen macht die Passage bequem. Hier gibt es auch die besten Fastfood-Angebote im Zentrum. 350 m links ab Nationalbank gelangen Sie in ein für Tirana typisches **Markt-Areal** aus engen Seitenstraßen. Rechts gegenüber in einem Hochhaus können Sie, falls Sie Fan von modernistisch verschwommenen Bildern sind (einige zählen wohl zu den für Albanien bedeutenden) das private **Mezuraj-Museum** besuchen. Ich persönlich fand mein Eintrittsgeld in der Nationalen Kunstgalerie (kommt gleich) besser angelegt.

Boulevard Deshmoret e Kombit – vorderer Teil
Den Skanderbeg-Platz weiter zu umrunden, lohnt nicht. Auch von Enver Hoxhas Denkmalsplatz an der Nordwestecke hat man mittlerweile alle Spuren getilgt, da ist jetzt eine kleine, hübsche Grünanlage.

Jugend- („Rinia")Park
Da wir straff in der Zeit bleiben wollen, bewegen wir uns jetzt über das Südende des Skanderbeg-Platzes hinaus in den dahinter beginnenden, achtspurigen Boulevard Deshmoret e Kombit („Märtyrer der Nation"). Der Boulevard selbst, klar eine Schöpfung der Zeit der großen Führer, hier Mussolinis, der wohl persönlich anwies, auch im Protektorat Albanien einen geeigneten Raum für gigantomanische Militärparaden zu schaffen. Zu Enver Hoxhas Zeiten soll hier wohl mangels automotiver Bewegung der abendliche Fußgängerbummel „Gjiro" stattgefunden haben – eine Vorstellung, schier unglaublich für denjenigen, der heute ganztägig die Blechlawine in acht Spuren über den Boulevard brüllen sieht. Rechts können Sie aufatmen. Ein richtig schöner Park („Jugend-Park") öffnet sich hier, mittendrin ein gewöhnungsbedürftiges klobiges Urweltvieh-Gebäude (Krake oder Spinne), das Taiwan-Center, der Name deutet an, wer ungefähr es investierte. Hässlich oder nicht, das Ding ist hip. An Wochenenden sitzen hunderte Besucher aller Altersgruppen im seeseitig offenen Großcafé, tausende mehr flanieren durch den Park.

Shetitorja Murat Toptani – Kalaja, Nationale Kunstgalerie und mehr

Links, gegenüber vom Park, hat man hat den fanatischen Tiranaer Autofahrern gleich hinter den Ministerialgebäuden eine Straße entrissen und zur Fußgängerpromenade gestaltet. Das passt auch. Denn in der Straße weiter hinten befinden sich die Überreste von Tiranas Vor-Vergangenheit, hier stand, vermutlich, als Justinian versuchte, die Slaweneinfälle abzuwehren, also im 6. Jahrhundert, kurzzeitig eine kleine Festung. Von der ist heute noch ein Stück geschlossener Mauerrest mit einem Torbogen sichtbar, weitere Grundmauern davor hat man vor kurzem ausgegraben und im Straßenverlauf museal zugänglich gemacht. Desweiteren finden Sie auf dem „Shetitorja", links die Noel Bar, eine Szene-Bar, mit Wänden drapiert mit Bildern aus der Filmszenerie, 20 m weiter die „Gura e qete" eine Art Höhlenbar, sowie rechts das Kino Millenium mit beliebter Außenbar in parkähnlichem Ambiente. Die versteckte Villa dahinter ist übrigens der Sitz der heutigen Generation der Familie Zogu.

Vorn am Eingang der Promenade, südseitig, auf größerem Gelände, die **Nationale Kunstgalerie**. Für meine Begriffe mindestens hinsichtlich ihrer Wechselaustellungen unterbewertet, ich fand, dort war schon wirklich beeindruckende Kunst zu sehen.

Den Weg nach Süden weiter fortsetzend, wäre vor Überquerung des Lana-Kanals links noch ein Gebäude zu erwähnen, das sich leider seit Jahren in Rekonstruktion befindet: Das berüchtigte **Hotel Dajti**. Lange Zeit das einzige, in dem Ausländer im Enver Hoxha-Albanien absteigen durften, rankten sich um es Gerüchte (die wohl meist wahr waren) und Legenden, es figurierte sogar prominent in Büchern.

Zwischen Lana-Kanal und Mutter-Teresa-Platz („Sheshi Nene Teresa")

Hier hinten wird es hoch offiziell, mondän, aber in den Seitenstraßen auch illuster.

Auf der linken Seite nach Überquerung des Lana-Kanals werden Sie vermutlich noch immer ein merkwürdiges, heruntergekommenes Sonderkonstrukt finden, die **Piramida**, eine der ebenso ideenreichen wie perversen Architekturleistungen der Tochter Enver Hoxhas (der Schöpferin auch des Museumsgebäudes in Kruja). Hier hatte sie ein ansprechendes, flachpyramidenartiges Gebäude geschaffen, das ursprünglich als Mausoleum für ihren Vater dienen sollte. Es

Ungewiss, ob Sie die noch sehen: Hoxhas „Piramida"

als solches zu verwenden, war seinen Nachfolgern dann wohl doch zu happig. Seither suchte man nach Ideen für die Verwendung des Dings, nichts fruchtete wirklich in dem stark zweckbetonten Gruftbau. Eigentlich war der Abriss schon beschlossene Sache, dann wieder überlegte man sich die Sache nochmal und tünchte den Bau neu an. Dahinter reihen sich links der **Sitz des Premierminsters**, das Hochklasse-Hotel Rogner sowie der **Kongresspalast**. Gebäude, bestenfalls durch ihren Zweck bemerkenswert. Rechts am Boulevard reihen sich zunächst die Türme zweier architektonisch anspruchsvoller Geschäftshochhäuser, der **„Twin-Towers"** mit entsprechenden Boutiquen im Erdgeschoss. Falls Sie Lust auf elegant essen haben, das Restaurant im ersten Stock bietet dazu Gelegenheit.

Den Doppeltürmen folgt das alte Gebäude der **Nationalversammlung**, dann, nach einer hübschen kleinen Grünanlage, der Sitz des Staatspräsidenten. Der Boulevard schließt mit dem großen, rondellförmigen Mutter-Teresa-Platz ab. Dessen Südfront bildet das Leitungsgebäude der Universität, westseitig liegt die Akademie der Künste, ostseitig das **Archäologische Museum**, eine klar unterschätzte Adresse in Tirana (es hat leider Beamten-Arbeitszeit, Mo-Fr. 9.00 - 14.00 Uhr). Hier werden aber landesweite Funde jener Kategorie gezeigt, die die Aufnahme ins Nationalmuseum knapp verpasst haben. Es handelt sich vielfach um antike Kleinkunst, aber zum Teil um ungewöhnlich hübsche Stücke. Ich kann einen halbstündigen Durchlauf nur empfehlen.

Westseitig hinter den Frontbauten des Boulevards Deshmoret e Kombit beginnt das früher wie heute, nur anders, berüchtigte **Viertel Blloku**. Zur Enver Hoxha –Zeit war dies gesperrte Wohnzone der höheren Nomenklatura, Hoxha selbst wohnte auf einem Anwesen in der Rr. Ismail Qemali, 200 m von deren Einmündung auf den Deshmoret e Kombit entfernt. Es wird militärisch bewacht und gilt wohl heute als Gästehaus, wirkt aber wenig gepflegt und uninteressant. Das gesamte Viertel wurde nachfolgend wieder „vom Volk in Besitz genommen", sprich, es entstand ein weitläufiges Wohn- und Vergnügungsviertel mit Etablissements aller Art (außer Bordellen, die sind in Albanien offiziell verboten). Die charakteristische Atmosphäre lässt sich aber nur gegen Abend ergründen. Um tagsüber zumindest einen kleinen Einblick in die Ortsverhältnisse zu bekommen, sollten Sie einfach ein paar Straßen im Viertel ablaufen. Als Einstiegspunkt empfehle ich, zum Beispiel am Lana-Kanal zunächst den Bulevardi Bajram Curri etwa 150 m nach Westen zu laufen. Dort stoßen Sie dann, den Bulevardi diesseits und jenseits der Lana entlang, auf solide, zugleich aber historisch wirkende Wohnbebauung. Es sind dies die ersten **Beamtenwohnungen** für Tirana aus den 1930er Jahren. Nach diesen 150 m sollten Sie nach links in die Rr. Ibrahim Rugova einbiegen. Nur 100 m hin, links, finden Sie nämlich ein Hochhausgebäude namens **„Sky Tower"**. Mit dem Außenlift (von innen zugänglich) können Sie in ein rotierendes Dachcafé fahren, von dem Sie einen fantastischen Ausblick über die Stadt und das sich anschließende Bergpanorama des Dajti-Bergzuges haben. Essen da oben hat eher wenig Pept - unten gegenüber haben Sie die „Patisserie Francese" für Süßmäuler und daneben das „Oriental Magic" für irgendwie interessanteres Essen.

Ergänzende Hinweise für erweiterten Stadtrundgang:

Der Stadtrundgang zu Fuß lässt sich noch auf eine Handvoll isolierter historischer Punkte ausbauen, die von bedingtem Besichtigungswert sind. Zunächst, falls Sie die Bektashi-Stätten in Kruja ignoriert haben, auch Tiranas Innenstadt hat einige interessante davon. Wenn Sie den Skanderbeg-Platz mittig Richtung Osten, zwischen Oper und Moschee, verlassen (Rr. Ludovik Shllaku), stoßen Sie nach 250 m auf die Rr. Barrikadave. An dieser Kreuzung rechts, etwas zurück gesetzt, steht übrigens ein **Denkmal für den Stadtgründer Bargjini**, noch 50 m südlich von diesem finden Sie ein kleines historisches Säulenrondell, dass sich ein **Kaplan Pasha als Grab** setzen ließ.

Des Paschas Grab

Sie folgen aber der Rr. Barrikadave auf 250 m nach links (Norden), treffen dort, wieder links, auf das bunt gestrichenen Schulgebäude des Gymnasiums „Sami Frahsheri". Unmittelbar davor, Mauer und Zaun setzen sich in gleicher Weise über beide Grundstücke fort, sehen Sie, etwas verdeckt im Hintergrund, zunächst eine Tekke. Der hier begrabene Baba gilt als besonders wundertätig für Schüler und Studenten, daher werden auf seinem Grab besonders viele Kleidungsstücke vor Prüfungszeiten abgelegt, manchmal ist der symbolische Katafalk unter der Damenunterwäsche kaum noch zu erkennen. Interessanter aber ist das Hofanwesen links von der Tekke. Klopfen Sie etwas stärker an dem Holztor, man wird Ihnen eine stille Oase von architektonischem Interesse öffnen. Es ist dies das „Haus des Dervishs Khorosani“, das markanteste der historischen Stadtanwesen, die noch als Wohn- und religöser Platz in Funktion sind. Das ausladende, als Teil der Hausbelüftung unten offene Dach aus Stein und Holzfachwerk wird durch eine Balkengalerie gestützt, deren Ansatzstellen am Dach durch verzierte Stempel untersetzt sind. Die holzumrahmten Fensterhöhlen laufen nach oben in spitzwinklig-geschwungenen Dreiecksornamenten aus. Im Hof befindet sich der immer noch in Betrieb befindliche Brunnen des Anwesens. Innen können Sie einen Blick in den Betsaal werfen und im Nachbarraum gibt ein Baba hier die religionstypischen „Audienzen“.

Noch 130 m weiter auf dieser Straße, wenn Sie an der dortigen kleinen Kreuzung (Rr. Dervish Hatixhe) 25 m nach links und dort hinter dem Eckgebäude noch 20 m nach rechts gehen, stehen Sie vor einer der ältesten Tekken Tiranas aus dem 18. Jh., „Dervish Hatixhe“. Das Haus wirkt fast ärmlich, ohne Kennzeichnung des religösen Zwecks, lediglich eine Steintafel verweist auf Gründungsjahr und Jahr der Wiedereinrichtung

Der muss ganz früh aufgestanden sein, um diesen Parkplatz im Zentrum zu erlangen

nach dem Religionsverbot der Enver Hoxha Zeit. Der Ort vermittelt einen intensiven Eindruck von den religösen Aktivitäten, weil sie meist viele Gläubige in Andacht finden und im Kerzenraum eine Menge Kerzen brennen.

Wenn Sie einmal in der Gegend sind, auf dem Rückweg mag kurz sehenswert noch der wichtigste Obst-Gemüse- und Fischmarkt der Stadt sein. Diesen haben Sie, wenn Sie die Rr. Ludovik Shllaku noch weitere 250 m geradeaus gehen (sie heißt ab hier Rr. Luigj Gurakuqi), linker Hand am Sheshi Avni Rustemi. Letztlich, damit Sie die Dinge vollständig haben, würden Sie die Rr. Barrikadave nach Südosten weiter verfolgen (sie heißt bald Rr. George W. Bush), gelangen Sie zunächst an das hintere Ende des erwähnten „Shetitoria Murat Toptani“, dann, links, bald an ein ein sehenswertes architektonisches Kleinensemble aus wohl schon historisch zu nennenden Stadtvillen, rechts über die Straße befindet sich das Tagungsgebäude der Nationalversammlung, davor baute man zum Recherchezeitpunkt an jener bereits erwähnten Großmoschee Namazgjase. Links, die kleine Fußgängerzone hinter den Stadtvillen hinein, gelangen Sie zur einzigen erhaltenen Steinbogenbrücke Tiranas („Gerber-Brücke“), die einst, bevor diese kanalisiert wurde, die Lana überquerte. Von dort können Sie bei Bedarf an der Lana zurück zum Bulevardi Deshmoret e Kombit gehen, kommen an der ebenfalls erwähnten größten katholischen Kirche Tiranas vorbei. Ihren Bedarf an Touristen-Plunder haben Sie sicher schon in Kruja gedeckt. Interessante Nahrungsmittel-Mitbringsel finden Sie in Albaniens wohl bestem Bio-Laden „MIA Organic“, zwischen Hotel Rogner und Sitz des Premierminsters 200 m in die Rr. Ismail Qemali, links an der Kreuzung mit der Rruga Papa Gjon Pali.

Anfahrt und Parkmöglichkeiten in der Stadt

Die Befahrung Tiranas mit WOMO und speziell das Parken ist keine kleinere Plage als in anderen Hauptstädten. Klare Empfehlung: Nutzen Sie einen der drei stadtnahen Stellplätze (18), (19), oder (20) und machen Sie von dort aus Gebrauch von Taxi oder anderen öffentlichen Verkehrsmitteln. Auch von den Plätzen (15), (16) oder (17) ist dies mit etwas mehr Aufwand möglich.

Für Unbelehrbare:

Durch jüngste Schaffung von Bezahl-Parkplätzen sollte auch das Unternehmen „Tirana mit WOMO" möglich sein. Von Tiranas wenigen Einfallstraßen kommen entsprechend der Tour-Logik nur anderthalb für die Einfahrt in Frage. Sie haben, von der Zwei-Ebenen-Kreuzung bei Fushe Kruja aus gesehen, die Möglichkeit, über die Hochbrücke geradeaus Richtung Tirana zu fahren. Die Strecke ist zwar gut ausgebaut, läuft aber durch die ampelreiche und stauträchtige Vorstadt Kamza.

Am Ende gelangen Sie, 16 km ab Fushe Kruja, zu einer sehr großen Zwei-Ebenen-Kreuzung mit Dammcharakter und müssen diese unterfahren, um die Richtung Zentrum zu gewinnen. Für große WOMO dürfte es besser sein, die streckenmäßig - zeitlich kaum - längere Variante ab Fushe Kruja in Richtung Durres (also die Tourstraße) zu wählen und am Einmündungspunkt auf die Schnellstraße Tirana-Durres beim Orte Vora Richtung Tirana abzubiegen (kompliziertes, aber gut ausgeschildertes Drei-Rondell-System). Ab oben erwähnter Zwei-Ebenen-Kreuzung mit Dammcharakter, die Sie in dieser Variante natürlich oben geradeaus überfahren, laufen die beiden Varianten wieder zusammen. Sie driften ab hier, sich immer geradeaus haltend, automatisch im Strom zum Skanderbeg-Platz, zuletzt haben Sie schon von weitem den venezianisch geprägten Uhrturm im Visier.

Aufgrund der Anlage der Stadt ist der Skanderbeg-Platz so eine Art Malstrom des Verkehrs, man muss da durch, er zieht also täglich einen riesigen Fahrzeugstrom an sich, rotiert ihn entweder direkt im innersten Kreis oder teilweise in einem Entlastungskreis gleich dahinter rechts herum und spuckt ihn an den Abgängen wieder aus. Wenn Sie sich erst mal einen Eindruck verschaffen wollen, dann folgen Sie der Zufahrt gerade aus bis es nicht mehr geht und driften hier im innersten Kreis einfach auf der mittleren Fahrspur einmal um das zentrale Areal herum. Das Problem des Platzes: Bislang war keine der Ausfahrten ordentlich beschildert. Sie sollten ihn an der Südseite zwischen den historischen dreistöckigen ockerfarbenen Ministerialbauten verlassen. Es schließt sich dort der enorm breite Boulevard Deshmoret e Kombit an. Ein Parkplatz hier (außer vor 8.00 Uhr) wäre ein Sechser im Lotto.

Folgen Sie also dem Bulevardi einen Kilometer bis zu seinem Ende am Mutter-Teresa-Platz (Sheshi Nene Teresa), verlassen Sie diesen links hinten, nach weiteren 100 m haben Sie, wieder links, vor dem großen Zentralstadion, den „Sheshi Italia" mit 118 neu errichteten Bezahlparkplätzen (ungefähr ein Euro pro Stunde).

Falls voll, fahren Sie auf den Bulevardi Deshmoret e Kombit zurück, dort biegen Sie nach knapp 600 m vor dem Flusskanal nach rechts (Bulevardi Bajram Curri, Einbahnstraße). Nach 300 m, hin-

Seilbahn am Dajti oben

ter einem großen Einkaufszentrum („Conad"), gelangen Sie an einen kostenpflichtigen Privatparkplatz. Eine weitere zentrumsnahe Möglichkeit wäre, den Skanderbeg-Platz genau in die Gegenrichtung über den Bulevardi Zogu I. zu verlassen. Sie erreichen nach 750 m das Gelände des ehemaligen Stadtbahnhofs mit einer weiteren Anzahl von Bezahl-Parkplätzen. Allerdings: Diese Gegend ist gut für alle Überraschungen. Hier entsteht nämlich zur Zeit auf einem Riesen-Bauplatz so etwas wie das neue Tiranaer (oder gesamt-albanische?) Verwaltungszentrum, mit unzähligen Ministerial- und anderen Bürobauten.

Besuchenswertes im Umkreis von Tirana

Ganz zum Schluss, falls Sie nach der anstrengenden Stadtlatscherei noch einen Tag Erholsamkeit einschalten möchten, der Hinweis auf drei interessante Kleinausflüge. Da wäre zunächst eine Auffahrt auf den **Dajti-Gebirgszug**. Dessen oberste Spitze ist zwar militärisches Sperrgebiet, auf halber Höhe etwa, auf rund 1000 m, zieht sich aber eine bergparallele Straße entlang, an der etliche hübsche Gaststätten aufgereiht sind – ein gern frequentiertes Naherholungsgebiet der Tiranaer. Sie müssen dazu nicht das WOMO den anstrengenden und den unerwartet lang erscheinenden Weg hoch treiben, es gibt eine vorzügliche **Seilbahn** österreichischer Konstruktion.

Weiter zu empfehlen ist ein Besuch der **Burg Petrele**. Die weit oben auf einem steilen Bergkegel thronende, teilrestaurierte Ruine war für Skanderbeg Glied in der Postenkette zur Warnung vor türkischen Truppen,

die über die Pässe von Elbasan her erwartet wurden. Diese Burg galt ihm als so wichtig, dass er sie unter das Kommando seiner Schwester Mamica stellte. Gebäudeteile und ein ausladendes Turmgebilde wurden nachempfunden.

Die atemstockende Lage hoch oben hat ihren Preis. Vom WOMO-fähigen Parkplatz im Ort sind zu Fuß über einen etwa 300 m langen Aufstiegsweg aus grob bearbeitetem Naturstein, ohne Geländer, nochmals etwa

Burg Petrele

50 Höhenmeter Steilaufstieg zu bewältigen. Dem beliebten Burg-Restaurant hatte man 2015 aus Denkmalsschutzgründen leider die Betriebsgenehmigung entzogen, es finden sich aber andere ringsum. Falls Sie in der schönen Umgebung etwas wandern wollen: Dem Gerücht von „Zgerdhesh – „Albanopolis" (S. 64) sind Sie, der Tourlogik folgend, schon nachgegangen – oder nicht. Wenn Sie jetzt scharf darauf sind, das Konkurrenzangebot Persqop vergleichend in Augenschein zu nehmen: Der geheimnisvolle Ruinenplatz sollte vom WOMO-Parkplatz Petrele aus ausgeschildert sein, östlich vom Platz abgehend, 2 km zu laufen, theoretisch soll der Weg sogar WOMO-fähig sein.

Letztlich, das Spezialisten-Schmankerl. Auch Tirana verweist stolz auf eine **Großgrotte namens Pellumbas** in seiner Nähe, die noch dazu schön auf halber Höhe an einem malerischen Bergeinschnitt liegt. Bei dem Karst-Gebilde handelt es sich um einen etwa 300 m lange und über 20 m hohe Grotte ohne Seitenabgänge, die an den Wänden begrenzte Stalaktitenbildungen aufweist – und zahlreiche Fledermäuse. Der Eingang ist mehrere Meter hoch und breit. Neben einer starken Taschenlampe für Stalaktiten und Fledermäuse sollten Sie feuchtegeeignetes Schuhwerk dabei haben, der Boden ist schmierig und im hinteren Teil durch die Fledermäuse verkotet.

Pellumbas-Grotte

Anfahrten:

Zur **Talstation der Dajti-Seilbahn** gelangen Sie gut mit WOMO: Sie verlassen dazu den Skanderbeg-Platz an der Oper Richtung Osten über die Rr. L. Shllaku, nehmen am Sheshi Avni Rustemi die linke Gabel (Rr. H. Tahsim) und bleiben auf dieser Straße ab Skanderbeg knapp 4 km. 750 m nach Passage des Großrondells zu den Fernsehstudios Klan HD und RA News dürfen Sie ein unauffälliges Schild „Dajti Express", rechts angebracht, nach links weisend, nicht verpassen. Wenn sie an der nächsten Gabelung die hübsche Mauerfassade des Restaurants „Fresku" sehen, sind sie 50 m zu weit. Die Talstation folgt auf der Seitenstraße in knapp einem Kilometer Entfernung. Unter der Woche ist dort auf alle Fälle genügend Parkraum. Vor allem an schönen Wochenenden ist die Tour ohnehin kaum empfehlenswert, zahlreiche kopfreiche albanischen Familien fahren dann mit dem Auto nach oben und demonstrieren mit gewaltig qualmenden Grills, vor allem aber mit Großkonzert-Beschallung aus weit aufgerissenen Autotür-Boxen, was der echte albanische Naherholungs-Stil ist.

Die Burg Petrele erreichen Sie, solange die Autobahn nach Elbasan südlich Tiranas noch nicht ganz fertig ist (Ende derzeit beim Rondell Lunder - TEG), auf dem Zwischenstück der alten Straße. An der Weisung zur Wiederauffahrt auf die Autobahn bei Mullet verbleiben Sie noch 650 m auf der alten Straße, überqueren die große Brücke des Flusses Erzen. Der ausgeschilderte Abzweig zum Ort Petrele liegt 200 m südlich davon, rechts. die Auffahrt ist etwa 3 km lang.

Zur **Pellumbas-Höhle** zunächst wie eben geschildert. Fahren Sie jedoch bei Mullet wieder auf die Autobahn, dann gleich die nächste Abfahrt wieder herunter auf die alte Straße, ab dortigem Rondell Richtung Elbasan. 500 m nach Unterquerung der Autobahn (Ort „Ibe e Poshtme") erreichen Sie links den Abzweig nach Pellumbas (4 km). Im Ort sollten Sie ausreichende Beschilderung zur Höhle finden. (Wanderweg knapp 3 km, Höhendifferenz etwa 100 m).

Von Fushe Kruja Richtung Durres

(21) WOMO-Stellplatz:
Irdira-Tankstelle an der Schnellstraße (nordseitig)

GPS: N 41°22'12.08", E 19°35'25.36"   **Max. WOMOs:** 5
Lage/Ausstattung: Ab Auffahrt bei Vora 7 km. Die Tankstelle bietet im hinteren Bereich sichere Nachtstellplätze für LKW und nimmt für 3 Euro auch WOMO auf. Sie wurde von Lesern als guter Notbehelf geschildert. Eine kleine Kantine ist vorhanden.

Der Tour folgend, verbleiben Sie auf die nächsten 12 km weiter in der Ebene, jedoch rückt meerseitig nun eine weitere Hügelkette heran, die nach Nordwesten zu in das große Kap Rodon ausläuft. Oben auf liegt das **Kastell von Preza**, links, beim Dorf Rinas, befindet sich der hauptstädtische Flughafen. Nach diesen 12 km mündet die Straße bei der Kleinstadt Vora auf die vierspurige Schnellstraße Tirana-Durres.

Jetzt aufgepasst, diese Verkehrsachse ist zweifellos die im Jahresdurchschnitt am meisten befahrene Albaniens. Sie ist sehr unfallträchtig, vor allem, wegen der häufigen, teilweise illegalen, Behelfs-Ausfahrten sowie der abrupten Stopps der Furgone, um Kunden zu laden, und auch reichlich mit Radarpistolen bestückt. Topologisch durchbrechen Sie hier zunächst die Rodon-Hügelkette, um dann in die im Abschnitt letzte Ebene, die von Shijak-Durres, einzufahren. Deren rechts liegender Teil ist erst in den 1920er und 1930er Jahren durch italienische Siedler von ihrem Sumpfdasein befreit worden. Sie lernen hier zunächst, dass es getrennte Städte Tirana und Durres fast nur noch administrativ-theoretisch gibt. Beide haben ihre Wirtschaftsbebauung unter Überwucherung der Zwischen-Orte so weit aufeinander zu getrieben, dass man wohl in einigen Jahren von der Mega-Stadt Tirana-Durres sprechen wird.

Kastell von Preza

Beim km 19 (Abfahrt „Gjiri i Lalezit") haben sie Möglichkeit, über eine vorzügliche Straße bis an den **Kap-Ausläufer Rodon** heran und dann hinauf zu gelangen. Haben Sie die Schnellstraße fast überlebt, stoßen Sie beim km 31, schon in unmittelbarer Nähe von Durres, auf eine weitere Zwei-Ebenen-Kreuzung, ausgeschildert mit „Kavaja" und „Unaza Durres". Hier haben Sie die Wahl, entweder zur Besichtigung nach Durres (siehe nächster Abschnitt) noch 2 km geradeaus zu fahren, oder über die Brücke auf die Unaza, die Umgehungsstraße abzubiegen. So oder so treten Sie hier den **Abschnitt 2 der Tour** ein.

Kastell Preza – Dauer: 1-2 Stunden
Interessantes Schmankerl am Rande: Auf der bereits erwähnten Hügelkette, die Sie auf der Tour bald ab der Zwei-Ebenen-Kreuzung Fushe Kruja seeseitig begleitet, errichteten die Türken einst ein Kastell, das als

Zwingfeste gegen das Wiederaufflammen der Befreiungsbestrebungen der Albaner im Raum Kruja gedacht war. Das Areal besteht aus einem schlank-hohen, noch gut erhaltenen Wachturm, einem großen Wohngebäude mit Museum sowie Teilen der Mauer und der Ecktürme um eine große Innenbrache. Das alles mag nicht sonderlich aufregend sein, aber von hier haben Sie einen exzellenten, umwerfenden Ausblick auf den hauptstädtischen Flughafen und den Beginn der hohen Bergwelt bei Kruja. Ein recht ordentliches Restaurant sekundiert mit gastronomischer Ergänzung. Beachten Sie auch die besonders schöne knorrige Musterung der Olivenbäume im Parkplatzbereich. Vorzugsweise zu empfehlen als Nachmittagsausklang für diejenigen, die mehrere Tage etwa im „Nordpark" verweilen.

Anfahrt:

Die Auffahrt ist 8 km vom „Nordpark", Richtung Durres, auf der Tour-Route ausgewiesen. Nach 3,4 km erreichen sie zunächst einen Parkplatz unmittelbar vor dem Kastell am Restaurant „Bologna". Für große WOMO ist wegen der Enge des Parkraums die Nutzung der Bordmittel ab „Nordpark" zu empfehlen. Kleine finden sogar noch 50 m weiter Wendeplatz an der letzten Weggabelung.

Kap Rodon – Dauer: 6 Stunden

Das auffällige Kap, das sich da nördlich von Durres weit hinaus in die See streckt (und geologisch die Fortsetzung des tourbegleitenden Hügels ab Fushe Kruja ist), sollte eigentlich schon beim Blick auf die Karte die Fantasie anregen: Wie werden wohl seine Abbrüche ins Meer beschaffen sein? Kap Arkona oder dergleichen an deutschen Küsten ist gar nichts dagegen. Schon der Natur-Anblick lohnt also den Weg dahin. Aber der Platz bietet zusätzlich zwei architekturhistorische Kleinode, die übrigens mit Fördergeldern aus dem Kulturerhaltungsprogramm des deutschen Auswärtige Amts wieder kräftig aufpoliert wurden. Zum einen die Kirche jenes Klosters, das einst Skanderbegs Schwester Mamica stiftete, und in dem sie wohl begraben wurde - eine prächtige Basilika in romanisch-gotischem Stil. Mehr noch lohnte eigentlich ihr Inneres. In der zentralen Abschlussnische wurden für eine Kirche seltene einfarbige Darstellungen von fliegenden Kranichen, Reitern und doppelköpfigen Fabelvögeln freigelegt. Letztere gelten einigen als Proto-Darstellung des albanischen Wappentiers, die „Reiterin" soll Mamica selbst darstellen. Zum anderen eine kleine, aber extrem wichtig gewesene Zweck-Festung Skanderbegs. An diesem Platze landete der albanische Mega-Held nämlich den Waffen-Nachschub an, den er von seinen Gönnern aus Italien erhielt. Interessant: Der Wandverlauf des Kaps behindert die direkte Sichtverbindung zur Festung Kruja von der Festung aus. Um bei Gefahr Zeichen zu geben oder zu empfangen, wurde extra ein Signalpunkt weit über das Ufer hinaus geschoben, von dem aus dann die Sichtverbindung gegeben war. Das Zentrum des festungsarchitekto-

Kap Rodon

nisch ungewöhnlichen Gebildes bildet der Lagerungsraum, ein im Verhältnis zum Gesamtwerk überdimensionierter geschlossener Rundbau. An den Seitenwänden finden Sie merkwürdige Fabelwesen, die wohl von einem antiken Tempel, der hier zuvor stand, „recycled" wurden.

Im Übrigen ist bereits die Anfahrt spektakulär. Ab Hügelaufstieg windet sich der Weg unterhalb des Kamms entlang und eröffnete jede Minute eine andere gloriose Aussicht auf das Meer, die Buchten und das im Hintergrund liegende Festland.

Mamicas Kirche

Anfahrt

WOMO-tauglich ist nur die Anfahrt über die auf der Tour erwähnte Ausfahrt nach „Gjiri i Lalezit" (ab hier 35 km, an der Gabelung beim km 14 links halten). Bei dieser bis vor kurzem noch recht einsamen „Bucht von Lalez" handelt es sich um einen breiten Strandbogen mit vorzüglichem, leicht körnigen Sand, der zum Kap Rodon hin ausschwingt. Die Straße wurde vor einigen Jahren asphaltiert, mit dem Ergebnis, dass nunmehr auch hier ein Bauboom einsetzte und die Strände vor dem Kap in der Beliebtheitsskala der Hauptstädter raketenartig nach oben schossen. Hüten Sie sich also davor, den Weg dorthin an einem Sommer-Wochenende anzutreten.

Die Straße führt, zwar dann enger, aber bis zum Ende gut asphaltiert, automatisch hoch auf den Kaphügel und dort praktisch direkt bis nahe an die Mamica-Basilika. Eventuell wird dort jetzt Eintritt kassiert.

Die Festung finden Sie, indem Sie an der dortigen (Nord-)Uferseite entlang 2 km in Richtung „Italien" laufen. Das nachfolgende Kap erkraxelt sich mehr oder weniger selbsterklärend

(Gesamtrunde ab Basilika etwa 2,5 km). Nördlich vom Kap mündet der **Ishem**, der trägt leider noch immer Müllfrachten aus Tirana ins Meer - und an den Strand von Rodon.
Wie in die Basilika gelangen? Den Schlüssel hat **Dorfvorsteher Tanushi.** Sein Haus finden Sie 1,5 km von dem Punkt entfernt, wo sie den Aufstieg zum Hügel beendet und den Kammweg erreicht haben, rechts in einer Kurve, deutlich erhöht stehend. Für seine Dienste erwartete er bislang etwa 2000 Leke, vermutlich wird er mit ihnen nach vorn fahren wollen.
Nicht starten sollten Sie den Versuch der Anfahrt ab oder der Rückfahrt direkt nach Fushe Kruja. Dieser Weg ist nur stellenweise asphaltiert.

Streng genommen bietet das freie Gelände vor der Basilika auch einen wortwörtlich paradiesischen Übernachtungsplatz (nicht um den 13.6., das ist der Tag des Kirchenheiligen und der Bär tobt hier). Vor der Basilika liegt eine hoch mineralisch schmeckende **Quelle**, die Leute kommen von weit her, um sich Wasser zu holen. Vermutlich würde es anderswo als von Wunder-Fitness-Kraft verkauft werden. Irgendwie mehr down-to-earth ist jedoch, auf der Rückfahrt unten am Strand zu übernachten. Der Bauboom hat mehrere Strandbars hervorgebracht, deren Parkplätze auch Stell-geeignet sind, z.B.

(22) WOMO-Badeplatz B-1 am Ortseingang von Fushe Draci

GPS: N 41°32'4.56", E 19°30'44.80"　　　　　**max. WOMOs:** >5
Ausstattung/Lage: Großparkplatz unmittelbar am Eingang des letzten Dorfes, das Sie vor der Hügel-Auffahrt erreichen (Fushe Draci, die Großgemeinde heißt Lalez), Kosten etwa 2 Euro, Strandzugang, Strandliege inklusive, benachbart mehrere Tavernen. Netzüberdachung, aber keine weitere Infrastruktur für WOMOs. An Saison-Wochenenden gewöhnlich überfüllt.

(23) WOMO-Campingplatz-Tipp: C-3 Lalez (Fushe Draci), „Plazh Ron"

GPS: N 41°31'18.09", 19°31'0.48"E　　　　　**max. WOMOs:** 4
Lage/Ausstattung: Ungefähr 1,5 km vor dem Dorf Fushe Draci am Hügelansatz. Parkplatz einer Strandbar, WOMOs werden ausdrücklich beworben, auch ein kleines Areal ist speziell für diese reserviert. Mitbenutzung der defizitären Toiletten sowie der Stranddusche.

KARTE TOUR 1
Abschnitt 2

TOUR 1-2 (ca. 160 km)

Vom Großraum Durres bis südlich Vlora (Llogara-Pass)

Freie Übernachtung:	Shpille, Ardenica, Apollonia, Byllis, Vlora, Orikum, Llogara-Pass.
Campingplätze:	Golem, Karpen, Plazhi Generalit, Divjaka-Strand, Orikum.
Ver-/Entsorgung:	Campingplätze, Gaststätten der Stellplätze.
Baden:	Plazhi Generalit, Shpille, Divjaka, Vlora, Orikum.
Besichtigen:	Durres, Plazhi Generalit, Spille-Strand, Bashtova, Divjaka-Strand, Ardenica, Apollonia, Byllis, Orikum, Llogara-Pass u.a.
Essen:	Gaststätten im Text empfohlen.

Entfernungsangaben

Durres Abzw.„Unaza" bis Abzw. Rrogozhina E852 .... 33 km
Abzweig Rrogozhina zur E852 bis Fier, zweites Innenstadtrondell .... 45 km
Fier, drittes Innenstadtrondell bis Eingang Vlora .... 33 km
Vlora Hafenrondell bis zum Llogara-Pass .... 43 km

Von der Stadteinfahrt Durres bis zum Abzweig Richtung Elbasan bei Rrogozhina (Richtung E852)

Ab dem eben erwähnten Zwei-Ebenen-Kreuz („Unaza") auf der Schnellstraße Tirana-Durres stelle ich zunächst die Variante Geradeaus, Einfahrt nach Durres zur Besichtigung, dar. Zur sofortigen Weiterfahrt und zum Aufsuchen der Stellplätze lesen Sie bitte zunächst auf S. 99 weiter.

Die Stadt Durres *3 Stunden*

(24) WOMO-Campingplatz-Tipp: C-3 Golem, „Mali i Robit"

GPS: N 41°13'57.0" E 19°31'1.7"
www.hotelcampingmr.webs.com, Tel.: 00355 69 2139151
geöffnet: Auch in der Vor- und Nachsaison
Lage/Anfahrt: km 13. Abfahrt mit „Mali i Robit" gekennzeichnet, am zweiten Rondell rechte Gabel. Insgesamt 600 m, dort rechts, an der Rückfront des gleichnamigen Hotels. Von Süden kommend keine Abfahrt, Parallelstraße zur Schnellstraße ab Kavaja-Nord benutzen!
Allgemeines: Kleiner Platz, 50x50 m, in einer Hotelsiedlung gelegen, d.h., von weiteren Hotelbauten umgeben. Dicht mit hohen Kiefern bestanden, daher eigentlich eher Zeltplatz. 300 m bis Strand.

Ausstattung: Steckdosen auf dem Platz
Sanitäranlagen: Defizitär, Freidusche, wenn möglich, wird Raum im Hotel zugewiesen. WLAN
Max. WOMOs: In der Saison vermutlich 3-4, außerhalb bis zu 10.
Preis (2015): 10 €/Nacht/WOMO

(24a) WOMO-Campingplatz-Tipp: C-4 Golem, „Ura Li"

GPS: N 41°13'45.3" E 19°30'46.4", Tel.:00355 69 6633875 (albanisch)
geöffnet: Nicht in der Vor- und Nachsaison
Lage/Ausstattung: Selbe Anfahrt wie für „Mali i Robit", an zweitem Rondell linke Gabel, insgesamt 1000 m, vor dem Strand. Nur Jugendcamping mit Barbetrieb, Sanitäranlagen defizitär, Notbehelf, falls „Mali i Robit" belegt.
Max. WOMOs: Bis zu 10?

(25) WOMO-Campingplatz-Tipp: C-1 Karpen, „Pa emer"

GPS: N 41°10'53.9" E 19°28'40.6"
http://www.kampingpaemer.com, 00355 7077061, mob 00355 66 4151502, 00355 69 4151126
geöffnet: Auch in der Vor- und Nachsaison
Lage/Anfahrt: Achtung, die Abfahrt von der Schnellstraße ist für das Gemüt Deutschsprachiger schwierig zu verdauen: Von Norden kommend, die Brücke der Zwei-Ebenen-Kreuzung „Kavaje Nord" (km 16) unterqueren.

Langsam, denn nur 270 m danach weist die massive Doppel-Leitplanke einen unerwarteten Abfahrts-Durchschlupf aus. Von diesem, oder notfalls dem zweiten, knapp 300 m weiter folgenden, müssen Sie auf die parallel zur Schnellstraße verlaufende kleine Nebenstraße auffahren und dieser bis zu einer Schnellstraßenbrücke (500 m resp. 200 m) folgen. Die von der Brücke kommende Straße führt sie in Westrichtung ans Ziel. Beide Abfahrten sind durch ein Schild „Camping" eigentlich deutlich gekennzeichnet, eine „2" weist sogar auf die doppelten Möglichkeiten hin. Interessenten sind aber wohl des Öfteren mit dem Abfahrtskonstrukt überfordert. Deshalb hat der Platzeigner noch eine Rettungmöglichkeit eingebaut: Etwas über 2 km ab der Zwei-Ebenen-Kreuzung Kavaje Nord weist er nochmals einen Weg, wie man, dann am Hügelansatz nach Norden zurück fahrend, den Platz erreicht.

Bloß nicht: Die Landkarte würde Abfahrt über die Zwei-Ebenen-Kreuzung und ab da Nutzung der eben erwähnten zweiten Schnellstraßenbrücke nahe legen. Diese neue Brücke hat bloß einen kleinen Schönheitsfehler, den der Platzeigner mit seiner umständlich erscheinenden Ausschilderung berücksichtigt: Fehlende Höhen-Angleichung zwischen neuer Brücke und alter Straße reißt ihrem WOMO das Heck ab. Im weiteren der Ausschilderung folgen, Der Platz liegt, ab hier 7 km, letzte 700 m Schotterweg, direkt am Ufer im südlichen Bereich der Bucht von Durres.

Pa emer, Strand-Etage

Allgemeines: (pa emer heißt „ohne Namen"). Zu den am umfassendsten ausgebauten Plätzen Albaniens gehörig. Hangaufwärts auf drei Ebenen angeordnet, die strandnahe Ebene mit Schattenüberdachungen versehen, die Hangebenen unter mittelgroßen Bäumen verschiedener Art. Landschaftsgestalterischen Aspekten wurde Aufmerksamkeit gewidmet, alles recht wohldurchdacht, ästhetisch stimmig.

Begrenztes Essensangebot auch in der Vor- und Nachsaison, größeres Ausflugsrestaurant daneben. Wallfahrt zur „Fiora" in Kavaja empfohlen.

Max. WOMOs: 50. Anmeldung fast unerlässlich.

Ausstattung: Elektrodocks (Euronorm) selbst am Strand

Sanitäranlagen: Im Wesentlichen mitteleuropäischen Erwartungen entsprechend. Duschen und Wasserentnahme auch übers Gelände verteilt.

Preis (2015): 20 €/Nacht/WOMO/2 Personen

WLAN: ja, räumlich begrenzt

Einführung zur Stadt Durres

Die heute 160 000-Einwohner-Stadt wurde als Epidamnos 627 v.Chr. durch griechische Siedler gegründet. Wie die meisten dieser Kolonisationsstädte war der Ort in seiner Kulturentwicklung der Umgebung deutlich voraus und blieb in Folge dessen über Jahrhunderte Fremdkörper im Gebiet. Von den Illyrern oft bedroht, sogar erobert, stellte man sich bereits 229 v.Chr. unter den Schutz Roms und wechselte den Namen. Als zweiter Anschlusshafen neben Apollonia für die strategisch wichtige römische Heer- und Handelsstraße Via Egnatia (siehe Tour 2) gelangte die Stadt zu Wohlstand. Das archäologisch-architektonische Erbe lebt heute weitgehend von dieser Epoche. Von späteren schweren Erdbe-

Neues Durres: Flanieranlagen am Meer

ben und Goteneinfällen erholte man sich zwar noch einmal, Verwicklungen in die Kriege ihrer nun ständig wechselnden Feudalherrscher zehrten die Stadt jedoch aus. Wegen der zunehmenden Versumpfung des Umlandes verwalteten die Türken das Gebiet von Mittelalbanien schon nicht mehr von hier, sondern von Kavaja. Einen kurzzeitigen Anspruch auf die Hauptstadtfunktion (1914-18) konnte die Stadt nicht halten, gewann jedoch durch ihre Nähe und zwangsläufige Hafenfunktion wieder Bedeutung, als Tirana 1922 Hauptstadt wurde.

Nach der Trockenlegung der Sümpfe verzeichnete die Stadt auch wieder bauliche Entwicklung. Seit den 1990ern entwickelte sich der Hafen zu einem bedeutenden Wirtschaftsfaktor, verbunden mit Neubau und Modernisierung bestimmter Teile der Stadt.

Entlang des Strandes der Durres-Bucht, südlich von Hafen und Stadt, kurbelte die wachsende touristische Nachfrage des Platzes eine Bauentwicklung an, die Durres heute zum Symbol aller Fehler der albanischen Tourismusentwicklung macht. (siehe „Tourismusentwicklung in Albanien"). Das Wasser am Strand galt lange als hoch belastet, jedoch wurde 2013 eine moderne Kläranlage in Betrieb genommen, die längerfristig Besserung verspricht.

Die Stadt-„Pflichttour"

Der große Hafen legt sich als geschlossenes Areal im Halbbogen entlang des Ostufers der Stadt. Vor kurzem wurde entlang des Hafenbogens eine Umgehungsstraße gebaut, deren Nutzung ein Vordringen in die Kernbereiche auch mit WOMO möglich macht (siehe „Anfahrt"). Sie gelangen so an die stadtseitige Hafeneinfahrt mit Vorplatz. Von dieser verläuft nach Norden in die Stadt hinein der zentrale Hauptboulevard Epidamnion, über den Zentralplatz Sheshi Liria in die Rr. Aleksander Goga übergehend. Uferparallel nach Westen verläuft eine zweite Hauptachse, der Shetitorja Taulantia. An dessen Beginn, links auf dem Parkplatz, finden Sie auch den Pavillion der

Altes Durres: Das Amphitheater

Touristeninformation. Charakteristischer Bezugspunkt gleich jenseits des Hafenvorplatzes ist das wichtigste Relikt des Mittelalters, ein gut restaurierter **venezianischer Bastionsturm**, mit einigen Kanonen drapiert, innen beherbergt er heute die Bar „La Torre".

In Richtung der Shetitorja Taulantia verlaufen zwischen diesem Boulevard und dem Ufer weitläufige **Flanieranlagen am Meer**, mittendrin einige archäologische Überreste, am Westende eine modernistische Seebrücke mit Restaurants, landseitig flankiert von erst vor wenigen Jahren entstandenen Wohnhochhaus-Türmen. Stadtseitig dahinter zieht sich die Bebauung den Stadthügel von Durres hinauf. Aus Ufernähe nach oben blickend, sehen Sie dort eine prächtige Villa. Sie war einst der **Sommersitz von König Zogu.** Genießen Sie den Blick von unten, mit WOMO hoch fahren lohnt nicht: Die Villa ist leer, harrt seit Jahren der Sanierung und der Wächter lässt einen selten rein.

Das modern gestaltete **Archäologische Museum,** einen kubisch-villenähnlichen, zweistöckigen Bau, finden Sie in der Mitte des Shetitorja Taulantia, 600 m vom Hafenvorplatz, etwa in Höhe der neuen Seebrücke. Es vermittelt einen umfassenden Eindruck über die antike Stadtgeschichte. Vielleicht besonders interessant sind die Darstellungen zu den Gründen und dem Verlaufs der Bevölkerungsvermischung zwischen Griechen und Illyrern. Darüber hinaus ist es Leitmuseum für Unterwasser-Funde, die es natürlich an Albaniens Küsten reichlich gibt (Erläuterungen in Englisch, Montag Ruhetag).

Links hinter dem **venezianischen Wehrturm** ist der repräsentativste Rest der ehemaligen Stadtmauer erhalten, der sich auf etwa 300 m nach Nordwesten erstreckt. Durch das zweite Tor, das sich Ihnen in der Mauer auftut (Rr. Sotir Noka), gelangen Sie zum wichtigsten archäologischen Platz, dem **Amphitheater von Durres.** Mit 15 000 Plätzen soll es das größte seiner Art im Balkan überhaupt gewesen sein. In den unterirdischen Gängen kann man gut den enormen Aufwand studieren, den die Römer mit dem Bau solcher Anlagen betrieben. Wandmosaike in einem der Gänge im Westteil, der in späterer Zeit als christliche Kapelle diente, gelten als die einzigen antiken Wandmosaike in Albanien überhaupt.

In die nächstmögliche Gasse unterhalb des Amfitheaters nach Süden abbiegend (Rr. Mustafa Basha, an der Fatih-Moschee übergehend in die Rr. Colonel Thomson), finden Sie nach 100 m rechts eines der besser erhaltenen türkenzeitlichen Häuser mit mittigem Holzbalkon. Es gehörte dem kosmopolitischen Schauspieler **Alexander Moisi.** Der Sohn eines albanischen Vaters und einer italienischen Mutter gelangte als Kind in den deutschen Sprachraum und entwickelte sich in den ersten Jahrzehnten des 20. Jh. zu einem der großen Schauspieler zunächst an den wichtigsten Theatern Deutschlands, später an den großen Bühnen überall. Ein Teil des Hauses ist seinem Leben gewidmet, der Rest zeigt als ethnographisches Museum u.a. prächtige Frauentrachten sowie seltenes Kunsthandwerk, etwa bildliche Darstellungen aus Fischhäuten (Mo-Fr. 8.00-15.00 Uhr).

Am Haus umkehrend, gelangen Sie rechts über die Rr. Xhamia, zum **Bulevardi Epidamnion**, der wichtigsten Geschäftsstraße der Stadt. Palmenge-

Hauptstraße „Bulevardi Epidamnion"

säumt, kann man hier einige ausgesprochen schöne, italienisch geprägte Stadtvillen sehen. Und, Italien lässt grüßen – jede Menge guter Eisdielen.

Entlang des Boulevards Richtung Norden erreichen Sie nach 200 m den modernen Zentralplatz der Stadt (Sheshi Liria) mit den Gebäuden der Kommunalverwaltung, dem **Kulturpalast** und dem städtischen Theater an der Nordfront sowie der **großen Stadtmoschee** links.

Noch hundert Meter dem Straßenverlauf links (Rr. Aleksander Goga) folgend, treffen Sie auf den Ort des **antik-byzantinischen Zentralplatzes,** einem Rundforum mit Überresten einst prächtiger Säulenkolonnaden. Wahrscheinlich wurde seine Ausgestaltung vom Kaiser Anastasius um 500 gestiftet, der ein Sohn der Stadt Durres war. Östlich vom Forum, unterhalb der Hinterfront des Kulturpalastes, die Reste der antiken Thermen. Letzte Bemerkung: Beim Anmarsch auf das gewiesene zweite Tor in der Stadmauer wird Sie links der umwerfende Anblick eines gigantomanischen Tempel-Gebäudes beschäftigt haben. Nach drin dürfen Sie nicht, denn dort ist - das Jenseits dieser albanischen Welt: Das **„American College"** für die Kinder der Reichsten unter den Reichen. Auch sowas gibt es in Durres.

Strände von Durres:

„Beschauliche" Kulisse: Durres-Strand

Die traditionelle Badebucht südlich vom Hafen wurde in den vergangenen Jahren durch Engstbebauung, mehrere Hotelreihen hintereinander, zugepflastert. Der zu Durres gehörige Strandbereich geht nahtlos in jenen, der zum Distrikt Kavaja gehört (Golem, Mali i Robit) über. Ein bisschen Katastrophen-Tourismus haben wir ja alle gern, also parken Sie ihr WOMO auf der strandparallelen Zentralstraße und arbeiten Sie sich durch die Hotelreihen nach vorn. Baden würde ich in der Bucht wegen der Wasserqualität nicht. In den jüngsten Jahren wurde der Strandbereich gleich nördlich des Zentralboulevards Taulantia zum Baden und durch Tavernen erschlossen und ist derzeit hip.

Essen in Durres:

Dafür sind die Strände recht gute Plätze. Mehrere Restaurants im Südbereich, etwa „Oaz", „Tirona" (2 km ab Schnellstraße) oder „Besani" (5 km) sind den Tiranaern auch im Winter Ausflüge hier her wert. In der Stadt haben Sie u.a. das (auch preislich) recht hochwertige „Aragosta" ganz hinten am Shetitorja Taulantia. Mein Favorit in der Stadt war, wegen des vorzüglichen und doch preiswerten Fischs, das „Piazza", vom Hafen-Vorplatz 150 m nach Südwesten.

Anfahrt

Mit Bordmitteln oder öffentlichen Verkehrsmitteln:

Mit Furgons von den Campingplätzen (24), (24a) oder gar (25) zu starten, funktioniert nur mit ziemlichem Organisationsaufwand. Mit Bordmitteln ginge, da zur Schnellstraße Durres-Rrogozhina weniger befahrene Parallelstraßen existieren. Jedoch müssten Sie nach GPS fahren und sich den Track vorab aufwändig erarbeiten.

Mit dem WOMO:
Wie bereits angedeutet, erleichtert die neue Hafen-Umfahrungsstraße den Zugang zum Zentrum erheblich. Benutzen Sie dazu am Südende der Schnellstraße Tirana-Durres nicht die Abfahrt „Qender", sondern die 300 m weiter folgende End-Ausfahrt „Port". Am zweiten (kleinen) Rondell fahren Sie nicht in den Hafen ein, sondern benutzen die Spuren rechts außen entlang des gelb-grünen Hafenzaunes. Nach reichlich 2 km gelangen Sie so zum beschriebenen Hafenvorplatz. Versuchen Sie, auf dem dahinter anschließenden Parkplatz oder am strandparallelen Boulevard Taulantia unterzukommen. Falls Sie hier keine Chance haben, verfolgen Sie den Boulevard trotz scheinbar beängstigender Engung auf reichlich einen Kilometer. Dort hinten erweitert er sich zu einem vierspurigen, durch Mittelstreifen getrennten Straßenzug und hier sollte sich auf alle Fälle Parkraum finden. Am Ende [N 41° 19' 10" E 19° 25' 55"], am Hotel Ferrara, besteht auch Wendemöglichkeit.

Seeverkehr – Autofähre: Durres ist auch der wichtigste Fährhafen des Landes. Zu den Möglichkeiten der Fährnutzung siehe vorn unter „Einreise mit Fährlinien ab Italien". Zufahrt zum Terminal sowohl von der Innenstadt (Hafenvorplatz) möglich, als auch von der Schnellstraße Tirana-Durres, letzte Ausfahrt.

Tourfortsetzung: Wenn Sie nach Stadtbesichtigung wieder auf die Schnellstraße Durres - Tirana auffahren, müssen Sie nicht bis zu dem auf S.93 erwähnten Zwei-Ebenen-Kreuz zurück. Nach 200 m v erlassen Sie die Schnellstraße wieder in Richtung „Durres", wenden sich aber am gleich unten folgenden Rondell in die Gegenrichtung „Rrogozhina" und fahren nach einem Kilometer auf die Umfahrungssstraße („Unaza") auf. Rechnen Sie ab hier von den folgenden Entfernungsangaben ab Tourstart jeweils einen Kilometer ab. Nach 6 km passieren Sie jede Menge von eng beieinander stehenden Hotelbauten, das Mega-„Erholungs"areal Durres-Golem. Das Meer lugt nur an wenigen Stellen durch. Nach 12 km passieren Sie die Ausfahrt „Mali i Robit" zu den **Campingplätzen (24) und (24a)** und nach 16 km „Kavaje Nord" für **Platz (25)**. Beachten Sie die bei der Platzbeschreibung gegebenen Abfahrt-Hinweise!
Das über letztere Zwei-Ebenen-Kreuzung zu erreichende **Kavaja** (25 000 Einwohner) stieg in der Türkenzeit, als das altehrwürdige Durres fast im Sumpf verschwand, zur beachtlich großen Verwaltungsstadt auf. Von der damaligen großartigen Architektur ist aber infolge Kriegszerstörungen nahezu nichts geblieben, ein Uhrturm, die Reste einer Alt-Moschee. Ein Besuch folglich nur Pflicht für Vollständigkeitsfanatiker – oder für Gourmets: Im **Restaurant „Fiora"** gibt es Seafood vom

Feinsten, täglich frische Butrint-Muscheln, in Wein-Fleischbrü-
he gesotten. Das Haus liegt an der Einfallstraße ab „Kavaje
Nord" (Rr. Egnatia), 1,5 km links, Mittelstreifen muss weiter
vorn umfahren werden.
Ansonsten prägt sich jenseits der Hotelbebauungen um die
Straße erneut weit-flache, landwirtschaftliche Ebene aus. Links,
jenseits von Kavaja, im weiten Hintergrund, wird sie begrenzt
durch hügelig ansetzendes Bergland. Rechts, meerseitig,
wieder durch einen langgestreckten Berghügelzug vor dem
Meer. Dort empfehle ich Ihrer Aufmerksamkeit die Abfahrten
zu den **Stränden Plazhi Generalit und Shpille** (km 18 bzw.
25) sowie zur **Festung Bashtova** (km 30).

Plazhi Gjeneralit und Porto Albania *3-4 Stunden*

(26) WOMO-Campingplatz-Tipp: C-3, Bardhor, „Plazhi Gjeneralit"

GPS: N 41° 7'37.6" E 19°26'58.0"
geöffnet: Auch in der Vor- und Nachsaison
Lage/Anfahrt: km 18. Abfahrt ab Schnellstraße ist im Ort Synej ausgewiesen mit „Plazhi Gjeneralit", nach 400 m links, nach 800 m rechts. 13

km bis jenseits vom Ort Bard-
hor, ganz oben auf dem Hügel,
dort an der Gabelung links. Die
rechte, gut asphaltierte Straße
ist ausgewiesen mit „Porto Albania". **Achtung, hier beginnt
das Problem:** Die bis Mitte
2015 nicht asphaltiert gewesene 2-km-Abfahrt ist nicht für
große WOMOs tauglich. Besitzer mittlerer sollten den aktuellen Zustand zunächst durch
Begehung feststellen!
Allgemeines: Siehe Be-
schreibung. 50 m oberhalb des Strandes sind reguläre Stellplätze für
WOMOs reserviert.
Ausstattung: 8 Steckdosen mit Europa-Stecker, kein WLAN
Sanitäranlagen: .Defizitäre Strand-Toiletten und Kalt-Duschen in beträchtlicher Entfernung, Wasser auf Anfrage per Schlauch
Max. WOMOs: 8
Preis (2015): 10 €/Nacht/WOMO

Der eben erwähnte Berghügelzug ist für Überraschung gut.
Er startet im Norden als das Südkap der Durres-Bucht. Dort
befindet sich übrigens eine ausgedehnte, mehrtagige Küs-
tenverteidigungsanlage der Enver Hoxha-Zeit. Meerseitig,
nach Passhöhen um 130 m, erreichen Sie im Nordbereich
eine kuschlige und, man glaubt es kaum, vom Hotelbau noch
unberührte Bucht, **Plazhi Gjeneralit.**
Diese ist gut 300 m lang, enthält eine gepflegte Fischtaver-

ne in Blockhüttenbauweise sowie Touristenbungalows in gleichem Stil auf größerem Wiesengelände. Der breite, feinsandige und hier sogar fast gelbe Strand ist mit Liegen ausgestattet. Eine Seebrücke mit Bar rundet den romantischen Eindruck ab. Ein WOMO-Traumplatz, wenn bloß nicht die letzten 2 km Asphaltierung fehlten, und ziemlich abschüssig geht es auch zu. Also bitte nach eigener Vorab-Prüfung des unbefestigten Wegstückes entscheiden! Der Platz ist übrigens deshalb nach einem General benannt, weil wohl ein italienischer General im II. Weltkrieg erster regelmäßiger touristischer Nutzer seiner Vorzüge war.

An der erwähnten Gabelung auf dem Bergzug geht es links zu einer Hoffnung der besonderen Art: **„Porto Albania"**. Ein schweizer Investor will hier auf 170 ha eine Marina mit Luxus-Resort schaffen. Das ganze Projekt ist windig, viele bezweifeln, dass hier je Yachten vor Anker gehen werden. Aber der albanische Staat ist mit einer soliden Asphaltstraße bis hinunter schon mal in Vorleistung gegangen. Sie können sich also ansehen, ob da was wird.

Badestrand beim Ort Shpille *2 Stunden*

(27) WOMO-Badeplatz: B-1 Shpille Ort
GPS: N 41° 5'42.6" E 19°27'35.0"
Max. WOMOs: 2-3; in der Saison vermutlich überfüllt, außerhalb der Saison wird der Platz nicht betrieben und ist leer.
Lage/Ausstattung: Anfahrt siehe Text. Auf dem privat bewirtschafteten Hauptparkplatz von Shpille gleich unterhalb der Orts-Zentralstraße am Strand, erste Wahl, weil Zugang zu Dorftavernen besteht.

(28) WOMO-Stellplatz: B-1 Shpille Waldmitte
GPS: N 41° 5'25.0" E 19°27'31.6"   **Max. WOMOs:** 2-3
Lage/Ausstattung: Im Dünen-Hinterbereich, etwa in der Mitte der asphaltierten strandparallelen Begleitstraße, beim Straßenknick, am Restaurant „Perla". Beachten Sie bei Badeabsicht nach Regenfällen, dass im Strandbereich eine Feldentwässerung einläuft.

(29) WOMO-Stellplatz: B-1 Shpille Süd
GPS: N 41° 4'59.98" E 19°27'31.11"   **Max. WOMOs:** 2-3
Lage/Ausstattung: Im Dünen-Hinterbereich, am Ort des Auftreffpunkts der vom Hügel direkt zum Strand vorstoßenden neuen Straße.

Dem Südbereich des Berghügelzuges ist meerseitig nochmals eine kleine Ebene vorgelagert. Dieser folgt ein 8-km-Traumstrandbereich, breit und leider etwas zu feinsandig. Bei Wind wühlt das Strand-Vorfeld schnell auf. Im Zentrum liegt das etwas größere Dorf Shpille. Hier hat die Tourismus-Industrie allerdings bereits zugeschlagen, die **Strandlage bei Shpille** wurde auf anderthalb Kilometer durch eine parallel laufende Asphaltstraße zugänglich gemacht und an dieser sprießen nun auch mehrreihig die Hotels. Schauen Sie sich die noch nette Gegend an, solange sie nicht völlig „Durresiert" ist.

Anfahrt: Zwei-Ebenen-Kreuzung beim km 25, mit „Plazhi Shpille" ausgewiesen, 14 km asphaltiert ab hier. Der Strand-Ort-Bereich Shpille kann in einem Rundkurs umfahren werden. Es empfiehlt sich, vom Hügel kommend, nach dem Ort Grez i mesem nicht in Richtung Shpille rechts abzubiegen, sondern gerade durch bis hinter den Strandbereich zu fahren, dort dem Asphalt folgend, nach rechts. In Dorfhöhe ist ein großer Strand-Parkplatz (27). Wohl als einziges erwähnenswert im Ort: Nach hundertfünfzig Metern rechts finden Sie eine vorbildliche, von einer schweizer Hilfsorganisation betriebene Ambulanz, die im Notfall auch Abtransport per Hubschrauber organisieren kann.

Festung Bashtova *2 Stunden*

Das letzte Schmankerl im Bereich, schon fast am Shkumbin, ist ein historisches. Für den heutigen Besucher merkwürdig deplaziert, in irgendwie verdächtig wirkenden Einsamkeit, inmitten der weiten Wiesen der Flussniederung des Shkumbin liegt, in noch respektabler Vollständigkeit seiner Wehrmauern, **das Kastell Bashtova.** Aufgabe der venezianischen Gründung war es, Anlege- und Werftplätze der Venezianer im Mündungsgebiet des Shkumbin zu decken. Heute ist das gute Gemäuer Platz für ein jährlich wiederkehrenden Kulturfestival. Hübsch wie es liegt, und mit WOMO leicht zu erreichen, sollte es mir eine Besuchsempfehlung wert sein. Der Innenhof ist allerdings, wie bei mehreren ähnlichen Anlagen dieser Art auch, eine freie Brache. Am romantischsten

Festung Bashtova

und geheimnisvollsten wirkt das Gemäuer eigentlich aus einer gewissen Distanz, wenn man im Ort zu Fuß noch ein paar hundert Meter dem unbefestigten Weg um den Berg herum Richtung Shpille folgt. Er läuft bald etwas erhöht und bietet damit ein gutes Schaupodest für diesen Gesamteindruck.

Anfahrt: km 30, Zwei-Ebenen-Kreuzung beim Ort Gose, Richtung **„Vile Bashtove"**, 2 km ab Tourstraße. Folgen Sie dem Asphalt, er führt direkt zum Kastell, an der Mauer besteht Wendemöglichkeit. Die Straße nicht weiter benutzen, der Asphalt endet weit vor dem Strand, keine Befahrbarkeit des Restweges mit WOMO.

Vom Abzweig bei Rrogozhina bis nach Fier

Beim km 33 km gelangen Sie zum großen **Abzweigrondell Rrogozhina** (Kilometerangaben ab hier neu). Das Rondell soll laut Plan bis zum Sommer 2016 einen Anschluss in Richtung Elbasan (SH3) erhalten. Bis dahin müssen Sie 350 m zuvor den Behelfsabzweig benutzen. Rrogozhina (unter (10 000 Einwohner) lohnt mangels Sehenswertem wieder keinen Besuch. Kurz hinter dem Rondellstumpf überqueren Sie den mehr emotional als praktisch wichtigen Shkumbin. Sein Verlauf steht symbolhaft sowohl für eine gewisse historische Kulturtrennung der Albaner als auch für die „Egnatia". Was es damit auf sich hat, darauf kommen wir bei Tour 3 zurück. Zunächst eröffnet sich wieder eine, diesmal die weiteste, von allen albanischen Ebenen, die Myzeqe (der Name ist eine sprachliche Ableitung von Musaka, einer einst wichtigen Herrscherfamilie). Auch die Myzeqe war Jahrhunderte Sumpf und wurde, erst nach dem II. Weltkrieg entwässert, zu einer der Kornkammern des Landes.

Beim km 3, an einem weiteren Abzweigrondell, können Sie zur **Lagune von Divjaka** abbiegen, die etlichen Naturschützern als die bedeutendste Albaniens gilt.

Strand von Divjaka und Lagune Karavasta *3 Stunden*

(30) WOMO-Campingplatz-Tipp: C-5 Divjaka, „ Laguna Park"

GPS: N 40°59'12.96", E 19°29'59.28"
www.lagunaparkhunting.com, Tel. 00355 371 21040
geöffnet: Auch in der Vor- und Nachsaison
Lage/Anfahrt: 650 m unbefestigte Zufahrt links, 3 km ab Ortszentrum Divjaka, unmittelbar vor der Einfahrt in die bewaldete Zone (200 m nach Passieren des Hotels „Different").
Allgemeines: Bungalow-Hotel, das nebenbei Stellplätze bietet. Empfehlung für jene, die bei einbrechender Dunkelheit nicht mehr suchen wollen. Da ruhig gelegen, eventuell Alternative zum folgenden Disco-Camping.

Ausstattung: Elektroanschluss und Wasserhahn
Sanitäranlagen: Diejenigen der Gaststätte, mäßig.
Max. WOMOs: 5
Preis (2015): 10 €/Nacht/WOMO

(31) WOMO-Campingplatz-Tipp: C-3 Divjaka, „Piccolo Paradiso"

GPS: N 40°58'28.5" E 19°28'50.7"
Italienischer Eigentümer, Tel.: 00355 68 2791974
geöffnet: Nicht in der Vor- und Nachsaison
Lage/Anfahrt: Im Naturparkgelände Divjaka, am Hauptweg rechts, reichlich 2 km vom Eingang in den Park, 300 m vor Ende des Asphalts. Einfahrt für WOMO über kleinen Seitenweg.
Allgemeines: Schön schattig unter großen Pinien gelegen, aber mit Disco-Areal in der Mitte. 50 m bis zum Strand.
Kapazität: Bis zu 30 WOMOs.
Ausstattung: Festinstallationen geplant.
Sanitäranlagen: Aus Stein gebauter Sanitärtrakt, Zustand wurde allerdings von Nutzern mehrfach bemängelt.
Preis: 10 €/Nacht/WOMO, WLAN geplant
Außerhalb der Saison bereitet das Stellen direkt am Strand kein Problem.

Südlich der Shkumbin-Mündung, bis jenseits der Mündung der Vjosa, haben die Strände eher eine leicht schlammige Konsistenz und das Hinterland wirkt weitläufig-desolat. Zwei Ausnahmen, hier zunächst die erste: Ein buchtartiger Drei-Kilometer-Strandbereich westlich des kleinen Ortes Divjaka. Dieser ist feinsandig, über dreihundert Meter breit, erinnert schon fast an Wüste. Das Ufer ist folglich weit hinaus flach. Hinter dem Strand schließt sich Pinienwald an, in diesem liegt die „Touristenzone" mit Restaurants, Verkaufsständen und Unter-

Wüste? Nein, der Strand von Divjaka

künften. Nördlich der Straße, zur Shkumbin-Mündung hin, schließt sich Lagunen-Waldschutzgebiet an, das meines Erachtens das dschungelhafteste aller Lagunenwaldgebiete Albaniens ist. Unter anderem steht dort die vermutlich älteste und dickste Kiefer Albaniens, 420 Jahre soll sie haben.

Dem Touristenbereich ist landseitig, wieder jenseits von dichtem Wald, die **Lagune Karavasta** vorgelagert, eine der drei in die RAMSAR-Schutzliste aufgenommenen Gebiete Albaniens. Ihre Einordnung als größte Lagune Albaniens ergibt sich aus einer offenen Seefläche mit einer Längsausdehnung von zehn Kilometer. Weit draußen auf deren Wasserfläche, für Touristen ohne Bootstour nicht zugänglich, brüten Krauskopfpelikane. Bootstouren vermittelt das Info-Büro (ebenso das Hotel Laguna-Park), aber **Achtung:** Die Anmeldung muss in der Regel mindestens einen Tag zuvor geschehen (Leiter Dorian Nasi 0699128395, auf Englisch).

Die vermutlich älteste und dickste Kiefer Albaniens

Falls Sie über ein gutes Fernglas verfügen, können Sie einiges bei einer Wanderung vom **Beobachtungsturm** aus sehen, der sich etwa 3,5 km südlich vom Platz (31) befindet (bis zum Querkanal wandern, diesen nordseitig bis zur Lagune).

Anfahrt: Abzweig nach Divjaka beim km 3, 15 km bis Mitte des Orts. Hinter dem Gebäude mit der Mobilfunkantenne nach rechts entlang der Hauptgeschäftsstraße, noch 3 km bis zum Eingang des Naturparks.

Nach 1 km haben Sie rechts das **Info-Büro,** einen knappen Kilometer weiter stoßen sie auf die „Touristenzone", es wird eine geringe Gebühr kassiert.

Ein Besuch in der beim km 14 per Stadtzubringer ausgewiesenen **Stadt Lushnja** ist bedingt zu empfehlen. In der 30 000-Einwohner-Stadt tagte immerhin 1920 der Kongress von Lushnja, eine Versammlung einflussreicher Gebietsdespoten, der über wichtige Grundzüge des eben neu geschaffenen Albanien entschied, u.a. darüber, dass Tirana Hauptstadt werden

solle. Ein kleines Regionalmuseum sowie das Kongressge-
bäude (im Privat-Häuschen-Format) mit Ausstellung sind zu
besichtigen, im Stadtpark, gegenüber dem Haus, eine anspruchsvolle Gedenk-Plastik. Für Historiker mag interessant
sein, dass im Haus eine vollständige Dokumentation der internationalen Beschlüsse einzusehen ist, die die diesbezügliche Versailler Nebenkonferenz zu Albanien getroffen hat – und,
im Foyer des Regionalmuseum hat man, einzig in Albanien,
einen Fries unter musealen Schutz gestellt, der Enver Hoxha
in voller Machtpose zeigt.

Anfahrt: Lushnja hat ein Einbahnstraßensystem das von Südosten zum Zentralplatz mit dem Museum führt. Driften Sie also
ab der nördlichen Stadteinfahrt beim km 14 am besten mit der
Hauptstraße zum südlichen Stadtrondell und von diesem dann
auf der anderen Bahn etwa 1300 m zurück.

Die Tourstraße wendet sich jenseits von Lushnja (an einem
weiteren Rondell) scharf nach rechts und bald wieder auf einen stattlichen Hügelzug vor dem Meere zu, während das Gebirge linksseitig infolge der Ebenenverbreiterung noch weiter
in die Ferne rückt. Der Hügel muss zu Zeiten, als die Ebene
noch nicht trocken gelegt war, ein erhabenes, weltenfernes
Eiland über all dem großen Sumpfe gewesen sein. Im 13. Jahrhundert also ein guter Platz, um ein orthodoxes Kloster zu
begründen - **Ardenica.**

Kloster Ardenica

(32) WOMO-Stellplatz: S-1 Ardenica, Hügelrestaurant

GPS: N 40°49'30.7" E 19°35'36.5" **Max. WOMOs:** 3-4
Lage/Ausstattung: Anfahrt wie Kloster, 800 m nördlich davon auf der Hügelkuppe, auf dem Höhenweg bleiben.
Großer Parkplatz eines Ausflugsrestaurants mit schöner Aussicht.

Kloster Ardenica *Eine Stunde*

Skanderbeg soll hier 1451 zum „Fürsten der Ipiroten und der Albaner" gesalbt worden sein. Mit dem Neubau der Klosterkirche 1743 ging die letzte Umgestaltung auch der anderen Gebäude einher, seither existiert deren architektonische Struktur im Wesentlichen unverändert und stellt heute eine stattliche Landmarke auf dem Hügelzug dar. 1996 an die orthodoxe Kirche zurückgegeben, ist Ardenica das einzige wieder voll funktionierende alte Kloster Albaniens (es gibt mittlerweile etliche neu gegründete). Die Klosterkirche enthält ein prachtvolles, reich mit Goldanstrich dekoriertes Ikonentableau von 1744. Der Innenhof und die Kirche können gegen eine geringe Gebühr besichtigt werden.

Anfahrt: Am km 31 ausgeschilderte Abfahrt, durch das Dorf Kolonja hindurch, etwa 2,5 km den Berg hinauf. Das Kloster hat einen eigenen großen Parkplatz.

Die Tour fortsetzend, erreichen Sie bald darauf die Zufahrt zur **Präfekturstadt Fier** (50 000 Einwohner), eine historisch junge Industriestadt, deren Zentrum kaum eine nervige Neugier-Passage mit WOMO wert ist. Jedoch liegen in der Nähe zwei der **wichtigsten Archäologieparks Albaniens, Apollonia** und **Byllis.** Fier erhält derzeit eine sehr weitläufig im Westen verlaufende Umfahrung. Mindestens 2016 aber werden Sie noch über eine Behelfsabfahrt an der Knoten-Baustelle beim km 38 in Richtung Stadt geführt. 5 km weiter (km 43) erreichen Sie das erste Rondell der inneren Zentrumsumfahrung, wählen Sie hier „Vlora", um das Zentrum zu meiden. Das folgende Rondell (km 45) ist entscheidend: Rechts (Rr. Jani Bakalli, Stätte ausgeschildert) geht es dort nach **Apollonia**. Links im Verlauf der alten Fernstraße Richtung Gjirokastra nach **Byllis**. Geradeaus erreichen Sie beim km 46 („Vlora") das letzte Stadtrondell und dann, beim km 55, **die Auffahrt zur Autobahn A2 nach Vlora,** zugleich Abzweigstelle der und späterer Anschlusspunkt der neuen Groß-Umfahrung für Fier. Wir beginnen daher von hier die **Kilometerberechnung neu.**

Archäologiepark Apollonia *3-4 Stunden*

(33) WOMO-Stellplatz: S-1 Apollonia Außenparkplatz

GPS: N 40°43'16.92", E 19°28'11.96" **Max. WOMOs:** 10
Lage/Ausstattung: Hauptparkplatz des Archäologieparks rechts vor dem Ticket-Häuschen. Auf der musealen Fläche gibt es zwei hübsche Restaurants mit gutem Angebot, ich bevorzugte wegen seines rustikalen Ambientes meist das obere auf dem Hügel.

(34) WOMO-Badeplatz: B-1 Darezeze Strand

GPS: N 40°42'55.43", E 19°21'53.98"E **Max. WOMOs:** 10

Diesen und den folgenden Platz für den Fall, dass Sie nach der Besichtigung Apollonias unbedingt am Meer stellen wollen.

Lage/Anfahrt: Wie Apollonia, Im Ort Pojan aber geradeaus weiter („Plazhi Zeman"). Nach 1,5 km an der Gabelung links wählen, weitere 11 km der Straße folgen. Alles asphaltiert. In Darezeze die Brücken der Stauwerke überqueren! Gute Stellmöglichkeiten hinter/in den Dünen, Strand feinsandig-flach. Recht gutes Restaurant im Ort, dazu **nicht** über die Stauwerksbrücken, sondern vor diesen 250 m am Kanal entlang.

(35) WOMO-Badeplatz: B-1 Plazhi Zemanit

GPS: N 40°46'12.80" E 19°22'25.49" **Max. WOMOs:** unbegrenzt

Lage/Anfahrt: Wie zuvor, an der Gabelung rechts wählen, ab hier noch 10 km. Mehrere hundert Meter breites, offenes Salzebenen-Vorland, dann breiter Strand, viele einfache Strandrestaurants, der Strand gilt als der Stadtstrand von Fier und ist im Sommer überlaufen.

12 km westlich von Fier, zum Meere zu, liegt ein stattlicher Hügel mit einem Klostergelände und antiken Ruinen. Und der Seewind raunt Ihnen vielleicht ein Schicksalslied, das auch der deutschen Sagenwelt entstammen könnte: Apollonia, reich, schön, und natürlich hochmütig, am Ende vom Meere bestraft und untergegangen. Die Stadt wurde 588 v.Chr. von griechischen Kolonisten gegründet, wichtiger Anreiz dazu soll unter anderem die damals trocken liegende und landwirtschaftlich

Apollonia, Fassade des Stadthauses

gut nutzbare Myzeqe-Ebene gewesen sein. Gleichzeitig verliefen damals die Küstenlinie und der Fluss Aoos (die heutige Vjosa) günstig zur Stadt und boten einen Hafen für bis zu 120 Schiffe. Die Stadt schloss bereits 260 v.Chr. einen Bündnisvertrag mit Rom und ordnete sich später freiwillig ins Römische Reich ein. Die Römer bestimmten die mittlerweile prosperierende Stadt zum zweiten Ausgangspunkt der Via Egnatia (siehe Tour 3). Schwere geotektonische Veränderungen im 5. Jahrhundert, die Vjosa änderte ihren Lauf, der Hafen verlandete, die Ebene versumpfte, führten zur ihrer Entvölkerung und letztlich zu ihrer Aufgabe. Grabungen seit 1923 legten wieder einen Teil des Stadthügels frei. Nach links, Norden, ins Grabungsgelände eintretend, haben sie bereits das repräsentativste Stück der Anlage, die Fassade des „Agonotheten-Monuments" vor sich, ehemals Versammlungsort des Stadtrates. Sie wurde im Ergebnis der archäologischen Ausgrabungen wieder aufgerichtet.

Der Stifter identifiziert sich in der Stiftungsinschrift auf dem Architrav als „Agonothetis", als wohlhabender Bürger der Stadt, der öffentliche Spiele auf eigene Kosten ausrichtet. Der Bau entstand vermutlich im 2. Jh.

In den Blick fällt als nächstes gleich dahinter das Odion, ein kleines, vermutlich überdacht gewesenes Theater. Für den Touristen gut nachvollziehbar ist auch der Verlauf der großen Stoa, der städtischen Repräsentationsstraße entlang des Berghanges nach Westen. Halbrunde Nischen deuten an, dass hier früher Statuen gereiht waren.

Vom städtischen Haupt-Amfitheater am Außenhang westlich des Zentrums, das 8000 Zuschauer fasste, ist heute ist nicht mehr als die Rundung des Gesamtraumes noch zu sehen.

Einige hundert Meter nordwestlich hinter dem Hügel befand sich das Nymphäum, die Brunnenanlage der Stadt, eine der „großartigsten Anlagen ihrer Art" (KOCH).

Seit kurzem verfügt die Anlage über ein eigenes, umfangreiches und gut gestaltetes **Museum**, das im benachbarten Kloster untergebracht ist.

Das „schiefe" Kloster

Unmittelbar neben der antiken Städte wurde später das **Kloster Shen Maria** angesiedelt. Mit einer eindrucksvollen spätbyzantinischen Kirche von etwa 1250 ist es Monument eigener Ordnung und gilt aus mehreren Gründen als Besonderheit. Zum einen ist der Baukörper ohne jegliche Sinnfälligkeit völlig verzogen errichtet worden und weist keine rechten Winkel auf. Zum anderen ist die Kombination aus Großquadern und Ziegelmauerwerk, wie sie hier vorliegt, unüblich gewesen. Und letztlich gibt die Ausführung der Kapitelle im Inneren in Form von dämonenhaft wirkenden Kleinköpfen Rätsel auf. Solche Art Köpfe finden sich auch in anderen Kirchen, waren aber zur angenommenen Bauzeit unüblich. Möglicherweise stand hier zuvor eine wesentlich ältere Kirche.

Aktuelle Anfahrt: Ab dem zweiten Rondell in Fier mehrfach ausgewiesen, 1 km bis zum nächsten Rondell (Sheshi Pavaresia, geradeaus drüber), ab dort 7 km bis zu einem Linksabzweig, dann nochmals 4 km, der Straße durch das Dorf **Pojan** folgend. **Später:** Wenn die große Umfahrung - vermutlich 2017 - befahrbar ist, wird es von dieser eine eigene Abfahrt geben, dann ungefähr beim km 50.

Archäologiepark Byllis *4 Stunden*

(35) WOMO-Stellplatz: S-1 am Restaurant des Archäologie-Parks

GPS: N 40°32'36.46", E 19°44'15.57"
Max. WOMOs: 6
Lage/Ausstattung: Anfahrt wie Park. 50 m vor dem Restaurant, leicht unterhalb der Straße, befindet sich eine fast ideale Wiesenfläche. (Wasserspender geringer Leistung am Haus).

Insbesondere in der griechischen Antike lief ein wichtiger Fernhandelsweg durch das Gebiet des Vjosa-Tals, endend in Apollonia. Über das Gebiet verstreut lagen kleinere Siedlungsorte des illyrischen Stammes der Byllionen. Die Region gedieh infolge der Handelstätigkeit, und man leistete sich die Gründung einer anspruchsvollen Hauptstadt - Byllis. Caesar vermeldete später deren Einnahme als wichtigen Akt, Plinius und Ptolemäus führen sie unter den bedeutenden Städten der römischen Provinz Epirus Nova. Das Glück währte bis etwa 390. Dann wurde die Prächtige von den Goten überrannt. Nach erneuter kurzer Blüte machten ihr die Slaweneinfälle 586 ein gänzliches Ende.

Markante Teile von ihren Überresten wurden in den Jahren 1999–2003 durch ein albanisch-französisches Archäologenteam ausgegraben. Wieder aufgerichtete Säulen mit ihren Kapitellen, relativ hohe Mauerreste der Gebäude, teilweise sogar noch runde Türbögen aufweisend, Durchgänge und Unterführungen von Zweckbauten, das Amphitheater, das alles lässt ein plastisches und umfängliches Bild von der Gesamt-

Zwischen den Ruinen der Hauptbasilika von Byllis

anlage entstehen. Das Areal dehnt sich insgesamt über mehr als einen Kilometer. Feine Bildhauerarbeit in Form von Reliefs auf Schmuckplatten und Tafeln überzeugen: Hier ging es um sehr solide, teure Handwerksarbeit. Geheimnisvolle Runenskripte in Stein gehauen, sie liegen so, als hätten sie uns über die Jahrtausende Warnendes zu sagen. Am eindrucksvollsten wohl die Mosaike in den insgesamt vier freigelegten Basilikas. Sie erzählen ganze Geschichten von Anglern und ihren Fischen, von böse blickenden Lämmern, von Wunderbäumen und vieles mehr. Das Ganze gewinnt eine zusätzliche Dimension durch die Lage. Die Ruinen liegen auf hohem Berghügel über dem Vjosa-Tal. Die Aussicht, mit dem breiten Schwemmbett der Vjosa tief unten, die vielgestaltigen Bergwelten in jeglicher Richtung - es wird wohl so manchen Besucher geben, der diese archäologische Stätte als die beeindruckendste des Landes empfindet.

Byllis hatte eine bescheidenere Vorgängersiedlung, **Nikäa**, beim nahen Orte Klos, etwa 100 Jahre früher entstanden. Hier wurde aber bisher nur ganz wenig ausgegraben, man sieht nur das Amphitheater und einige längere Mauerreste – für Archäologiefans – oder für WOMO-Freunde, denen nach einem Bad ist - falls der dortige „Kompleksi Holiday" mit seinem freibadgroßen Swimming Pool geöffnet hat.

Das Justinian-Bad von Byllis

Anfahrt: (Montags geschlossen) 35 km ab Fier, zweites Rondell, Richtung Gjirokastra. Nach insgesamt 28 km, genau oben auf dem nächsten Hügel jenseits des Ortes Ballsh, sind der Ort Hekal und der Archäologiepark nach rechts abzweigend ausgewiesen. Von hier sind es noch 7 km. Sie müssen den Weg auch so zurückfahren, weil der Anschluss über den Ort Klos zur neuen E853/SH4 hinunter aus einem steilen, unbefestigten Abstiegsweg besteht, bestenfalls 4x4-tauglich.

Von Fier nach Vlora

(Kilometerangaben ab Beginn Autobahn A2/Anschlussstelle neue SH4 nach Gjirokastra, 9 km ab drittes Innenstadtrondell). Die Autobahn A2, ist zwar ohnehin auf 110 km/h begrenzt,

seien sie dennoch aufmerksam, sie hat keinen Schutzzaun. Und unbeaufsichtigt weidende Tiere gibt es in dieser Region jede Menge. Interessant vielleicht noch, mittendrin passieren Sie (km 14, rechts) das größte Lagunen-Salzgewinnungs-Areal Albaniens.

Die Salzberge von Vlora

Auch für **Vlora** (ab km 24) gilt zeitlich Begrenztes: An der Ortseinfahrt werden Sie vermutlich noch 2016 eine Rest-Baustelle vorfinden. Orientieren Sie sich bei der 2-km-Umleitung an der Weisung „Port", „Orikum" oder „Llogara". Die innerstädtische Fortsetzung der Autobahn führt, als Hafenzubringer, letztlich zu einem großen Stadtrondell in Hafennähe (Sheshi Pavaresia, km 29, knapp 5 km ab dem an der Stadteinfahrt rechts zu sehenden Öltanklager).

Die Stadt Vlora und ihre Umgebung *2-3 Stunden*

Einführung zur Stadt

Das Bestreben von Einwohnern des niedergehenden Apollonia, sich anderswo in der Nähe anzusiedeln, führte etwa seit dem 3. Jh. n.Chr. zum Aufschwung einiger antiker Kleinsiedlungen an der Vlora-Bucht. Es prägte sich ein Siedlungsschwerpunkt am heutigen Stadtzentrum heraus, der Avlona genannt wurde. Im Mittelalter zunächst stark unter Überfällen und Besitzerwechseln leidend, erlebte Vlora unter den Türken eine gedeihliche, aber unauffällige Entwicklung zum Handels- und Festungsplatz mit sechseinhalbtausend Einwohnern. In den Geschichtsbüchern taucht die Stadt erst wieder mit den Ereignissen um die Unabhängigkeitserlangung Albaniens auf, als die erste, von Albanern selbst gebildete Regierung unter Ismail Qemali hier ihren Sitz nahm. Von den damaligen Großmächten nicht anerkannt, war dieser Regierung keine Dauer beschieden. Da Vlora die Italien am nächsten liegende Stadt ist, war sie mehrfach Ziel italienischer Bemühungen, hier dauerhaften territorialen Besitzstand zu errichten. Formell und offiziell konnte dies verhindert werden. Wer sich allerdings heute hier umschaut, wird schnell bemerken, dass in der vermutlich drittgrößten Stadt Albaniens (strittige Einwohnerzahl, um die 100.000) erstens Italienisch inoffiziell Zweitsprache ist, zweitens, Interessen italienischer Geschäftsleute (jeglicher Art) hier stärker noch als ohnehin in Albanien die örtliche Wirtschaft durchziehen. Vlora wurde, dank der fließenden Gelder, bereits in den 1990ern zur ersten albanischen Boomtown. Um den Hafen herum fand die erste Radikalsanierung zentraler Bereiche statt – zugunsten von Hochhauskloppern. Während die Öffentlichkeit noch darüber stritt, ob diese mehr architektonischen Segen oder mehr seelenlose Moderne-Typisierung erbracht hat, führte man den nächsten Schlag. Das unmittelbare Zentrum erfuhr kürzlich einen Totalumbau, siehe im Folgenden.

Die Stadt-„Pflichttour"

Zentrum: Ausgehend von der Annahme, dass Sie, wie nachstehend empfohlen, auf dem Autobahn-Hafen-Zubringer parken, gelangen Sie als erstes an die Grünanlage hinter dem Zentralplatz „Sheshi i Flamurit" („Flaggen-Platz", so benannt, weil in Vlora die erste Nationalflagge des heutigen Albanien gestickt und gehisst wurde). Vorn am Platz steht das **Unabhängigkeitsdenkmal,** eine aufstrebend angeordnete, überdimensionale Versammlung von Persönlichkeiten der Unabhängigkeit und sonstiger Helden in Bronze, dem ersten Versuch der Gründung des albanischen Staates 1912 gewidmet. Nördlich davon, in der kleinen Parkanlage, wurde dem Regierungsgründer **Ismail Qemali** letzte Ehrung in einem kleinen, mit bronzener Statue überbauten **Grab** zuteil. Gleich südlich vom Denkmal finden Sie in diesem Park noch ein paar herausgearbeitete Mauerreste, die zur antiken Vorläufersiedlung der heutigen Stadt

Vlora: Die Ergebnisse der ersten „Sanierungsphase" Richtung Hafen

Unabhängigkeitsdenkmal

gehören. Hier ist auch der **Touristen-Info-Pavillion.**

Die unmittelbare Umgebung des Flaggen-Platzes hat zumindest mich etwas befremdet. Zahlreiche Hotel- und andere Großbauten, am meisten aber wohl die starke Verkehrseinschränkung der breiten Straßen mit Rundpollern, wirkten auf mich etwas steril. Die wenigen historischen Bauten, etwa der Serail von Eqrem Bey Vlora gleich südlich des Platzes, gehen da optisch unter. In der Nordostecke versteckt, finden Sie den Abgang in die kleine Gasse **Rr. Justin Godard,** den letzte Überrest des Vloras aus der Zeit der Unabhängigkeitserklärung. Teilsaniert zwar, ist hier eben das nicht gelungen, was in Shkodra heute das Highlight schafft, die historischen Überreste mit modernem Zentrumsleben zu erfüllen. In einem der Häuser stickte eine Marigo Posio, wegen ihrer damaligen Rolle als Stadtheldin verehrt, jene oben erwähnte albanische Flagge, die bei der Proklamierung der Unabhängigkeit gehisst wurde.

Diese Straße erkundend, gelangen Sie, nach 150 m nach links abbiegend, zum unmittelbar dahinter liegenden **Ethnografischen Museum.** Dort finden Sie u.a. als regionale Spezialausrichtung eine informative Übersicht über traditionelle Geräte der Fischerei, die in der Vergangenheit und zum Teil noch heute verwendet werden. Das Haus beherbergte um 1900 den Laberia-Klub, einen Verein nationalorientierter Intellektueller der Region, die hier neben einer albanischen Schule, Theater und Orchester organisierten.

Diesem Museum in 50 m Entfernung schräg gegenüber, im weißen Eckgebäude an der Nordostseite der dortigen Kreuzung, befindet sich das **Historische Museum.** Nach aufwändiger Sanierung öffnete es vor kurzem mit einer Überraschung: Einer umfangreichen Abteilung mit archäologischen **Unterwasser-Funden.** Unter

Rr. Justin Godard

den weiteren Artefakten sind einige ausnehmend schöne Bildhauerstücke, Werke eines rätselhaften Kultureinflusses, an Maya-Kunst erinnernd. Ein Grabstein mit hebräischer Inschrift, verwies auf den wenigen bekannten Fakt, dass die Türken auch in Vlora aus Spanien flüchtende sephardische Juden ansiedelten. Um 1520, also bereits wenige Jahre nach dem Beginn der Fluchtbewegungen aus Spanien, stellten sie ein

Drittel der Bevölkerung in der Stadt. Das hübsch sanierte Uhrturmgebäude dahinter mag Ihre Aufmerksamkeit erregen, ein gefälliges Stück Architektur. Genießen Sie ihn aus Distanz, Eigentümer ist einer der größten Spielhöllenketten Albaniens.

Muradie-Moschee

Der Rest des Sehenswerten erstreckt sich nun den Hauptboulevard (hier oben Blvd. Ismail Qemali) nach Süden. Es ist dies zum einen der Boulevard als Geschäftsstraße selbst, einschließlich einiger Nebenstraßen. In etwa 1000 m Entfernung vom Flaggen-Denkmal, rechts, befindet sich z.B. eine große Marktstraße. Das markanteste Monument ist die **Muradie-Moschee,** etwa 150 m südlich des Flaggen-Platzes. Die Moschee gilt als besonderes Bauwerk, weil der Architekt Mimar Sinan gewesen sein soll, jener berühmte Baumeister, der – im 16. Jahrhundert auch die Suleiman- Moschee in Istanbul gebaut hat.

Weiter auf diesem Boulevardstück finden Sie das Stadttheater sowie mehrere bronzene Denkmäler, das pompöseste, 200 m, links, für den Dede Ahmed Myftar Ahmataj, der vor 60 Jahren Oberhaupt der Weltgemeinschaft der Bektashi wurde. Das anrührendste, für meine Begriffe, einen Kilometer, links, in einem Kleinpark, eine Halbbüste jener Marigo Posio, wie von antiker Künstlerhand geschaffen.

Zu guter Letzt empfehle ich nicht nur einen Blick, nein, auch einen Gang nach oben. Oberhalb des Dede-Denkmals auf dem Hügel befindet sich die moderne, architektonisch ungewöhnliche Großtekke **„Kusum Baba".** Hier kann man vielleicht am besten eine Stärke der Bektashi nachvollziehen, nämlich sich geschickt der Moderne anzudienen. Lassen Sie sich hier mal mit bunten Bonbons bewirten – aber nicht zu viel, denn unmittelbar unterhalb der Tekke finden Sie eines der besten Restaurants der Stadt (selben Namens). Probieren Sie „Paccia" (das heißt „verrückt"), Sehr scharfes Fischgericht mit viel Zitrone und Lorbeer gekocht, oder „Tave Djale Nartiote", ein reichhaltiges Traditionsgericht. Zu Fuß nach oben, finden Sie den Aufstieg ab dem „Dede"-Denkmal.

Hafenbereich: Hier finden Sie zwei sehenswerte Dinge. Zunächst den neu geschaffenen, repräsentativen Ufer-Boulevard mit einem großen Denkmalsbereich für Ismail Qemali, etwa hundert Meter südlich vom Rondell, rechts, gegenüber dem Hotel „Vlora International". Noch etwas weiter zum Ufer zu haben Sie dann rechts, in der Parkanlage, das **Unabhängigkeitsmuseum.** In dem kleinen Gebäude hatte die erste, selbstdeklarierte Regierung Albaniens ihren Sitz. Sie können das Büro des Staatsgründers Qe-

Kuzum Baba

Marigo Posio

mali sowie Kopien oder Originale wichtiger Dokumente dieser Zeit in Augenschein nehmen. Eine englischsprachige Führung erhellt Ihnen die schweren Geburtswehen des albanischen Staates. Fast erleichternd-lustig nach dem eher düster stimmenden historischen Exkurs: Jener Raum mit der originalen damaligen Regierungs-Kommunikationstechnik.

Fährhafen Vlora: Wie vorn unter „Einreise mit Fährlinien ab Italien" bereits ausgeführt, von hier erreichen Sie nur den „Vorortzug" nach Brindisi, täglich 12.00 Uhr, vier Stunden Fährzeit.

Anfahrt: Zur Stellplatz-Situation lesen Sie die nächsten zwei Kapitel. Die Anfahrt von dort mit Furgon ist unproblermatisch, fast alle fahren auf das Zentrum zu. **Mit WOMO:** Wenn Sie nicht gut drei Kilometer laufen wollen, brauchen Sie zwei Parkpunkte. Für den Besichtigungsbereich mit dem Unabhängigkeitsmuseum nahe des Hafenrondells (Sheshi Pavaresia) gibt es bestenfalls zwei Empfehlungen: Erstens, die Fähren ab Vlora gehen täglich 12.00 Uhr, danach könnte sich direkt vorm Hafen eine Chance zum Parken bieten. Stadteinwärts ab Ende des Autobahn-Hafen-Zubringers links, nach 150 m rechts abbiegen. Zweitens, ab dem Hafenrondell Richtung Llogara-Pass/ Saranda stadtauswärts fahrend, könnte sich nach etwa einem Kilometer eine Chance in einer der dortigen Nebenstraßenansätze ergeben.

Das Zentrum, vom Hafenrondell 2 km entfernt, wäre über den innerstädtischen Hauptboulevard (Blv. Sadik Zotaj, im Nordbereich Bvl. Ismail Qemali) zu erreichen. Auf diesem haben Sie bestenfalls nach 14.00 Uhr eine Chance, eine höhere auf dem parallel laufenden Hafenzubringer. Suchen Sie die Chance dort im nördlichen Drittel, reichlich 2,5 km ab dem bereits erwähnten Öltanklager. Vom dortigen Rondell ostwärts laufend (Rr. Lef Sallata), erreichen Sie nach 600 m genau die zentrale Parkanlage mit den „Flaggen"-Denkmal.

Ergänzende Hinweise zu Besichtigungsplätzen in Stadtnähe Vloras:

(36) WOMO-Badeplatz: B-1 Narta Strand

GPS: N 40°29'44.1" E 19°25'40.3"   **Max. WOMOs:** > 10.
Lage/Ausstattung: Empfehlung für den Fall, dass Sie die Klosterinsel Zvernec besuchen. Ausgebaute Erholungsstrandlage mit Gaststätten. Ab Hafenrondell 6 km der der uferparallelen Straße folgen (zuletzt Rr. Pishave), dort, ausgeschildert „Plazhi Narta", 500 m nach links.

Falls Sie einen Panorama-Punkt mit grandioser Aussicht suchen: Auf einem Vorberg der Stadt thronen die Ruinen der **Festung Kanina**, 330 m über Vlora. Sie wurde im 4. Jh. v.Chr. errichtet. Später bauten die Türken näher an der Stadt eine neue Festung und Kanina wurde aufgegeben. Größere Teile ihres Mauerrings sowie größere Reste eines Turms sind noch erhalten. Mehrere Panorama-Ausflugstavernen (im Ort Kanina) ergänzen den Sinn des Besuchs. Anfahrt wieder über die Rr. Mustafa Bello, 900 m. Direkt in der dortigen Rechtskurve zweigt eine kleinere Straße nach links oben ab. Nach weiteren 3,3 km zweigt der Weg zur Festung als scharfe Gabelung, in Fahrtrichtung gesehen, nach hinten und hoch, zurück.

Vlora besitzt drei **Badestrandbereiche**. Der erste zieht sich entlang des Nordwest-Ufers der Bucht, wirkt wenig gepflegt und wird von Fischerei- und Ölhäfen sowie Industrieruinen unterbrochen. Lediglich der nördlichste Teil um Badeplatz **(36)** erfüllt einigermaßen die Kriterien für einen ordentlichen Badestrand. Zu den anderen im Folgenden. Uferseitig dieses Strandes, drei Kilometer nordwestlich der Stadt, liegt die große Lagune Narta. Zu deren romantisch wirkender und schön bewaldeter **Klosterinsel Zvernec** gelangt man normalerweise über eine Pfahlbrücke zu Fuß. Zum Recherchezeitpunkt war die Brücke leider eingebrochen, es gab jedoch Bootsangebote. Von dem aus dem 13. Jh. stammenden Kloster ist original nur das romanische Kirchen-Hauptgebäude erhalten (siehe Bild). Es ist tags meist offen, man kann allein hinein. Ein-

Klosterkirche Zvernec

drucksvoll, u.a., eine mit Reliefs geschmückte Grabplatte, die reich beschnitzte Ikonostase mit sehr alten, vermutlich von einem bedeutenden Künstler geschaffenen Bildern, darüber Schnitzwerk, u.a., das allegorische orthodoxe Drachentier. Im Liturgieraum ein offensichtlich uraltes Taufbecken aus byzantinischer Zeit auf den Resten einer antiken Säule.

Anfahrt: Wie zu Platz **(36)**, jedoch über den Abzweig zum Stellplatz hinaus. Der Asphalt führt nach 5 km direkt zum Parkplatz vor der Pfahlbrücke.

Von Vlora aus werden zwei weitere Anblicke Ihre Neugier wecken: Jenseits der Bucht dräut die mächtige Mauer der **Halbinsel Karaburun,** rechts davon die einzige größere Insel Albaniens, **Sazan**. Dorthin zu gelangen war lange ein Traum, denn beide waren Militärsperrgebiet. Heute gibt es begrenzten Landzugang (siehe nachfolgendes Kapitel) sowie Ausflugsfahrten mit Boot. Die Boote (u.a., https://www.facebook.com/teutaboat) starten vom Hafen Vlora. Für Wohnmobilisten günstiger gelegen dürfte das Ausflugsboot des Hotels „Regina" („Rexhina") sein, 1,5 km südlich des Platzes (37), ungefähr 2,5 km nördlich von (38). Auf Sazan sieht man zum einen Überreste der langzeitlichen Militärfunktion der Insel, zum anderen seltene Tiere und Pflanzen. Auf Karaburun wird zunächst die eindrucksvolle Wasserlinien-Höhle Haxhi Aliut angelaufen, auf der Rückfahrt dann der ausgebaute Badestrand Shen Vasili mit Mole und Taverne (beide Plätze sind Schutzgebiet).

Ein weiterer möglicher Ausflug von Vlora aus könnte dem Archäologie-Park **Amantia** gelten. Südöstlich der Stadt im Tal der Shushica gelegen, war die Stätte ein für die im Raum des Vjosa-Tals ansässig gewesenen Illyrer (siehe Byllis) ein wichtiger Sakralort. Vor grandioser Bergkulisse sind hier noch einige Ruinenstücke zu beschauen, Reste einer Arena, der Rundbogen des seitlichen Eingangsportals, Reste der Mauer sowie Fundamentüberreste sakralen Bauwerke unterhalb des Haupthügels. Dank der Asphaltierung des hintersten Straßenstücks ist die Stätte jetzt auch mit dem WOMO zu erreichen. Allerdings war auf den mittleren 12 der insgesamt 34 km zum Recherchezeitpunkt der Asphalt in schlechtem Zustand. **Zufahrt:** Vor dem Historischen Museum in die Straße Perlat Rexhepi einbiegen, dieser in Richtung Drashovica oder Peshkepi folgen. Ab dort Richtung Mavrova - Kote. Ab hier der Ausschilderung „Amantia" folgen.

Von Vlora zum Llogara-Pass

(Kilometerangaben ab Hafenrondell Vlora neu). Vom Rondell Richtung Orikum/Saranda gelangen Sie auf die Buchtumfahrung und passieren dabei den zweiten der Strände, den viel frequentierten **Stadtstrand** (im Sommer stauträchtig). Nach Passage eines längeren Ufertunnels sind sie bereits außerhalb Vloras. Die Straße läuft zunächst erhöht unterhalb des Seitenbergmassivs. Die Aussicht auf Bucht, Uferlage und Karaburun-Halbinsel gegenüber machen das optische Erlebnis hier großartig, vermitteln Vorgeschmack auf Riviera-Feeling. Aber die Kombination vieler Kurven mit den schönen Aussichten, der starke Verkehr, machen die Sache auch überdurchschnittlich unfallträchtig, halten Sie irgendwo an, um den Blick zu genießen. Hier nun befinden sich auch die besseren Strände Vloras, zunächst unterhalb der Straße versteckt als kuschlige Hotelbuchten, später, wenn sich die Straße auf Uferniveau senkt, auch als größere Strandabschnit-

Uferstraße südlich Vlora

te. Ab hier sind dann auch **Stellplätze** verortet. Ausgehend von der Erfahrung, dass der eine oder der andere diesen doch mehr als eine Übernachtung abgewinnt, hier die Tipps für die Umgebung:

Orikum: Noch ein Archäologiepark und andere Schmankerl *je 1-2 Stunden*

(37) WOMO-Campingplatz-Tipp:
Radhima, C-1 Residenca Cekodhima

GPS: N 40°22'38.23", E 19°28'51.98" (Einfahrt) Tel.: 00355 67 2629511
http://www.rezidencacekodhima.com/
geöffnet: Auch in der Vor- und Nachsaison
Lage/Zufahrt: km 10, uferseitig, Achtung, die meisten übersehen die Einfahrt trotz Schild, da sie genau im Scheitel einer unübersichtlichen Kurve liegt! **Anhaltspunkt:** 700 m zuvor steht uferseitig der auffällige, querstehende Block des Hotels „Paradise".
Allgemeines: Hotel-zugehöriger, nahezu perfekter, beschotterter Platz, direkt vor dem eigenen Sandstrand, geschützt 200 m von der Straße entfernt liegend. Nachteil: Nebenan auch Allgemeinparkplatz des Hotels, daher in der Saison viel Kommen und Gehen.
Kapazität: > 11 ausgestatte Plätze, mehr Stellung möglich.
Ausstattung: Musterschüler der Region in punkto Ausstattung. Hochwertige Docks, Wasserzuleitungen, Entsorgungspunkte, WLAN
Sanitäranlagen: Ebenfalls großzügig und vorbildlich; gutes Pizza-Restaurant zugehörig.
Preis: 20 €/Nacht/WOMO (Hauptsaison).

(38) WOMO-Campingplatz-Tipp: Orikum, C-3
„Camper"

GPS: N 40°20'37.88", E 19°28'56.03"E
geöffnet: Auch in der Vor- und Nachsaison
Lage/Zufahrt: Knapp 14 km, uferseitig vor einem kleinen Bootsanlege-Stichkanal mit Brücke.
Allgemeines: Hier hat jemand, wohl versuchsweise, ein großes Leucht-Schild „Camper" an der Straße angebracht, um auch das letzte Stück seines Badeplatz - und Bootslager-Strandstücks noch zu vermarkten.
Kapazität: 10 WOMO
Ausstattung: Der Versuch war 2015 noch nicht sehr weit gediehen, alles wirkte noch provisorisch und unaufgeräumt. Elektro mit losem Kabel. WLAN gab es aber wohl.
Sanitäranlagen: Duschen außen kalt, 2 dürftige Toiletten, Verbesserung wurde gelobt.
Preis: 10 € ohne, 12 € mit Strom.

(39) WOMO-Campingplatz-Tipp: C-2 Orikum, „Dion"

GPS: N 40°20'31.8" E 19°28'47.5", Tel.: 00355 69 2854935
geöffnet: Auch in der Vor- und Nachsaison
Lage/Zufahrt: km 14,5. Gut sichtbar zwischen der Buchtumfahrungsstraße und dem Strand gelegen (2 km vor Stadteingang Orikum)
Allgemeines: Großräumiger Platz mit eigenem Strand. Kleines Restaurant, bevor Sie hier vorschnell bestellen (was die Wirtin gern möchte), erinnern Sie sich, dass schräg gegenüber das exzellente Meeresfrüchte-Restaurant Ibiza liegt.

Kapazität: > 20 WOMOs.
Ausstattung: Feststeckdosen für alle Plätze, ein Wasseranschluss, kein WLAN
Sanitäranlagen: Toilette/Dusche 2015 zwar gefliest, aber immer noch eher bescheiden.
Preis: 10 €/Nacht/WOMO.

(40) WOMO-Campingplatz-Tipp: C-3 Restaurant Stepia Peshkut

GPS: N 40°19'41.55", E 19°27'28.23"
geöffnet: Auch in der Vor- und Nachsaison
Lage/Zufahrt: Am Südende-Strandbogen der Vlora-Bucht, knapp 500 m westlich des Auftreffpunktes der Strandzufahrt von Orikum aus, siehe „Anfahrt".
Allgemeines: Auch hier versuchte sich 2015 ein hübsches Restaurant im Nebengeschäft, Lage aber stell-attraktiv (Strand gleich über die Straße, relativ ruhig).
Kapazität: 5 WOMOs
Ausstattung: Auch hier 2015 alles noch provisorisch, Elektro mit losem Kabel, kein WLAN. Ausbau vorgesehen.
Sanitäranlagen: Duschen kalt am Strand, Toilette des Restaurants.
Preis: 8-10 € nach Größe.

Archäologiepark Orikum, Kirche Marmiro und Karaburun-Wanderung

Die antike Stadtsiedlung Orikos war vermutlich die älteste griechische Gründung (6./5. Jh. v.Ch.) auf heute albanischem Gebiet. Dank ihrer geschützten Lage im äußersten Südwestwinkel der Bucht von Vlora entwickelte sie sich zu einer wichtigen Hafen und Werftstadt. Ein Erdbeben im 2. Jh. zerstörte den Ort, er wurde nicht wieder errichtet und liegt verschüttet unter einem Hügel.

Antike Tragödie: Eine Schulausflugsgruppe wollte unbedingt im Amphitheater singen...

Einige Ausgrabungen erfolgten, man kann den Bühnenbereich eines respektabel groß gewesenen Amfitheaters erkennen, dessen aufwändig in den Stein gehauene Mitteltreppe, einen Bade- oder Brunnenareal. Der Zugang muss über das Haupttor der Marinebasis „Albanian Naval Base Pashaliman" erfolgen, siehe unten.

Kirche Marmiro

Zu der Basis gehört eine eigene Story: Heute mischen hier Amerikaner und NATO-Staaten kräftig mit, während der großen Freundschaft Enver Hoxhas mit Stalin waren sowjetische U-Boote der gefürchteten „Whisky"-Klasse stationiert. Fünf davon konnten die Sowjets nicht wiedererlangen, als die Freundschaft krachte. Sie rosteten seither auf dieser Basis vor sich hin und sind heute noch auf den Google Earth-Bildern von 2004 als kleine, spitze Zigarren zu sehen. Ein Aktionsbündnis von Sporttauchern, unterstützt u.a. vom deutschen Militärattaché, versuchte zu erreichen, dass die Boote als hoch attraktive Ziele für das touristische Tauchen versenkt werden würden – ein solches Tauchziel gibt es sonst nirgends am Mittelmeer. Leider war den Verantwortlichen der Schrottpreis mehr wert, 2015 waren die U-Boote, bis auf eines, entsorgt.

Rings um die Basis ist Natur pur: Südseitig dehnt sich ein **Lagunenbereich**. Dammwege erlauben die Durchquerung an verschiedenen Stellen, ein guter Zufahrtspunkt ist knapp 100 m vor dem Einlasspunkt zum Militärgelände. Von dort aus gelangen Sie um eine offene Lagunenfläche herum nach 2,5 km auch zu dem unscheinbaren **Kirchengebäude Marmiro** hinter dem Ried. Es gehört zum Typ der Freikreuz-Kirchen und stammt aus dem frühen 10. Jh.. Die Kirche gilt als Prototyp und diente als Modell für alle weiteren Bauten dieser Art in der Umgebung von Vlora (Koch). Westlich gleich hinter der Basis steigt der **Karaburun** auf. Nach längerem Sperrfeuer der Militärs hat sich nun der Tourismus durchgesetzt. Es soll insgesamt drei (in Zukunft sogar markierte) Wanderwege ab Militärbasis geben. Attraktiv für Fußwanderer dürfte derjenige zur malerischen Westseitenbucht **Gjiri i Ariut (Bristan)** sein (8 km, 3-4 h).

Anfahrt und Rundgang: Nutzen Sie nicht die direkt hinter der Schmalbrücke am Ortseingang des heutigen Orikum ausgewiesene Strandstraße, die ist schlecht. Über die Zentralstraße in der Mitte des Ortes (Bulevardi Princesha Rugjine, Archäologiepark ausgeschildert) gelangen Sie nach 650 m zu einem großen Rondell, von dort nach rechts in die Rr. Pompeju. Über einen zweiten Kreisverkehr gelangen Sie am Ende bis zur Strandstraße Rr. Pashaliman. Befahren Sie diese nach links bis zum Tor der Militärbasis. Ihre Ausweis- und Fahrzeugdaten werden registriert (2 Euro Eintritt), sie müssen ihr Ziel (Archäologiepark oder Gjiri i Ariut -Bristan) angeben, dann dürfen Sie die Basis nach Anweisung befahren. Der günstigste Park-Punkt für die Ausgrabungsstätte liegt lagunenseitig. Den Ausgrabungshügel passieren, bis zum Hinweisschild dahinter

(2200 m ab Tor), dort noch 700 m links rein. Vorsicht beim Fußmarsch, wie in allen militärischen Sperrgebieten entwickelte sich hier die seltene Flora und Fauna prächtig, nicht nur Schildkröten, auch, mir schien, besonders giftige Nattern.

Quellen von Tragjas und Ruinen von Alt-Tragjas:
Im heutigen Orte Tragjas könnte man sich eines ungewöhnlichen Naturphänomens erfreuen. Mitten im Dorfzentrum brechen in einem breiten Quellareal Wässer in der Dimension eines kleinen Flusses einfach aus einem Kiessandbett hervor, vereinigen sich und bilden jenen munteren Fluss, den Sie am nördlichen Ortseingang von Orikum überqueren. Der **ungewöhnlich konzentrierte Quellausfluss** erklärt sich aus geologischen Anomalien im Berghang des Massivs östlich vom Ort. Ich benutzte oben allerdings den Konjuktiv „man könnte sich erfreuen" nicht versehentlich. Mittlerweile wird die reiche Quelle wirtschaftlich genutzt und wurde dazu zum Teil überbaut. Der Eindruck der Mächtigkeit ist damit heute ein begrenzter. Tragjas in der Ebene hatte einen Vorgängerort weiter oben, eine richtige, kleine, wahrscheinlich reiche Stadt. Sie wurde im II. Weltkrieg zerstört und ist heute ein ungewöhnlich romantischer Ruinenort. Um den Dorfplatz herum, mit Quelle und riesigen Platanen, finden sich gar Reste von palastähnlichen Gebäuden und geheimnisvollen Inschriften in türkischem Arabisch. Allerdings müssen Sie, um das zu sehen, gute 7 km (275 Hm) nach oben wandern. Nebenbei erlangen Sie südlich von Tragjas, in etwa 2,5 km Entfernung auf einem Hügel, den Blick auf ein **Kastell namens „Gjon Bocar"**. Da von ähnlicher Bauart wie Bashtova oder Libohova, der Anmarsch durch die Wiesen jedoch fast zwei Kilometer und der Hügel schwer zu erkraxeln (von der Südseite, über eine dortige, glatte Felszunge!), empfehle ich die Sache nur Vollständigkeitsfanatikern.

Anfahrt: Die Straße nach Tragjas (3 km) zweigt vor der Stadteinfahrtbrücke von Orikum (ausgeschildert). Zum Quellaustritt könnten Sie noch fahren (im Dorf nach Ende des Asphalts 100 m rechts auf den Platz). Für die Wanderung lassen Sie das WOMO am besten beim „Grand Hotel Tragjasi" am Ortseingang. Nach Alt-Tragjas folgen Sie dem Weg am Südende aus dem Ort heraus.

Die Weiterfahrt auf der Tour ab Orikum verläuft die ersten etwa 7 km noch in der Ebene. Es folgt dann mäßiger Anstieg in zunächst noch weitgehend unbewaldetem Gebiet. Anzubieten wäre hier, km 28 ab Hafenrondell, ein Abstecher ins bemerkenswerte Dorf **Dukat**.

Dukat *1-2 Stunden*
Das Dorf, zu sehen am Ende des ersten Drittels des Anstiegs links tief im seitlichen Taleinschnitt, ist in Tirana wohl am meisten bekannt durch seine Forellenzucht, Restaurants, die etwas auf sich halten, beziehen die Fische von hier. Vom bis in die Antike zurück reichenden Stammbaum des Ortes sieht man kaum noch etwas (eine Brücke an der Dorfzufahrt soll aus dieser Zeit stammen). Aber die Osmanenperiode verewigte sich in Form mehrerer steinerner Gebäudeensemble, zuvorderst des für die Region ungewöhnlich imposanten **festungsartigen Baus des**

Des Derwischs bescheidene Hütte

Derwischs Ali. Dieser war hier Dorfherrscher und wurde 1847 zum Führer einer der bedeutenderen Auflehnungen gegen die repressiven Folgen der verzweifelten Reformbemühungen des Osmanischen Reiches in der Mitte des 19. Jahrhunderts. Der Bau ist so eindrucksvoll, dass ihn bereits Lord Byron als Besonderheit der Region hervor hob.

Falls Sie den Versuch unternehmen, ihn auch von innen sehen zu wollen - anhand seiner können Sie, auf dieser Tour das erste und auch einzige Mal, die typischen Strukturen solcher Wohn- und Wehrbauten studieren. Eine kleine museale Aufstellung gibt über das Heldentum des ehemaligen Besitzers sowie weiterer Dorfbewohner Auskunft. Allerdings müssen Sie dazu vom letztmöglichen WOMO-Parkpunkt noch rund 50 Hm eines Kraxelpfades bezwingen und sollten den Zugang zuvor von unten organisieren.

Anfahrt: km 28, Ort ausgewiesen als Dukat fshat, nicht mit Dukat i Ri verwechseln. Nach rund 2,5 km, kurz vor Ende der Asphaltierung im Ort, erreichen Sie einen Platanenplatz mit Denkmal. Nach rechts führt eine rampenartige Auffahrt (Rr. Brahim Sulo) auf einen ausreichend großen Platz, auf dem auch große WOMOs gut gewendet bzw. abgestellt werden können. An der Platane hängt ein Schild „Museu" mit der zugehörigen Telefonnummer 069 6762805. Der Verwalter ist eine ältere respektable Dorfperson, leider spricht er nicht englisch. Suchen Sie sich also am Platz einen Jugendlichen, der Englisch spricht, geben sie ihm 200 Leke, lassen Sie ihn den Museumsverwalter anrufen und während der Besichtigung übersetzen.

Die Tour weiter, werden WOMO-Fahrer nur auf die letzten 8 km vor dem Pass wegen einiger scharfer Serpentinen etwas genervt sein. Dafür empfängt Sie hier die Pracht des **Llogara-**

Nationalparks mit seiner wunderbaren Bewaldung, sowie die Aussicht auf eine ordentliche Essenspause in einer der für ihre Qualität bekannten **Llogara-Ausflugsgaststätten** kurz unterhalb des Passes, etwa das „Sofo" (km 34) oder das „Alpin" gleich daneben. Stellangebote für WOMO ohne Ausstattung finden Sie mindestens fünf, zu Hotels gehörig. Aus gutem Grund verweise ich auf **Stellplatz (41),** denn dort haben Sie zumindest Ruhe.

Das festgelegte Ende des Abschnitts, die **Llogara-Pass-Überquerung** bei offiziell 1027 m, ist unspektakulär, nicht mal gekennzeichnet, aber ungefähr zu erahnen. Rechts rückt der Berg jetzt ganz nah, es ist der Beginn des Karaburun-Ausläufers. Es folgen zwei Pass-Huckel hintereinander, meines Erachtens ist der zweite der etwas höhere und damit der eigentliche Pass. Wenn Sie die neuen, schicken Restaurants, rechts, freistehend, erreichen, sind Sie schon drüber weg geschossen.

Macht nichts, was wir brauchen, ist sowieso die grandiose Aussicht auf die Küste. Und diese Stelle kommt erst 2 km weiter im nächsten Abschnitt.

Llogara-Nationalpark und –pass

(41) WOMO-Campingplatz-Tipp: C-3
„Llogara Camping" am Hotel Hamiti

GPS: N 40°12'36.6" E 19°34'45.2"
geöffnet: Auch in der Vor- und Nachsaison
Lage/Zufahrt: km 35. Hinter dem Hotel Hamiti. Zur Feinorientierung: Im Aufstieg passieren Sie jenseits von Dukat längere Zeit Freiflächen mit Feldern und Siedlungsteilen. Nach zwei scharfen Kurven haben Sie links nur noch dichten Wald. Ab hier sind es noch 2,5 km, Sie passieren die Hotels Alpin und Sofo links. 400 m weiter folgt das Hamiti, rechts.
Allgemeines: Riesige Wiese, lärmgeschützt jenseits von Hotel und dessen Parkplatz liegend. Infrastruktur fehlt, aber die Abgeschiedenheit auf der Wiese ist herrlich.
Kapazität: unbegrenzt.
Ausstattung: Elektro mit losem Kabel auf Nachfrage. Kein WLAN.
Sanitäranlagen: Keine Duschen, Toiletten des Hotels.
Preis: 5 € bei Stromentnahme und Toilettenbenutzung.

Der hier steht auf dem Parkplatz! Die Wiese ist dahinter.

Der Llogara-Pass ist mit seinen 1027 m eigentlich ein extremes Hindernis. Außer dem Zugang von der anderen Seite von Saranda aus gibt es für diese 82-km-Küstenstrecke (ab Pass) nur noch einen Bergübergang bei Borsh, und der ist Off-Road.

Aber der Pass hat natürlich auch Pep. Auf seiner regensicheren Nordseite gedeiht oberhalb von 600 m ein prächtiges, dichtes Waldareal, dessen Stolz die sogenannten **Flamuri-(Flaggen) Kiefern** sind. Die stämmige Baumart wird durch Schneelasten zum Teil extrem in die Breite gedrückt, andere Exemplare durch den Wind so verformt, dass sie aussehen, wie Flaggen, die im Winde

Der Stolz des Nationalparks

wehen. Einige straßennahe davon sind per Touristenschild als Naturdenkmal ausgewiesen, das ganze Gebiet ist zum Nationalpark erklärt. Mehrere Informationstafeln in den Ausflugsarealen informieren über Wanderwege.

Falls Sie Aufstiegs-Ambitionen haben, etwa zur Quorres- (2018 m) oder gar zur Cika-Spitze (2045 m), beachten Sie bitte unbedingt die extrem starken Winde und die plötzlichen Sichtverschlechterungen, die hier infolge „anfliegender" Wolken häufig auftreten. Es empfiehlt sich, die Spitzen nicht ohne gps-Gerät und Vortrackungen anzugehen.

Und, selbstverständlich, zu jedem großartigen Pass gehört eine besonders beweihräucherte Quelle. Die **geheiligten Wässer des Llogara** (meine Diktion) entspringen, drei mäßige Strahlen in eine Steinwand gefasst, 1,5 km unterhalb des Passes. Sie werden sie nicht übersehen, es stehen immer Leute da, die ihre Flaschen füllen.

Wovon ich abrate, ist die **Karaburun-Höhenwanderung** ab dem Pass, die durch manche Publikationen geistert. Die vom Pass aus erreichbare nächste Badebucht ist 10 km entfernt. Hier hinten von einem Höhenweg des Karaburun überhaupt zu sprechen, ist lächerlich, es gibt nur stellenweise immer mal einen Ziegenpfad, das meiste ist einfach steinige, entwaldete Landschaft, mit wenigen stachligen Macchie-Büschen besetzt (weiter nördlich, im Militärbereich, sieht es mit Wegen etwas besser aus (s. S. 117). Quellen gibt es überhaupt nicht, und besonders im Anfangsbereich trifft man auf mehrere tiefe Quertäler, deren Hoch und Runter bald frustriert.

KARTE TOUR 1
Abschnitt 3

10 km

TOUR 1-3 (ca. 120 km)

Vom Llogara-Pass bis zur griechischen Grenze

Freie Übernachtung:	Palasa-Strand, Dhermi-Nordstrand, Porto Palermo, Qeparo, Borsh, Lukova.
Campingplätze:	Dhermi-Strand, Jala, Livadh, Himara, Bunec, Nivica, Saranda, Ksamil.
Ver-/Entsorgung:	Campingplätze, Gaststätten der Stellplätze.
Baden:	Palasa, Dhermi-Strand, Jala, Himara, Porto Palermo, Qeparo, Borsh, Bunec, Lukova, Ksamil
Besichtigen:	Himara Kastro, Himara, Llaman, Kiparo, Borsh, Kroreza, Kakome, Saranda, Butrint.
Essen:	Restaurants im Text verwiesen

Zum Verständnis dieser sehr speziellen Region

Jenseits des Llogara-Passes werden Sie sich bald wundern, eine Menge Graffiti in Griechisch geschmiert zu finden, und wenn Sie in diese Sprache schon mal reingehört haben, wird Ihnen auch bald auffallen, dass gut die Hälfte der Leute hier in Griechisch miteinander kommuniziert. Die Ursprünge ihrer Ansiedlung im Raum sollen auf die Zeit der antiken Chaonen zurück gehen. Wer oder was aber die Chaonen waren, hinterfrage man besser nicht, man landet unvermeidlich im Minenfeld der ethnischen Spannungen des heutigen Balkan (siehe hinten „Geschichte"). In jedem Falle entwickelte sich das küstennahe Gebiet südlich des Llogara-Passes im weiten Umkreis um den heutigen Touristenort Himara herum seit der Antike als abgeschottete Enklave griechischer Siedler. Der historische Kernort, heute **Himara Kastro**, lag gut geschützt auf hohem Berg, gegen das weitere Umland von 2000er Bergwänden abgeschottet. Auf-

grund dieser Lage schwer angreifbar, besaß das Gebiet selbst unter den Osmanen lange Zeit Unabhängigkeitsprivilegien und unterhielt sogar eigene Streitkräfte. Das zweite größere und ebenfalls relativ autarke Siedlungszentrum von Griechen in diesem Raum war, weiter südlich, Nivica. Zu beiden Gebieten gehörten noch etliche in der Nähe lie-

Und sei es neben dem Bunker: Campieren können Touristen an der Küste überall.

gende Dörfer, zu Himara beispielsweise Palasa (nördlich Dhermi), Drymades (das heutige Dhermi), Vuno sowie Kiparo (Qeparo) und andere.

Himara, heimliche Hauptstadt der Griechen im Gebiet

Ali Pascha (siehe hinten) machte der Sonderrolle beider Plätze 1798 ein Ende und setzte seine Herrschaft mit barbarischen Kriegszügen ins Gebiet durch. Fast alle Orte bis auf Himara Kastro und Kiparo wurden dabei bis auf die Grundmauern zerstört. Die überlebende Bevölkerung baute ihre Siedlungen dann zumeist in einiger Entfernung gänzlich neu, sodass von allen Orten hier lediglich Himara-Kastro und Kiparo länger zurück reichendes architektonisches Erbe aufweisen. Im Zuge dessen begann auch eine Durchmischung der Bevölkerung mit Albanisch-Sprachigen.

Unter Enver Hoxha wurde das Gebiet dann zum einen drangsaliert (die griechisch-sprachige Schule in Himara musste schließen), aber auch erstmals in wirtschaftliche Entwicklungsüberlegungen des albanischen Staates einbezogen.

Die studentische Jugend musste, insbesondere im Raum Lukova – Nivica, in Schwerstarbeit im Rahmen der damals üblichen, von oben verordneten Kampagnen terrassierte Olivenplantagen anlegen. Die Terrassen sind im Vorbeifahren noch zum Teil erkennbar, die Olivenbäume dominieren, heute schon als prächtiger Altbestand, natürlich noch immer das Bild der Landschaft.

Die verbliebenen Griechen haben natürlich das Aufoktroyieren albanischer Verwaltung von je her als Fremdherrschaft empfunden, fühlten sich insbesondere wirtschaftlich benachteiligt, solange es den Griechen drüben wirtschaftlich besser ging. Folglich wurden sie nach 1991 schnell Unruheherd, verlangten Privilegien, bis zur Autonomie. Die Auseinandersetzungen erreichten aber nur selten die Schwelle von Aggression und Gewalt, unter der Einwohnerschaft scheint der ethnische Unterschied, zumindest hatte ich immer den Eindruck, bestenfalls eine untergeordnete Rolle zu spielen. Der Tourismus war eigentlich nie beeinträchtigt. Seitdem die griechische Politik die Zukunft ihres Landes so grandios am Spieltisch verzockt hat, ist man merklich kleinlaut geworden. In jedem Falle kommen Sie in dieser Gegend ziemlich gut durch, falls Sie ein bisschen Griechisch können.

Das Gebiet um **Borsh** nahm, verglichen mit seinen Nachbarn südlich und nördlich, eine gewisse Sonderentwicklung. Der heutige Schwemmkegel der Buchtebene prägte sich erst nach der Antike aus. Zuvor reichte das Meer in Form einer tiefen Bucht bis praktisch unterhalb der heutigen Dorftavernen. Die bereits damals existierende Großquelle war ein beliebter Ort für Wasseraufnahme durch Seeleute, Ankerringe lassen sich noch heute dort nachweisen.

Llogara-Blick 1: Vom Balkon nach unten...

Antike Herrscher griechischer Prägung (meine Diktion, keinem Albaner sagen) schufen oben auf dem Berg die ersten Festungen. Feldherr Pyrros (Pyrrhus) soll um 300 v.Ch. eine Zeit lang von hier geherrscht haben (das war jener, der den Satz prägte: „Noch so einen Sieg, und ich bin verloren"). In byzantinischer und vor allem in türkischer Zeit wurde die Festung weiter ausgebaut. Die sich dabei entwickelnden Ansiedlungen brachten vorrangig Albaner ins Gebiet, eine Tendenz, die sich später noch verstärkte. Folglich gilt Borsh heute als ausgesprochene Enklave islamischer Religion unter den umgebenden Orthodoxen.

Der touristische Wert der Region ist insgesamt unbestritten. Sie könnte es, was den Naturrahmen betrifft, durchaus mit vielen anderen Regionen am Mittelmeer aufnehmen. Die ganze Küste an sich, die Aufeinanderfolge prächtiger Aus- und Anblicke, die Badeplätze, sie sind hier das Attraktive, der Haupt- und oft auch der Schauwert des Abschnitts. Und, hier sage ich ganz ausdrücklich, wenn Sie für Ihre Albanien-Tour einige Tage des Verweilens an einem schönen Badeplatz eingeplant haben, dann ist dies die richtige Gegend dafür.

Llogara-Blick 2: Zur Seite...

Das historische Kolorit wie auch das architektonischen Ambiente bedürfen weiterer Aufpolierung, aber deutliche Anfänge sind mittlerweile gemacht. Irgendwann wird sich in dieser Region auch nachhaltiger, von zentraleuropäischer Nachfrage getragener und den Zeitraum Mai bis Oktober umfassender Tourismus entwickeln.

Entfernungen
Llogara-Pass – Himara, Zentrale Seepromenade .... 32 km
Himara, Seepromenade – Saranda, Vorstadt-Knoten ..... 50 km
Saranda, Vorstadtknoten – Grenzübergang Qafë Botë ... 39 km

Vom Llogara-Pass bis nach Himara

Jenseits vom Llogara-Pass ändert sich die Szenerie fast dramatisch. Aus einer Umgebung von feucht-lindem Waldesgrün stürzt die Straße in mediterrane Karg- und Trockenheit, im alpinen Bereich der Berge gar grüßt furchteinflößender Anblick kahlen, wilden Urgesteins. Bevor Sie dazu kommen, dies gefühlsmäßig zu realisieren, wird Sie aber ganz anderes beschäftigen. Um den nach unten laufenden Berghang herum, 2 km vom Pass entfernt, liegt der eigentliche **Llogara-Balkon.** Da sollten Sie mal pausieren. Halten Sie die Tür beim Öffnen fest, hier geht es manchmal ziemlich windig zu.

Da liegt sie nun vor Ihnen, die Albanische Riviera in ihrer ganzen Pracht, binnenseitig gedeckt von einem enorm langgestreckten Bergmassiv, das in den Spitzen über 2000 m erreicht. Unten entdecken Sie die weiße Uferzone der Ortslage

Dhermi-Strand, weit schweift der Blick, bis nach Korfu und die ihm vorgelagerten Kleininseln.

Llogara-Blick 3: ...von unten auf die Serpentinen zurück.

In nur vier breit über den Hang gezogenen, übersichtlichen Kehren geht es abwärts bis auf etwa 300 m.

Essen Sie gern Honig? Ein gutes Mitbringsel, am Auslauf des Hangs stehen etliche Verkäufer. Nehmen Sie den dunkelgrünen, der schmeckt herrlich würzig nach Thymian.

Die Straße bis Saranda, in der Vergangenheit Schrecken aller Mobiltouristen, bietet sich seit 2010 saniert. Einfach zu befahren ist sie dennoch nicht.

Ursprünglich sollte Sie autobahnähnlich ufernah geführt werden, das aber war vorerst eine finanzielle Nummer zu groß. Es blieb, den alten Verlauf auszubauen. Insgesamt liegt die Richthöhe der Straße bis Saranda um die 300 m, aber an etlichen Bergeinschnitten ist Auf und Ab über eine meist begrenzte Anzahl Serpentinen zu bewältigen. Stellenweise, etwa bei Himara, Qeparo oder Borsh, senkt sie sich jeweils kurz auf Uferniveau.

Die nächsten Serpentinen treffen sie schon 13 km vom Llogara. Bis dahin passieren Sie mehrere Ortsschilder mit scheinbar keinen Orten, wie **Palasa**, diese liegen oberhalb versteckt. Unten leuchten, über 3 km langgezogen, die **Strände von Dhermi und Palasa.** Zu letzterem führt neuerdings eine asphaltierte Straße (km 10). Wie lange Sie da unten noch Stellen können, ist unklar, die Bebauung hat bereits begonnen. Beim km 15 erreichen Sie die Abfahrt zum **Strand von Dhermi** und gelangen über diese auch zu **Stellplätzen.** Außerhalb der Saison finden Sie mehrere Behelfsmöglichkeiten. In der Saison geht es zumindest im Zentralbereich von Dhermi eng und belebt zu, für WOMO-Freunde nicht gerade eine Freude.

(42) WOMO-Badeplatz: B-2 Palasa Strand

GPS: N 40°10'6.01", E 19°35'11.04"   **Max. WOMOs:** > 10.
Lage/Ausstattung: Anfahrt wie im Text beschrieben (Weg nach unten 2,5 km). Breiter, teils etwas grober Strand mit Stell Vorland, Parkareal und Behelfskantine. Das Ganze mutete allerdings zum Recherchezeitpunkt an wie eine Baustelle. Bergseitig wurde auch schon ein größeres Bauvorhaben in Angriff genommen, die zugehörige Disko-Arena soll in der Saison bereits arbeiten!

(43) WOMO-Badeplatz: B-1 Dhermi-Nordstrand

GPS: N 40° 9'31.78", E 19°36'16.11" **Max. WOMOs:** > 10.
Lage/Ausstattung: Anfahrt zum Nordstrand siehe „Anfahrten". Im in Frage kommenden Strandbereich bestehen auf 800 m mehrere Parkmöglichkeiten. Die höchsten Chancen, ein WOMO unterzubringen, dürften ganz hinten, auf die Hotelanlage vor der querstehenden Felswand zu, bestehen.

(44) WOMO-Campingplatz-Tipp: C-3 „Dhermi Paradise"

GPS: N 40° 9'12.39", E 19°36'56.30" **Tel.** 00355 67 2893807
geöffnet: Hauptsaison
Lage/Zufahrt: Wie Nordstrand, 1,5 km ab unterer Abzweig führt links eine Straße nach unten (gekennzeichnet mit Schild). Probleme: Rampe recht steil, abschüssiges Ende der Stichstraße ohne Wendestelle hinter dem Platz. Daher ab Schild erst laufen und Lage erkunden (350 m).
Allgemeines: Eigentlich Zeltcamping, 1-2 WOMOs zustellbar.
Ausstattung: Elektro mit losem Kabel, Kein WLAN.
Sanitäranlagen: Duschen und Toiletten defizitär.
Preis: 15 € /WOMO

(45) WOMO-Badeplatz: B-1 Dhermi, Komplexi Shen Nikolla

GPS: N 40° 8'41.6" E 19°37'51.2", Tel.: 00355 39321110, 00355 68 2294056
geöffnet: Auch in der Vor- und Nachsaison
Lage/Anfahrt: Der Straße vom Hauptabzweig bis nach unten folgen bis zur Gabelung vor dem Hotel „Piratet". Ab dort rechts bis zur Seebrücke und weiter (300 m). Wendemöglichkeit 100 m weiter vor der „Residenca Qeveritare". Für die Vor- und Nachsaison ist der Platz gut zu empfehlen. In der Saison empfehle ich Vorerkundung zu Fuß ab Gabelung (400 m).
Allgemeines: Der „Komplexi" ist eigentlich ein Bungalowdorf mit großem Parkplatz, lädt aber WOMOs ausdrücklich ein.
Max. WOMO: 5.
Ausstattung: Elektro auf Anfrage
Sanitäranlagen: in der Vor- und Nachsaison kann in den Bungalows geduscht werden (Zusatzkosten).
Preis: 10 € ohne, 15 € mit Elektrik und Duschen im Bungalow .

Dhermi-Strand entstand erst vor wenigen Jahrzehnten mit der Ausprägung von Badetourismus. Auch die Albaner nahmen schnell wahr, dass es zwischen der Nord- und der Südküste merkliche Unterschiede an Wasserqualität und vor allem -klarheit gibt. Reiste man aber von Tirana aus an, hatte die Llogara-Überquerung die letzte Kraft verbraucht, man wollte nur noch zum Strand, und der erste erreichbare war eben Dhermi. Daraus speist sich noch heute die Ortsfama, viele Tiranaer identifizieren die Südküste schlicht mit Dhermi.
Dem Bedarf folgend, entstanden beide Strände entlang und den Hang hinauf zahlreiche Hotels und Privatvermietungen. Dhermi-Strand konsternierte den Besucher bislang dadurch, dass der Ort nichts von dem hatte, was man unter einem ordentlichen Ortszentrum versteht. Derzeit versucht man wohl, durch Bau einer Art **Seepromenade** in Richtung Südende so etwas zu schaffen. Aber nach wie vor spielt sich das touristische Leben eher in den parkähnlich ausgebauten Hinterarealen der Unterkünfte im Zentralbereich, zwi-

schen Häusern und Hochuferlage ab. Darunter liegt der feinsandige und durch Felsen hübsch in Strukturen gegliederte Strand. Abstiege sind durch die Bebauung hindurch regelmäßig gegeben. Nach Süden, jenseits der Promenade, flacht das Areal aus, hier wird der Strand auch wesentlich breiter. In den dahinter folgenden Klippen befinden sich eindrucksvolle Großhöhlen, die von Anbietern angefahren werden. Nach Norden beendet eine Erholungsanlage der Regierung um ein kleines Kap herum die Zugänglichkeit. Es folgt ein größeres Hang-Waldstück, an das sich der Nordstrand anschließt. Die **Tavernen** um den „Zentralbereich" sind zum Teil ganzjährig offen, in der zeitigen Vor- bzw. späten Nachsaison sind sie bis Himara dann die einzigen. Empfehlenswert, die „Riviera" für ihren mit Raki flambierten Käse, die „Luciano" für ihre Steinofen-Pizza.

Der **Nordstrand** wurde erst in den jüngsten Jahren durch Straßenbau erschlossen. Mittlerweile entstanden auch hier schon viele Hotels, Restaurants sowie Bungalowvermietungen und Kleinzeltplätze. Der Strand ist hier breit, jedoch im unmittelbaren Uferbereich recht grobsteinig und stark abschüssig. Einige der Tavernen scheinen zwar zumindest bis Ende September geöffnet zu haben, aber das Angebot dürfte bald deutlich begrenzter sein als am Zentralstück.

Anfahrten

Dhermi-Strand: Glaubhaft, dass hier viele Hauptstädter hin wollen...

Die Hauptwegführung zum „Zentrum" von Dhermi läuft ab Tourstraße 1200 m abschüssig hinab bis kurz vor die Strandlage (Parkplatz des Restaurants „Piratet"). Nach rechts empfiehlt sich wegen der Enge nur, wenn Sie zum Platz (45) wollen. Nach links (Süden) weitet sich der Weg bald wieder und sie gelangen nach 200 m zur breiten Strandpromenade mit Parkplatz.
Der Abzweig zum **Nordstrand** erfolgt 300 m ab Tourstraße, rechts, dann 2,5 km dem Weg folgen.

Das alte Dorf Dhermi (Dhërmi fshat)

Auf der Tourstraße weiter, fahren Sie nach ein paar hundert Metern in das traditionelle Dorf Dhermi (griechisch Drymades) ein - und machen hier Bekanntschaft mit der eigentlichen Problematik der an der Südküste erfolgten Straßensanierung. Die Ortslage liegt, entlang der Schlucht, eng in den Bergeinschnitt gekuschelt. In solchen Ortslagen war es nur bedingt möglich, die Straßen zu erweitern. Richten Sie sich darauf ein, ein Stück zurück setzen zu müssen, falls Ihnen ein Bus (oder ein anderes WOMO) entgegen kommt.

Aus gewisser Distanz hat der Ort zwar durchaus fern-optisches Flair und lohnt einen Fotografierhalt von nördlich-außerhalb, am besten vom Strand kommend aufwärts. Außer **drei oder vier Kirchen** aus der Zeit um 1700 und einer deutlich älteren, vermutlich spätbyzantinischen, weit oben mangelt es ihm jedoch an historischer Substanz. Die jüngere Architektur ist zumeist von einfacher Bauart, die enge Hauptstraßendurchfahrt und das Fehlen einer urigen Taverne machen den Ort für Touristen wenig attraktiv.

Am besten aus Distanz: Alt-Dhermi

Um etwa diese Kirchen zu besichtigen, werden Sie den Ort durchqueren müssen, nördlich ist kaum Parkplatz. In der tiefen Innenkehre des Bergeinschnitts finden Sie das Hotel „Dorint", mit etwas Glück dort eine Parkgelegenheit. Ansonsten bleibt Ihnen das Südende des Dorfes, etwa in der Nähe der dortigen Tankstelle. Dann müssten Sie aber fast zwei Kilometer zurück laufen, um in den Bereich der jüngeren Kirchen zu kommen. Das spätbyzantinische Kirchengebäude weit oben erreichen Sie nur mit noch mehr Anstrengung. 250 m vor der Tankstelle passieren Sie die steile Aufstiegsstraße, 600 m Aufstieg, 60 Hm sind zu überwinden.

Südlich von Ortsausgang Dhermi dann der Trost: Ein **Balkon-Café** mit enormen Rückblick auf die an den Hang geworfenen Serpentinen des Llogara sowie auf die Strandlage. Zeit für einen Kaffee.

Spektakulär wird man die nun folgende Strecke über die kleinen Orte **Illias** und **Vuno** bis nach **Himara** nicht nennen, ein paar sehr schöne Landschaftsbilder erwarten Sie dennoch wieder. Von den attraktiv mit Touristenschildern ausgewiesenen Klöstern lassen Sie sich nicht beirren. Kloster Stavridi, im Orte Illias, soll zwar Stammbaum haben, die Architektur ist jedoch jungen Datums und der Mühe des Hinfahrens nicht wert, das folgende „Manastiri Todoros" (km 21), eine verkommene Ruine. Wenn Sie über die Qualität der hinführenden Straße grübeln, schlagen Sie hinten unter „Merkwürdigkeiten" nach. Allerdings, bereits am Abzweig zu diesem Kloster werden Sie eines tiefen Einschnitts in das schräg abfallende Hochplateau gewahr. Weiter oben geht dieser in atemstockend wüstenhafte, rötlich-gelbe Lehmabbrüche über, die wie offene Wunden in der ansonsten grün bedeckten Landschaft wirken. Dieser Einschnitt ist der Ausläufer einer der romantischsten Buchten der Küste, **Gjipa** – nicht WOMO-fähig, aber zu erlaufen.

Blick vom Balkon-Café

Der Buchteinschnitt von Gjipa (Gjipë)

Wenn nicht ein paar verlotterte Kleingebäude im Hintergrund den Anblick trüben würden, hätte der wunderschöne, feinsandige Naturplatz, von übermächtig hohen Felsen gerahmt, hinten in den erwähnten Schluchteinschnitt einlaufend, den Anspruch des Exotischen. Die letzten anderthalb Kilometer sind jedoch felshuckliger Schmalweg mit rasantem Abstieg über den Außenhang des Uferberges, ohnehin nur mit Allrad zu machen und für voluminöse Autos einfach zu gefährlich. Also, wandern.

Gjipa: Würdige Alternative - laufen

Anmarsch:
Benutzen Sie zunächst auf 2,5 km besagte, mit touristischem Hinweisschild „Manastiri Todoros" gekennzeichnete Asphaltstraße. Diese endet abrupt an einem Parkplatz (kostenpflich-

tig), dort können Sie das WOMO unter Olivenbäumen stehen lassen. Der Kassierer weist Ihnen den Weg nach West-Südwest, der Sie nach 1700 m um den Außenhang herum in die Bucht führt. Ein weiterer Weg führt nach West-Nordwest, nach 200 m auf die Bergkuppe mit der namensgebenden, aber nichtswürdigen Klosterruine.

Weiter auf der Tour hält der verlängerte Bergeinschnitt der Bucht noch Ungemach bereit: Bevor Sie ins malerisch an

Hübsches Vuno

den Hang geklebte **Dorf Vuno** gelangen, dürfen Sie sich ein enges Stück in ihn hinunter und wieder hinauf arbeiten.

In Vuno heißt es möglicherweise, etwas warten. Der Ort ist nun wirklich zu schmal für zwei Autos, eine Ampelanlage reguliert das.

Gleich jenseits von Vuno finden Sie die Abfahrt nach **Jala** (km 25), einer sehenswerten Buchtlage. Unterhalb von Vuno, schon von der Tourstraße, sehen Sie ein **hübsches altes Kloster**, über die Abfahrt nachJale zu erreichen. Bemerkenswert hier insbesondere am Vorbau der Kirche die extrem verzogene Proportion zwischen enormer Bogenhöhe der Arkaden und einer stummelhaften Kürze der Säulen.

Die Bucht von Jala (Jalë, neuerdings auch Jali)

(46) WOMO-Campingplatz-Tipp: C-3 Jale, Jale Caravan Camping

GPS: N 40° 7'6.69", E 19°42'8.73"
geöffnet: Auch in der Vor- und Nachsaison
Lage/Zufahrt: Parzellengrundstück am inneren Buchtbogen. Über die Zufahrtstraße entlang der Bucht einfahren, etwa 70 m vor dem Strandende, links.
Allgemeines: Durch die rasante Ausdehnung der Bebauung wurden alle bisherigen Stellplätze in Jala beseitigt. Dies hat wohl der Eigentümer einer kleinen Taverne als seine Chance erkannt und war zum Recherchezeitpunkt eben im Begriff, seine verrümpelte Nebenparzelle für WOMOs freizuräumen. Schild „Caravan" hing natürlich schon draußen.
Kapazität: 5-6
Ausstattung: Wurde gelobt, bereitzustellen. Erwarten Sie vorerst nicht mehr als ein Stromkabel.
Sanitäranlagen: Einfache Toiletten der Taverne.
Preis: 10 €, soviel war schon festgelegt.

Jale ist eine halbrunde, sich nach Norden öffnende Bucht, eine prächtige, angenehm kuschlige, mit zwei ebenso schönen Nebenstücken von Strand landseitig. Und, einer der wenigen durchweg feinsandigen Plätze an dieser Küste. Schon wegen der grandiosen Aussichten vom Plateau oben über die hohe Küstenlage, die zu Füßen liegende, sichelförmige Bucht darin eingebettet, ist der Platz einen Abstecher wert.

Lange besaß nur das Militär auf dem die Bucht schützenden Außenkap so eine Art Regionalhauptquartier in der Architektur eines stattlichen Erholungsheimes. Der Bau einer Straße vor wenigen Jahren kurbelte sofort den Run auf die Bucht an. Zunächst entstanden einige kleinere Einrichtungen, zum Recherchezeitpunkt war aber eine recht imposante größere Anlage im Bau.

Blick auf die Bucht von Jale

Anfahrt: Ab Tourstraße führt der Weg nach Jale zunächst fast höhengleich auf 1,5 km durch die Olivenhaine, dann haben Sie auf 3,5 km 250 Hm Plateauabfall nach unten zu überwinden, die Strecke ist jedoch gut ausgebaut und unproblematisch.

Der höchste Punkt, den Sie auf der Tour dann jenseits von Vuno erreichen (km 26), ist auch per Schild als Passpunkt bei knapp unter 400 m ausgewiesen. Damit ist er außer dem Llogara auch der höchste Punkt auf diesem Teil der Tour überhaupt. Gleich danach stürzt die Straße etwas von der Küste weg, hinter einen Berg, und hier tief in eine Schlucht hinunter. Wenn Sie die Brücke am Grund passieren, merken Sie sich den Stand des Kilometerzählers. Aus dem Talgrund aufsteigend, sehen Sie nämlich bald erste Gebäude vor einem mit historischer Architektur bebauten Kegelberg - **Himara-Kastro** (km 30). Ab etwa 1000 m nach dieser Brücke sollten Sie rechts am Rand nach einer der dortigen Parkbuchten spähen, denn wenn sie die kleine, neue Kirche am höchsten Punkt vor dem Kegelberg erreicht haben (1500 m ab Brücke), können Sie nur noch hoffen, dass der Rand der Zufahrtsstraße hinter der Kirche frei ist.

700 m südlich der Kirche beachten Sie den ausgeschilderten Abzweig nach **Livadh**, falls Sie zu den dortigen **Camping-plätzen (47), (48)** oder **(49)** wollen.

Zentralort Himara (Himarë) , umgebende Plätze Livadh und Llaman

(47) WOMO-Campingplatz-Tipp: C-3 Himara-Livadh, Moskato Camping

GPS: N 40° 6'35.11", E 19°43'22.16"
Tel. 00355 67 4905519
geöffnet: Auch in der Vor- und Nachsaison
Lage/Zufahrt: Siehe „Anfahrten", nach Livadh
Allgemeines: Neu geschaffener, großer Platz auf Wiesengelände, stellenweise beschattet durch Olivenbäume. Gut zu erreichen, Strand gleich über die Straße.
Max. WOMO: 20
Ausstattung: Feste Elektroversorgung war im Bau, weiteres wohl auch. WLAN.
Sanitäranlagen: Toiletten zwar neu und sauber, aber Hocker. Einfache Duschen in Holzhüttenausführung.
Preis: 8-13 € nach Größe, plus 2 € für Strom.

(48) WOMO-Campingplatz-Tipp: C-1 Himara-Livadh, Camping Kranea

GPS: N 40° 6'27.1" E 19°43'37.2"
http://www.camping-kranea.com, Tel.: 00355 67 3122122

geöffnet: Auch in der Vor- und Nachsaison
Lage/Anfahrt: siehe „Anfahrten", nach Livadh.
Allgemeines: Eingezäuntes Gelände mit lockerem, jüngerem Olivenbaumbestand, schöner Strand unmittelbar davor, eigene Liegen. Mehrjährig erfahrener, Deutsch sprechender Anbieter, Platz gilt, sowohl von Ausstattung als auch von Umgebung, mit als einer der besten im Lande.
Max. WOMO: 25
Ausstattung: E-Docks und Wasseranschlüsse für fast alle Stell-Parzellen. WLAN. Eigenes Restaurant mit einfallsreichen Angeboten zugehörig.
Sanitäranlagen: Hoher Standard in festem Trakt, Entsorgungspunkt.
Preis (2015): 4 €/Nacht/WOMO, 4 €/Person

(49) WOMO-Campingplatz-Tipp: C-1 Himara-Livadh, Nasho's Camping

GPS: N 40° 6'24.46" E 19°43'42.60"

http://www.nashoscamping.com/ , Tel.: 0035568 834 9439

geöffnet: Auch in der Vor- und Nachsaison

Lage/Anfahrt: siehe „Anfahrten", nach Livadh.

Allgemeines: Strandrestaurant, dessen Schwerpunkt sich zunehmend auf Camping verschoben hat. Man bietet dafür großflächiges von Olivenbäumen beschattes Rasengelände am Hang.

Max. WOMO: 25

Ausstattung: E-Anschlüsse, Wasserentnahmestellen, WLAN

Sanitäranlagen: Einfacher als auf (49), aber in Ordnung

Preis (2015): 10 €/WOMO

(50) WOMO-Campingplatz-Tipp: C-3 Himara, Camping Himara

GPS: N 40° 5'47.4" E 19°45'14.0"

Web: www.himaracamping.com, Tel.: 00355 68 5298940

geöffnet: Auch in der Vor- und Nachsaison

Lage/Anfahrt: Im Südteil des Ortes, etwa 350 m jenseits des Ortshügels, direkt an der Krümmung der Hauptverkehrsstraße vom Ufer weg, gelegen.

Allgemeines: Jugendcamping, dem sich eine benachbarte (wenig gepflegte) Olivenplantage als WOMO-Stellplatz angegliedert hat, Bäume bieten teilweise

Fürs WOMO die Wildnis daneben

Schatten, die Lärmbelastung durch die Straße ist jedoch im Sommer hoch. Strand 50 m über die Straße.

max. WOMO: 10

Ausstattung: Stromkabel wird über die Mauer geworfen, WLAN

Sanitäranlagen: Mitbenutzung derer auf dem Camping, diese recht schlicht.

Preis (2015): 4 €/Person, 4 €/WOMO

Himara – Kastro (Himarë e vjetër)

Auf die besondere historische Rolle Himaras wurde in der Einführung zum Abschnitt bereits hingewiesen. Der historischen Urplatz auf dem Hochhügel, den Sie als erstes erreichen, liegt etwa 2,5 km nördlich des heutigen Himara - und befindet sich in der Verwandlung in einen wirklichen Touristenplatz. Die meisten der historischen Bauten sind noch formschlüssig erhalten. Im Südbereich wurden Teile der unteren Passage bereits fachgerecht saniert. Weiter oben sind zwar noch keine Gebäude saniert, aber der Rundweg mit Aussichtsbalkon ist bereits angelegt. Bänke laden zum Genießen der umwerfenden Aussicht. Sollten hier auch die

Gründungsurkungen in die Wand gemeißelt

Hier wirkte einst ein Bischof

Gebäude in Angriff genommen werden, hat das Ganze klar das baldige Potential zum pittoresken, kuschligen Touristenstädtchen. Unten sollten Sie auch den Rundgang beginnen, er wird nicht viel mehr als eine Stunde dauern.

Folgen Sie einfach der von der kleinen, neuen Kirche abführenden, plattengepflasterten Gasse. Der **Komplex aus Kirche und Schule**, zu dem Sie gelangen, erfüllt heute optisch wie inhaltlich die Zentrumsfunktion der wieder zum Leben erwachenden Siedlung. Dies ist auch kein Wunder, war doch, und ist noch heute, diese Zweieinigkeit für die Identitätswahrung der Himarioten von besonderer Bedeutung. Die Schule ist auch die einzige in Albanien, in der der Unterricht auf Griechisch stattfindet. Die heutige Hauptkirche heißt sinnig „Agioi Pantes", also „Alle Heiligen", hatten die Himarioten doch zu ihren Hochzeiten für praktisch jeden Heiligen eine Kirche und konnten sich nicht einigen, welcher für die Schule der wichtigste wäre. Aber man wohnt auch wieder in etlichen der umliegenden, ebenfalls gut restaurierten Gebäude. Wuchtige Feldsteinsimskränze an den Wohngebäuden vermitteln den Übergang zum Dach, man arbeitete viel mit Rundbögen und angeschrägten Türhöhlen, die Hauskanten wurden eckpfeilerartig aus dem Putz nackt gestellt. An einigen der Häuser wurden die „Gründungsdokumente" oben in der Nähe der Hausecke eingemeißelt. Ein mittlerweile etwas aufgearbeiteter Buckelpflasterweg führt Sie über getreppte Enggässchen mit Tonnengewölbedurchgängen und romantischen Nischen, überdacht von Weinspalieren, nach ganz oben. Dort treffen Sie auf die Aussichtsplattform, dahinter die Ruine des Bischofssitzes (zuvor ein Apollo-Tempel), und daneben steht noch heute dessen Kirche. Da das „Kastro" von Justinian, also im 6.Jh., gegründet wurde, prangt auf dem dreisteinig in charakteristischer Formgebung ausgeführten Türbogen der Kirche an beiden Seiten der **byzantinische Doppelkopf-Adler mit Krone** drüber. Kriechen Sie rein in die Kirche, und schauen Sie auch nach ganz hinten ins Sanktuarium. Von oben umfängt sie nicht nur ein ungewöhnlich überproportionierter Pantokrator – der Allmächtige - mit seinen Armen. Er öffnet Ihnen auch, symbolhaft durch ein Kreisbild angedeutet, sein Inneres, seine Seele. Und daraus spricht natürlich – der Herr.

Blick vom Kastro nach unten auf Livadh

Anfahrten: Wie erläutert, finden Sie unterhalb von Himara-Kastro, vor dem Friedhof (links liegend), die ausgewiesene Abfahrt rechts nach **Himara-Livadh** zu den dortigen Stellplätzen.

„Livadh" heißt (natürlich wieder auf Griechisch) „Wiese", und das sagt schon, worum es geht. Unterhalb des Kastro-Hügels dehnen sich, vom heutigen Hauptort Himara durch einen Kilometer Bergrücken getrennt, über eine breite Schwemmebene Weideflächen der alten Himarioten bis zum Meer. Sie enden an einem breiten, zumindest zum Teil feinsandigen Strand. Auch diese Gegend wird zunehmend durch Kleinhotels und Tavernen erschlossen, wirkt aber noch naturnah, ursprünglich und ruhig. Insofern ist sie als Stellgegend die klare Alternative zum Angebot in der Stadt. Die **Abfahrt zum Strand** ist im kurzen, oberen Teil steil und kurvig und insgesamt etwa 2 km lang. Den Strand links entlang (nach 100 m nicht mehr asphaltiert, aber gut befahrbar) finden Sie nach 150 m Campingplatz **(47)**, nach 600 m Platz **(48)** und nach 800 m Platz **(49)**. Daneben liegt noch Camping Livadh, ein Jugend-Zelt-Camping am Hang.

Auf der Tour oben weiter, geht es in den Talkessel von Himara hinein. Er ist umgeben von mächtigen Bergzügen, deren rasante Hänge scheinen den Ort im Meer entsorgen zu wollen (Bild S. 128). Im unteren Bereich mit Olivenhainen besetzt, zeigen sich an den höheren Hängen neben viel Kargheit auch einzeln oder in kleinen Gruppen stehende ältere Eichenbäume, noch weiter oben bilden sich sogar kleine Haine davon.
Über einen längeren Siedlungsbereich kurvig bis auf Höhe Meeresspiegel absteigend, fahren Sie beim km 32 in die

Hübsches Ambiente: Himaras „Zwischenstrand" in Höhe des Mittelhügels

zentrale Ortslage ein, ohne jedoch die zentrale Seepromenade berühren zu müssen. Die kurze Gasse, die nach rechts gabelnd, zu ihr führt, sollte intuitiv erkennbar sein. Ansonsten läuft die Fernstraße im leichten Bogen um sie herum, sie gelangen schon nach 500 m an ihr Südende, einen Kreisverkehr am Fuß eines niedrigen, vorgeschobenen Hügelkopfes mitten in der Stadt. Jenseits von diesem erreichen Sie die **südliche Nebenpromenade**, in deren Mitte etwa befindet sich der **Stellplatz (50).**

Himara Hauptort (Himarë Spile)

Über den nördlichen Bereich, das Ortszentrum, erstreckt sich in jüngster Zeit durch Sanierungsmaßnahmen erheblich aufgewertete Kompaktbebauung. Da man bislang strandnah auf Hochhausbauten verzichtet, hat die gesamte Architektur eine recht angenehme Dimension, die sich wohltuend insbesondere von den Badeorten im Norden unterscheidet. Seepromenade und Uferbalustrade, einschließlich balkonartig vorgebauter Tavernen, verraten den höheren touristischen Anspruch. Mittlerweile wurde die Sanierung recht erfolgreich bis in den südlichen Buchtbereich ausgedehnt, wir finden auch hier eine ansprechende Bummel(halb)meile. Die feinsandigen Strände gliedern sich optisch in drei Bereiche, wobei der mittlere, in den Hügelhang eingelagerte, der kuschligste ist. Der Ort scheint insgesamt im Begriff, sich zu einem akzeptablen Mittelmeer-Resort zu mausern. Unnötig eigentlich, zu sagen, dass es auch in Himara in der Saison recht gedrängt zugeht – und zuzeiten laut: Der Ort ist Mitte August Austragungsplatz eines landesweit bekannten Musikfestivals.

Llaman (in der Nachsaison!)

Zwei Kilometer südlich des Hauptortes folgt, um eine größere Küstenberglage herum, eine sehr hübsche Separatbucht: **Llaman,** mit breitem, vielleicht etwas grobem Sandstrand. Früher hätte ich diese als WOMO-Stellplatz definiert, heute machen sie zwei neu errichtete Edeltavernen (Preise, auch für die Strandliegen, entsprechend) zum Wallfahrtsort der Himara-Flüchter – folglich verlagert sich das Gedränge von dort auch nach hier, sie würden mitten auf einem vollen Parkplatz kampieren. Für die Vor- und Nachsaison empfiehlt sich der Platz jedoch durchaus.

Fahr-Hinweise: Entlang der nördliche Seepromenade von Himara, dem Ortskern, herrscht Einbahnverkehr von Nord nach Süd, WOMO-Parken ist höchstens in der Vor- und Nachsaison möglich. Eine gewisse Chance besteht tagsüber auf der Tourstraße, die den Kern im Halbrund umläuft. Befahren Sie am besten zuerst den Ortskern („Qender") und orientieren Sie sich über die Situation entlang der Seepromenade. Am Kreisverkehr vor dem Hügelanstieg können Sie dann nach links auf der Hauptstraße (Tourstraße) versuchen, einen Parkplatz zu erwischen (rechts liegt noch ein kleiner kostenpflichtiger Parkplatz). Ansonsten bleibt Ihnen nur das Parken im südlichen Bereich jenseits des Hügels, da ist gewöhnlich etwas mehr Platz.

Richtung **Llaman** läuft die südliche Ausfallstraße ab dem markanten Hotel „Rapo" zunächst mäßig ansteigend vom Ufer weg. In der nachfolgenden Senke, bevor die Straße wieder rasant ansteigt, liegt der Abzweig nach Llaman (2 km ab „Rapo").

Von Himara nach Saranda

(Kilometerangaben ab Himara-Ortskern neu!)

Jenseits von Llaman schießt die Straße wieder den Berg aufwärts, aber oben an der Kurve ist schon Schluss. Sie kurven wieder nach unten ein in eine in vieler Hinsicht merkwürdige Bucht – **Palermos oder Porto Palermo.**

Porto Palermo - Schöpfung von Gott, vorn leider Schrott

Für den Augenblick registrieren Sie zunächst 1), dass die Bucht eine innere kleine Halbinsel, mit Festung drauf, gleich in Ufernähe, besitzt, dann 2), dass auf deren enger, dammförmiger Verbindung mit dem Festland vermutlich schon WOMO stehen, dies also der **Stellplatz (51)** (km 8) ist und letztlich 3), vielleicht auch schon oberhalb des Damms WOMOs stehen, denn dort ist nämlich eine noch beliebtere Taverne, die auch in der Vor- und Nachsaison geöffnet hat. Stellen Sie sich dazu, essen Sie etwas und lesen Sie derweil, was alles an dieser Bucht merkwürdig ist.

Die Bucht von Porto Palermo (Palermos)

Stellen Sie sich dazu...

(51) WOMO-Badeplatz: B-1 Palermos Halbinsel

GPS: N 40° 3'44.0" E 19°47'35.8"
Max. WOMOs: 5-6.
Lage/Ausstattung: WOMO-Platz auf der Landbrücke zur Halbinsel in der Bucht, wird in Foren oft verwiesen, Strand ist allerdings grobsteinig, das bauliche Ambiente verfallen. 200 m unbefestigte schräge Zufahrt abwärts, wegen des Winkels vorzugsweise von Norden anzufahren.
Gute Taverne oben an der Tourstraße, auch in der Vor- und Nachsaison geöffnet. Achtung, keine Wasserversorgung, auch die Taverne versorgt sich nur aus Tanks!!

Porto Palermo reißt einen auseinander. Auf der einen Seite hat die Bucht nicht nur Flair, irgendwie auch Pepp. Da ist schon mal ihre Naturgestalt. Sie wird nicht, wie meist bei Buchten, durch ein Meeres-Eindringen in die Landmasse gebildet. Das Festland greift hier an beiden Seiten, fast wie Hummerzangen, weit ins Meer hinaus und lässt somit zwischen den Spitzen von deren nicht mal anderthalb Kilometer voneinander entfernten Zangenarmen eine große Bucht mit hohen Spitzenkaps entstehen. Damit nicht genug. Fast genau in deren Mittelbereich ist eine **kleine Halbinsel** platziert, ans Land nur durch einen kurzen, dammartigen Flach- und Engbereich gebunden. Aber auch damit nicht genug. Wer es genau wissen will, das Meer bohrt sich schon innerhalb dieser Bucht auf erschütternde Tiefe. In der Mitte des Dreiecks zwischen den Armen und der Insel, also nicht mal je 500 m von den drei Innenufern, ist die Bucht schon 170 m tief. Der rasante Abfall dorthin gilt Sporttauchern als der interessanteste Ufertauchplatz in ganz Albanien.
Die Bucht ist von merkwürdiger Historie umweht. Denn mitten auf der kleinen Insel lauert, wie drohend im Gebüsch versteckt, eine **stattliche**

Platz **(51)**: Ein bisschen schrottig, aber sonst O.K.

Festung. Musterhaft gut erhalten, noch heute Respekt und, in den dunkel-feuchten Gewölben, manchem gar Furcht einflößend, ist sie den kleinen Spaziergang zu ihr auf alle Fälle wert. Den Zugang zum Schlüssel vermittelt der Wirt der Taverne oberhalb der Halbinsel, ohnehin eine gute Adresse für ein ordentliches Essen. Nehmen Sie eine Taschenlampe mit. Die Festung ließ – natürlich - einst Ali Pascha errichten, der Fluch der Region. Im konkreten Falle hier droh-

Ali Paschas Lieblingsbauten

te er mit dem Bauwerk vor allem den Himarioten, damit diese, nachdem er ihr Gebiet mit großem Aufwand unterworfen hatte, ja nicht auf die Idee kämen, wieder aufmüpfig zu werden.

Wenn Sie jetzt bereits in die Bucht eingefahren sind, erübrigt sich fast, zu sagen, was ihre andere, die unerfreuliche Seite ist: Sie haben das nette Schild „Ndalohet!" bereits im Abstieg ausgemacht. Ähnlich wie der Südteil der Vlora-Bucht ist auch der Nordteil von Palermos noch immer Spielwiese der Militärs. Das Kriegs-Großgerät wurde mittlerweile beräumt, aber hinter dem einzigen Zuckersandstrand der Bucht rotten Kasernenbauten dahin. Der untere Bereich gar ist noch in Betrieb. Dort droht der Schlund eines U-Boot-Bunkers, der auf der anderen Seite, zum Meer zu, einen Ausgang haben soll. Vor ihm liegt aktives Militärspielzeug: Schnellboote der italienischen Küstenwache, die den Schmuggel über See verhindern sollen.

Um den Küstenberg herum weiter fahrend, eröffnet sich zur Abwechslung mal, sagen wir, ein Inversionspanorama. Schauten wir bislang immer raus auf das Meer oder bestenfalls hinunter zum Strand, so bietet das weit nach Süden vorgeschobene Nordkap der Bucht von Borsh hier Gelegenheit, mal von draußen aufs Land zu schauen.

Im Vordergrund liegt links allerdings erst mal der Ort **Qeparo** (km 14), Borsh selbst liegt noch jenseits der Küstenbiegung. Sehen Sie oberhalb von Qeparo, hoch auf dem Berg, die Siedlung? Das ist das **alte Kiparo**.

Qeparo - Strand mit begrenzten Möglichkeiten

(52) WOMO-Badeplatz: B-1 Qeparo, Westende

GPS: N 40° 3'14.93", E 19°48'50.80" (Zufahrtspunkt)
Max. WOMOs: 5
Lage/Ausstattung: Am äußersten Westende des Ortes, unmittelbar vor dem Bergfuß, wurden zwei neue Straßen zum Strand geschlagen. Die erste, dem Bergfuß nähere (70 m), führt zu freiem Strand mit Stellmöglichkeiten. Die zweite (200 m, am Ortseingangsschild) zu einem Hotelparkplatz.

(53) WOMO-Badeplatz: B-1 Qeparo, Hauptparkplatz

GPS: N 40° 3'10.69", E 19°49'32.38"
Max. WOMOs: 3
Lage/Ausstattung: Innerorts, etwa 1200 m ab Bergfuß, ist rechts der Ab-

gang zum Strand gekenn-zeichnet. Nach 500 m er-reichen Sie den Haupt-parkplatz vor der Seepro-menade. In der Saison aussichtslos, dürften Sie danach oder davor hier einen Stellplatz finden.

Qeparo

Das alte Kiparo, weit oben...

Der gleich auf Palermos folgende Ort **Qeparo** will es mit aller Gewalt nun auch wissen. Bislang bis auf Privat-Domizile touristisch wenig erschlossen, hat man ihm nun anstelle seines kurzen, steinigen Strandes eine tolle, aber auch wieder recht kurze Seepromenade verpasst. Am Westende rühren sich die Bauaktivitäten zu ersten größeren Hotelanlagen. Der Strandort an sich ist dennoch eher wenig interessant – bis auf seinen historischen Vorgänger **Kiparo**, der allerdings weit oben thront, bei 300 m ü.NN, auf eigenem Bergvorsprung. Heute noch, ganz ähnlich wie Himara-Kastro, vornehmlich Platz verlassener und verfallender, aber historischer Anwesen, dräut auch hier kommende touristische Entwick-lung: Die Weltbank hat die Instandsetzung von Dächern und Fassaden fi-nanziert, es beginnt die Sanierungen einzelner Anwesen, auch wenn das wegen der Höhe und dem steilen Weg schwierig ist. Irgendwann wird man (hoffentlich nie) eine Seilbahn nach oben bauen.

Anmarsch: Der Weg nach Kiparo zweigt, ziemlich versteckt, aber ausgeschildert, etwa 550 m südöstlich von der Strandzu-fahrt, links vor einem Anwesen mit blechernen Garagentoren ab. Nach 2,8 km (Höhendifferenz ab hier noch etwa 250 Hm) über einen engen Weg (3 m), zwar mit fester Betondecke, aber etlichen scharfen Kurven, erreichen Sie die historischen Gemäuer. Mit Bordroller also geht es, mit WOMO höchstens mit kleinem. Versuchen Sie, Ihr Gefährt auf dem Hauptpark-platz unterzubringen.

Ab der nächsten Bergbiegung südlich Qeparo haben wir dann den vollen Blick auf den über 4 km langen Strand von **Borsh**. Die Zufahrt zu ihm (km 16, zwei km lang) zweigt gleich hinter der Ortseingangsbrücke, um die dortige Tankstelle herum. Die Tourstraße weiter, und nun wieder zunehmend nach oben, ge-langen Sie nach einem Kilometer zum Orts- Zentralplatz mit der entzückenden **Taverne Ujevara** (km 17). 50 m weiter geht links der Weg nach oben zur **Festung Borsh** ab.

Borsh - üppiger Strand und mehr

(54) WOMO-Badeplatz: B-1 Borsh, Olivenwiese

GPS: N 40° 2'34.70", E 19°51'25.95"   **Max. WOMOs:** 5.
Lage/Ausstattung: Ab Auftreffpunkt des Zufahrtsweges zum Strand, links, 850 m. Freistehendes Ensemble weniger Grundstücke (vorderes mit rotem Dach, Schild „Stepia e pushimit Aral" am Weg). Wiesenfläche

mit einigen Olivenbäumen und einer kleineren Bauruine. Der Eigentümer beabsichtigte, ein „Caravan"-Schild auszuhängen und 10 Euro zu nehmen. **Achtung:** Weiter hinten kaum mehr Stellmöglichkeiten für Camper.

(55) WOMO-Badeplatz: B-1 Borsh, Strand Nordseite

GPS: N 40° 2'53.45"
E 19°50'45.34"
Max. WOMOs: 3.
Lage/Ausstattung: Ab Auftreffpunkt des Zufahrtsweges zum Strand rechts, erprobt ist Stellung ganz hinten in der Nähe der Polizeistation (750 m).

Von der in der Einführung zum Abschnitt geschilderten Entwicklungsgeschichte von **Borsh** sind zwei Dinge geblieben, der Reiz

Im Schutze der Polizei...

der viele Jahrhunderte alten Festung und die Chance, den breiten Strand der heute verfestigten, über 4 km breiten Schwemmebene zu touristischen Zwecken zu entwickeln. Und dies tut man eifrig. Im vorderen Bereich, gleich südlich des Auftreffpunktes der Strand-Zufahrtsstraße scheint der Baugrund noch problematisch zu sein, aber je weiter man auf dem

Kommt gleich: Der lange Strand von Borsh.

breiten (allerdings auch sehr staubigen) Strandweg nach Süden vordringt, um so mehr verfestigt sich die Bebauung zum ambitionierten Tourismusort. Die Anzahl der Kleinhotels dürfte die dreißig sicher schon übersteigen, mittlerweile ist auch schon höhere Mittelklasse dabei - nebst zahlreichen Tavernen natürlich. Jet-Ski und dergleichen können Sie natürlich auch fahren – noch aber nur in der Saison, danach fällt das alles auch hier in Winterstarre.

Der Strand von Borsh ist übrigens eines der erstaunlichsten Beispiele, wie schnell Enver Hoxhas Bunkerchen verschwinden. Noch um 2007 herum schätzte ich die Anzahl der hier aufgereihten auf bis zu hundert Stück. Ich hoffe, sie sehen bei ihrem Besuch überhaupt noch einen davon.

Festung Borsh - mit neuem Zugang...

Würden Sie dem Bergeinschnitt, der sich von Borsh aus in Richtung Nordosten auftut, nach oben folgen – das geht allerdings nur mit geländefähigen Fahrzeugen – dann gelängen Sie über einen Pass nach jenseits der Küstenberge, den einzigen, den es gibt. Von dort führt eine Straße direkt ins Hinterland von Vlora. Das machte die Position bei Borsh in der Vergangenheit strategisch wichtig, ergab somit der Grund für Enver Hoxhas viele Bunker hier, aber auch schon in der historischen Vergangenheit Grund, den Passzugang durch eine weit oben liegende, stattliche Festung zu sichern: **Kalaja e Borshit,** Burg von Borsh. Der Besuch ihrer Ruinen ist mehrfach attraktiv. Einmal, weil das Gelände optisch interessant ist, die Ruinen verwunschen wirken. Versteckte Zugänge zu unterirdischen Gewölben lugen, Kanonenrohre stecken noch an verschiedenen Stellen in der Erde, als seien sie daraus hervor gewachsen. Die Türken hatten zuletzt noch eine Moschee ins Gelände gebaut, diese steht noch recht gut erhalten. Grandios aber ist der Ausblick von hier über die gesamte Buchtlage sowie weit in den Bergeinschnitt hinein. Ja, und letztlich wird einem der Besuch heute noch schmackhafter

...und so sieht's oben aus.

gemacht: Seit kurzem gibt es eine richtige Treppe ab Bergfuß nach oben, man braucht nicht mehr über den Hang kraxeln – allerdings – siehe „Anmarsch" – erst mal muss man bis zum Bergfuß der Festung gelangen.

Aber es wartet am Ende unten ja ein Besuch in jener **Taverne „Ujevara"** auf Sie, die ich eben als „entzückend" beschrieb. Das Adjektiv bezieht sich vornehmlich auf einen enormen Wasserfall, der, sich über den Hang des Hintergartens der Taverne noch breit verästelnd, am Ende unter dem Gebäude als stattlicher Fluss hervor tritt. Seinen Ursprung hat er weit oben und stellt damit ein in Albanien mehrfach zu beobachtendes Phänomen dar: Dort, wo lange, hohe Bergketten jäh, wie gewaltsam, unterbrochen werden, scheint der Berg an der Stirnseite förmlich Wasser zu bluten. Erhangeln Sie sich - in der Vor- und Nachsaison - einen Platz auf einer der durch die Wasserläufe gebildeten und mit Tischen besetzten Inselchen, und lassen Sie sich was Schönes kommen. Wie wär's mit Forelle? In der Saison aber verzichten Sie lieber auf das Vergnügen der Wasserläufe. Da ist die Taverne gewöhnlich überlaufen und die geschafften Kellner kommen mit der Bedienung oft nicht so richtig nach. Essen Sie dann besser in der rechts darüber liegenden Taverne, die ist auch schön.

Anmarsch zur Festung: Der Weg nach oben zweigt, ausgeschildert, 70 m südlich der „Ujevara"-Taverne. Nach weniger als 100 m dann scharf rechts (!) hoch. Die hinterhältige Formulierung „Anmarsch" gilt hier noch verschärft. Die anderthalb Kilometer bis zum Bergfuß (Höhendifferenz bis hier etwa 120 Hm plus 80 Hm hinauf auf die Festung) sind unbefestigt und wohl auch für den Bordroller eine Zumutung. Aber lassen Sie sich davon nicht abschrecken, die Sache lohnt. Den eigentlichen Aufstieg zur Festung über den sanierten Weg schaffen Sie dann in 7 min.

Falls Sie auf dem Parkplatz am „Ujevara" nicht unterkommen, es dürfte besser sein, das WOMO an die Straße Richtung Norden zu quetschen als nach Süden. Dort finden Sie nach knapp 200 m zumindest eine Verbreiterung von anderthalb Metern über den Straßenrand hinaus.

Der Rest bis Saranda

Ja, wie denn, jetzt kämen doch die Orte Piqeras, Lukova, Shen Vasil und Nivica? Alle in einen Topf? Ja! Das historisch Wesentliche zu ihnen wurde in der Einführung zum Abschnitt gesagt, heute sind die Nachfolger alles weitgehend unauffällige, und

Borsh bis Saranda: Erhabene Küstenlandschaft, wenige Strände

damit untouristische Orte. Da macht es keinen Sinn, dass ich mit noch mehr Hinweisen auf kaum zu findende Ruinengrundmauern Zeilen schinde, beschäftigen wir uns mit den **zwei lohnenswerten Badeplätzen** in diesem Bereich - von kleinen Abschweifungen abgesehen.

Quellhaus in Piqeras - Hahn links!

Nachdem Sie Borsh verlassen haben, hebt sich die Straße stetig weiter. Beim km 20 erreichen Sie mit wieder über 300 m den zweiten Passpunkt im Tour-Abschnitt 3.

Sie durchqueren danach beim km 24 den unspektakulären, hoch am Hang liegenden Ort Piqeras (am nördlichen Ortseingang wäre wieder ein verlassenes altes Kloster, weit oben, durchs Gelände zu erklettern). Früher pflegte ich das hiesige Quellhaus zu rühmen, das in der Ortsmitte (bergseitig) noch immer existiert. Allein, vom reichen Einzugsareal weit oberhalb des Orts zehrt heute das neue Wasserkraftwerk (im Folgenden), die Quelle beschränkt sich heute auf einen Wasserhahn seitlich vom Haus. Es geht dann, in etlichen Serpentinen, kräftig nach unten. Im Taleinschnitt, am tiefsten Punkt, warten Tavernen auf Sie, wie es scheint, aber nur in der Saison. Dafür führt der dortige Abzweig (km 27) nach **Bunec,** mit dem problematischem **Stellplatz (56).**

Bunec und abgeräumte Bunker

(56) WOMO-Campingplatz-Tipp: C-3 Bunec, Primitivcamping

GPS: N 40° 0'18.28", E 19°53'33.11"
geöffnet: Nur Hauptsaison, ansonsten provisorisch nutzbar
Lage/Zufahrt: Ab Abfahrt beim km 27 noch 1,3 km bis zum Strand, wenig Höhendifferenz. Dort 60 m nach rechts, zwischen den Gebäuden 50 m aufwärts.
Allgemeines: Wenig gepflegtes Wiesengelände hinter der Strandbebauung. Hauptsächlich gedacht als einfacher Zelt-Camping, für WOMOs Notnagel (siehe Text).
Kapazität: 3 WOMOs
Ausstattung: Keine
Sanitäranlagen: Primitivtoiletten; es schien, keine Duschen. Wasserversorgung unklar.

Bunec ist eigentlich ein sehr kuschliger, buchtähnlicher Platz mit hübschem, sich um den Berg weit nach Süden ausdehnendem Strand. Dieser ist, breit, aber relativ grob und schnell abschüssig, alles in allem dennoch einen Abstecher wert. Eine kleine Mole ist das Erbe von Enver Hoxhas Militärs. Die ehemals zugehörigen großen Geschützbunker aber, die Sie auf meiner „historischen" Aufnahme noch sehen, wurden vor kurzem beseitigt, alte Reste von Militärgebäuden wurden teilweise touristischer Nutzung zugeführt. Wie erwähnt, entspringen In den Bergen, um den Ort Sasaj, reiche Quellen, die umgeleitet wurden, um ein Wasserkraftwerk zu betreiben, dass gleich um die Südecke des Buchtbereichs

arbeitet. Ein hübsches, klares Rest-Bächlein rinnt aber nach wie vor in Buchtmitte ins Meer. Das Ganze hat eine verwirrende Perspektive. Eine Zeit hieß es, hier solle ein Industriehafen entstehen. Dem widerspricht aber, dass mittlerweile in neue Unterkunftsanlagen und Restaurants investiert wird.

Eine Zeit lang existierte hier ein Camping namens „River Air", der sich seiner „lässigen Hippie-Atmosphäre" rühmte, die Bilder bei Facebook ließen Schreckliches ahnen. Mit den Bunkern wurde of-

Bunec historisch:
Bunker nur noch auf diesem Bild.

fenbar der Camping mit abgeräumt. Der vorstehend aufgeführte ist entweder ein primitiver Neugründungsversuch oder der Schatten seines Vorgängers, für WOMO-Stellung in jedem Falle ein Notbehelf. Leider ist auch der in der 1.Auflage verwiesene schöne Platz hinter dem Wasserkraftwerk ganz am Südende nicht mehr nutzbar, das Ufer nach dort wurde so weit unterspült, dass Befahrung gefährlich ist.

Auf der Tourstraße weiter, zunächst wieder rasant nach oben kurvend, gelangen Sie, vergessen Sie den Witz gleich wieder, in den „Höhenkurort" Lukova. Früher hätte ich Ihnen einen Halt zum Essen in dem zum ärmlichen Städtchen merkwürdig unpassenden, pikfein aufgedrehten Hotel „Lukova Palace" empfohlen (km 31), denn es war einer der beiden einzigen brauchbaren Essensplätze zwischen Borsh und Saranda. Mehrere schlechte Kritiken im Internet lassen mich etwas zögern. Das zweite Restaurant, das „Mex" in Shen Vasil, zu Anbeginn ein avantgardistischer Tempel enthusiastischer Bio-Küche, hat seine Ambitionen wohl nicht durchgehalten. **Für Eigenversuche:** Vom Ortseingang Nord von Lukova sind es etwa 600 m bis zu einer deutlichen Rechtskurve, an der ein Kiosk der Post steht. Hier müssen Sie irgendwie das WOMO parken. Links geht es einen engen Weg etwa 100 m zum Hotel „Palace" hoch. Das „Mex" befindet sich, unübersehbar, direkt am Dorfplatz von Shen Vasil mit der großen Eiche (oder war es eine Platane? jedenfalls km 38). Bevor Sie aber dorthin kommen, können Sie noch überlegen, ob Sie am Strand von Lukova übernachten. Der ehemals hoch oben praktisch vom Ufer abgeschnittene Ort hat eine gute Zufahrt zu seinem **Strand „Shpille"** bekommen, gleich außerhalb des südlichen Ortsendes ausgeschildert (km 31) - und trotz der Länge zu empfehlen.

(57) WOMO-Badeplatz: B-1 Lukova, Shpilla Nordende

GPS: N 39°58'29.1" E 19°54'47.5" **Max. WOMOs:** 5.
Lage/Ausstattung: Von der Abfahrt 3,5 km nach unten zum Strand (220 Hm), weiteres siehe im Text.

(58) WOMO-Badeplatz: B-1 Lukova, Shpilla Südende

GPS: N 39°58'15.86",
E 19°54'50.82"
Max. WOMOs: > 10.
Lage/Ausstattung: Fortsetzung ab (57). Wie im Text beschrieben.

Shpilla-Süd: Hier ganz hinten scheint es am besten zu sein.

Noch vor wenigen Jahren war hier die Abfahrt nach unten ein Abenteuer für durch-nichts-zu-Verschreckende. Heute gleitet man über neuen Asphalt bequem abwärts. Der breite Strand unten ist von feinem, leicht körnigem Sand, wie ihn die meisten lieben. 250 m vor dem Strand arbeitet die Taverne „Dashi" über die Saison hinaus. Gleich zu Strandbeginn Nord ist das Areal **(57)** stellgeeignet, aber der Tavernenwirt kassiert hier wohl neuerdungs auch. Die Alternative hieße, links über den betonierten kleinen Sattel hinweg zum noch schöneren Südstrand. Dort aber sind jüngst die saisonalen, lautstarken Bretterbuden-Bars geradezu explodiert. Versuchen Sie sich unter den Schatten spendenden Olivenhainen **ganz am Südende**, 500 m unbefestigter, aber gut befahrbarer Weg.

Falls Sie hier einen Tag verweilen, können Sie sich an einer anspruchsvollen **Wanderung** um den Uferberg Richtung Süden versuchen. Zwar relativ höhengleich, aber nicht durchgängig wegsam, führt ein Ziegenpfad über fast genau 5 km in einen wundersam bewaldeten, etwas zurück genommenen Bergbereich. Dort, jenseits der kleinen Kapnase, die den unten geradezu umwerfend schönen Strand teilt, in etwa 100 m Höhe, auf einem Bergvorsprung zwischen den Bäumen versteckt, liegt das alte **Kloster Kroreza**, von Alter, Bau und

Plätze wie Kroreza sind nur per aufwändiger Wanderung zu erreichen.

Ausstattung eine „Schwester" des Kakome-Klosters (im Folgenden), im Gegensatz zu diesem aber noch unsaniert.

Anzumerken dann, dass sich die Straße ab dem Ort Shen Vasil (km 38) bis nach Saranda vom Küsten-Berghang weg ins

Landesinnere zieht. Bevor Sie aber Shen Vasil erreichen (denken Sie an das „Mex"), entdecken Sie vielleicht am nun schon seeseitig liegenden Berghang eine Reihung noch stattlicher Ruinen. Sie gehören zum ehemaligen Dorf Hundecova, sind aber nur „spät-antik". Das Dorf, ohnehin nach Ali Paschas Eingriffen nicht mehr am antiken Vorgängerplatz stehend, wurde erst vor ein paar Jahrzehnten aufgegeben, ist also, wissenschaftlich, eine „Wüstung". Das neue Nivica (km 40) liegt wieder oberhalb am nun binnenseitigen Berghang, man sieht fast nichts davon.

(59) WOMO-Campingplatz-Tipp: C-5 Nivica, Dukshi Camping

GPS: N 39°56'2.0" E 19°58'37.4"
Lage/Anfahrt: km 41. Außerorts an der Tourstraße zwischen Nivica und Saranda.
geöffnet: In der Vor- und Nachsaison vermutlich nur an Wochenenden.
Allgemeines: Relativ großer abgezäunter Parkplatz, zur Taverne Filipas Krisavji gehörig (Platz an der Straße ausgewiesen als Caravan Camping Dukshi).
max WOMOs: Bei hoher Belegung mit PKW zusätzlich 2-3 WOMOs.
Ausstattung: Wasserzapfstelle, Elektro und WLAN unklar.
Sanitäranlagen: Vom Restaurant, nicht besichtigt.
Preis: ?

Leider ist auch über den Strandplatz von Nivica, die Bucht Kakome (km 43), nur noch wenig zu sagen. Der herrliche WOMO-Stellplatz wurde zu Bauzwecken privatisiert und gänzlich abgesperrt. Ich merke den Abzweig nur deshalb an, weil sich auf dem Wege zum Strand am dortigen Kloster der Heiligen Maria eine Art Marienwunder ereignet hat:

Kloster Kakome

Die enorm vielen denkmalswürdigen Plätze Albaniens leiden ja darunter, dass Gelder für Sanierungen nur äußerst begrenzt zur Verfügung stehen. Auch das Kloster der Heiligen Maria von Kakome drohte bis vor kurzem zur Ruine zu zerfallen. Es wurde im 14. Jh., also zu spätbyzantinischer Zeit errichtet, die Kirche 1672 von einem der heute als Klassiker geltenden Kirchmaler neu ausgemalt.

KOCH rechnet sie zu den etwa zwanzig wichtigsten historischen Kirchenbauten Albaniens.

Das sanierte Kloster lohnt den Weg

Wunderbarer Weise hat sich hier wer gefunden, der für die Sanierung aufkam. Die Gebäude bieten sich fast „runderneuert", nur zur Restaurierung und zum Schutz der wertvollen Wandmalereien müsste mehr getan werden. Die Kirche stand zum Recherchezeitpunkt zu meinem Glück offen, wies aber leider Spuren von jüngster Missbrauchsnutzung, wahrscheinlich durch Hirten, auf.

Kakome: Ende für Normal-Sterbliche. Weg zum Kloster rechts.

Anfahrt/Ankraxeln:
Sie kommen mit dem WOMO auf der neu angelegten Zufahrtsstraße zur Kakome-Bucht bis vor das Sperrtor (3 km ab Abzweig). Von dort sehen sie das Kloster rechts oben am Hang. Die Straße entlang können Sie auch parken, müssen jedoch beim Wenden ziemlich kurbeln, die Straße ist nur 5 m breit.

Dann heißt es, sich fast 400 m auf einem Ziegenpfad erst ein Stück in den Talgrund, dann nach oben arbeiten. Der Abzweig des Pfades ist, 100 m vor dem Sperrtor, gut erkennbar.

Mit Blick auf eine unerwartet große Tiefebene hinter dem Uferberg arbeiten Sie nun die letzten 8 km bis Saranda ab. Die Ebene dominiert ein **gleichmäßig geformter Langhügel** mittendrin, wie ein gebackenes Brot liegend, der Platz des in der Antike bekannten „Phoinike", beim heutigen Finiq. Aber dazu genaueres bei Tour 3. Möglicherweise werden Sie vor dem Hügel einigen Bauverkehr beobachten können: Dort soll einmal die neue Schnellstraße entlang laufen, die den Weg von Gjirokastra nach Saranda stark abkürzen wird. Aber die

Die große Ebene hinter dem Uferberg: Links der „Brot"-Hügel

Arbeiten an dem Werk gehen seit Jahren äußerst schleppend voran. Bei den ersten Vorstadthäusern (jenseits der städtischen Mülldeponie) mündet die nur 5 m breite Tourstraße auf die voll ausgebaute, von Gjirokastra kommende Fernstraße.
Hier beginnen wir den neuen Berechnungs-

bereich für die Kilometer und fahren nach rechts, über den Berg, in Richtung Stadtzentrum. Sollten Sie sich vertrödelt haben und Gefahr laufen, dass die Fähre in Igoumenitsa ohne Sie ablegt, können Sie hier in den Modus Eilmarsch verfallen. Biegen Sie nach links, Richtung Gjirokastra, nach 7 km kommt ein Abzweigrondell Richtung Qafe Bote/Konispol, von dort geht es zügig durch nach Igoumenitsa. Damit verpassen Sie allerdings viel Interessantes: Saranda, Ksamil, Butrint.

Von Saranda bis zum Grenzübergang Qafë Botë

Die bedeutendste Stadt der Südküste, **Saranda,** liegt also zunächst seeseitig hinter dem sich noch etwas weiter nach Süden streckenden Küstenbergzug. Ein niedrig liegender Pass (130 m ü.NN) erleichtert dessen Überquerung. Der nächste Campingplatz, **(60)** , liegt 1,6 km vom neuen Berechnungspunkt entfernt (ungefähr 750 m unterhalb des Passscheitels), links. Die empfohlene **Parkstraße** zweigt 50 m weiter, rechts. Die Fahrt nach unten fortsetzend, erreichen Sie 300 weiter (km 2,0) den ausgewiesenen Abzweig nach Butrint, zur Innenstadt geht es geradeaus. Die Ortskennzeichnung für die Plätze **(61)** und **(62)** ist etwas schwierig. Sie liegen beide unmittelbar am südlichen Ortsausgang, ungefähr 5 km vom neuen Berechnungspunkt. Nach der Passage einer Anzahl dicht stehender Hochhausblöcke, rechts, eröffnet sich Ihnen, ebenfalls rechts, unerwartet der Blick auf einen parallel zur Straße laufenden Kanal, den Ausgang der Bistrica zum Meer. Gegenüber liegt offen die ansteigende Flanke eines wenig bebauten Hügels. Der Abzweig zum **Platz (61)** erfolgt unmittelbar hinter dem letzten Hochhausblock. Das Schild ist leider nur aus der Gegenrichtung zu sehen. Nur 200 m weiter treffen Sie auf eine große Gabelung und rechts gleich folgend auf eine Brücke, die ihre ganze Aufmerksamkeit beanspruchen werden. Aber genau vor dieser Brücke liegt links **Platz (62)**.

Boomtown Saranda

(60) WOMO-Campingplatz-Tipp: C-2 Saranda, Hotel Mediterrane

GPS: N39°52'13.7" E 20° 1'5.4"
Web: www.mediterranehotel.com, Tel.: 00355 85222039, 00355 69 2094045
geöffnet: Auch in der Vor- und Nachsaison
Lage/Anfahrt: Wie im Reiseverlauf beschrieben
Allgemeines: Das hochklassige Hotel hat neue Eigner, die sich sogleich mehr um den nebenbei zugestellten WOMO-Zweig bemühten und kurzfristig in die Ausstattung investierten. Problem nach wie vor die nahe vorbeilaufende Hauptstraße. Das Hotel ist für seine gute Seafood-Küche bekannt.

Max. WOMO: 5-6 WOMO in der Saison, sonst mehr, in der Saison Voranmeldung zweckmäßig.

Ausstattung: 10 Feststeckdosen und mehrere Wasserhähne, WLAN im Hotelbereich

Sanitäranlagen: Jetzt ordentlicher Sanitärtrakt am Platz, auch mit Duschen.

Preis (2015): 15 €/Nacht/WOMO

(61) WOMO-Campingplatz-Tipp: C-5 Saranda, Camping Panorama

GPS: N 39°50'55.69", E 20° 1'25.82" (Abzweig)

geöffnet: Es schien, nur in der Saison

Lage/Anfahrt: Wie im Text beschrieben. Strecke abwärts bis zum Platz ab Abzweig 250 m.

Allgemeines: Parkplatz einer Strandbar, die im Nebengeschäft WOMO-Plätze anbietet. Zum Recherchezeitpunkt war sie bereits geschlossen, der Platz schien auf eigene Verantwortung nutzbar, wirkte aber wenig einladend.

Ausstattung: Keine

Sanitäranlagen: Offenbar nur die der Bar.

Preis (2015): Nicht ermittelt.

(62) WOMO-Campingplatz-Tipp: C-2 Saranda, Camping Riverside

GPS: N 39°50'50.05", E 20° 1'32.84"

Tel. 00355 69 833 8634

geöffnet: Auch in der Vor- und Nachsaison

Lage/Anfahrt: Wie im Text beschrieben.

Allgemeines: Kürzlich auf vorhandenen Alt-Betonflächen und Wiesenteilen errichteter Platz direkt am Ufer des Bistrica-Kanals.

Ausstattung: Einige Elektrodocks und lose Zuleitungen. Wasserhähne. WLAN.

Sanitäranlagen: Stabile, einfache Sanitärhäuschen, Toilette/Dusche in einem Raum, aber ausreichend getrennt. Entsorgung möglich.

Preis (2015): 12 €/Nacht/WOMO/2 Personen

Einführung zur Stadt Saranda

Saranda hat zwar auch griechisch-antiken Stammbaum, war aber zunächst nur der Hafen des bedeutenden Finiki (Phoenike, Phoinike, heute Finiq), dessen archäologische Überreste heute nordöstlich in 5 km Entfernung ausgegraben werden. Als dieses unterging, schwand auch die Bedeutung der Stadt.

Im I. und II. Weltkrieg erlangte sie als Hafenstützpunkt der Italiener eine gewisse Rolle, Mussolini benannte sie um in „Porto Edda", nach seiner Tochter. In Enver Hoxhas Albanien entstanden mehrere staatliche Ferienanlagen für das einfache Volk, die den Ort im Land bekannt machten. Nach 1991 schlug dann ähnlich wie in Durres oder Shengjin der Bauboom zu. Dank einer gewissen Vorstrukturierung durch die Hanglage und vorhanden gewesener Immobiliengrenzen wirkt die heute 40 000-Einwohner-Stadt aber insgesamt erträglicher als die beiden vorgenannten, ich traf manchen, der nannte sie gar hübsch.

Aufgrund ihrer in der Antike eingeschränkten Bestimmung weist die Stadt nur wenige historische Überreste auf. Sie bietet sich heute als modernes und in vieler Hinsicht angenehmes Touristen- und Verkehrszentrum, die amphitheatralische Lage rund um die Bucht lässt die Architektur leicht und beschwingt erscheinen. Das Wasser in der Bucht gilt als relativ sauber, als Bade-Resort für mehrtägige Aufenthalte werden Ausländer die Stadt dennoch eher nicht begreifen. Man sieht sie meist als Etappe auf dem Weg nach Butrint, dabei spielt die Verzahnung mit dem auslandstouristisch boomenden Korfu eine große Rolle. Tragflächenboote bringen täglich von dort größere Touristengruppen, die zum Teil dann in der Stadt übernachten. Auch der Yachthafen hat durch diese Korfu-Connection mittlerweile als bislang einziger in Albanien international einen gewissen Ruf. Ein Übersetzen von WOMO per Autofähre nach Korfu ist nicht möglich. Das kleine Fährboot kann nur zwei PKW mitnehmen. Sie müssten also den Umweg über den Hafen Igoumenitsa wählen.

Die Stadt-„Pflichttour"

Die meisten der sehenswerten Dinge liegen entlang der Nordfront der Bucht auf zwei Ebenen, man könnte noch stärker einkreisen, sie liegen alle im Umkreis von 300 m vom kleinen Yacht- und Fischerboothafen, der etwa das Zentrum des Stadtstrandes bildet. Ganz unten natürlich der Strand und der schöne, mit Palmen bestandene und überdies verkehrsfreie **Strandboulevard**. An diesem entlang, von Ost nach West, steht vor einer kleinen Mole (der größere der beiden **Info-Pavillons** der Stadt, es folgen zahlreiche Restaurants, allerdings eher Cafés, die besseren Speisetavernen, etwa „Demi" oder „Pupi", liegen ziemlich weit südlich an der Ostseite der Bucht, gut 300 m jenseits vom Fünfsterner „Butrint".

Kurz vor dem Yachthafen, im Souterrain eines namenlosen Restaurants, die sehenswerte **Kunstgalerie „Art Saranda"** mit zeitgenössischen Kunstwerken (13.00 bis 17.00 Uhr geschlossen). Dem Yacht-Becken gegenüber liegt das „Museu e Tradites", mal ein anderer Name für das übliche, aber hier durchaus sehenswerte **ethnografische Museum**. Folgen Sie der Promenade noch etwa 200 m jenseits des Yachthafens, errei-

Saranda, Blick von der Festung Lekurzi nach rechts...

...und nach links, Richtung Ksamil.

chen Sie, direkt am Strand, einen eher unscheinbaren Klotz von antikem Gemäuer, es ist dies der fast einzige Überrest (wohl eines Wachturms) der antiken Stadt. Vor sich in Laufrichtung, an der Westseite der Bucht, haben Sie in einiger Entfernung den Seehafen von Saranda mit dem Fähranleger. Der lohnt jedoch kaum einen Besuch (es sei denn wegen Internet, gegenüber der Hafeneinfahrt sind mehrere Internet-Cafés). Gehen Sie wieder zurück bis zum Beginn des Yachthafens und dort die Treppe hinauf. Sie gelangen zur zweiten Besichtigungsebene, haben gleich links das **zweite Touristen-Infobüro** der Stadt und gegenüber den größeren Ausgrabungsplatz einer Basilika, die ursprünglich eine **Synagoge** gewesen ist. Eines der dort gefundenen Bodenmosaike zeigt einen jüdischen siebenarmigen Leuchter und belegt damit, dass es sich wohl um das früheste jüdische Siedlungszentrums im Raum handelt. Rechts daneben finden Sie die schön gestaltete zentrale Grünanlage der Stadt. In den Häusern an deren Ostseite befindet sich übrigens das Restaurant „Bequa". Einfach von der Ausstattung, ist es besonders bei Backpackern eine Kultadresse, man kriegt wohl nirgendwo anders so schmackhafte, frische Fischgerichte für solch Preis. Über die unterhalb der Grünanlage laufende Straße (Rr. Flamurit) gelangen Sie, 200 m nach Osten, links, zum **Archäologischen Museum.** Dieses, kostenlos, ist von eher symbolischem oder Werbewert, der größere Einzelraum enthält nur wenige ausgewählte Stücke aus den Ausgrabungen von Butrint und Finiq. Dennoch sollten Sie mal kurz rein gehen. Die umfassende Dokumentation der Grabungsgeschichte von Butrint wird Ihnen helfen, das dort zu Sehende besser zu würdigen.

Ansonsten lohnt sich noch der Hinweis auf zwei Plätze auf der Hügelkette östlich der Stadt. Nördlich der Einfahrtstraße liegen da oben die Überreste jenes alten Klosters, das den **„Vierzig Heiligen"** gewidmet war. Dieses „vierzig", auf Griechisch „saranda" wurde dann der Namensgeber der Stadt. Nur die Kelleretage ist erhalten, der Rest wurde im II. Weltkrieg durch Bombardierung zerstört. Zwar klar U-förmig angeordnet, wirken die Kellerkatakomben wegen vieler lichtloser tonnenförmiger Querräume extrem labyrinthisch und enden letztlich in einem tiefen Zisternensystem, das noch heute klares

Das Synagogengelände

Wasser beinhaltet. Die Querräume scheinen gar entweder als Mönchszellen oder als kultische Räume gedient zu haben. In einzelnen von ihnen sind merkwürdige „Grafitti" erhalten, man möchte sagen, politischen Protestinhalts. So scheint ein dunkel bekleideter Arm (einem orthodoxen Mönch oder Priester gehörend?), einen Menschen in türkischem Pluderwams (einen islamischen Geistlichen?), offenkundig schmerzhaft beim Barte zu zerren.

Allerdings, die „Grafitti" sind mittlerweile recht restaurationsbedürftig. Ohnehin kommt man nur hinein, wenn jemand von der Museumsverwaltung da ist.

Anfahrt: Der Hauptabzweig zum Kloster ist am Fuß der Einfahrtstraße nach Saranda, binnenseitig, ausgewiesen, mit dem WOMO können Sie sich noch einen knappen Kilometer bis zu der etwas erhöht stehenden Moschee vorarbeiten, hinter dieser 400 m bergauf zu Fuß. Uneingeschränkt zu empfehlen ist hingegen ein Ort oben auf dem anderen Kamm, südlich der Einfahrtstraße. Dort

Hier wird wer beim Barte genom-

breitet sich die zum Restaurant umgestaltete **Festung Lekurzi,** im 16. Jh. von Suleiman dem Prächtigen in Auftrag gegeben. Die Auffahrt lohnt nicht nur wegen des mit Kanonen drapierten Essens, auch der Blick schweift von hier wunderbar über Stadt und Bucht unten, bis zum Butrint-See und bis hinüber auf das zum Greifen nahe erscheinende Korfu. Die Straße zur Festung zweigt ebenfalls etwas unterhalb des Scheitels der Einfahrtstraße nach Saranda, binnenseitig, ausgeschildert mit „Kalaja Lekurzi". Die Strecke von hier bis zum großen Parkplatz vor der Festung beträgt etwa 1,5 km.

...und Blick vom Fährhafen auf die boomenden Hotel-Meile.

Anfahrt und Parken in der Stadt

Die eben so gelobte amphitheatralische Lage zwingt den Verkehr im Zentralteil der Stadt auf ein für ortsfremde unübersichtliches System von engen Einbahnstraßen, vormittags ohne Parkchance für WOMOs. Ideal für die Besichtigung ist es, **SCampingplatz (60)** zu beziehen, von dort können Sie alles Sehenswerte recht gut erlaufen (maximale Entfernung etwa 2 km).

Nachmittag ab 14.00 Uhr lohnt sich der aufwändige Versuch mit WOMO eventuell. Die zweckmäßigste Zufahrt wäre dann über die Rr. Lefter Talo, die Hauptverkehrsader in Westrichtung durch die Stadt. Sie zweigt etwas vor dem Abzweig nach Butrint spitz nach rechts von der Hauptstraßenführung ab (2 km ab dem Knotenpunkt vor Saranda). Sollten Sie diese verpassen, verbleibt Ihnen die wesentlich engere Rr. Onhezmi, auf die Sie dann, geradeaus am Abzweig Butrint vorbei (200 m), automatisch geführt werden. In beiden Fällen folgen Sie diesen Einbahnstraßen auf reichlich einem Kilometer bis zu der quer nach unten laufenden Rr. Adem Sheme. Auf dieser nach links erreichen Sie nach 200 m die Rr. Skenderbeu, wieder links, beginnen Sie sofort mit der Parkplatzsuche und müssen diesen auf den nächsten Kilometer gefunden haben, sonst sind Sie wieder ganz vorn.

Notvariante: 1,6 km vom außerstädtischen Knotenpunkt, kurz unterhalb von Campingplatz **(60)** - das diesen beherbergende Hotel „Mediterrane" ist links deutlich zu sehen - zweigt rechts eine große Straße nach oben (Rr. Gjergj Araniti). Diese steht nicht in direkter Verbindung mit dem System der Zentrumsstraßen, sondern läuft durch ein Wohngebiet etwas oberhalb. Hier jedoch sind, zum Teil vor Felswandstücken, zum Teil vor Baustellen, größere Parkflächen zu finden. Nachteil: Es steht ihnen die Durchquerung des Zwischengebiets am Hang mit zwar nur etwa 400 m Luftlinienentfernung, aber 60 Hm Unterschied bevor. Und dafür gibt es nur drei Abstiegsmöglichkeiten zwischendurch (Rr. Pandeli Bocari, Toma Lula, Fejzo Mehmeti), sodass sich das Laufpensum je nach Lage des Parkpunkts auf deutlich über einen Kilometer ausdehnen kann.

Um die Tour durch die Innenstadt Richtung Ksamil fortzusetzen, folgen Sie beim km 2 in der Stadt der Weisung (Linksabzweig) nach Butrint auf drei Kilometer und passieren nun an der Stadtküste entlang in Südrichtung Boomtown Saranda, das Viertel der in den allerletzten Jahren wie Pilze geschossenen Hotels. Beim km 5 passieren Sie die Plätze **(61) und (62)**, kurz danach erreichen Sie den schon erwähnten Einmündungspunkt, der für Sie von Bedeutung sein könnte, falls sie eventuell noch mehrfach zwischen Burint/Ksamil und Saranda hin und her fahren. Ab hier können Sie nämlich - links fahrend - den Butrint-See östlich umfahren und vermeiden damit auf dem Weg nach Igoumenitsa die Benutzung der problematischen Butrint-Fähre. Auch wenn Ihr WOMO „Fährenangst" hat, können Sie diesen großen Umweg nehmen, um zum andersufrigen Parkplatz der Besichtigungsstätte zu gelangen. Jetzt aber folgen Sie der Straße weiter Richtung Süden, ab dem km 9 liegt links der **Butrint-See**, beim km 10 liegt rechts, oben auf dem Berghang, das **Kloster Shen Gjergj** mit den Überresten des **Dema-Walls (**siehe im Folgenden). Bei Erfrischungsbedarf können Sie in der daneben liegenden, sehr hübschen Kleinbucht baden, das WOMO müssen Sie aber oben lassen (250 m Laufweg, absteigend).

Der begleitende Hügelzug wechselt bald die Seite und verdeckt im Weiteren die Sicht auf den Butrint-See, rechts liegt jetzt die **Bucht von Ksamil** offen. Vor ein paar Jahren konnte man noch, vor dieser entlang, ein paar hübsche äußere Kleinbuchten erreichen.

Wo so ein Plan hängt, ist meist alles zu spät: Kein Zugang mehr wegen Privatisierung.

Inzwischen hat hier der Segen der Privatisierung mit einem „Zugang verboten"-Schild zugeschlagen. Bei Einfahrt in die Ortslage Ksamil am Ende der Bucht (km 14) registrieren Sie bitte zunächst, ganz in der straßenseitigen Buchtecke, das **Restaurant „Artur"**, dort sollten Sie essen gehen falls Sie im Ort bleiben wollen. 300 m weiter haben Sie nach rechts die Weisung zu den Campingplätzen **(63)** und **(64)**. Für die weiteren **Zufahrten in Ksamil** definieren wir uns zunächst einen Hilfs-Messpunkt. Auf der Tourstraße weiter, ab dem Stellplatzabzweig, können Sie nach 600 m einen kleinen Geschäftsplatz nicht übersehen, dort steht nämlich links/Mitte eine hübsche bronzene Skulpturengruppe, wohl ausgelassen tanzender Leute. An der rechten Straßenseite ist das Hotel „Ardianl". Von hier sind es reichlich 250 m bis zum Abzweig rechts, der zum **Platz (65)** führt, 500 m sind es bis zum Hauptzugang zum Strand, der zugleich zum **Platz (66)** führt.

(63) WOMO-Campingplatz-Tipp: C-2 Ksamil, Ksamil Caravan Camping

GPS: N 39°46'41.2" E 20° 0'22.3"
www.ksamilcaravancamping.com, Tel.: 00355 69 4263697
geöffnet: auch in der Vor- und Nachsaison.
Lage/Anfahrt: Nordbereich des Ortes Ksamil, innerhalb eines Neubaugebiet für Eigenheime. Ab Tourstraße 250 m über unbefestigten Weg (Rr. Abas Shehu), exakt ausgeschildert.
Allgemeines: Vorreiter und wohl noch immer Platzhirsch in Ksamil. Re-

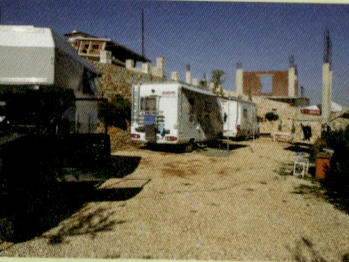

lativ beengtes, aber ideal (und liebevoll) zum WOMO-Platz umgerüstetes Grundstücksgelände eines Eigenheimes (das als Pension konzipiert ist). Weg zum nächsten Strand ungefähr 350 m, dort auch empfehlenswertes Restaurant („Hotel Artur"). **Max WOMO:** 7-8 WOMOs, mehr Stellfläche, allerdings ohne Ausstattung, auf Nachbargrundstück. **Ausstattung:** E-Dock, Wasserzapfstelle und Entsorgung für jedes einzelne

WOMO, WLAN
Sanitäranlagen: Solide-ästhetische Installationen auf internat. Standard
Preis (2015): 7 €/Person

(64) WOMO-Campingplatz-Tipp: C-2 Ksamil, Gaci Camping

GPS: N 39°46'38.55", E 20° 0'24.51"
http://ksamilcamping.weebly.com/, Tel. 00355 69 7233217
geöffnet: Auch in Vor- und Nachsaison
Lage/Zufahrt: Wie Platz (63), jedoch nur 120 m ab Tourstraße (gleich an der dortigen Ecke, rechts).
Allgemeines: Achtbarer Nachahmer von (63), Oliven-Wiese-Grundstück im selben Wohngebiet, insgesamt durchaus hübsch. 250 m zum Strand.
max WOMOs: 10
Ausstattung: Elektrodocks, mehrere Wasserstellen, einige Schattennetze für kleine (bis mittlere) WOMOs. WLAN.
Sanitäranlagen: In Ordnung und sauber, aber zu wenig.
Preis: 12 €/Nacht/WOMO

(65) WOMO-Campingplatz-Tipp: C-3 Ksamil, Hotel Afrimi

GPS: N 39°46'18.1" E 20° 0'9.1"
http://www.vila-afrimi-ksamil.com, Tel.: 00355 68 3016832
geöffnet: auch in der Vor- und Nachsaison.
Lage/Zufahrt: Siehe Text. Straße ab Tourstraße (Rr. Dea) kennzeichnet sich zusätzlich durch ein Schulgebäude etwa 150 m in Einfahrtrichtung. Vor dessen Gelände halbrechts abbiegen (Rr. Antoni Athanas), Platzeinfahrt in 150 m, links.
Allgemeines: Hotel, das ohnehin zusätzlich Parkplätze für Strandbesucher vermietet, folglich auch WOMOs über Nacht akzeptiert. Das auf

Rasen und geschützt liegende, hübsche Parkplatzgelände hat WOMO-Freunde gefunden. Strandentfernung 100 m.

Max WOMOs: In der Hauptsaison in Abhängigkeit von der Parkplatzauslastung. In Vor- und Nachsaison bis zu 10 WOMOs.

Afrimi: Viel Platz, aber nur in der Nebensaison.

Ausstattung: Elektro wird zugeführt. WLAN im Hotel.
Sanitäranlagen: Außen nur kalte Dusche, Toiletten im Hotel. Duschen auch in Hotelzimmern, je nach Auslastung.
Preis (2015): 10 €/Nacht/WOMO.

(66) WOMO-Campingplatz-Tipp: C-5 Ksamil, Paradise Camping

GPS: N 39°45'56.2" E 19°59'46.8"
geöffnet: Hauptsaison, in der Vor- und Nachsaison frei zu nutzen, da freie Wiese.
Lage/Zufahrt: Strand-Hauptzufahrt wie im Text (Rr. Alida Hisku), nach 250 m links, ausgeschildert „Plazh Peme e thate" abbiegen, ab da 650 m.
Allgemeines: Strandbar in sehr hübscher, feinsandiger Bucht, mit anschließender großer, zum Camping erklärter Wiese.
max WOMOs: In der Saison wohl bis zu fünf WOMOs, in Vor- und Nachsaison mehr als zwanzig.
Ausstattung: Elektrokabel auf Anforderung.Wasserhahn außen neben der Toilette.
Sanitäranlagen: Toilette der Bar (2015 saniert). Kalte Stranddusche.
Preis: 10 €/Nacht/WOMO in der Saison.

Ksamil, noch vor wenigen Jahren ein verschlafenes Dorf, ist trotz verschiedener Dämpfer, u.a. durch Immobilienskandale und nachfolgende behördlich angeordnete Neugebäudeabrisse (Sie werden noch einige der Bauruinen mit von Bulldozern angeknacksten Rahmenpfeilern sehen), klar auf der touristischen Überholspur. In wenigen Jahren wird es wohl Klein-Saranda sein, nur viel schöner. Tatsächlich liegt es in der

Ksamil mit seinen Inselchen, fürwahr ein kuschliger Platz

Konkurrenz der Küstenorte wohl noch vor Himara ganz vorn. Begünstigt wird dies durch seine exzellente Lage. Halbinselförmig ins Meer ragend, weist er ringsum etliche superbe Strandstücke auf plus einige kuschlige Kleininseln davor (per Mietboot anzurudern). Korfu gegenüber scheint zum Greifen nahe. Das Ganze ist mittlerweile auch hinreichend baulich strukturiert, z.B., durch ufernahe Promenaden und Verkehrs-Hauptachsen. Schlicht, es lohnt sich die Überlegung, hier vor der Rückreise über Igoumenitsa nochmal eine Pause einzuschalten.

Ergänzend einiges zur Umgebung: Alles alt-Historische im Umkreis

bezieht sich hier natürlich auf das nahe Butrint. So liegen 4 km nördlich von Ksamil (10 km ab Knotenpunkt Saranda), oben auf dem Hügelkamm (70 Hm Differenz) die Überreste eines aus mächtigen Quadern errichteten Verteidigungswalls **(Dema-Wall)**. Hier übten die Einwohner von Butrint die Vorne-Verteidigung, alle

Kloster Shen Gjergj

Feinde, die über Land kamen, mussten ja hier entlang. Unmittelbar daneben steht ein gut restauriertes **Kloster, Shen Gjergji,** dessen Innenleben als einzigartig gilt, u.a. weil, ich zitiere die Fachwelt, „der Kuppelbereich sowohl den Naos als auch den Altar überspannt und der Eingang im Westteil liegt."

Interessanter mag die **Geschichte des Butrint-Sees** sein. Historisch war er viel größer, es flossen die klaren Süßwässer aus dem Syri i kalter (siehe Tour 3-2) ein und vermengten sich mit Meerwasser. Das machte den See zu einer gewaltigen Brackwasser-Produktionszone von Fisch, um die sich u.a. die Venezianer lange mit den Türken stritten. Aber schon

Blick auf die Butrint-Halbinsel mit See und Fährstelle (älteres Foto, links ist jetzt ein größerer asphaltierter Parkplatz)

die Römer hatten durch Trockenlegungen großer Sumpfflächen erheblich in sein Gleichgewicht eingegriffen. Zu Enver Hoxhas Zeiten wurde dies durch Eingriffe in den Zufluss weiter gestört, der See drohte, zur Kloake zu werden und die Produktivität sank. Dies hat man heute einigermaßen wieder korrigiert und der See ist wieder eine sprudelnde Quelle von Fischereireichtum. Weithin berühmt sind vor allem seine Miesmuscheln. Fast alle Muschelzuchtgebiete des Mittelmeers liegen an den verdreckten Mündungen von Flüssen. Die Muscheln als Filtrierer konzentrieren in sich die eingetragenen Schadstoffe, sodass es bekanntlich die Empfehlung gibt, Muscheln nicht in Massen zu verzehren. Butrint-Muscheln hingegen genießen heute Wasser, das als bestenfalls gering belastet gilt und werden zugleich extrem groß. Durch einen Expressservice werden sie täglich über das Land an beste Restaurants verteilt, bis nach Tirana. Es gibt für mich kaum etwas Köstlicheres als eine große Schüssel Butrint-Muscheln in Fleisch-Weinsoße gesotten, wie man sie beispielsweise in der „Fiora" in Kavaja bekommt.

Anfahrt:

Die romantischeren Strandabschnitte Ksamils liegen entlang der Westspitze, insbesondere auch die Zugänge zu den hübschen Kleininselchen. Den gesamten Bereich erreichen Sie wie im Reiseverlauf S. 161 für Platz **(66)** beschrieben, über eine doppelspurige Zufahrt mit begrüntem Mittelstreifen (Rr. Alida Hisku), kenntlich an einer Bronzeskulptur am Beginn in Form eines sich entgegen streckenden Blattes. Nach 250 m gelangen Sie in allen drei Richtungen zu Strandabschnitten, nach rechts zum Hauptgebiet, der Versuch lohnt sich, dorthin vorzudringen. Die Straße endet in einem Großrondell, falls dort kein Platz zum Parken ist, kommt man auf alle Fälle gut wieder raus.

Der Hauptstraße durch Ksamil hindurch folgend, erreichen Sie beim km 19 den **Archäologiepark Butrint** mit in etwa ausreichenden Stellmöglichkeiten – und, der guten Küche des unmittelbar davor ansässigen Hotels „Livia".

Fast schon zu allerletzt kommt ein hübsches Schmankerl, aber passen Sie hier gut auf. Wenn Sie weiter Richtung Igoumenitsa wollen, gilt es, den Verbindungskanal des Butrint-Sees mit dem Meer zu überwinden – auf einer zerschrammten

Vorsicht, Fähre mit Tücken!

Blech-Ponton-Fähre, die irgendwo im letzten Urwald-Winkel Afrikas geklaut zu sein scheint. Keine Angst, sie hat schon tausende WOMOs sicher rüber gebracht, nur der Fährmann ist nicht immer helle. Die Fähre neigt in der schwachen Strömung zur Schrägdrift, zwischen Fähre und Rand kann dann ein recht unangenehmer Keilabstand entstehen.

Über den Rest lohnt sich kaum, zu reden. Der nicht gerade breiten (und recht schadhaften) Hauptstraße durch die landwirtschaftlich genutzte Ebene folgend, schließen Sie beim km 26 zur vorstehend genannten Umgehungszufahrt nach Saranda auf, halten sich rechts („Qafë Botë"). Beim km 32 durchqueren Sie den Ort Shkalle, an der Ostseite von dessen Zentralplatz kreuzt die ebenfalls zuvor schon erwähnte Hauptverkehrsader Richtung Gjirokastra. Hier wieder rechts abdrehend, passieren Sie beim km 37 den Abzweig in den Ort Konispol oben auf dem Berg, von hier haben Sie noch 3 km bis zur Grenze.

Archäologiepark Butrint

Einführung zum Platz

Butrint gilt als das Flaggschiff aller archäologischen Ausgrabungen in Albanien. Die Stätte wurde auch in die Liste des Welt-Kulturerbes aufgenommen. Gegraben wird hier seit 1928. Britische Teams sind auch weiterhin jeden Sommer hier aktiv.

Die Benennung der Stätte ist eine albanisierte. Aus dem griechischen „Vouthroton" wurde am Ende das einfache Butrint. Wie es sich für eine ordentliche antike Stadt gehört, wurde auch Butrint von umher irrenden trojanischen Helden gegründet. Äneas wollte den Göttern für die gelun-

Blick auf den zentralem Bereich der Stätte mit Forum und Amphitheater

gene Flucht hier ein Dankesopfer bringen, der verwundete Stier entfleucht ihm, springt ins Meer und bricht erst am Ufer tot zusammen. Ein Zeichen der Götter, ganz klar, hier eine Stadt zu gründen. Die altgriechische Wurzel ihres Namens deutet auf „Stier".

Das Innere der großen Basilika

Die Realität ist, wie immer unprosaischer. Den Platz begründeten die illyrischen Chaonen im 7./6. Jh. v.Chr., Caesar erhob ihn zum Veteranensitz, sicherte dem Ort damit Bedeutung und Ausstattung mit jener Vielzahl zu Tage gekommener kunsthandwerklicher Schöpfungen, Tempelanlagen, Säulen, Gewölben, Skulpturen oder auch Inschriften, die der archäologischen Stätte heute ihren ästhetischen und damit letztlich touristischen Wert geben. Der Ort expandierte zu dieser Zeit nach jenseits des Kanals, dort, wo jetzt alles Feld ist, und erreichte insgesamt eine Größe von 20 ha.

Die große Anzahl der Funde legt den Schluss nahe, dass die Besiedelung des zentralen Teils abrupt im Ergebnis eines Erdbebens in früher byzantinischer Zeit aufgegeben wurde. Ein Rest-Ort existierte aber weiter und fand in der Geschichte mehrfach als Platz wichtiger Auseinandersetzungen Erwähnung.

Die Venezianer, auf Korfu sitzend, kauften den Platz 1386 u.a. mit dem Ziel des Zugangs zu den Fischgründen des Butrint-Sees und hielten ihn mit wechselndem Erfolg auch gegen die Türken. Als ihnen der Erhalt des Bergkastells zu teuer wurde, gaben sie es auf und errichteten stattdessen einen Wehrturm am nördlichen und ein kleineres „Dreiecks"-Kastell am südlichen Kanalufer. Als die Republik Venedig zusammenbrach und die Franzosen die Macht in Korfu übernahmen, sahen sich die Türken (Ali Pascha, 1807) veranlasst, die Einfahrt zum Butrint-See gegen diese zu sichern und erbauten ganz vorn an der Kanalmündung noch ein Kastell.

Romantiker der Antike-Renaissance wie Lord Byron, besuchten den überwucherten Ruinenplatz, waren von den antiken Überresten beeindruckt und sorgten dafür, dass seine Existenz im Bewusstsein der westlichen Zivilisation erhalten blieb.

Tektonische Senkungen machen der Gegend heute zu schaffen. Es entstand nicht nur die vorgelagerte Lagunenlandschaft, auch ein Teil der Ausgrabungen steht bereits unter Wasser.

Die Pflichttour" durch die Stätte

Das Gelände gliedert sich im Wesentlichen in drei Teile. Vom Eingang kommend, passieren Sie den aus venezianischer Zeit stammenden **Wehrturm** und gelangen halblinks zum Ortszentrum der freigelegten antiken Stadt, das Sie auf Besichtigungswegen und –stegen belaufen können. Mit der Identifizierung der Ruinen werden Sie keine Schwierigkeiten haben, Butrint ist nach internationalem Standard mit Schautafeln ausgestattet.

Die in der Mitte des Geländes ins Auge fallende tonnenförmige Ruine mit

den Rundbogenöffnungen war das **Schatzhaus eines dem Äskulap** gewidmeten Heiligtums aus dem 4. Jh. v.Chr., der Tempel selbst stand darüber. Man betete hier um Heilung von Krankheiten und Gebrechen. Vermutlich war er der Ausgangspunkt aller Entwicklung des Areals.

Unmittelbar daran an schließt sich das recht gut erhaltene, in römischer Zeit hinzugefügte **Amphitheater** an. Bei den umfangreichen Inschriften an den Seitenwänden hier handelt es sich keineswegs um Theaterwerke. Es wurden lediglich Teile eines vorherigen öffentlichen Baues wieder verwendet, dessen Seitenwände Akte der öffentlichen Verwaltung aus dem 2. Jh. v.Chr. zierten. Links im Aufführraum sehen Sie einen mit eigenartig beeindruckenden Maskengesichtern

Das Heiligtum ist wegen hohen Wasserstandes nur über Laufstege zu erreichen

verzierten Säulenstumpf, ein Kleinod, das der Stätte etwas den Eindruck des „leer Geräumten" nimmt.

Die übrigen Teile der Anlage, die Badanlagen mit ausgeklügeltem Beheizungssystem, das Rathaus, Brunnenplatz, Häuser und weitere Tempel, können Sie problemlos anhand der Schautafeln identifizieren. Schauen Sie auch ein wenig in die unter Wasser stehenden Bereiche, dort tummeln sich gewöhnlich viele hübsche kleine Schildkröten. Interessant: Die noch immer laufenden Ausgrabungen erbrachten 2014 hinter den Hauptanlagen einen städtischen Ziehbrunnen. Beeindruckend die tiefen Spuren, die die Ziehseile für die Eimer in das Gestein gearbeitet haben.

Gehen Sie danach zum Anfang des Freilegungsgeländes zurück und von hier nach oben in den zweiten **Besichtigungsbereich auf den Berg**. Im Festungsteil finden sie das **Museum** mit den umfassenden Erläuterungen der Stätte sowie einer Auswahl der aufgefundenen künstlerischen und kunsthandwerklichen Arbeiten. Die Um- und Einbauten in der Festungsruine wurden in Zusammenhang mit den ersten Ausgrabungen für die Archäologen vorgenommen. Von der Turmterrasse hier oben haben Sie Aussicht zum einen nach Süden über die **venezianische „Dreiecks"-Festung** und eine Tiefebene hinweg bis zum Bergriegel von Konispol. Nach Westen dominiert im Hintergrund Korfu bullig den Anblick, davor die südlichste der albanischen Lagunenzonen, ein Wasser-gefeldertes, weitgehend baumloses Areal gesenkten ehemaligen Kulturbodens. An dessen äußersten Ende erkennen Sie mit einiger Mühe die **Ali-Pascha-Festung**.

Im Fokus der Besucher: Der Maskenstumpf

An der Rückseite des Bergkastells führt ein Weg hinunter und dort an der Stadtmauer und an Einzelplätzen wie einer weiteren Brunneneinrichtung und mehreren Stadttoren vorbei nach Osten. Wieder zum Südufer hin erreichen Sie einen dritten Komplex der Anlage. Hier stand einst das wichtigste Stadttor, endete die später verfallene Zugangsbrücke mit Aquädukt. Das **Nymphäon**, der zentrale Wasserschöpfplatz, ist gut erhalten, ebenso die Reste einer stattlichen frühchristlichen **Basilika** und eines **Bap-**

tisteriums mit noch deutlich ausgeprägtem Grundkörper und einigen erhaltenem Säulenstümpfen.

Dieser Gebäudetyp ist eine Besonderheit aus der Zeit des Endes der Christenverfolgungen. Der Zulauf zur neuen Religion nahm derart zu, dass das Baptisterium als speziellen Gebäudetyp für die Erwachsenentaufe geschaffen wurde.

Das Baptisterium

Anfahrt und Parken: Der reichlich überdimensionierte 8-m-Ausbau der Straße ab Saranda endet abrupt – nein, nicht in Butrint, anderthalb Kilometer davor auf einem völlig leeren Riesenparkplatz ominösen Zwecks. Da Leser meinten, da könne man ganz gut für eine Nacht stehen, hier die Koordinaten: N 39°44'47.86", E 20° 0'20.19". Hingegen geht es dann auf dem Parkplatz des mit Abstand wichtigsten Besichtigungsplatzes Albaniens nicht gerade üppig zu. Aber zum Trost: Auch im Olivenhain des vorgelagerten Hotels Livia lässt sich noch manches WOMO unterbringen, da sind Sie auch gleich an exzellenter Futterkrippe. Und sollte es auch dort eng werden, was in der Hauptsaison durchaus passieren kann, der absolute Rettungstipp: Setzen Sie mit der schon erwähnten Klapperfähre zum anderen Kanalufer über, dort gibt es auf alle Fälle große Parkkapazität.

Allerletzter Blick: Von den Mauern des Butrint-Kastells nach Korfu

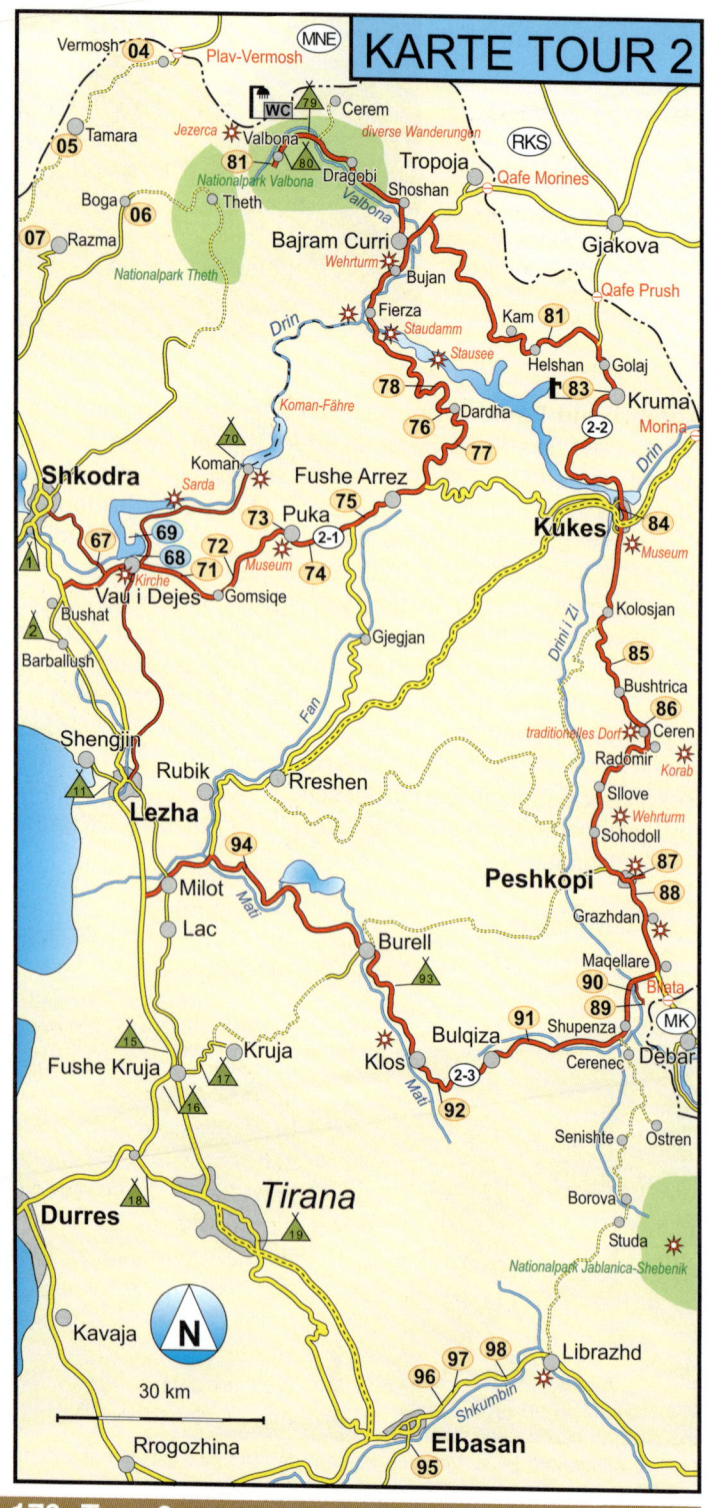

KARTE TOUR 2

TOUR 2 (ca. 500 km)

Valbona und Korab: Auf zu den hintersten Winkeln

Gesamtlänge: 505 km, Dauer: Bei zügiger Befahrung würden Sie drei Tage und zwei Übernachtungen benötigen. Besichtigungshalte eingerechnet, empfehle ich, mindestens fünf Tage und vier Übernachtungen zu planen, eine in Dardha, zwei in Valbona, eine in Peshkopi.

Einführung zur Gesamt-Tour

Gebirgsräume bringen meist eine etwas andere, eigene Kultur hervor als die sie umgebenden Tiefregionen. Nicht selten ist diese von Sonderheiten und Traditionen geprägt, die Besucher als erlebenswert, wenn nicht gar als bizarr, empfinden. Dass dies auch für den albanischen Gebirgsraum zutreffen muss, erwarten schon alle diejenigen, die einst ihren Karl May verschlungen haben. Diejenigen, die mit erweitertem Bildungshorizont kokettieren, ließen sich durch Edith Durham (siehe Berühmtenliste) bestätigen, dass dies auch für den Anfang des 20. Jahrhunderts so galt. Und jene, die Eberhart/Kaser, „Albanien" von Mitte der 1990er gelesen haben (dies Buch ist natürlich die höhere wissenschaftliche Weihe), erwarten ganz

sicher, dass sie speziell im albanischen Gebirgsraum auch heute noch auf Sitten und Gebräuche treffen werden, die eben nicht nur eigen, sondern zum Teil höchst eigen sind.

Allerdings, wir kennen auch das Phänomen, dass gerade die Sitten und Gebräuche extrem abgeschotteter Räume umso schneller verfallen, sobald sie mit unserer moralisch auch so überlegenen und vor allem materiell unwiderstehlichen Moderne in Berührung kommen. Wie weit es damit nun in den albanischen Gebirgsräumen gekommen ist, was

Weit oben in den Bergen machen sie das noch für sich selber, nicht für Touristen.

sich vielleicht von den teils sympathischen, teils gruseligen Sitten dort noch erhalten hat, das hätte so mancher individuelle Autotourist seit Jahren gern mal selbst in Augenschein genommen. Allein, die Gegenfrage lautete lange Zeit: Hast du ein geländegängiges Fahrzeug? Und damit war dann die fixe Idee für die meisten schon mal geplatzt. Denn, und hier kommt man gar nicht umhin, einen bösartigen Seitenhieb auf die Herausgeber der seit Jahren im deutschsprachigen Raum gängigen Landkarten zu platzieren, jene wiesen zwar einen so richtig ins Auge fallenden, reisetechnisch naheliegenden Kurs entlang der albanischen Nordostgrenze harmlos und unverfänglich als „Nebenstraße" aus. Aber sie verschwiegen, dass es sich dabei um fast 200 km Off-Road-Rüttelpisten vom Feinsten handelte, gewürzt mit 1300-m-Pässen, zu denen man das hoffentlich dafür taugliche Fahrzeug mit dem untersten Geländegang über Geröolltreppen, Tiefrisse und Schründe vorsichtig hinaufheben musste. Ironischer Weise hat es einer von den Verspottungswürdigen nun, wo die Ära des Off-Roads auch hier zu Ende geht, doch noch geschafft, ein „only 4x4" an diesen „Nebenwegen" zu platzieren. Zu spät, zu spät. Denn schon jetzt sind zwei Drittel dieses „only 4x4" asphaltiert und damit für WOMO passierbar.

Wann auch der Rest WOMO-akzeptabel sein wird? Zu unsicher sind solche Vorhersagen für Albanien.

Allerdings, auch das jetzt schon Befahrbare lohnt, in Angriff genommen zu werden. Denn es ist schon eine irgendwie andere Welt, auch wenn ihr Aufbruch in unsere Moderne mittlerweile augenfällig ist. Aber vieles aus dem nun bald Vergangenen wird noch lange nachzuvollziehen sein, und nicht nur an architektonischen Hinterlassenschaften. Es ist schon ein anrührendes Bild, wenn man auf dem Zentralplatz von Peshkopi, mitten in dem Gewusel von Autos aller Art, eines würdigen älteren Herrn in regionaler Traditionskleidung hoch zu Ross ansichtig wird, der da, scheinbar unberührt von ihr, ja, verachtungsvoll für all diese „Moderne" seinen Weg nimmt. Oder jene alten Damen, die tatsächlich noch regelmäßig vor dem Thermalbad sitzen und wie die Großmutter aus Grimms Märchen fleißig Wolle spindeln. Leicht gruselig dann, die merkwürdige rituale Scheu, mit der die islamisch geprägten jüngeren Frauen rund um den Korab sich dem Kontakt mit Fremden verweigern, gegenüber Männern den Kopf wegdrehen oder zur Erde starren. Und dies in der architektonischen Umgebung eines Dorfes, in dem das Mittelalter stehen geblieben zu sein scheint.

Letztlich: Landschaft und Natur. Berge und Täler, von unauffällig sanft bis atemberaubend abgründig. Majestätische, graukahle Höhen, anderswo lindes Grün, teils stachlige Macchia, teils dichter Eichenbusch, aber auch edle Nadelgehölze. Und letztlich, mit etwas Glück, sehen Sie auch etwas von der besonderen Tierwelt des Raumes. Das fängt mit den Bergrassen bei Schafen und Kühen an, oder haben Sie schon mal woanders kleinwüchsige braune Gebirgsrinder mit rund gedrehten Hörnern gesehen? Und bei einer Nachmittagswanderung nur ein bisschen in die Berge können Sie vielleicht auf dem Felsvorsprung gegenüber einen stattlichen Gamsbock erblicken.

Wie ich Ihnen bei Tour 1 erläuterte, ist Valbona derzeit der einzige der drei wichtigen Touristenorte im Inneren der Albanischen Alpen, der für WOMO ohne unwägbare Risiken zu erreichen ist. Im Besichtigungswert den beiden anderen ebenbürtig, wenn nicht seit neuestem gar überlegen, liegt er zwar über 1000 m hoch,

Vermosh:
Bis ins Tal reicht der Asphalt schon

ist jedoch in gleichmäßigem Anstieg gut zu erreichen, weil auch die letzten 20 km vor kurzem asphaltiert wurden. Gerade die neuesten Entwicklungen dort sind spannend und sollten es attraktiv machen, den Ort repräsentativ für das „Große Bergland", zu besuchen.

Auf der Rückreise schlagen wir dann einen erweiterten Bogen über eine landschaftlich überaus reizvolle Teilroute am höchsten Berg Albaniens, dem Korab, vorbei. Auch hier können Sie Eindrücke von noch ursprünglicher Kultur gewinnen, und der Blick auf den Alltag in den größeren Städten Kukes und Peshkopi sollte sich für Sie lohnen.

Ein letztes Argument vor allem auch für mich, diese Tour als Nr. 2 anzubieten: Es ist eine „bail-out"-Tour, also eine mit vertraglich garantierter Ausstiegsklausel. Falls Sie, am Punkte Valbona angekommen, die Nase voll haben, brauchen Sie nur noch den relativ unkomplizierten Bereich bis Kukes zu befahren, das schaffen Sie in etwa drei Stunden. Dort wartet dann auf Sie die zivilisatorische Erlösung:

Sie können die Tour hier abbrechen und auf einer Autobahn flott in knapp zwei Stunden wieder zur Küste vor fahren.

TOUR 2-1 (ca. 180 km)

Von Shkodra nach Valbona

Freie Übernachtung:	U.a. bei Vau i Dejes, Dardha, Valbona.
Campingplätze:	Valbona.
Ver-/Entsorgung:	Campingplätze, Gaststätten der Stellplätze.
Baden:	Vau i Dejes.
Besichtigen:	Vau i Dejes (Kirche); Puka (Museum), Fierza (Staudamm), Bujan, Valbona (NP).
Wandern:	Im Nationalpark Valbona.
Essen:	Gaststätten der Stellplätze, siehe dort.

Startgeschichte zum Abschnitt 1

Hurra, sie ist wiedergeboren. Und macht diese Tour doppelt attraktiv. Ich spreche von der **Fähre über den Koman-See**, die ich in der ersten Auflage für immer tot gesagt hatte. Das Gefährt war einst das Produkt der Not. Die schroffen, schwer zu überwindenden Gebirge in ihrem Siedlungsraum haben die kulturelle wie auch wirtschaftliche Entwicklung der Albaner weit auseinander driften lassen. Die jenseits der nordöstlichen Ge-

Hier leider nur die kleinen Personen-Brüder. Die WOMO-taugliche Schwester war gerade unterwegs.

birgsketten wohnenden entwickelten eine eigenständige Unterkultur mit der Stadt Gjakova als wirtschaftlich-kulturelles Zentrum, heute sagen wir dazu „Kosovo". Die unglückseligen politischen Grenzziehungen nach dem I. Weltkrieg trennten das Leben der östlichen Berghangbewohner von dem ihrer Bezugsstädte. Sie mussten sich nun nach Shkodra oder gar Tirana orientieren – aber dorthin gab es nur extreme Wege. Die Ingenieure lösten das Problem in den 1960er Jahren ziemlich elegant. Man staute den großen Fluss Drin über mehrere Dämme zu einer extrem langgestreckten

Seenlandschaft an, gewann damit zum einen Energie, zum anderen per Fähren einen recht effektiven Weg, das Gebirge zu durchqueren. Die Fähren waren typische Gebilde des Enver Hoxha-Reichs: Klobige, grob verschweißte, wie Urwelt-Paddler aussehende Ungetüme, tauglich, selbst schwerstes Militärgerät zu befördern. Aber wegen des herrlichen Landschaftspanoramas, das sie durchmaßen, galten sie hernach den Touristen als die eigentliche Attraktion Nordalbaniens. Der Fortschritt machte den Paddlern den Garaus. Als man die Autobahn A1 Richtung Kosovo baute, wurden sie unwirtschaftlich, die Ungetüme wurden verschrottet. Findige Unternehmer sahen jedoch das Potential des Tourismus und ließen neue, zeitgemäßere Gefährte schaffen. Zunächst nur Personenfähren, aber 2014 wurde dann auch wieder eine zu Wasser gelassen, die auch WOMOs befördern kann. Ein Wermutstropfen war zum Recherchezeitpunkt der Zustand des Asphalts der Zuführungsstraße nach Koman. Arbeiten Sie sich langsam vor, falls sie nicht in der Zwischenzeit saniert wurde.

Sie haben folglich jetzt **zwei Varianten** zur Auswahl, um nach **Valbona** zu kommen. Per Landweg über die Städte **Puka und Fushe Arrez** oder über den **Koman-Stausee.** Die Tour

Nun können Sie auch die albanische Loreley wieder haben.

zweigt in jedem Falle entweder beim Ort Bushat von der Fernverbindung Shkodra-Tirana oder Sie starten - **alternativ** - über eine Nebenstraße vom Zentrum Shkodras aus.

Zur Historie des Routenabschnitts: 100 m vor dem Ortseingang von Vau i Dejes weist Sie ein Schild (leider nur in Albanisch) darauf hin, dass Sie einen der wenigen, über die die Adria-begleitenden Gebirgsrücken verlaufenden, uralten Handelswege befahren. Die diesbezügliche Hauptroute im Großraum des heutigen Albanien war zwar stets die „Egnatia" (siehe Tour 3), aber insbesondere die Römer nutzten die Nebenroute über Puka zum Verkehr mit ihren Provinzen Moesia bzw. Dardania, die große Teile des heutigen Kosovo umfassten.
In der jüngeren Vergangenheit stellte diese Tourstraße SH5 neben der SH1 immer die zweitwichtigste Verkehrsachse der

Präfektur Shkodra dar, denn nur sie erschloss den territorial beträchtlichen Raum um Puka und Fushe Arrez. Das heißt, man bemüht sich auch heute, sie regelmäßig instand zu halten. Erwarten Sie aber von diesem „man bemüht sich" nicht zu viel. Auch zum Recherchezeitpunkt hätten einige Bereiche um Puka mal wieder warmen Asphalt-Regen notwendig gehabt. Weit schlimmeres Schicksal erfuhr jedoch die ab Rreshen (aus Richtung Tirana) östlich Puka zustoßende SH30, ehemals die Hauptader in den Kosovo. Diese wurde nach dem Bau der Autobahn A1 so vernachlässigt, dass sie heute - vorbehaltlich des unwahrscheinlichen Wunders einer Totalsanierung - als praktisch unbefahrbar gelten muss.

Entfernungen

Nominalstartpunkt des Tourabschnitts: Abzweig der Straße SH28 von der Tourstraße T1-1 (E851, SH1), 10 km südlich Shkodra, ausgeschildert nach „Puke", „Vau i Dejes".
Alternativ-Startpunkt: Shkodra-Zentrum
Endpunkt Stellplatz **(81)**, Valbona, Hotel „Lamthi"). Eine **Zwischenübernachtung** in Dardha (Stellplatz **(76)** zu empfehlen.
Trinkwasserstellen: Im Bereich Shkodra-Fushe Arrez lediglich eine Frühjahrsquelle, km 53. Danach Quellen bei km 80, 109 und 127.

Vom Startpunkt bis Dardha .... 98 km
Abzweig Vau i Dejes bis Koman .... 30 km
Dardha bis Valbona .... 80 km

Zunächst die Startalternative ab Shkodra

(15 km bis zum Aufschluss)

„Dea": Komische Vögel.
Drinnen wird's noch bizarrer.

(67) WOMO-Stellplatz: S-1 Mjeda, Restaurant „Dea"

GPS: N 42°0'28.7"
E 19°35'51.0"
Max. WOMOs: > 10.
Lage/Allgemeines: Unmittelbar nordseitig vom untersten großen Stauwehr des Drin, knapp 2 km vor dem Auftreffpunkt der alternativen Startroute auf den Hauptverlauf von T2-1.
Zur Gaststätte siehe Text. Zwischen Gaststättengelände und dem Hochufer unterhalb des Wehrs befindet sich ein

etwa 50 m breites und 100 m langes, ebenes Freiareal auf steinig-festem Boden. An dessen Westende findet man einen Abstieg über den Geröllhang und kann dort mit Badelatschen unmittelbar am Ufer einen abendlichen Platsch zelebrieren, der Drin ist ein recht sauberer Fluss, der dies zulässt. Schwimmen ist jedoch nicht möglich, wenige Meter vom Ufer wird der Fluss reißend.

Folgen Sie für diesen Tour-Zugang in Shkodra dem Boulevard „Skenderbeu" ab der Kreuzung mit der „Edith Durham" (Entfernungsmesspunkt) in Richtung Südosten aus der Stadt heraus und überqueren Sie das breite Schwemmbett des Trockenflusses Kir. Nach knapp 7 km werden Sie ein Touristenschild **„Wall of Gajtan"** wahrnehmen. Im Lexikon unter „Touristische Hinweisschilder" erläutere ich, warum es in der Regel wenig Sinn macht, solchen Schildern zu folgen. Der Rat trifft eigentlich auch hier zu, weil alle weiteren notwendigen Hinweise zur Auffindung des Platzes fehlen. Sollten Sie jedoch

Gajtan: Wenigstens ein bisschen was ist zu sehen.

nach meinem gps-Digitalsatz fahren, und ihnen ein etwa 20-minütiger Hügelaufstieg (70 Hm, wegelos) als sportlicher Ausgleich zupass kommen, dann wäre hier lohnende Gelegenheit, Ihren natürlich Pflicht-Programmpunkt „Besichtigung zumindest eines der unzähligen per Touristenschild ausgewiesenen Wälle und Kastelle" abzuarbeiten.

Der Platz ist zum einen überdurchschnittlich honorig, weil seine Entstehung den „Früh-Illyrern" der frühen bis mittleren Bronzezeit zugeordnet wird, von denen wenige solche Siedlungsplätze erhalten blieben. Zum anderen, weil das zu besichtigende, mächtig-breite Mauerstück immerhin fast Mannshöhe erreicht, während Sie woanders häufig kaum die Grundmauer erkennen.

Im Ort Juban (km 10) lohnt sich der Blick auf die dortige architektonisch **attraktive Kirche** mit über dem Portal angeordneter Marienstatue.

Juban

An irgendeinem Punkt schlägt Kitsch bekanntlich in Kunst um. Ob das **Ausflugsrestaurant DEA** (km 13) mit seiner überbordenden Szenerie historisierender Allegorien diesen erreicht hat, beurteilen Sie selbst. Es gibt zwar etliche ähnliche Kitsch-Ambiente-Angebote in Albaniens Ausflugsrestaurants, aber hier motzt man so unverfroren, dass das Ganze irgendwie schon wieder stilistisch integer erscheint. Im Übrigen isst man hier ganz gut – und – siehe Stellplatz **(67)** - man kann hier sogar behelfsübernachten.

Sie sind zwar eben über das letzte **untere Großwehr** des Drin gefahren, und dessen Dammkonstrukt war optisch bestimmt beeindruckend. Das neue **Flachdammkraftwerk** gleich in der Nachbarschaft, erst im September 2012 eingeweiht, macht optisch sicher weniger her, aber die eingebaute österreichische Turbinentechnologie zählt zu den modernsten in Europa. Außerdem erhofft man sich durch die Stauanlage eine effektive Hilfe, um den in den jüngsten Jahren immer bedrohlicher gewordenen Überflutungen von Teilen Shkodras Einhalt gebieten zu können.

Das alte Großwehr macht optisch mehr her als das tolle Kraftwerk.

2 km weiter, im Ort **Mjede**, schließen Sie jenseits einer Kanalbrücke an den Hauptverlauf von T2-1 an (km 6 der nun folgenden Entfernungsangaben!).

Eine weitere interessante Möglichkeit, zu dieser Tour aufzuschließen, diesmal von Süden kommend, stellt die bei Tour 1-1 erwähnte alte, am Bergrand verlaufende Fernstraße über Kallmet und Hajmel von Lezha aus dar (siehe dort).

Vom Abzweig auf T1-1 bis zum Abzweig nach Koman (Normalstartpunkt der Tour)

(68) WOMO-Badeplatz: B-1 Vau i Dejes, Badestrand

GPS: N 42° 1'10.2" E 19°38'45.9" **Max. WOMOs:** > 5.

Lage/Allgemeines: Am Rondell in der Ortsmitte von Vau i Dejes (am Mutter-Teresa-Denkmal) nach Norden abbiegen, am Staudamm aufwärts und oben am Ostufer entlang. Dem Weg ab Damm auf 750 m über einen kleinen Sattel folgend, gelangen Sie in die Badebucht des Ortes am Stausee. Recht kuschliger Badestrand mit klarem Wasser, außerhalb der Saison wird da jedoch kaum mehr gebadet. Ein neu erbautes Restaurant ist auch da, vermutlich aber nur mit Getränkeangebot. Sollte noch Badebetrieb herrschen,

Hier ist besser Baden...

können Sie das WOMO auch jenseits des Sattels stellen.

(69) WOMO-Badeplatz: B-1 Vau i Dejes, Restaurant „Perla"

GPS: N 42° 1'21.6" E 19°39'47.6" **Max. WOMOs:** >5.

Lage/Allgemeines: Auf der Paralleltour nach Koman, siehe Text. 1,5 km ab Abzweig gelangen Sie an den Abgang zum schön zwischen Bäumen gelegenen, neuen Restaurant „Perla" mit geräumigem Parkplatz.

Auch hier ist Baden möglich, wenngleich der Einstieg über Felsabsätze erfolgen muss und keineswegs so bequem ist, wie am Badestrand gegenüber. Dafür entschädigt die Speisekarte des Restaurants.

...und hier besser Essen.

Die Tour verläuft bis zur Stadt Vau i Dejes durch die fruchtbare Zadrima-Ebene mit ihren zahlreichen, meist gut gedeihenden Dörfern. In der Mehrzahl ist man hier katholisch, ältere Frauen tragen (auf alle Fälle sonntags) noch die typische Regionaltracht mit runder, teils bestickter Kopfkappe und viel Weiß.

Falls Ihnen ein Abstecher zu den vorstehend genannten Besichtigungspunkten an der Alternativzuführung unnötig erscheint (ansonsten müssten Sie beim km 6 in Richtung „Shkoder" abbiegen), wäre **Vau i Dejes** der erste erwähnenswer-

te Ort. „Vau" bedeutet „Furt", zu Deutsch hieße der Ort also „Furt von Deja", und diese Furt bezog sich natürlich auf den historischen Fernverkehr Lezha - Shkodra (siehe den Hinweis zur alten Bergstraße). Furt ist nicht mehr, das unterste Wehr des ambitionierten Staustufensystems ersetzte sie heute, die zugehörigen Kraftwerke machten das Dorf Deja zur Stadt. Architektonisch-historischer Stammbaum fehlt dieser folglich, aber man ist stolz auf seine neue, nach Mutter Teresa (siehe Berühmtenliste) benannte Großkirche, meint sogar, sie sei der Bezeichnung Kathedrale würdig. Ich habe davon keine Ahnung, halten Sie am Zentralplatz (km 10), beäugen Sie dort das modernistisch-stilisierte Denkmal für Mutter Teresa in der Platzmitte und finden Sie danach raus, was an der zweifellos prächtigen Kirche gegenüber „kathedralisch" ist. Danach bewegen Sie sich hinter Vau i Dejes eine Serpentine hoch. Dort, in der Ausgangskurve, finden Sie den ausgeschilderten **Abzweig nach Koman**.

Alternative 1: Weiterreise per Koman-Fähre

(70) WOMO-Campingplatz-Tipp: C-3 Koman, Camping „Natyra"

GPS: N 42° 5'57.93", E 19°49'0.68"
geöffnet: Auch in der Vor- und Nachsaison
Lage/Anfahrt: Unmittelbar hinter, rechts unterhalb der Zufahrtsbrücke in Koman.
Allgemeines: Teilbeschatteter (mittelgroße Bäume) Kieselplatz unterhalb der Brückenwange. Uriges Unter-Brücken-Restaurant dazugehörig.
Ausstattung: Strom per Kabel möglich. Kein WLAN.
Max. WOMOs: 5.
Sanitäranlagen: Bescheiden - Restauranttoilette mit Waschbecken. Keine Duschen.
Preis: 5 €/WOMO.

Für die Fähre habe ich auf S.174 schon enthusiastisch geworben. Die 30 km ab Abzweig dürften Sie beim gegenwärtigen Straßenzustand gut 1:30 Stunden kosten. Die Straße windet

Sie fahren den Anleger über den Weg oberhalb vom Turbinenhaus an

sich entsprechend der zahlreichen Taleinrisse, am Ende haben Sie die zum Staudamm gehörige Wirtschaftssiedlung Koman vor sich. Die Straße führt über die Brücke und dann im weiten Bogen den gegenüber liegenden Hang aufwärts. Zuletzt müssen durch 500 m eines lichtlosen, gruseligen Bergtunnels (LKW-tauglich). Dahinter gleich ist die Anlegestelle mit dem Büro sowie ein einfaches Restaurant. Es verkehren mehrere Fähren, das Flaggschiff ist die moderne **„Alpin"**, die bis zu 30 Autos normaler Größe transportiert (http://www.komanilake.com). Sie startet 12.00 Uhr ab Koman, umgekehrt 9.00 Uhr ab Fierza (Juni bis Ende September), Kostenpunkt für WOMO 25 Euro plus 2,50 Euro pro Person. Die Fahrt dauert zwei Stunden. Sie defilieren durch erhabenen grandiose Berglandschaften, die jäh bis auf 1500 m aufsteigen, durch enge, schluchtartige Durchlässe mit steilen Flanken, vorbei an lieblichen Almplätzen und unerforscht einsam wirkenden Seitenarmen. Nach dem Ausschiffen in Fierza laufen beide Tour-Alternativen nach knapp 3 km wieder ineinander.

Sarda (Shurdah)

An dieser Stelle möchte ich Sie auf ein Abenteuer der besonderen Art hinweisen. Im unteren Teil des Vau-i-Dejes-Stausees liegt eine **verwunschene Insel, Sarda**. Avalon ist es nicht, aber sie kommt gleich danach. Das Herrschergeschlecht der Dukagjin unterhielt dort prächtige Paläste (damals am Drin-Ufer, Insel wurde

Dornröschenschloss Sarda

der Platz erst durch den Stausee). Heute als Dornröschen-Ruinen schlafend, bietet der Ruinenplatz einen eigenartig märchenhaften, berührenden Anblick. Hin kommen Sie in der Regel nur in einem recht schlichten Fischerkahn und Wege gibt es auf der hügeligen Insel nicht, kraxeln ist angesagt. **Auf dem Wege zur Fähre Koman** (Sie kommen am Stellplatz **(53)** vorbei), 13 km ab Abzweig, haben Sie rechts ein paar Häuser, dort wohnen die Fischer. Die Fahrt kostet 20 €, Dauer mit Überfahrt etwa zwei Stunden, zeigen Sie den Fischern folgenden Text:

Ju lutem, nje shetitje për ishullin Sarda.

Vielleicht-Alternative: Oberhalb des Staudammes von Vau i Dejes, 400 m vor Stellplatz **(68)** liegt ein Ausflugsboot, das auf Gruppenbestellung zur Insel und weiter fährt (Ganztagestour ab 8.30 Uhr). Falls Sie dort vorbei kommen, fragen Sie an, wann das Boot das nächste Mal fährt (telefonische Anfrage 00355 67 395 3861, Sarda Group, Shkodra).

Alternative 2: Tour über Puka - Fushe Arrez

Im Herbst häufig zu sehen.
Sie werden's ahnen, was der macht.

Ansonsten arbeiten Sie sich am Koman-Abzweig vorbei und gelangen in mittelgebirgshohe Berglandschaft. Die zunächst längerzeitlich auf 500 m am Hang verlaufende, einst recht emsig befahrene Straße wirkt heute eher beschaulich.

Der Bau der ersten albanischen Autobahn, die parallel zu ihr läuft, hat ihr praktisch allen Fernverkehr genommen, für den sie einst da war.

Vermutlich werden Sie höchstens die Plätze in Dharda zum Stellen in Anspruch nehmen. Da die Strecke bis hier her, etwa von Stellplatz **(1),** immerhin 100 km beträgt, verweise ich hier in Kurzform auf die folgenden Not-Übernachtungsmöglichkeiten auf diesem Abschnitt. Es handelt sich zum Teil um kleine, weitgehend sichtgeschützte Waldplätze mit unbefestigten, nicht in Dörfer führenden Zufahrten von einigen dutzend bis wenigen hundert Metern, deren Zustand sich aber seit dem Recherchezeitpunkt - etwa durch Holztransport - verschlechtert haben kann. Für große WOMO sind sie, wegen der häufig vorhandenen Absätze oder Rampenstücke kaum geeignet. Prüfen Sie in jedem Falle durch vorheriges Abschreiten.

(71) WOMO-Stellplatz: S-2 Gomsiqe, „Qafë Gjella"

GPS: N 42° 0'11.9", E19°43'40.5".
Lage/Allgemeines: km 21, Straßenrand-Taverne mit Parkplatz seitlich der Straße, auf der Brüstung stehen allerdings Bienenkästen. Essen einfach.

(72) WOMO-Stellplatz: S-2 erhöhte Waldwiese jenseits der Ostserpentinen von Gomsiqe

GPS: N 41°59'44.85", E 19°48'39.98"
Lage/Allgemeines: 5 km ab Talbrücke Gomsiqe, nordseitig. Weitgehend sichtgeschützter, erhöht liegender Waldwiesenplatz, kleine Womos können sogar rechts unter die Bäume fahren (Klötzer erforderlich).

(73) WOMO-Stellplatz S-2 Am Ortseingang von Puka

GPS: N 42° 2'48.29", E 19°53'42.51"
Lage/Allgemeines: Neue Gaststätte mit Säulenvorbau und großem Parkplatz am Ortseingang West von Puka, links, gegenüber gegenüber dem Gericht (Gjykate).

(74) WOMO-Stellplatz: S-2 Waldwiese südöstl. Puka

GPS: N 42° 2'2.04", E 19°54'35.65"
Lage/Allgemeines: 3 km ab Hotel Turizm in Puka. Sehr schöner, vollkommen sichtgeschützter, ruhiger und ebener Platz im Wald, leider nur für kleinere WOMO, da der Straßenabsatz steil ausfällt, Etwa 100 m ab Abfahrt.

(75) WOMO-Stellplatz: S-2 Hotel Sh&Sh Lascu

GPS: N 42° 3'17.85", E19°59'55.43"
Lage/Allgemeines: 2 km ab Hauptabzweig Richtung Tirana. Breiter, betonierter Parkplatz gegenüber dem Hotel, an der Uferseite.

Im höheren Bereich geht der Seitenbewuchs in einen gefestigten, schön anzuschauenden Pinienbestand über. Die Straße hat nun bis zur **kleinen Stadt Puka** (4.000 Ew.) den Charakter eines Höhenweges, mit einer jähen Unterbrechung: Zwischen den Kilometern 28 und 34 stürzt sie sich 150 Höhenmeter über enge Serpentinenlagen beiderseits in ein Engtal mit dem Ort Gomsiqe am Grund. Der Anblick eines elegant gestalteten **Industrieviadukts** am Grund des Engtals dürfte ästhetisch zu nennen sein. Nachfolgend geht es langsam aber stetig, bis auf fast 800 m in Puka, hinauf.

Die tief südlich unterhalb der Straße liegenden Täler werden Sie fragen lassen, wer da wohl wohnt: Da unten erstreckt sich die seit Karl May berüchtigte Region Mirdita. Leider beinhaltete Mays Fiktion Elemente eben gewesener Wahrheit: Unter Enver Hoxha befanden sich dort berüchtigte Straflager, die Gegend war Verbannungsgegend. Dies erzeugte raue Sitten, es heißt, in den dunklen End-1990er Jahren nach dem Zusammenbruch der staatlichen Ordnung kamen viele der damaligen Straßenräuber von hier.

Puka

Der 6000-Seelen-Ort **Puka** (km 48) hat eigentlich historischen Stammbaum, schon zu Römerzeiten gab es hier eine bekannte Stadt mit Wach- und Transitfunktion an der Handelsroute. Davon ist außer den (schütteren) Überresten einer prähistorischen Befestigung (Kalaja e qytezes) auf dem Hügel südwestlich der Stadt (Koder Hani) nichts geblieben. Allerdings nahm der Ort im 19. und frühen 20. Jahrhundert einen wirtschaftlichen und architektonischen Aufschwung. Es entstand ein stimmiges Ensemble zwar nicht reicher, aber für die Zeit solider Bürgerhäuser, das ihr noch heute eine freundliche Prägung gibt. Um diese Zeit lebte hier Migjeni, der albanische Goethe, dessen Namen u.a. das Theater in Shkodra trägt. Von dem Selbstverständnis, ehrbar-solides Bürgertum zu sein, hat sich bei den Einwohnern erstaunlich viel erhalten. Man spürt hier, im Gegensatz etwa zu Städten wie Bajram Curri oder Fushe Arrez, trotz nicht zu verbergender Ärmlichkeit heute, eine besondere Note von Selbstrespekt und Würde im Verhalten. Ein kleines, aber ordentliches **Traditionsmuseum, „Eqerem Çabej",** befindet sich am Hauptplatz, mit Sammlungsschwerpunkt Modelle mittelalterlicher Wohnbauten, Trachten und Besonderheiten des regionalen Schmuckes.

Ich kannte einen Hotelunternehmer aus Tirana, der hatte an dem Ort einen Narren gefressen und glaubte an seine große Zukunft als Höhenkurort. Er sanierte 2007 aufwändig ein heruntergekommenes Alt-Hotel und induzierte mit diesem Bemühen wohl etwa Glaube bei den Einwohnern, dass solch Zukunft möglich sei. Verschiedene weitere Initiativen flackerten auf, Schweizer unterstützten eine ökologisch wirtschaftende Agrargenossenschaft, die am Ende sogar in eigenem Laden etliche bemerkenswerte Produkte anbot. Allein, Zeit und Umstände waren wohl nicht reif, die Initiative versandete. Es scheint, der Ort ist heute wieder Teil der allgemeinen Misere der albanischen Provinz, erstarrt im trägen Warten auf nichts.

In besagtem Hotel **„HTP Turizmi Puka"** (Richtung südlicher Ortsausgang) allerdings, da können Sie nach wie vor gut essen, ich erwähne auch in diesem Buch wieder ausdrücklich das in hoteleigener Brauerei entstehende Öko-Bier, frisch getrunken, ein Genuss. Als WOMO-Übernachtungsplatz ist der Hotelparkplatz allerdings wenig geeignet, da er Teil eines Zentralplatzes ist, es herrscht hier vor allem abends viel Betriebsamkeit.

Östlich Puka eröffnet sich ihnen bald ein grandioser Blick nach Norden – in der Ferne breiten sich majestätisch die Albanischen Alpen. Sie gelten als der südlichste Punkt der Dinarischen Alpen, jener, die Adria begleitenden Gebirgskette, die in unmittelbarer Entstehungsverwandschaft zu unseren Alpen steht.

Einige Kilometer weiter (km 62), die Straße durchläuft dicht nadelbewaldetes Gebiet in immer noch hoher Lage, treffen Sie auf eine ehemals wichtige Einmündung. Oder, genauer gesagt, mündete hier einst unsere Tourstraße auf die damals vorrangige, von Tirana kommende Fernstraße Richtung Kukes-Kosovo, die allerdings durch den Bau der Autobahn völlig entwertet wurde. Dass sie heute auch in schlechtem Zustand ist, hatte ich schon anderswo angedeutet.

Bald darauf durchfahren wir den langgestreckten Ort **Fushe Arrez** (Ortszentrum beim km 68).

Die Kleinstadt **Fushe Arrez** hat die Folgen bereits zweier großer Veränderungen zu verkraften. In der Enver Hoxha-Zeit war sie ein ausgeprägtes Bergbauzentrum. Bis auf wenige Einrichtungen ist diese Industrie zum Stillstand gekommen, viele Einwohner daher ohne Perspektive. Einen zweiten Schlag versetzte ihr eben der Auto-

Fushe Arrez: Der Glaube ist das Letzte, was einem bleibt...

bahnbau. Die durchlaufende Fernstraße nach dem Kosovo gewann mit Beginn der dortigen Kriegsereignisse Anfang der 1990er Jahre trotz ihrer extrem nervigen Kurven und Höhenunterschiede strategische Bedeutung. Sie wurde folglich von den militärisch interessierten Mächten solide saniert. Nachfolgend lief insbeson-dere der kosovarische Wirtschafts- und Urlauberverkehr zur Küste über sie. In der Folge blühte besonders in Fushe Arrez als Transitpunkt das Hotel- und Restaurantgewerbe auf. Der Bau der Autobahn bedeutete den abrupten Schluss auch für diese bescheidene Entwicklung. Mit der Linderung der Not in Fushe Arrez, mit Seelentrost, Armenkinderbetreuung und beruflicher Ausbildung, beschäftigt sich seit vielen Jahren eine deutsche katholische Mission hier. Angesichts des Wertes all dieser Leistungen wird dann auch der eingefleischte Atheist einsehen, dass das neu errichtete pompöse Gotteshaus, im krassen Kontrast zur Armut des Ortes, letztlich der Logik der Dinge hier entspricht.

Östlich von Fushe Arrez senkt sich die Straße zunächst tief ins Tal hinab und folgt längere Zeit dem Flusslauf, um sich dann in der Richtung Kukes einem Pass bei 940 m entgegen zu arbeiten, den Sie aber nicht mehr treffen. Kurz zuvor (km 77), gut ausgeschildert mit „Bajram Curri", **zweigen Sie nach Norden ab.**

Ab dem Abzweig Richtung Bajram Curri ist die Straße bis zum Staudamm von Fierza nur noch 4 m breit. Der nun folgende Wegabschnitt hat seine eigene Geschichte. Zu den vorderen Dörfern führte er schon immer, aber dann hörte er auf. Denn, wieder historisch gesehen, lief die einzige Nord-Süd-Verbindung der Großregion auf albanischem Territorium viel weiter östlich zwischen Ku-

Solche Versorgungslager wurden unter Hoxha über das ganze Land verteilt, hier eines beim km 80 in einerm Schluchttal.

kes und Tropoja. Wir werden sie als Abschnitt 2 auf dieser Tour benutzen.

Der Materialtransport zum Bau des Wasserkraftwerkes Fierza, auf dessen Damm Sie am Ende treffen, erzwang in den 1960er Jahren die Verlängerung dieses Weges und sogar seine provisorische Asphaltierung. Die hielt allerdings nicht lange, bis noch vor etwa vier Jahren galt es hier, bestes Off-Road zu überwinden. Dann aber fand sich genug Asphalt, um ihn zwar nicht zu verbreitern, aber doch auf vier Meter gut befahrbar zu machen. Sie passieren nun auf 54 km einen sich hoch und relativ steil aufbäumenden Gebirgsstock in hoher Seitenhanglage. Bei wenig Niveauwechsel zwischen 700 und 950 m verlaufend, ist er allerdings mit enorm tiefen Seitenriss-Tälern und vielen nicht einsehbaren Kurven gespickt, die hohe Anforderungen an die Konzentration stellen. Oft sehen sie das Gegenüber in Luftlinie zum Greifen nahe - und müssen doch noch Kilometer bis zum Rissende kurven. Als Entschädigung entwickelt sich das Panorama bei stark wechselnder Szenerie hin zum Großartigen.

(76) WOMO-Stellplatz: S-1 Dardha, Hotel Alpin (oder Kunora?)

GPS: N 42°10'24.3" E 20° 8'54.5" **Max. WOMOs:** 2

Lage/Allgemeines: km 99. Etwa 1,5 km nördlich der „Karawanserei"

Dardha. Neueres Hotel, wegen Lage und Ambiente wahrscheinlich zu bevorzugen. Die angebotenen Sanitäreinrichtungen im Gastraum sind jedoch bescheiden. Außerdem ist ein Bär im Käfig eingesperrt. Sollte Ihnen das nicht behagen, können Sie genauso am Hotel Kunora an der „Karawanserei" stehen (deutlich mehr Platz, aber viel Kommen und Gehen). Auch hier ist man auf WOMOs eingestellt, Strom gibt es bei keinem von beiden.

Dörfer gibt es auf der Strecke, aber sie liegen unsichtbar unten, nur Wegweiser verraten ihre Existenz. Beim km 99/80 treffen Sie dann endlich doch auf einen Außenposten der Zivilisation - **Dardha**, ich würde den Platz als Karawanserei bezeichnen. Er bestand nämlich bis vor kurzem nur aus dem ältlichen Gasthof „Kunora" mit Zimmervermietung und wenigen zugehörigen Häusern ringsum. Einziger auf der Strecke, war er natürlich gesellschaftliches Ereignis, Pflichthalt für alle, aber er erfuhr auch kaum Anreiz, sich selbst zu modernisieren. Vor einiger Zeit nun hat es ein Konkurrent anderthalb Kilometer nördlich ein richtig **schickes Landhotel (Stellplatz 76)** hingesetzt. Und siehe da, gleich bietet sich auch die Kunora in deutlich aufgemotzter Fasson. Speiseseitig könnte die Wahl schwierig sein, denn ich hatte in Erinnerung, dass mir das letzte Essen in der „Kunora" irgendwie recht gemundet hatte, während mein Erstversuch im neuen Hotel doch nicht ganz meine Sehnsüchte erfüllte.

Von Dardha bis Valbona

Nördlich von Dardha bereichert sich die Szenerie um eine wichtige Facette: Erstmalig erlangen Sie Blick auf jenen Stausee, der vorrangig Albaniens jüngere Energiegeschichte schrieb: Der sich so wunderschön da unten schlängelnde **Fierza-Stausee,** bis Kukes reichend und damit über 50 km lang, war lange Zeit, noch bis in die 2000er, die wichtigste Versorgungsquelle insbesondere der Wirtschaft des Landes mit Elektroenergie. Bald haben Sie wieder im Hintergrund den Anblick der sich nun deutlich nähernden Berge der albanischen Alpen. Es scheint, als habe sie ein genialer Maler dort eingefügt, um den schweifenden Blick entlang des Stausees auf einen optischen Höhepunkt hinzuführen. Über einen jähen Serpentinenabfall gelangen Sie genau vor den gewaltigen Betonpfropfen, der als **Fierza-Staudamm** die Engstelle verschließt und das Tal dahinter zum Stausee machte.

Der Fierza-Damm, dahinter die Alpen

Zuvor, beim **Orte Arst-Miliska,** können Sie sich bei einem kleinen Spaziergang einen Blick auf ein ungewöhnliches historisches Denkmal gönnen: Beim Bau der kleinen **Dorfkirche Kisha e Shen Gjonit** mit verstrebtem Außen-Glockenstuhl wurden Steine eines vermutlich heidnischen Vor-Tempels außen in den Türrahmen eingefügt. Die sehr beeindruckenden, aber auch ulkigen Relief-Ikonen sehen aus wie Marsmenschen oder Kinder-Gekrakel.(km 117, 40 km ab Abzweig Richtung Bajram Curri, Parken beim Gesundheits-Stützpunkt, eingerückt uferseitig, 300 m vor dem zweiten Ortsweiser „Mezi", 500 m den Weg abwärts laufen).

Was Sie nicht erwarten dürfen auf dem gesamten Abschnitt vom Abzweig Richtung Bajram Curri bis Fierza sind brauchbare **Übernachtungsplätze.** Selbst für eine Kaffeepause am Rand wäre wenig Platz, auf der einen Seite ist der Hang, auf der anderen Seite Gebüsch oder Absenkung. Zwei allerdings frei einsehbare, befahrbare größere Wiesenstellen will ich daher als absoluten Notnagel anmerken:

(77) WOMO-Not-Stellplatz: Randwiese Xathi

GPS: N 42° 8'14.60", E 20° 9'39.08"

Lage/Allgemeines: km 65, 12 km ab Abzweig Richtung Bajram Curri. Größere Freiflächen uferseitig, über 500 m verteilt, man kann etwa 30 m weg von der Straße fahren.

(78) WOMO-Not-Stellplatz: Großwiese Richtung Mezi

GPS: N 42°11'59.56", E 20° 7'38.95"

Lage/Allgemeines: km 109, 31 km ab Abzweig Richtung Bajram Curri. Große, fast riesige, ebene Wiesenfläche uferseitig, man kann über 100 m weg von der Straße fahren. Allerdings kreuzt über der Wiese eine Hochspannungsleitung. Ortsweisungsschild Mezi.

Nach Überquerung einer Straßenbrücke unterhalb des **Fierza-Dammes** eröffnet sich ihnen westlich bald der Einblick in den oberen Verlauf des Sees der tiefer liegenden Koman-Staustufe, die heute zum Glück wieder „Fährenweg" ist. Reichlich einen Kilometer hin liegt das Gegenstück des Fähranlegers Koman, der **Anleger Fierza.** Die gute neue Straße, die Sie am anderen Ufer wahrnehmen, sie führt geradewegs zu ihm.

Ab der Stelle, von der Sie den Koman-See einsehen können, ist der die Straße unten begleitende Seeteil übrigens schon die verbreiterte Valbona. Beim Orte **Dushaj** (km 137) wechseln Sie über eine Brücke mit beiderseitigen Anschlussrondellen die Seiten und folgen dem Richtungsschild nach Norden in Richtung Bajram Curri und in den Kosovo. Zunächst fast am Talgrund, später leicht ansteigend, durch die noch breite Valbona begleitet, bewegen Sie sich auf recht ordentlicher Straße schnell auf **Bajram Curri** zu. Wegbegleitend sehen sie die Überreste bergbaulicher Industrie, darunter eine jener seltsamen, aufgegebenen Baulichkeiten, denen Sie in Albanien öfters begegnen: Vierschrötig-kurzsstummlig wirkende ägyptische Tempelpylonen mit großen, halbrunden Tunneltoren: Das sind früh-industrielle Kalköfen, heute selten noch in Betrieb.

Kalkbrenn-Monster

Bei km 147, ausgeschildert mit „**Bujan**" sollten Sie sich einen kleinen Abstecher zum **Wehrturm des Mic Sokoli** gönnen. Der Namensgeber ging als Held in die Regionalgeschichte ein, da er sich während eines Aufstandes gegen die Türken vor deren Kanone warf, um den Kampfesmut seine Kameraden anzuspornen.

Turmförmige Wehr-Wohnbauten (albanisch: Kulla) waren die üblichen Selbstschutz-Formen der besser gestellten albanischen Familien. Im nördlichen Raum kommt als Besonderheit hinzu, dass die wehrhaften Gebäude häufig nicht im Dorfambiente, sondern irgendwo auf den weitläufigen Besitztümern errichtet wurden. Meines Erachtens gehört der hiesige Wohnturm zu den fünf besten im ländlichen Raum, da er der einzige als Museum originalgetreu restaurierte ist, als der allerbeste gelten. Vor allem die Funktionalität des Gebäudes, von den gesicherten Tierställen unten über die wehrgerechten „Sanitäreinrichtungen" bis zu den Besonderheiten der Waffenablagen jeweils für Eigentümer und Gäste, beeindruckt. Daneben eine Unzahl kurioser Nutzgegenstände der Zeit, etwa Schneetreter für hohen Schnee.

Zufahrt: Fahren Sie das WOMO etwa 300 m die ältliche Zufahrt hinauf bis auf die Wiese vor dem blauen Administrationsgebäude. Der Wohnturm befindet sich auf dem mit Walnussbäumen bestandenem Grundstück geradeaus oben. Die Eigentümer sind auch die Museumsverwalter.

Den deutlich ausgeschilderten Abzweig zum **Grenzzubringer nach dem Kosovo** ein paar hundert Meter weiter sollten Sie registrieren, wir kommen noch einmal darauf zurück.

Bajram Curri (Ortseingang bei km 151) ist, wie seine Geschichte, touristisch zumindest eher ein zwiespältiger Ort. Historisch gewachsener Bezugspunkt der Menschen am Gebirgsrand war früher Tropoja, 10 km nordöstlich gelegen. Offiziell aus Gründen der Grenznähe, inoffiziell wohl mehr wegen der starken bürgerlichen Mentalität, die den Ort prägte, wurde die Funktion des regionalen Verwaltungszentrums in den 1950er Jahren auf ein bis dato bedeutungsloses Dorf übertragen und diesem der Heldenname Bajram Curri (siehe Berühmtenliste) zugemessen. Eine aufwändige Bronzestatue des Helden sowie ein recht ansprechender Museumsbau mit Kupferfries wurden mit spendiert, fehlender architektonischer Stammbaum durch die Mietskasernen der Zeit ersetzt, sie prägen das Bild der Stadt noch heute. Bajram Curri teilte zunächst das „Autobahnschicksal". Die Atmosphäre in der Stadt war zu Zeiten, als die Kosovaren noch im Transit durch die Gegend fuhren, deutlich geschäftiger. Mittlerweile scheint die Stadt aber in den Sog des aufstrebenden Valbona-Tals zu geraten. Zwar nehmen in der Stadt in erster Linie Backpacker Quartier, die hier fast zwangsweise übernachten müssen. Aber auch das scheint sich zu lohnen: Immer mehr kleine Hotels entstehen.
Einen kurzen Abstecher zum Museumsplatz sollten Sie sich gönnen. Auch das hiesige Museum hat nach Jahren des geschlossen Seins fast wundersam wieder Öffnung erfahron, allerdings nur täglich bis Mittag. Die Ausstellung wurde zumindest teilüberholt, die Beurteilung der Taten des Bajram Curri erscheint delikat. Um etwas örtliche Atmosphäre zu schnuppern, könnten Sie noch ein paar Schritte die Marktstraße entlang laufen. Zum Essen empfiehlt sich dann ein hübsches Familienrestaurant oberhalb, schräg gegenüber dem Hotel „Vllaznimi".

Fahrhinweise: Bei der Einfahrt in den Ort stoßen Sie bald auf die **Ortsmoschee**, hinter dieser biegt zunächst die Straße nach dem Kosovo, 200 m weiter die nach Valbona (Rr. Ram Sadria), beide ausgeschildert, ab.

Den letzte Kampf hat der Held gewonnen: Sein Museum ist wieder geöffnet

Um das **Museum** zu sehen, fahren Sie noch 300 m gerade aus an der Moschee vorbei (Rr. Mic Sokoli). Die **Marktzeile** (Rr. Beselidhja e Malesise) ist die nächste Straße parallel hierzu, nördlich von deren Westende finden Sie das Hotel „Vllaznimi".

Tropoja, um das hier im Vorbeigehen abzuarbeiten, schafft es wohl nicht, an den Glanz alter Bürgerarchitektur, die es hier einstmals gab, anzuknüpfen. Dazu ist in der Enver Hoxha-Zeit zu viel zerfallen. Ein Abstecher dorthin lohnt nur der Vollständigkeit halber.

Bajram Curri nach Norden verlassend, gelangen Sie bald zu dem gewaltigen Bergeinschnitt, dessen hinteres Ende das **Tal**

von Valbona und Rragam bildet. Nach längerer Verzögerung ist die Asphaltierung bis zum und durch den Ort hindurch nun vollbracht - die Zufahrt kein Thema mehr für WOMO.

Ab der Einfahrt zur Talschlucht treffen Sie auch wieder auf die **Valbona**, hier jedoch zum zahmen Bächlein geschrumpft. Allerdings

Die obere Valbona, noch mit Frühsommerkraft.

verraten die gewaltigen Blöcke im Bett, wie es hier unmittelbar nach der Schneeschmelze zugeht. Das enge Tal säumen auf die nächsten 20 km dicht bewaldete steile Hänge, die auf halber Höhe in majestätische senkrechte Felsenkronen übergehen. Ab und an treffen Sie auf hübsche architektonische Relikte, so **eine alte Wassermühle** kurz vor dem Ortseingang von Valbona. Sie fahren zunächst am Ort Dragobi mit etwa 30 Häusern vorbei (km 166). Ihn mit WOMO zu befahren, lohnt eher nicht, zumal die Wendeverhältnisse am Ende schwierig sind. Das repräsentativste Exemplar seiner wenigen erhaltenen traditionellen Häuser können Sie ohnehin am besten von der Straße aus sehen, am Ortsausgang, vor der Linkskurve. Zwischendrin (5 km ab Dragobi) kommen Sie an **Stellplatz (79)** vorbei, **(80)** finden Sie bald nach dem Ortseingang, **(81)** ganz am Ende.

(79) WOMO-Campingplatz-Tipp:
C-1 Valbona, Hotel Rilindja

GPS: N 42°27'35.5" E 19°55'19.7"
www.journeytovalbona.com, tel: 00355 67 3014638
geöffnet: Auch in der Vor- und Nachsaison
Lage/Anfahrt: km 172 - 5 km nördlich Dragobi, 2,5 km südlich vor Valbona, 50 m von der Tourstraße, flussseitig.

Allgemeines: gehörig zu einer Hotelpension in einem hübschen Blockhaus. Waldplatz, Stellplätze vor dem Haus, beschattet durch hohe Bäume. Die Gattin des Eigentümers, eine Britin, kümmert sich mit großem Engagement um die Tourismusentwicklung und bietet Wanderhilfen und Programme, die den Aufenthalt hier zum vollwertigen Urlaub machen. Das „Rilindja" empfiehlt sich aber auch als Zwischenstellplatz insbesondere, wenn Sie die Region abends erreichen und sich lieber bei Tageslicht mit den Verhältnissen im dahinter liegenden Ort vertraut machen wollen.
Ausstattung: Elektro/Wasser, WLAN
Max. WOMOs: 8
Sanitäranlagen: Durch kürzliche Schaffung eines Sanitärtrakts mit ordentlichen Toiletten und Duschen wurde der hübsche Platz zu einem echten WOMO-Camping aufgewertet. Rustikale Natur-Alternative der Säuberung: In die gleich hinter dem Grundstück fließende Valbona hat man durch Dammbildung einen Badekolk eingearbeitet.
Preis: 4 €/Person

(80) WOMO-Campingplatz-Tipp:
C-1 Valbona, Bar Tradita

GPS: N 42°27'9.45", E 19°53'32.53"   **Max. WOMOs:** > 10
geöffnet: Auch in der Vor- und Nachsaison.
Lage/Anfahrt: 350 m nach Ortseingang Valbona (nach Talöffnung), links.
Allgemeines: Fußballplatz-großer, für WOMO günstiger Wiesenplatz am Ortseingang, durch vorgelagerte Anwesen auch recht geschützt liegend (deshalb aber auch leicht zu übersehen!). Nachteil: Er liegt zu weit vorn für die Wanderungen Richtung Rragam (Valbona erstreckt sich über 6 km).
Ausstattung: Elektro mit Kabelzuführung, Wasser Standhähne, WLAN
Sanitäranlagen: Toiletten (sehr) einfach, Duschen evtl. in Bungalow
Preis: 5 €/WOMO

(81) WOMO-Stellplatz: S-1 Valbona Hotel Lamthi
GPS: N 42°25'34.1", E 19°52'13.0"   **Max. WOMOs:** > 50.
Lage/Allgemeines: Ganz hinten (am Südwest-Ende) in Valbona, am Ende der Asphaltierung, rechts. Das Lamthi hat einen gut befahrbaren Parkplatz für mindestens 50 Fahrzeuge. Leider wissen das mittlerweile auch die Busunternehmer. Wegen seiner Lage am Ortsende ist der Stellplatz für Wanderfreunde dennoch der günstigste.

Valbona

Einordnungs-Infos: In dem 6-km-Ort haben sich mittlerweile zwei Siedlungsschwerpunkte gebildet, einer gleich vorn, ein zweiter ganz am Ende, wo auch die Asphalt-Straße endet. Vorn (1,5 km ab Ortseingang) liegt auch der große **Tourismus-Info-Komplex** (siehe Bild) mit Übernachtungs- und Campingangebot („Campingu Valbones"), **WLAN-Punkt** und **Ortsmuseum.** Für WOMO ist der Platz aber zu klein. Im vorderen Bereich bieten etliche weitere Grundstücke per Piktogramm WOMO-Stellplätze, allerdings oft mit zu engen Grundstückseinfahrten.

Hinten finden Sie unter anderem die besuchenswerten **Hotels Lamthi** (Siehe **(81)**) und **Margjekaj**, erhöht am östlichen Berghang (deutsche Miteigentümerin). Hier und in verschiedenen anderen Einrichtungen können Sie auch essen. Die gastronomische Versorgung wurde in Form einer Bar am Wegrand bereits bis nach Rragam vorgeschoben und sogar oben am Theth-Pass experimentiert jemand mit einer „Brotzeit"- Versorgungsstelle.

Optisch besticht in Valbona schon mal das Panorama der umliegenden Bergwände im Verhältnis vor allem zum extrem breiten, knochengrauen Schwemmtal aus Geröll am Grund. Die Kulisse ist packend. Bis noch vor wenigen Jahren gab es hier nur ein dutzend bewirtschaftete Anwesen, und verwundbare Einsamkeit und Verzahnung mit der Natur war Teil des Reizes.

Im Frühjahr, wenn der Schnee der Hochberge zu Wasser verläuft, sammelt sich dieses in unzähligen Rinnsalen und verwandelt das Tal zu weiten Teilen in eine eigenartige Wassergegend, die Wohn- und Wirtschaftsareale nur wenig erhöht, fast wie Inseln mittendrin: Dies Stück kann man laufen,

„Historisches" Bild von 2010 - Die neue Straße...

dort muss man von Stein zu Stein balancieren, um nicht nasse Füße zu bekommen. Oft legen die Einwohner dann Brettersteige, um bestimmte Bereiche überhaupt passieren zu können.

Zu Beginn des Sommers ist alles vorbei. Das Geröll liegt fast wüstentrocken, die Valbona verschwindet jetzt stückweise gänzlich unter

...wandelt doch etwas das Gesicht der Landschaft.

dem Geröll, um weiter vorn wieder aufzutauchen.

Der Auftrieb der Schafe auf die wunderbar grünen Hochalmen beginnt. Die Abgeschiedenheit, das Friedfertige, aber auch das Arbeitssame, Inkarnation gebirgsländlichen Glücks, hat wohl den Ruf der Täler zunächst geprägt. Bei Valbona kam hinzu, dass in der Enver Hoxha–Zeit hier ein Ferienheim errichtet wurde, das den Ruf des Tales als paradiesischer Ort über das Land trug. Der Name Valbona wurde Inbegriff für Glückseligkeit, und zu einem der bevorzugten Mädchennamen im Land. Nun, das Ferienheim fiel der Wut der Zerstörung Ende der 1990er zum Opfer, noch heute mahnt es am Ortseingang als Ruine. Aber die Menschen beobachteten sehr aufmerksam, was sich jenseits des hohen Bergkammes in Theth tat. Dort entwickelte die deutsche GTZ ein Tourismusprojekt zu erstaunlichem Erfolg, und schon begann auch die ersten in Valbona, ihr Haus mit Toiletten und Duschen auszustatten und um Touristen zu werben.

Gegen Ende der 2000er platzte endgültig der Knoten. Die Regierung ließ eine Asphaltstraße bauen, entlang dieser schossen Kleinpensionen, ja Hotels, aus dem Boden, und diese Investitionen zahlten sich offensichtlich aus. Was sich seither getan hat, wird die Tourismus-Fachwirte freuen, manch Naturfreund aber schon pikieren. Das sich über 6 km streckende, nur sehr locker bebaute Ortsgelände ist offensichtlich im Begriff, sich in ein schweizerisches Urlauberdorf zu verwandeln. Ein jeder hier hat zunächst sein gesamtes Grundeigentum eingehegt, früher zog man den Zaun nur unmittelbar ums Haus. Was entstand, ist noch stimmig, Pensionen und Restaurants als Holzblockhütten, die noch ersten Steinhotels nur mäßig groß und mit Natursteinfassaden. Und überall, auch wenn das Haus noch nicht steht, schon stolze Schilder und Piktogramme im Einheitslook, wohl von der Tourismusbehörde finanziert.

Nun bleibt abzuwarten, ob der Damm bricht und eine Durres-Bebauungskatastrophe droht. Schauen Sie also jetzt, auf jeden Fall ist das Bild noch immer anrührend, Valbona lohnt sich. Noch jedenfalls kriegen Sie im Hotel Lamthi garantiert im Ort selbst hergestellte Butter als abgeschlagenes Blockstück, Käse, eine sehr schmack-

Wassermühle am Ortseingang

hafte Kreation zwischen Weiß- und Schnittkäse, sowie weiches, fast flaumiges Brot, natürlich auch von hier. Und dazu ein Glas ungemein würzig-duftenden Bergkräutertee. Das Brockenfleisch im „Lamthi" allerdings, fand ich zu mäkeln, stand wohl schon im Einklang mit der neuen touristischen Epoche. Früher hätte ich in Valbona nichts anderes als allerbestes Kotelett-Stück für den Gast bekommen. Nehmen Sie besser Forelle, die kommt direkt aus dem Bach auf den Tisch.

Weshalb kommen die Touristen hierher?

Aufstieg zum Jezerca:

Das Tal bietet zum ersten einen der Aufstiege zum höchsten Gipfel der albanischen Alpen, dem **2600er Jezerca**. Der Aufstieg von Valbona aus ist insbesondere bei der tschechischen und polnischen studentischen Jugend beliebt, die das Gros der ausländischen Wandertouristen in den Alpen stellt.

Über die Endwand des Tals hinüber nach Theth:

Als weitere Attraktion gilt die Übersteigung der 1800-m-**Wand hinüber nach Theth**, das ja, die meisten Touristen nehmen dies überrascht zur Kenntnis, in weniger als 6 km Luftlinie von Rragam entfernt liegt - eben nur durch die Wand getrennt. Die Wanderjugend absolviert derzeit die Übersteigung als Teil ihrer Langtour, es spricht aber nichts dagegen, den Pass an einem Tag zu überwinden, in Theth zu übernachten und am nächsten Tag zurück zu klettern.
Beides, Jezerca wie Theth-Wand, sind zwar anspruchsvoll, man sollte den Weg im gps-Gerät haben oder einen örtlichen Führer nehmen (20 €!), aber sie sind auch ohne Kletterausrüstung machbar.

Ende der Welt: Die Wand nach Theth,
im Vordergrund das hinterste Haus von Rragam.

Tipps für Kleinwanderungen:

WOMO-Reisende, die begrenzte Wanderlust verspüren, finden im Tal auch etliche kleinere Ziele. Es laufen an den abschüssigen Seitenwänden etliche verborgene Wege entlang, die zum Wandern mit beschränkter Ambition nutzbar sind.

Nach Rragam:

Am meisten wohl lohnt sich eine Wanderung seitlich entlang des Geröllbettes der Valbona bis zum Ende des Tales. Vom Hotel Lamthi aus sind dies etwa 4 km. Sehenswert gleich hinter dem Hotel eine **wasserfallähnliche Quellstelle**, der Platz gilt offiziell zwar als „Quelle der Valbona", aber wohl nur, weil er optisch attraktiv ist, und, um die Quelle den Schnell-Touristen vorweisen zu können. Sie erreichen nach drei Kilometern dann den auf den Rand des Tals etwas höher gebauten Ort **Rragam**, der aus zwar leider im Verfall begriffenen, aber noch vollständig originalen Traditionshäusern mit Holzschindeldächern besteht. Auch die Daseinsweise der wenigen Einwohner ist noch wie in der historischen Vergangenheit, anderswo hätte die Erhaltung dieses Dorfes höchste denkmalpflegerische Priorität.

Bis zu den Valbona-Quellen an der Endwand des Tals:

Sie können diese Wanderung fortsetzen bis zum **Ansatz der Wand nach Theth.** Kurz zuvor trennt sich die Valbona – sie entspringt eben nicht hinter dem Hotel – in zwei Arme. Der nördliche führt in undurchdringliches Gebüsch, der südliche ist, als anspruchsvolle Kraxeltour, bis zum höchsten Punkt des Wasseraustritts aus dem Bettgestein zu verfolgen (dieser liegt, je nach Trockenheit, immer anders, zum Recherchezeitpunkt vom Auftrennpunkt noch etwa einen Kilometer weiter oben).

Hier muss man Wasser getrunken haben: Höchste Quellaustrittsstelle der Valbona am 19.9.12.

Zur Bajram Curri-Höhle:

Eine weitere lohnenswerte Wanderung, eventuell auf der Rückreise, ist die Suche nach jener **Höhle bei Dragobi**, in der sich, nach der einen Überlieferung, Held Bajram Curri, auswegslos eingekesselt von seinen Feinden, selbst die Kugel gab. Nutzen Sie aber um Gottes Willen wieder nicht das herrliche Touristenschild am Wegrand bei Dragobi, damit finden Sie die Höhle nie. Bitten Sie in der „Rilindja" um eine Karte, die man dort hat, und starten Sie von dort. Eine weitere, etwas anspruchsvollere Möglichkeit ist, von der „Rilindja" aus in Richtung Cerem zu Wandern (Entfernung 12 km). Den ausgewiesenen Abzweig zu diesem Kleinort mit Wasserfall und schönem Bergpanorama ringsum finden Sie etwa 4 km südöstlich der Pension.

Wettcrhinweis: Spätestens ab Mitte September sollten Sie sich über die Wetterlage hier oben informieren, bevor Sie das Tal bereisen. Bei Regenwetter hängen die Wolken oft im Tal und es ist eher nassfeucht-ungemütlich.

TOUR 2-2 (ca. 200 km)

Von Valbona nach Peshkopi

Freie Übernachtung:	Valbona, östl Helshan, Kruma, Kukes, Bushtrica, Ceren, Peshkopi.
Campingplätze:	Valbona, Peshkopi
Ver-/Entsorgung:	Gaststätten der Stellplätze.
Besichtigen:	Kukes, Ceren, Peshkopi.
Wandern:	Spazierwege zwischen Kukes und Peshkopi
Essen:	Gaststätten wie im Text empfohlen.

Einführung zum Abschnitt 2

Korab (häufig in der bestimmten Form „Korabi" verwendet) leitet sich von „Korb" ab, und Korb ist der Rabe. Der Name hat seinen Sinn, denn der mit 2760 m höchste Berg Albaniens Berg wacht aus vielen Richtungen wie eine Allegorie über der Landschaft, ein Rabe, mit ausgebreiteten Schwingen. Es ist eine hoch liegende, szenisch stark wechselnde und damit optisch ergiebige Landschaft, die Sie bereisen. Dibra, so heißt sie, liegt weit im Inneren des Landes, und ruht noch immer wie introvertiert in traditionellen Werten. Auf den Dörfern hier finden Sie die meisten der Kullas, der mächtigen Wehrbauten in Turmform, alle älteren Männer tragen noch Türkenkappen und die Frauen traditionell geprägte Kleidung. Man hat deutlich den Eindruck einer stark tradierten Kultur, wenn man die Gegend bereist. Kukes wird Sie nicht vom Sitz reißen, Peshkopi schon. Hier dominiert ein glückliches Gemisch aus Tradition und Gegenwart. Lassen Sie die Eindrücke auf sich wirken.

Entfernungen
(Erläuterung der Entfernungsmessung siehe im Weiteren)
Valbona bis Startpunkt der Messung .... 34 km
Startpunkt bis Kukes, Südplatz .... 90 km
Kukes Südplatz bis Peshkopi, Stellplatz (65) .... 76 km

Hinweis zu den Stellplätzen bis Peshkopi
Die Empfehlung ist, von Valbona möglichst zeitig zu starten und **bis Peshkopi** ohne Zwischenübernachtung auszukommen, da die wenigen Plätze alle der Kategorie S-2 angehö-

ren. Das sollte auch möglich sein, da es praktisch nur zwei Stellen gibt, die einen längeren Besichtigungshalt nahe legen (Peshkopi können Sie anderentags besichtigen).

Wasserentnahmestellen: Decken Sie sich im Valbona-Tal ein, unterwegs finden Sie kaum Quellen.

Von Valbona bis Kukes

Die Maximalentfernung ab Stellplatz **(81)** beträgt 124 km.

Im Ortszentrum Bajram Curri ist mehrfach eine nur 2,5 km lange Abkürzung zum Grenzzubringer Richtung „Kosovo" ausgewiesen. Diese befand sich aber zum Recherchezeitpunkt in sehr schlechtem Zustand.

Alternativ bietet sich für „empfindliche" WOMO der erwähnte Aufschluss 4 km südlich von Bajram Curri an. Um den Wahlmöglichkeiten Rechnung zu tragen, beziehen sich die einheitlichen Kilometerangaben für den Start auf den Abzweig der Straße nach Kukes von diesem Grenzzubringer. Dieser Punkt liegt, bei kurzer Ausfahrt aus Bajram Curri, etwa 6 km von der gelben Hauptmoschee im Ort entfernt, bei langer Ausfahrt 10 km. Er ist mit „Ragam" und „Kam" ausgeschildert, ab hier beträgt die messtechnische Gesamtlänge bis Kukes **90 km**.

Falls Sie kurz vor dem Abzweig das Schild „Gashi Wildlife Sanctuary" irritiert, es handelt sich um ein Naturschutzgebiet oben am Hang des hohen Massivs, das Sie nördlich in einiger Entfernung sehen. Sein Charakteristikum sind riesige Ess-Kastanienwälder mit reichem Tierbestand. Dort hinzugelangen, erfordert jedoch spezielle Planung.

Typische Landschaft bei Kukes, hinten wieder der Stausee.

Die Straße ab diesem Abzweig ist zwar nur 4 m breit, aber, sich sanft windend, recht übersichtlich und wenig befahren. Sie durchqueren auf die ersten 50 km mittelhohes, höchstens mit Krüppeleichenbüschen bewaldetes Bergland, zwar mit einem **800-m-Pass** (km 21), aber insgesamt eher wie weitläufiges Hügelland wirkend. Tritt der Berg hervor, dann mit erdig-krümeligen, markant rostrotem Gestein, das zuweilen Nester mit festerem, marmoriertem Grauton zeigt: Hier deutet sich Chromerz an, der ehemalige Reichtum des Gebiets. Oberhalb von **Kam**, dessen im Verfall begriffene Rest-Bauten sie seitlich berühren, findet noch immer Abbau statt. Man wird die Landschaft hier weder idyllisch noch aufregend nennen können, eher artig und brav, das Auge macht sich am ehesten an der Bergwelt im Hintergrund fest. Seitlich sehen Sie den tiefen Einschnitt des Tales von Valbona. In Fahrtrichtung dominieren

Typische Bauten der Region

drei große Berge, von denen der mittlere der **Gjalica**, der Hausberg von Kukes, derjenige im Hintergrund links der **Korabi** sein müsste. Später erlangen Sie Einblicke auf den sich stark verästelnden Verlauf des **Fierza-Stausees**, der ja nun auf der Südseite liegt.

Sporadisch tauchen, weitab der Straße, vierschrötige Wehrhäuser auf, mit dicken Mauern und kleinen, viereckigen Fenstern. Die Straße berührt nur wenige Dörfer direkt. In den entfernteren wären Reste ästhetisch wertvollerer Bauten im türkischen Stil zu entdecken, zweistöckig und mit umlaufenden, halbgeschlossenen, teils geschnitzten Holzveranden. Etwa im Orte Helshan ist ganz hinten ein solches Haus zu finden.

Bemerkenswert die offensichtlich alten Tierrassen auf den Weiden, braun, kleinwüchsig, und sowohl Schafe als auch Kühe mit rund gedrehten Hörnern. Arm ist die Gegend auf jeden Fall an **Stellmöglichkeiten**. Für den Notfall würde ich folgenden Platz benennen:

(82) WOMO-Stellplatz:S-2 östl. Helshan

GPS: N 42°14'51.88", E 20°18'0.55"E   **Max. WOMOs:** 3.
Lage/Allgemeines: km 40. Gut deckendes Eichenbuschwäldchen, 100 m von der Straße. Kurzer asphaltierter Ausfahr-Stumpf ab Straße, dann holpriges Wegstück, leicht abschüssig.

Beim km 50 mündet die Tourstraße auf den breiteren, bis Kruma gut ausgebauten Zubringer zum regional stark genutzten

Grenzübergang **Qafë Prush**. Ab hier wird die Welt wieder geschäftig, der gleich folgende, langgestreckte Ort **Golaj** früher Bergbauzentrum, verdient sein Geld heute mit Cafébars für Grenzgänger.

Kruma (km 61), so groß wie Puka oder Bajram Curri, scheint Gewinnler der Zeitenwende zu sein, hier geht die Karawane ab – Richtung Gjakova im Kosovo. Not-Stellplatz **(83)** wäre hier zu finden. Direkt im Zentrum von Kruma wird Sie eine wundersam professionelle Weisung zum „**Kruma Highlands**

Lassen Sie sich nicht provozieren.

Campsite" elektrisieren: Hier müsste man doch gut stellen können!? Vergessen Sie das Schild auf der Stelle. Der Platz liegt 12 km oberhalb von Kruma auf dem Bergplateau (Höhendifferenz 600 Hm), ist nur über einen unbefestigten, gefährlichen Schmalweg den Berghang aufwärts zu erreichen, reiner Wanderzeltlerplatz.

(83) WOMO-Stellplatz: S-2 Kruma, Restaurant Arberia
GPS: N 42°12'7.2" E 20°24'31.4"   **Max. WOMOs:** 2
Lage/Allgemeines: km 61. Solides Ausflugsrestaurant am nördlichen Stadtausgang von Kruma, ostseitig, mit großem Parkplatz und Wasserspender am Tor. Allerdings direkt an der Straße.

Kruma (Krumë, auch Has genannt)

Stadt ohne Stammbaum, gewesener Bergbauort. Wirkt aber heute auf seiner Boulevard-ähnlichen Zentrumsstraße ungewöhnlich geschäftig, fast überdreht. Biegen Sie kurz zum „Qendra" ab, fahren Sie einmal hoch und runter, um zu sehen, wie hier die Uhren ticken. Hinten ist vor dem Polizeigebäude gut Wenden. Einzige Sehenswürdigkeit: Die Stadt bezieht ihr Wasser aus einem kleinen, **kristallklaren Quellen-Teich** an ihrem Südende am Berghang: WOMO-Parken auf der Zentralstraße in Höhe des auffallend schönen, neuen Gymnasiums mit der Büste von Bajram Curri. Der vom dortigen Platz nach Südwesten im bogenförmigen Verlauf abgehenden Straße, zuletzt Gasse „Rr. Burimi", bis zu deren Ende folgen, 550 m. Falls Sie nicht übernachten: Das bessere Essen gibt es im kleinen „Jupa" am Abzweig zum Zentrum.

Die nächsten 26 km fahren Sie neu geschlagene Straße. Auf die letzten Kilometer haben Sie sowohl einen interessanten Blick auf den Stauseeverlauf, dessen Brücke Sie vor Kukes überqueren, als auch

(Vor-)letzter Blick auf den Fierza-See

auf die fast verheißungsvoll auf den Hügel glänzende Stadt mit dem prachtvollen Bergstock des Gjalica dahinter.

Kukes: „From a distance..." nicht mal übel.

Kukes (Kukës)

Bei Kukes (km 90) tat man sich bislang schwer, überhaupt Gründe für einen Halt zu formulieren. Die Stadt ist eine Neugründung auf dem Hügel, eben nur von der Ferne verheißend anzusehen.

Das namensgebende Vorgängerdorf fiel 1958 dem Fierza-Staudamm zum Opfer und liegt heute auf dem Seegrund. Mit einer eigenen Identität hat Neu-Kukes auch deshalb ein Problem, weil es unter Enver Hoxha als eine Art Strafversetzungsort für missliebige Personen galt. Wer dem Regime in Tirana im Weg stand, für den sich aber kein strafrechtlicher Grund fand, ihn in ein Lager zu stecken, dem wurde im fernen Kukes zwangsweise Wohnsitz zugewiesen. Man trennte auf diese Art selbst Familien. Bei den Ereignissen um die Befreiung des Kosovo von der serbischen Herrschaft in den End-1990ern erlangte die Stadt allerdings als internationales Aufnahmelager für 500.000 Kosovo-Flüchtlinge eine zentrale Bedeutung. Dem Ereignis setzte man 2011 ein geradezu enormes Denkmal in Form eines **Museumsbaus im Wehrturmstil**. Allein, es scheint, man hat sich übernommen. Das Museum war auch 2015 noch nicht eröffnet. Auch anderweitig ist man wohl am Tourismus verzagt, der hübsche Info-Pavillon an der Ecke des Zentralplatzes, den die tschechische Botschafterin vor zwei Jahren stiftete, steht verwaist und mit eingeschlagenen Scheiben. Schauen Sie, wie weit es mit den beiden zweifelhaften Wahrzeichen der Stadt gekommen ist. Sollten Sie im Ort übernachten, können Sie des Abends noch ein bisschen den **Hauptboulevard (Rr. Dituria)** entlang bummeln, oder sich wundern, wie der „Gjiro", das in allen Städten übliche traditionelle abendliche Flanieren der heiratsfähigen Töchter, den überdimensionierten Zentralplatz doch füllt. Das Gebäude am Nordostende der Rr. Ditura, mit dem sozia-

Viel mehr als ihr neues Museum bietet die Stadt aber nicht.

listischen Heldenfries, der bislang als eine Art Ersatz-Wahrzeichen der Stadt galt, beherbergt **Radio Kukes**. Ein Blick auf die Marktstraße bestenfalls der Vollständigkeit halber, Sie haben jene in Peshkopi vor sich, und die lohnt sich mehr. Und Falls Sie nicht beim „Zabeli" übernachten: Das Hotel „Amerika" in der Südostecke des Zentralplatzes gilt nahezu als lokale Gourmet-Adresse.

Zur Anfahrt in Kukes orientieren Sie sich an den Weisungen „Qender". Diese führen alle zu dem riesigen Zentralplatz (mit dem Museum), Sie über/durchqueren dabei immer die Rr. Dituria. An deren Nordende werden Sie das Gebäude von Radio Kukes mit dem Fries leicht identifizieren, links davon geht es zum Zentralplatz, rechts zum **Stellplatz (84).**

Bitte berücksichtigen: Die breite Straße ab der Nordostecke des Zentralplatzes bietet weiter hinten idealen Stellplatz. Allerdings wird die Durchfahrt über den Platz abends ab 17.00 Uhr wegen des „Gjiro" von der Polizei gesperrt. Deshalb ist es auch problematisch, auf dem Platz selbst stellen zu wollen. Eigentlich ist dieser tagsüber öffentlicher Parkplatz und wäre dafür ideal. Aber selbst, wenn die Polizei Kulanz zeigen würde, das WOMO wäre Abends für mehrere Stunden von einer Menschenmenge umwogt.

(84) WOMO-Stellplatz: S-2 Kukes, Restaurant Zabeli

GPS: N42° 4'46.4" E 20°25'2.9"　　　　**Max. WOMOs:** > 5.
Innerorts, am Nordwestende der Zentralstraße Rr. Dituria 150 m nach Norden, in parkähnlichem Gelände gelegenes Restaurant mit bewachtem Parkplatz, abends stark frequentiert.

Autobahniges, oder das versprochene bail-out für Ermüdete: Falls Sie von dem ganzen Unternehmen Tour 2 jetzt die Nase voll haben, Zufahrten zum Ausstieg erster Klasse über die erst vor wenigen Jahren entstandene Autobahn A1 befinden sich sowohl am westlichen als auch am südlichen Stadtrand von Kukes.

Kurze Erläuterung zur Autobahn: Diese hat derzeit nur zwischen Kukes und Rubik (77 km) vollen Ausbaustand. Zwischen Rubik und dem Anschluss an Tour 1-1 bei Milot (18 km) ist sie vorläufig noch eine gut ausgebaute doppelspurige Straße.

Letztlich, der Vollständigkeit halber: Es existiert natürlich noch das Endstück der **alten Straße Kukes – Shkodra,** die Sie im Abschnitt 1 hinter Fushe Arrez verlassen haben. Gerade diese Passage war immer die Gefürchtetste auf dem Wege nach Kukes. Extrem viele Windungen und Höhenwechsel machen die Befahrung zur irren Angelegenheit, man musste sie einmal hinter sich haben, um zu verstehen, warum man für die 160 km viereinhalb Stunden brauchte. Allerdings bietet sie zum Ausgleich erhabene Panoramen: Weite Tallagen wechseln mit engeren schluchtartigen, das Abblühen der Bergwiesen im August ruft fantastische kräftige Farbeffekte und –kontraste hervor. Ruhig, da kaum mehr befahren, präsentiert sie sich heute, leider auch schlecht instandgehalten.

Von Kukes nach Peshkopi

Aus Kukes heraus finden Sie am besten mit der Wegweisung zum **Flughafen „Zayed bin Sultan"**, die Beschilderung „Peshkopi" scheint dieser zum Opfer gefallen zu sein.

Die Geschichte um den modernen Flughafen klingt wie die grässlichste aller Schmierenkomödien. Der erlauchte namensgebende Scheich – wohl aus den arabischen Emiraten - gefiel sich in der Rolle eines Gönners und spendierte dem armen, aber recht islamischen Kukes schon vor Jahren das schöne Ding. Die Sache geriet zur Peinlichkeit, da sich die Regierung in Tirana beim Bau des Hauptstadt-Großflughafens gegenüber dem Investor verpflichtet hatte, zur Gewährleistung von dessen Gewinn längere Zeit keinen weiteren Flughafen in Betrieb zu nehmen. So liegt denn das hübsche Flughäfchen in top Verfassung und wird absolut betriebsbereit gehalten. Aber auch noch zum Recherchezeitpunkt hob kein reguläres Flugzeug ab. Später dann werden es wohl nur vereinzelte Privatjets sein, denn der Bau der Autobahn hat den Flughafen eigentlich nun völlig überflüssig gemacht. Der Scheich hätte mal lieber in Saranda bauen sollen, aber die Gegend war ihm sicher zu wenig muslimisch.
Soweit die rührselige offizielle Aschenputtel-Variante vom Scheich. Zu fortgeschrittener Stunde, am Biertische zu Kukes, kolportierte man mir allerdings noch eine andere Version: Demnach gingen tief in der Nacht manchmal die Landelichter an, und dann kämen doch kleine, schnelle Flugzeuge. Niemand wisse, wer drin sitzt, noch, was sie bringen oder holen. Am Morgen seien sie auch wieder weg. Und der „Scheich", das sei eigentlich nur eine Transit-Kontonummer für die Baukosten gewesen, in Wirklichkeit wäre das Geld aus einem großen, großen Staatshaushalt gekommen...

Kleine Pause gefällig?
Dieser Blick ist in zehn Minuten zu erlaufen...

Nach Überquerung der Autobahn nach dem Kosovo und der 2-km-Passage entlang des Flughafens gelangen Sie aus der Kukes-Ebene auf nur 350 m ü. NN heraus und dann geht es über mehrere kleine Ortslagen schnell nach oben. Dabei begleitet Sie links der Blick auf den 2500er Gjalica, den formidablen Hausberg von Kukes. Einige Touristenschilder „Scenic Drive Shishtavec 4x4" weisen darauf hin, dass sich jenseits des Gjalica eine sehenswerte Hochebene befindet, Spielwiese für Off-Roader mit Geländeuntersetzung.

Nach Erreichen eines **Passpunktes** im Dorf Kolesjan (740 Hm, km 105) nähern Sie sich einem ersten optischen Höhepunkt. Südseitig vertieft sich jäh ein Tal nahezu gruftartig, mit mächtigen, gegenüber liegenden Seitenhängen.

Den Talgrund können Sie nicht einsehen, dort arbeitet sich der Drin durch mehrere schluchtartige Durchlässe. Der Weg da unten, entlang des Mitteltals des Drin, ist wieder ein klarer Fall für 4x4-Freunde, und bei diesen eine Kult-Tour. An einem Punkt, etwa beim km 114, erkennen Sie in der Ferne, warum:
Über einen steilen Hang stürzt sich in unzähligen Serpentinen ein unbefestigter Weg ins Tal. Dessen Abzweig von Ihrer jetzt asphaltierten Tourstraße ist äußerst unscheinbar, sie werden ihn im Vorbeifahren nicht erkennen.

...für diesen hier brauchen Sie nurmal kurz halten - unten ist **(85)**.

Für Sie geht es zunächst weiter bergauf, damit erweitert sich ihre Perspektive und das Panorama wird immer grandioser, die Mehrfarbigkeit der straßenbegleitenden steilen Felshänge buchstäblich malerisch.

(85) WOMO-Stellplatz: S-2 Lapaj, Hotel Gjoka
GPS: N 41°53'39.56", E 20°25'1.18"   **Max. WOMOs:** 2
Lage/Allgemeines: km 119, Ausflugshotel gleich hinter dem neuen Pumpspeicherwerk Lapaj. Akzeptiert WOMO-Stellung auf Parkplatz. Nachteil: Gewisse gleichmäßige Geräuschkulisse vom benachbarten Energieerzeuger.

Düpierend dann ein nochmaliger tiefer Zwischenabstieg auf 580 m beim km 119 (siehe Bild), aber interessant, was Sie dort in dem Winkel finden: Ein Pumpspeicherwerk, „Lapaj Hidrocentral". Die Dinger sprangen in den jüngsten Jahren wie Pilze aus den Bergwänden, sie werden auf anderen Routen noch öfters welche sehen.

Danach aber geht's richtig hoch. Über eine ausgeprägte Serpentinenlage mit weiterhin geradezu aufregend prachtvollen Taleinblicken arbeiten Sie sich auf offene Hochfläche mit Pass bei 1200 m. Beim km 130 passieren Sie das ockerfarbene Kommunalgebäude der Gemeinde Kalaja e Dodes (Schild am Gebäude). Hier oder auf der Wiese gegenüber sollten Sie parken, denn... hier ist was zu besichtigen.

(86) WOMO-Stellplatz: S-2 Kalaja e Dodes, am Kommunalgebäude

GPS: N 41°50'6.0" E 20°27'34.2"　　　　　**Max. WOMOs: > 5.**
Lage/Allgemeines: km 130. Nach der Passüberquerung der erste Siedlungsbereich (im unmittelbaren Umkreis nur wenige Häuser), der wieder durchquert wird. Park- und, ab späten Nachmittag auch Stellmöglichkeit vor dem auffällig großen, zweistöckigen Kommunalgebäude Kalaja e Dodes (Schild oben am Gebäude), oder gegenüber auf der Wiese (leicht abschüssig).

Ceren

Das sich ab Kommunalgebäude nach unten anschließende, zum Gemeindeverbund gehörige **Dorf Ceren** ist ein schönes Beispiel gut erhaltener älterer Architektur und zugleich ein Ort, wo man islamisch geprägte traditionelle Kultur noch lebt. Laufen Sie 400 m nach unten und suchen Sie sich einen der kurzen Abgänge zum Ort, denn entlang der Straße besteht keine Parkmöglichkeit. Die Männer im Ort tragen stolz ihre schwarzen Anzüge und gewebten Kappen, viele Frauen sind betont zurückhaltend, ja scheu.

Im Folgenden (ab km 132) passieren Sie den szenisch-optischen Höhepunkt dieses Routenabschnitts. Links jenseits eines sich weit nach oben streckenden Hanges, südseitig flankiert von einer Wand aus harmonisch aufgebauten, edelgrau gemaserten Konenbergen, in deren längsgeriefte Risse sich

schmale Waldfinger krallen, öffnet sich der Blick, auf den **Korab** in seiner ganzen Mächtigkeit. Das ebenfalls sehr schöne Dorf **Radomir**, am Hang zu sehen, ist gewöhnlich der Startpunkt für Aufstiege von der albanischen Seite. Leider sind die letzten drei Kilomter nicht so richtig empfehlenswert für WOMOs. In nochmals

Ceren - traditionelles Leben, traditionelle Architektur.

Szenischer Höhepunkt: Der Korab

scharfer Serpentine verliert die Straße dann wieder deutlich an Höhe, bietet im Weiteren erneut fesselnde Einblicke in Tieftäler, im Hintergrund begleitet vom Hochbergmassiv des Lura-Gebiets.

Der Rest der Strecke tendiert zur Beschaulichkeit in hügeliger Landschaft, der fruchtbaren und vormals auch reichen Region Dibra. Zahlreiche Dörfer liegen links und rechts. Im Dorf **Sllove** (km 141) sehen sie am Dorfausgang Südwest eine Seltenheit für die Region, ein Partisanendenkmal. Im Gegensatz zum südalbanischen Bereich hatte man es hier oben eher nicht eilig, die Besatzer durch eigenes Zutun loszuwerden, folglich inflationieren hier auch solche Denkmäler nicht.

Im Gebiet hätten Sie die Chance, die mit mächtigsten und auch besterhaltendsten **Kulla** (siehe S. 188) Albaniens zu sehen. Allein, gewöhnlich liegen die Bauten so tief in engsten Dorfgassen, dass sich der Versuch mit WOMO verbietet.

Die hier meist vierstöckigen Kullas ähneln zwar den Wehrbauten von Gjirokastra, weisen denen gegenüber jedoch etliche Besonderheiten auf. Sie sind innen von deutlich einfacherer Bauart, ländlich geprägt. Die Etagen haben keine Zimmerunterteilung und es gibt keine luxuriösen Gästebereiche. Dem Mann gehörte die „Wachetage" ganz oben, der Bereich der Frau lag darunter. Ganz unten wurde das Vieh eingestellt.

Sollten Sie Lust auf eine Erkundung mit gps-Gerät zu Fuß haben, lohnt

Die Kulla von Sohodoll

sich die **Kulla von Sohodoll**. Vom ausgeschilderten Fernstraßenabzweig beim km 158 können Sie mit dem WOMO noch etwa 1,5 km bis vor das Schulgebäude im Dorf Sohodoll vorfahren. Von dort geht es unbefestigt und eng, also zu Fuß, noch etwa einen Kilometer weiter, die Kulla liegt nicht im Hauptbereich des Dorfes, sondern in einer Art Nebendorf nördlich.

Peshkopi

Die Stadt ist historisch gewachsen und profitiert anblicksmäßig deutlich von ihrem recht intakten architektonischen Stammbaum, einem noch geschlossen wirkenden alten **Wohnviertel oberhalb des Marktes**. Dem wurde gleich westlich anschließend ein neuzeitlicher, sehr angenehmer, zur Hälfte **autofreier Zentralboulevard** angefügt, in den sich einige durchaus ansehnliche Bauten, wie der Kulturpalast, Verwaltungs- und Geschäftsgebäude sowie Hotels fügen.

Neuerdings, fast ein Wunder, hat Peshkopi nicht nur wieder ein **Museum**, dieses kommt sogar in einem mehr als würdigen Bau daher, einem antiken Giebeltempel nachempfunden. Im Museum wird dem Besucher, mit gelassenem understatement nahe gebracht, dass Peshkopi eigentlich den Zusatz „Skanderbeg-Stadt" verdienen würde, denn dessen Familie stammt aus der Region, herrschte hier und hatte hier weitläufige Besitzungen. Es ist daher wohl auch kein Zufall, dass Skanderbeg die ihm vertraute Region wählte, um 19 seiner 24 Schlachten gegen die Osmanen hier zu schlagen – und insofern nur folgerichtig, dass sich auch Peshkopi herausgefordert gefühlt hat, ihm eine Großskulptur vor dem Kulturpalast zu widmen. Diese ist zwar angemessen mächtig und künstlerisch eigenständig, aber dennoch ziemlich stink-konventionell, das Erbe von Paskali (siehe Berühmtenliste), lässt grüßen. Im derzeitig laufenden Wettstreit der Präfekturstädte um moderne Bronzekunst kann Peshkopi damit kaum punkten.

Am Zentralplatz von Peshkopi

Im Museum weiterhin zu sehen, eine informative Sammlung auch ästhetisch ungewöhnlich gefälliger Stücke der Ur-und Frühgeschichte, etwa eine repräsentative Sammlung von Doppeläxten. Highlight dürfte ein ausgesprochen modern stilisierter, anmutiger weiblicher Bronzekopf sein, er würde heutigen Künstlern Ehre machen (hetzen wir mal, wenn sie diesen als Kopie vergrößert und vor den Kulturpalast gestellt hätten,

wären ein paar Punkte mehr heraus gekommen). Falls niemand am Museum ist, wenden Sie sich entweder an das Tourismusbüro im Kulturpalast oder über den Seiteneingang links an einen der Mitarbeiter des Palastes, der Museumsverantwortliche wird dann per Handy herbei zitiert.

Unbedingt sehenswert in Peshkopi auch das **Markttreiben**. Hier werden neben üblichen heutigen Waren solcher

Ist doch fast ein Tempel - oder?

Märkte noch bodenständige Gebrauchsprodukte der jüngeren Vergangenheit, die bei uns schon als Antiktrödel gelten würden, als normale Waren angeboten, etwa Schmiedeerzeugnisse, Dinge für die traditionelle Weberei oder für die bäuerliche Pferdehaltung. Übersehen Sie nicht, dass der Markt noch einen Underground hat: An der Südseite gelangt man über unscheinbare Eingänge ins tiefer liegende Areal, in dem sich auf fast beängstigendem Engraum Verkaufsstand an Verkaufsstand reiht, mit der entsprechenden Atmosphäre.

Das in Albanien viel gerühmte **Thermalbad Peshkopi** in der hintersten Ostecke der Stadt zu besuchen, ist erlässlich. Mit seinen stinkenden, extrem heißen Schwefelwässern ist es ausschließlich für Behandlung wirklich Leidender konzipiert. Die Einheimischen,die sich heiß „schwefeln" lassen wollen, benutzen primitive Badekolke, den Weg jenseits des Bads einige hundert Meter hinauf.

Anfahrt, Parken, Stellen: Peshkopi ist eine Stadt mit ausgesprochen orientalisch-chaotischer Verkehrssituation, die Anfahrt zu den Übernachtungsplätzen ist jedoch orientierungsmäßig unproblematisch. Es gibt nur zwei Zufahrtsstraßen zur Stadt und man wird über ein Einbahnstraßensystem zwangsweise auf der anderen Stadtseite wieder herausgeführt. Ein WOMO zur Tageszeit zentrumsnah zu parken, dürfte unmöglich sein - bis auf eine Ausnahme: Wenn Sie sich trauen, in die Gasse in Richtung Stellplatz

Würde sich mancher auch um den Hals hängen.

(87) zu fahren, finden Sie nach 250 m einen ausgewiesenen Parkstreifen, der, zumindest in den Recherchetagen, noch erstaunlich viel Platz bot (Wenden 1km weiter hinten).

(87) WOMO-Campingplatz-Tipp:
C-3 Peshkopi, Kapxhiu Camping

GPS: N 41°41'9.76", E 20°26'17.21"E   **Max. WOMOs:** 5
http://www.campingpeshkopi.com   Tel. 00355-218-22854
geöffnet: Auch in der Vor- und Nachsaison.
Lage/Anfahrt: Kleine Gasse an der Nordseite vom Markt (Furgonplatz), Schild „Lixha 1,5 km", darunter „Camping". 350 m, rechts.

Allgemeines: Privatgrundstück mit Toreinfahrt und Rampe, Für große WOMOs könnte die Zugangsrampe ein Problem sein. Recht angenehmes Stellen unter dem speziell für WOMO angehobenen Weinspalier oder auf der anschließenden Wiese.
Ausstattung: Elektro mit Kabelzuführung, WLAN
Sanitäranlagen: Recht ordentliche Duschen und Toiletten
Preis: 5 €/Person, 4Euro/ WOMO

3,40 m hoch, da passen auch WOMO drunter

(88) WOMO-Stellplatz: S-2 Peshkopi, Restaurant Pishina (Zerja)

GPS: N 41°40'9.90", E 20°26'25.74"   **Max. WOMOs:** 3
Lage/Allgemeines: Südlich Peshkopi, 3 km ab der engen Kehre am Stadtausgang. Besseres Ausflugsrestaurant an der Fernstraße, mit Swimming Pool und großem Parkplatz. WOMO willkommen. Der Eigentümer (nicht die Kellner) spricht Deutsch. Für große WOMOs oder falls **(87)** besetzt ist. Gute Küche!

Um von letzterem Übernachtungsstellplatz in die Stadt zu gelangen, haben Sie drei prinzipielle Möglichkeiten: **Erstens,** Sie laufen die 1800 m (bis zum Marktplatz). **Achtung, Abkürzungen möglich**, 100 m vor Hotel Piazza, rechts, und dann nochmals nach 1500 m, in der großen Krümmung bei den letzten Geschäften der Vorstadt, links (Weg nach unten). **Zweitens,** Sie halten einen der in kurzen Abständen an dem Restaurant vorbei fahrenden Furgons an. **Drittens,** Sie fahren ihr WOMO in Richtung Stadteingang, ab 1,2 km ab **(88)**, etwa ab dem Hotel Ergoni (rechts), sollte noch Parkmöglichkeit bestehen.

TOUR 2-3 (ca. 125 km)

Von Peshkopi - ja, wohin, und vor allem, wo entlang?

Freie Übernachtung:	Peshkopi, Shupenza, vor Bulqiza
Campingplätze:	Suc (vor Burell).
Ver-/Entsorgung:	Campingplätze, Gaststätten der Stellplätze.
Besichtigen:	Wehrsiedlung (hinter Klos bei km 68).
Essen:	Gaststätten der Stellplätze und Selbstversorgung.

Erhellung dieser wirren Überschrift

Ich hatte es im Vorwort bereits angedeutet: Die Veränderung der Straßenbau-Planung in Albanien hat auch mir einiges durcheinander gebracht und dieses Kapitel ist davon besonders betroffen. Speziell wurde nämlich ein Projekt auf Eis gelegt, das für die Planung einer Mega-Runde durch die albanische Provinz besonders nützlich gewesen wäre: Die Asphaltierung der Strecke von Peshkopi, ab dem Abzweig-Ort Shupenza, bis nach Librazhd. Sie würde gestatten, aus einer Nordost-Rundreise heraus, also aus meiner Tour 2, sofort in eine Südost-Rundreise, in meine Tour 3, zu wechseln und dabei dem wunderbaren Ohrid-See einen Besuch abzustatten. Keiner vermag heute zu sagen, wann das Projekt, für das bereits die Trassenführung über die Berge geschruppt, ja, teilweise der Unterbau schon eingebracht war (siehe Bild), je wieder aufgenommen werden wird.

Shupenza-Librazhd: Wenn doch wenigstens ein bisschen Asphalt drauf gekommen wäre...

Was mir also bleibt, ist, Ihnen anzutragen, wie bisher von Peshkopi zur Küste zurück zu fahren und dies wird auch der hauptsächliche Inhalt dieses Kapitels sein.

Was aber werden sich die Verantwortlichen gedacht haben, als sie diese Asphaltierung aus dem Programm strichen? Ob sie vielleicht der Meinung waren, die Leute sollen doch über Mazedonien fahren, da gibt es bereits eine parallele, gut ausgebaute Strecke? So tue auch ich das für einen Länderreiseführer Ungewöhnliche und weise darauf hin, dass der bequemste Weg, von Peshkopi zum Ohrid-See zu gelangen, derzeit über ein anderes Land, Mazedonien also, führt. Und nun begehe ich das ultimate Sakrileg und sage Ihnen noch dazu, dass die mazedonische Seite des Ohrid ohnehin bedeutendere Erlebnisse bietet, als die albanische. So weit, Ihnen die Sehenswürdigkeiten des **mazedonischen Stadt Ohrid** im Einzelnen vorzustellen, werde ich allerdings nicht gehen - sage nur noch: UNESCO-Kulturerbe. Ich begnüge mich folglich mit **Fahrt-Hinweisen für diesen Abstecher ins „Ausland":** Peshkopi Richtung Tirana verlassend, passieren Sie nach 15 km einen Kreisverkehr, ab dem der Grenzübergang Bllata (3 km) ausgeschildert ist. Über diesen gelangen Sie ins mazedonische Debar, von dort entlang zunächst des Stausees von Debar, dann des Flusses Drin, auf zwar kurvenreicher, aber passabler und wenig befahrener Straße (56 km) nach Struga, nördlich des Ohrid-Sees. Hier können Sie zwischen der Ost- oder der Westumfahrung des Sees wählen und in beiden Fällen über jeweils die albanischen Grenzübergänge Qafe Thana oder Tushemisht wieder problemlos nach Albanien hinein und auf meine Tour 3 aufschließen.

Von Peshkopi zurück zur Küste - Einführung zum Tour-Abschnitt 2-3

Nun komme ich aber auf meine ureigenste Aufgabe zurück und weise Ihnen den „inneren" Weg von Peshkopi aus zurück zur Küste innerhalb Albaniens. Der Routenabschnitt läuft auf einer **historischen West-Ost-Route,** die insbesondere zur Zeit der venezianischen Herrschaft im Raum von großer wirtschaftlicher Bedeutung war, da die Osmanen andere wichtige Handelsrouten bereits unter ihre Kontrolle gebracht hatten. Weil sie durch das damalige Kernsiedlungsgebiet der Albaner führte, hieß sie **„Straße der Arber"** (Arber war eine historische Bezeichnung für die Albaner). Die ungünstige Lage zur Hauptstadt Tirana, bislang konnte man die Route von dort aus ausschließlich mit 110 km Bergumfahrung erreichen, ließ sie lange ein Schattendasein fristen.

Neuerdings, mit der wachsenden Orientierung der albanischen Bevölkerungsgruppen Mazedoniens Richtung Tirana, ist die Route aber ins strategische Kalkül geraten und soll, wieder als „Straße der Arber", zu einer zentralen Verkehrsader aufgewertet werden. Dazu ist geplant, sie durch einen Bergtunnelbau direkt an die Hauptstadt anzubinden. Dies würde die Reisezeit von Tirana in die derzeit hinterste-Provinz-Stadt Peshkopi von heute 4:20 auf etwa 2:00 Stunden verkürzen. Diesem Plan steht derzeit die Kostendeckung für den Tunnel im Wege, aber mit der umfassenden Straßenaufbereitung ist man schon fortgeschritten. Will heißen, die östlichen zwei Drittel des Tourabschnitts, bis dahin, wo künftig die Tunnelstraße abzweigt, fand ich bereits vollsaniert vor. Über das restliche Drittel möchte ich lieber schweigen. Heben Sie den Wagen vorsichtig durch die Löcher.

Entfernungen

Peshkopi, Stellplatz **(88)** bis Stellplatz **(93)** .... 71 km
Stellplatz **(93)** bis Auftreffpunkt auf T1-1 .... 55 km

Kurze Verweilstationen

Auf der Strecke liegen keine Orte, an denen sich mehrstündiges Verweilen lohnt. Konzentrieren wir uns also auf die wenigen, heraushebenswerten Plätze - und natürlich wieder auf das optische Erlebnis der stark wechselnden Landschaft. Dieses wird sicher dominiert durch den Mittelbereich des Tourabschnitts. Auf fast 30 km läuft die Tourstraße hier im Durchbruch zwischen zwei hohen Bergmassiven entlang. Zuvor und danach wirkt die Landschaft bei unmerklich hoher Lage (immerhin um 700 m) eher weitläufig-hügelig. Dadurch gliedert sich der Tourverlauf optisch relativ streng in drei Hauptabschnitte.

Auf der Strecke zwischen Peshkopi und dem Durchbruchsbereich lohnen sich bestenfalls ein kurzer Halt (mit Kaffee eine Stunde) sowie ein kleiner Abstecher für Moschee-Freunde.

Grazhdan

Hier haben amerikanische Archäologen vor wenigen Jahren mit großer Furore die Grundmauern eines bedeutenden **Römerkastells** sowie dazugehörige Begräbnisstätten ausgegraben. Leider teilt die nach der Ausgrabung vorbildlich geordnet übergebene Stätte das Schicksal der meisten kleineren archäologischen Plätze Albaniens. Niemand fühlt sich für ihre Instandhaltung verantwortlich und in nicht wenigen Fällen möchte man denken, es wäre besser gewesen, die Archäologen hätten hinterher alles wieder zugeschüttet.

Ein kurzer Blick auf das relativ große Grabungsfeld lohnt sich dennoch, sie sehen vor allem die Grundmauern des Eingangsbereichs des Kastells, die Steinkistengräber seitlich gereiht.

Der Zugang zum Kastell, unmittelbar nach der Restaurierung

Xhamia e Allajbegise

Die aus dem Jahre 1578 stammende Allajbeg-Moschee soll eines der ältesten Zeugnisse der Islamisierung des ländlichen Raumes in Albanien sein. Um sie herum finden sich merkwürdig geformte geformte Grabsteine (Bild), mit osmanischen Aufschriften.

Anfahrten: *Grazhdan:* Hinweisschild beim km 11. Bleiben Sie auf der Tourstraße, 150 m weiter, links, ist eine Kaffebar mit Parkplatz. Von dort können Sie gut die 200 m bis zur Stätte erlaufen.

Moschee: Hier müssen Sie am Rondell beim km 13 der Weisung nach Bllata (also zur Grenze) folgen. Knapp 500 m weiter finden Sie rechts den Ort Burim ausgewiesen, in dessen Zentrum die Moschee gut sichtbar steht (reichl. 1 km).

Der bereits erwähnte **Grenzübergang Bllata** (Zugang ab km 13) ist übrigens nicht nur eine Option für die Weiterfahrt zum Ohrid-See, sondern auch eine für die Fernanreise nach Albanien. Sie Durchqueren dazu in Mazedonien den schönen Nationalpark Mavrovo.

Auf der Tour weiter - Richtung ist Tirana - der Aufmerksamkeit zu empfehlen ist dann die **Überquerung des Schwarzen Drin**, des einzigen Abflusses des Ohrid-Sees (km 17), mit nur 460 m auch tiefster Punkt auf der ersten Hälfte dieses Tourabschnitts. Hier in der Nähe finden sich auch zwei Not-Stellplätze, die aber wegen der Ruhe und gegebenen Versorgung gar nicht mal so übel sind - wenn da nicht die Zufahrten wären:

(89) WOMO-Stellplatz: S-1, Drin-Brücke
Restaurant Natyra

GPS: N 41°34'7.36", E 20°26'39.95"   **Max. WOMOs:** 5
Lage/Allgemeines: Lauschiges Waldgaststätten-Areal in einem Drin-Bogen, mit großem Parkplatz. Hinweisschild ostseitig der Drinbrücke (km 17). Ab hier Schotterweg, angegebene 1200 m stimmen nicht, es sind fast 2000 m. Problem: Ab 300 m Hangrampe (25 Hm). Von der Brücke aus zunächst zu Fuß erkunden! Toiletten: Schlicht.

(90) WOMO-Stellplatz: S-1 Shupenza
Restaurant Panorama

GPS: N 41°34'29.1" E 20°26'2.1"   **Max. WOMOs:** > 10.
Lage/Allgemeines: km 18, 5 km, 600 m westseitig der Drin-Brücke, deutlich unterhalb der Straße am Hang gelegen, 200 m unbefestigter Abstiegsweg. Einfaches Restaurant, schön gelegen auf einer Flusshangterrasse. Relativ großräumiger Parkplatz, mit großen WOMOs sollte man trotzdem erst von oben erkunden, ob der Platz nicht durch eine Familienfeier belegt ist. Toiletten: Schlicht.

Beim km 25, jenseits des Ortes Shupenza, treten Sie dann endgültig in den Taltrogbereich zwischen den Hochbergen ein, der sich bis kurz vor den Ort Klos (km 61) erstreckt (**für den eventuellen An-** Bulqiza Südseite: Klar, was hier ansteht **schluss nach Librazhd bitte S. 219 lesen!**). Optisch eindrucksvoll hier zunächst die Talverbreiterung von **Bulqiza**.

Der Anblick wird von rötlich-düsteren, mächtigen Seitenbergen dominiert. Bulqiza sowie die südlich jenseits des Bergmassivs gelegene Stadt Krasta waren einst das Herz der albanischen Bergbaus, Chrom-, Nickel und andere Erze gibt es hier zu finden. Zwar haben die Minen heute internationale Eigentümer, und die neu erschlossenen Tagebaue westlich der Stadt zeugen von einer gewissen Belebung des Geschäfts. Aber es sind viele, sehr viele ehemalige Bergarbeiter, die hier noch auf neue Arbeit warten. Bevor Sie ins Bulqiza-Tal einfahren, wäre zumindest noch ein passabler Not-Stellplatz zu vermerken:

(91) WOMO-Stellplatz: S-1, vor Bulqiza Restaurant Stou

GPS: N 41°30'54.86", E 20°17'10.73"   **Max. WOMOs:** 5
Lage/Allgemeines: km 37. Neu erbautes, großes Ausflugsrestaurant mit tiefer liegender, straßenparalleler Hinteranfahrt, dem steilen Flussufer zugewandt (Stück der alten Straße, gut zum Stellen geeignet). Toiletten: Neu und modern. Falls Sie hier Stellen: Zum abendlichen Beine Vertreten empfiehlt sich ein Besuch in der 500 m westlich liegenden Bektashi-Tekke des Dervish Zilja. Falls nicht nutzbar: Ähnliches Restaurant, **Pisha Bulqizes,** 2,5 km weiter, Parkplatz hier allerdings weniger geschützt.

Der Talbereich direkt bei Bulqiza ist Teil eines verlandeten Hochmoors, die Mitte darum nicht bebaut. Am Südhang liegt die ursprüngliche Stadt mit den Bergbauanlagen, auf der anderen Seite die in der Enver Hoxha-Zeit entstandenen Wohnsiedlungen. Die verbliebenen Sumpfsee-Areale nahe der Stadt verdienen höchsten Naturschutzstatus. Es scheint, dies hat man nach langer Verzögerung jetzt auch hier begriffen, erste Sanierungen waren im Gange.
Die Neutrassierung lässt die Fernstraße heute mehr nordseitig grabenartig tief durch einen Talhügel laufen. Sie kommen also mit dem Ort nicht in Berührung, ja, sehen ihn nicht einmal richtig. Falls Sie etwas von der eigenen, widersprüchlichen Atmosphäre, die der Bergbau hier hervorgebracht hat, mitkriegen wollen, müssen Sie abbiegen. Die Kernstadt südlich der Straße wirkt gar nicht einmal unangenehm, wenngleich die Zentralbauten deutlich die Zweckmäßigkeit von Industriearchitektur ausstrahlen. Im Hintergrund liegen die Abraumhalden an der geschundenen Bergflanke. Die Stadt hat ein **Einbahnstraßensystem,** das WOMO-Fahrer ins Schwitzen bringt. Benutzen Sie die **Zufahrt ab Talmitte.** Dann gelangen Sie bis kurz vor den Ortskern, können dort das WOMO parken und hinterher weiter vorn wenden. Außerdem liegen an der Zufahrt Marktstände, die

sehr gut gearbeitete Traditions-kleidung so preiswert wie nirgendwo anders im Lande verkaufen. Das Tal liegt auf 750 m Höhe, die umliegenden Berge gehen über die 2000 m hinaus. Vielleicht später einmal, wenn der Tunnel von Tirana kommt, wird es ein Wintersportparadies für die Hauptstädter.

Unmittelbar westlich von Bulqiza, beim km 46, liegt dann auch mit dem **Qafe e Bualit** der höchste Passpunkt des Tourabschnitts (850 m). Die Straße zieht sich dann noch etliche Kilometer fast höhengleich am Hang lang, dem Blick öffnet sich ein tiefes, straßenbegleitendes Langtal, dort unten werden Sie Straßenneubau sehen: Man arbeitet auf den künftigen **Tunnel nach Tirana** zu. Bald dahinter ein weiterer Notnagel:

(92) WOMO-Stellplatz: S-1 Transitrestaurant

GPS: N 41°28'17.1" E 20° 8'13.7"   **Max. WOMOs:** 3.
Lage/Allgemeines: km 53. Auf erhöhter Bergplattform neben der Straße liegendes Ausflugs- und Transitrestaurant. Parkplatz (unten) WOMO-geeignet, aber wenig geschützt.

Zwischen den Kilometern 56 und 100 treten Sie, über Serpentinen befördert, in eine völlig andere, fast gleichmäßig hügelige Landschaft ein, die **Region Mat.** Selbst nur auf 200 m liegend, wird sie in der Ferne von prachtvollen Hochbergen umkränzt. Die nördlich liegenden gehören übrigens zum Lura-Massiv, einer einst wegen ihrer Natur besungenen, heute wegen massiven Raubbaus am Wald aber eher zwiespältigen Gegend.
Wegen der höhenmäßig günstigen Lage herrscht in Mat ein ausgewogenes, anbaugünstiges Klima, die alte, reiche Siedlungsregion ist nach wie vor eine Kornkammer des Landes.

Ähnlich wie in der Mirdita oder im Shala-Tal hat auch hier viele albanische Tradition ihre Wurzel, die Häuser am Bergrand kommen wieder in ausgeprägtem Wehrstil daher, mittendrin treffen Sie aber auch reich gegliederte **Türkenstil-Häuser**, etwa beim km 56. Ein ausgeprägtes

Man wohnt noch im Türkenstil-Haus

Beispiel von **Wehrsiedlung** sehen Sie beim Ort Shulbater (km 68), westlich in etwa einem Kilometer Entfernung (plus 400 m Hanganstieg). In dem beeindruckenden Ensemble wurden vor kurzem die Touristenherbergen **Kulla Marianne** und **Kulla Gjini** eröffnet. Leider sind die Parkbedingungen extrem schlecht (betonierter Seitengraben). Um zu besichtigen, müssten Sie das WOMO an der Tourstraße stehen lassen (Parkraum wäre dort gegeben).

Wem zum Segen, all diese Symbole?

Beachten Sie bei den Kullas zunächst die Einmeißelungen von esoterischen Symbolen um die Türbögen. In den oberen Gästezimmern der 200 bis 300 Jahre alten Gebäude sehen Sie Schießscharten über der Tür, Vorrichtungen zum Begießen von unerwünschten Gästen mit heißem Wasser, schwere Haken für Waffen, Ablagen für Gewehre vor den Fenstern, Einbuchtungen in der Wand für Munition, Falltüren unter dem Teppich, um Weizen zu verstecken, wenn man mal weg fuhr. Um die Kaffetassen der werten Gäste vor dem Neueinguss auszuwaschen, gab es extra ein hübsches kleines Stein-Rundbecken neben dem Sitz des Hausherrn. Für die tägliche Hygiene allerdings war nur eine provisorische Trichtervertiefung in der Fensterbank reserviert, und eine winzige Wasserkanne daneben.

(93) WOMO-Campingplatz-Tipp: C-2 Suc, Camping Oasi Alla Chiesa

GPS: N 41°34'20.2" E 20° 3'8.1"
http://www.campingallachiesa.com, Tel.:00355 672755822 (englisch)
geöffnet: Auch in der Vor- und Nachsaison
Lage/Anfahrt: km 71. Etwa 9 km nach Passieren des Ortszentrums der etwas größeren Stadt Klos, auf einem Plateau deutlich oberhalb der Straße, auf dem dortigen Kirchengelände gelegen, Zufahrt ausgeschildert, Platz gehörig zum Ort Suc, dieser liegt jedoch abseits der Straße.
Allgemeines: Die italienisch geführte katholische Kirchengemeinde hat kurzerhand ihren rasenbegrünten Kirchhof zum Campingplatz umfunktioniert. Wie oft und wie laut die Kirchenglocke bimmelt, war nicht zu ermitteln, von der unten liegenden Fernstraße dürfte kaum Lärmbelästigung ausgehen. Von der Kirchmauer aus hat man einen herrlichen Blick auf den geschwungenen Verlauf des Mat. Die Gemeinde bittet sich aus, dass man sich nicht in Badebekleidung auf dem Platz sehen lässt.
Essen: Nach dem Serpentinenabstieg südlich von Klos finden Sie im Engtalbereich mehrere

Schau'n Sie mal, wie oft es bimmelt...

Ausflugsgaststätten mit gutem Angebot, essen Sie sich dort noch satt, bevor Sie Stellplatz beziehen.

Max. WOMOs: Platz dient auch als Normalzeltplatz, für 10 WOMOs wird aber immer freigehalten.

Ausstattung: Drei Elektro-Versorgungsblöcke mit jeweils mehreren Steckdosen verschiedener Systeme, zwei Wasserzapfstellen, Entsorgungspunkt, WLAN, Küche mit umfangreicher Ausstattung zum Selbstkochen

Sanitäranlagen: Toiletten im Gebäude zwar Hocker mit integrierter Dusche, aber solide und geräumig, Nachts geschlossen. Außen aber nochmals einfacher Sanitärtrakt.

Preis (2015): 6 Euro/Person

Das regionale Zentrum **Burrel** (km 79) ist eine adrette und geschäftige Stadt, Marktplatz für die sehr guten Agrarerzeugnisse der Mat-Region, sie werden es an den vielen Geschäften dieser Art im Ort sehen. Während unseres Daueraufenthalts in Tirana nahm ich von hier stets die Kartoffeln mit. Auf der westlichen Fortsetzung des Zentralplatzes finden Sie ein **Denkmal für König Zogu** (Siehe Berühmtenliste). Der umstrittene Politiker wurde unweit von Burell geboren. Das Museum der Stadt am südlichen Stadtausgang sollte eigentlich Leit-Museum der Region sein. Leider ist es seit vielen Jahren geschlossen. Spötter behaupten, weil man sich nicht der delikaten Aufgabe stellen will, König Zogu historisch zu bewerten. Sollten Sie sich die Beine vertreten wollen, an der Ostseite des zweigeteilten Hauptplatzes schließt sich der hübsche **Stadtpark**, benannt nach der Frau Zogus, Geraldina, an.

Burrels Zentrum mit Zogu-Denkmal

Burrel nach Nordwesten verlassend, gerät Ihnen nach etwa 15 km der Stausee von Ulza in den Blick. Sollten Sie bislang keines meiner Kulla-Angebote wahrgenommen haben, verbleibt Ihnen hier eine letzte Gelegenheit: Beim km 99, in jener Kurve, wo Sie die Fahrt parallel zum Ulza-See endgültig beenden, müssten Sie über einen Fußpfad durchs Gebüsch 300 m Richtung See (N-NO) absteigen. Dort, auf einem erhöhten Felshügel am Ufer, steht eine wuchtige alte **Kulla**, nicht sehr gepflegt zwar, aber wohl **eine der ältesten im Lande** überhaupt.

Blick von Burrel auf die Mat-Szene. Im Hintergrund die Lura.

Zwischen den km 100 und 115 durchfahren Sie nochmals völlig anders geartete Landschaft, lieblich und optisch provozierend zugleich: Das enge **Schluchttal von Shkopet**, dessen Grund wieder zu einem Stausee geflutet wurde. Der enge See mäandert sich, smaragdgrün schimmernd, durch die Kulisse steil aus seiner Schluchtlage aufstrebender, mit Laubwald begrünter Berge. Klar, die wildromantische Kulisse gibt passenden Hintergrund für an die zehn Ausflugsrestaurants, hier können Sie also ziemlich vernünftig essen, stellen - wenn auch nicht sehr komfortabel - und mehr:

(94) WOMO-Stellplatz: S-2 Restaurant Vëllezërit Malçi

GPS: N 41°41'30.38", E 19°50'0.47"   **Max. WOMOs:** 2.
Lage/Allgemeines: km 110. Ausflugslokal der Brüder Malçi, 150 m uferseitig vor dem östlichen Tunneleingang an der Shkopet-Staumauer. Stellen müssen Sie allerdings nahe der Straße. Das Restaurant ist auch bei der Organisation von Boots- und Bergtouren behilflich - und eine Badestelle gibt es auch - steinig zwar, aber mit verankertem Springfloß.

Die Steilflanken weinen auch hier in Form mehrerer ergiebiger Quellen oder Brunnengalerien an Gaststätten. Merkwürdiger Weise fand ich stets eine unscheinbare, wilde, beim km 106, von den Einheimischen am meisten frequentiert. Man erläuterte mir, dies hänge mit der Raki-Produktion zusammen. Das Wasser dieser Quelle gelte als das geeignetste für diesen Zweck. Am Staudamm (km 110) erwartet Sie

Shkopet: Wieder ein Betonpfropfen zwischen zwei Bergen.

dann noch ein kleines Abenteuer. Der etwa 350 m lange **Tunnel**, der dort durch den Berg führt, ist weder ausgekleidet noch beleuchtet. Beim km 115 landen Sie über einen Kreisverkehr

hinweg auf einer in internationaler Norm ausgebauten Straße mit Wegweisung nach Kukes und den Kosovo. Ihre Richtung ist die andere, nach Milot und Tirana. Sie befinden sich jetzt auf dem Zubringer der ersten albanischen Autobahn, die ab dem Ort Rubik auch als solche bis in den Kosovo verläuft.

Quellgalerie bei Shkopet

Bewundern Sie noch pflichtgemäß die **Stahlbogenbrücke**, die, für den Fahrzeugverkehr gesperrt, beim km 120 das breite Schwemmbett des Mat überspannt. Eine Meisterleistung deutscher und schweizerischer Ingenieure aus den 1920er Jahren, leider sind die Pfeiler durch die Bewegungen des Schwemmbettes so unterspült, dass sie gesperrt werden musste. Am Ort Milot vorbei erreichen Sie dann bald die Auffahrt auf die Tour T1-1.

Ein letzter Hinweis: Ab diesem Tour-Ende nach Süden (Kruja) oder Norden (Lezha) weiter wollend, können Sie in beiden Fällen auch über die Milot-Anschlussstelle die alte, am Berghang entlang laufende Fernstraße benutzen. Vom Fernverkehr weitgehend verschont, fährt es sich hier natürlich beschaulicher, allerdings auch durch viele Dörfer, und der Zustand ist - insbesondere in Richtung Kruja - an etlichen Stellen deutlich schlechter als auf der heutigen Fernstraße.

Einige Ergänzungen zu diesem Tour-Abschnitt
Der eine oder andere mag wissen wollen, ob es denn zu diesem Tourabschnitt überhaupt keine WOMO-fähigen Quer- oder alternative Parallelverbindungen gibt.

Was ist mit jener auf etlichen Landkarten ausgewiesenen „Straße", die sich **ab Peshkopi über die Siedlungslagen entlang der Lura** (Selishta-Lis-Burgajet) zieht? Ein landschaftlich schönes Stück ist sie schon, aber nur der Bereich von Burgajet bis Burrel ist asphaltiert, der Rest übelstes Gebirgs-Off-road bis auf 1300 m, ohne Planungshoffnung auf Verbesserung.

Weiter wird oft die direkte Verbindung **von Burrel nach Kruja** angefragt, auch ein Gebirgs-Kracher mit Pass bei 1240 m. Hier mag man Hoffung haben. Ab Kruja bis auf den trennenden Gebirgspass Qafe Shtama wurde bereits asphaltiert. Ob und wann der Rest bis Burrel folgt, ist derzeit jedoch nicht abzusehen (von der Burrel-Seite aus nicht täuschen lassen, die Zufahrt ist nur bis zum Bergfuß, also knapp 7 km, asphaltiert).

Und letztlich, jene 60 km von **Shupenza (bei Peshkopi) nach Librazhd,** die ich peinlicherweise in der 1. Auflage schon als bald asphaltiert bejubelte. Es wäre nicht nur eine ideale Verbindung Richtung Ohrid-See, sondern auch ein hübsches Stück eindrucksvoller Landschaft. Nicht umsonst gilt die Passage bei den Off-road-Fans als ein Muss. Umso mehr da mittendrin, vom Orte Studa aus, guter Zugang zum grenzübergreifenden Nationalpark, „Shebenica-Jablanik" besteht und der Ort selbst bereits über einige touristische Infrastruktur verfügt. Aber leider hat die Asphaltierung bislang nur für 13 km ab Librazhd gereicht und das Projekt ist, wie bereits erwähnt, wohl für lange Zeit auf Eis gelegt. Sollte sich hier etwas ändern, würde man das zum Beispiel im Reiseforum der Schweizer Informations- & Koordinationssstelle für Albanien (http://www.albanien.ch) thematisieren. Dort können Sie auch spezielle Fragen posten.

Als Letztes nicht unerwähnt lassen, will ich eine WOMO-fähige Querverbindung, die es tatsächlich gibt: Die 34-km-Verbindungsstraße **von Burrel nach Rreshen**, zur Autobahn A1. Neu asphaltiert, fährt sie sich sehr ordentlich. Allein, in eine Rund- oder Durchreiseplanung für das Land passt sie nicht rein, und es gibt auch nichts auf dieser Strecke, was einen längeren Abstecher lohnt. Falls Sie dennoch einen Sinn erkennen, beim km 21 ab Burrel finden Sie ein hübsches Ausflugsrestaurant, allerdings müssen Sie das WOMO direkt am Straßenrand stellen.

Hoffnungsvoll, ein Blick in die Zukunft:
Hochfläche von Studa, links der Nationalpark.

TOUR 3 (ca. 410 km)

Der Bergwind raunt von großen Zeiten: Korca, Përmet und Gjirokastra

Einführung zur Gesamt-Tour

Länge ohne Nebenziele 411 km, gemessen ab Stellplatz **(19)**.

Als Hinweise: Erstens, Der erste Teil dieser Route stellt, ab Korca, auch einen sehr günstigen Startpunkt für die **Weiterfahrt Richtung Thessaloniki/Nordost-Griechenland** dar (in Griechenland stoßen Sie nach 20 km auf eine Autobahnachse), zweitens, die Stadt **Ohrid** auf der mazedonischen Seite des Sees gehört – berechtigter Weise – zum UNESCO-Welt-Kulturerbe.

Die Tour teile ich in zwei Abschnitte: Tirana – Korca und Korca – Gjirokastra, mit Endpunkt Saranda, Stellplatz **(60).** Meine Annahme ist, dass doch eine Reihe von WOMO-Freunden im Rahmen gerade dieser Tour Tirana sehen möchte und dazu Übernachtung auf Platz **(17)** oder **(19)** anstreben wird. Ich entwerfe daher hier eine Variante mit Ankunft am Abend in Tirana, am Tag 2 Stadtbesichtigung und Fortsetzung der Tour am späten Nachmittag auf der neuen Autobahn bis Elbasan. Diese noch heute unfertige Autobahn wurde zu den Wahlen 2013 als Potemkinsches Dorf eröffnet - mit ihren Umleitungen werden sich Touristen (die Einheimischen natürlich auch) vermutlich noch für Jahre plagen.

Nach Übernachtung in Elbasan am Stellplatz **(95)** am Tag 3 kurze Stadtbesichtigung am Morgen, weiterfahrt bis zum Ohrid-See, Stellplatz **(104)** als unverbindlicher Vorschlag. Dort am Tag 4 Badepause, Weiterfahrt nach Voskopoja am Tag 5, dort Übernachtung. Am Tag 6 Besichtigung Korcas und Weiterfahrt zum Prespa-See. Tag 7 Bootstour am Prespa, zeitiger Start am Mittag, Ankunft am Abend auf Stellplatz **(119)**. Am Tag 8 Weiterfahrt bis Benja, Badeplatz **(121)**, Ausspannen im Thermalwasser. Tag 9 Besuch in Permet, dann Weiterfahrt bis Gjirokastra, Stellplatz **(126)**. Tag 10 Besichtigung von Gjirokastra, Weiterfahrt bis Syri Kalter, Stellplatz **(129)**. Tag 11 Ankunft in Saranda, Stellplatz **(60).**
Spätestens, wenn Sie nachher all die Besichtigungsziele im Detail nachlesen, werden Sie sagen, viel zu knapp kalkuliert.

Also, machen Sie sich an Ihre eigene Planung. Zu meiner Entlastung: Dies ist eine Kirchenstrecke, und nach meiner Erfahrung haben die meisten Menschen spätestens nach fünf Kirchen die Nase voll davon, mögen sie auch noch so ehrwürdig sein.

Aromunisches Händlerpaar im Basar von Korca

Historisch und landeskundlich umspannt die Tour einen Bogen, der hier nicht abzuhandeln ist. Ich füge entsprechende Hinweise jeweils in den Reiseverlauf ein. Die Tour 3 endet wieder auf Tour 1, in deren Abschnitt 3. Für ihren „hinterwäldlerischen" Abschnitt 2 gab es bislang keine „Bail-out-Klausel". Inmitten dieses Bereichs liegt nämlich ein Block aus mehreren Bergzügen. In der Reisepraxis bedeutete die verwunschene Landschaft bislang alternativlose, weiträumige Umfahrung. Aber schon in den nächsten Jahren wird der „Fortschritt" die Geschäftsgrundlage ändern: Durch Albanien wird die „TAP" geführt, eine Ölpipeline von der Türkei über das Schwarze Meer bis nach Italien. Und dafür muss man schon mal ein paar Berge versetzen und nebenbei auch Straßen durch Gebiete schlagen, wo man das nie für möglich gehalten hätte. Vermutlich aber erst nach Auslaufen dieser 2. Auflage werden wir also eine gänzlich neue Route von Erseka quer rüber nach Corovoda und von da nach Fier bekommen.

Auf der Tour liegen zumindest zwei kulturhistorische Schwergewichte, **Korca** und seine Umgebung sowie **Gjirokastra**. **Përmet** hat eine gewisse Bedeutung für die albanische Nachkriegsgeschichte. Und dann haben wir noch so pikierliche Naturplätze wie die Thermalbäder von **Benja**, na, da muss man doch zumindest mal zugeguckt haben.

Auch diese Tour ist nicht meine Erfindung, sondern sie existiert als Geheimtipp schon, seit Teile des Straßenverlaufs Anfang der 2000er saniert wurden. Und hat seither klar ihre Bewunderer gefunden, denn letztlich bietet sie als geballte Ladung vom Besten an Panoramen, was Albaniens Landschaften anzubieten haben – und, vom Besten, was das Land auch an Kulturstätten anzubieten hat. Auf geht's!

Entfernungsangaben

Die Kilometerangaben im Reiseverlauf beziehen sich alle auf den „Knotenpunkt Elbasan" (Erläuterung auf Seite 224).

Tirana, Stadtautobahn-Rondell „Lunder" („TEG")
bis „Knotenpunkt Elbasan" .... 30 bzw. 50 km
Elbasan bis Ohrid-See, Campingplatz (104) .... 76 km
Ohrid-See bis Voskopoja, Stellplatz (106) .... 64 km
Voskopoja bis Korca – Innenstadt................................. 19 km
Korca bis Prespa, Stellplatz (109) .... 30 km

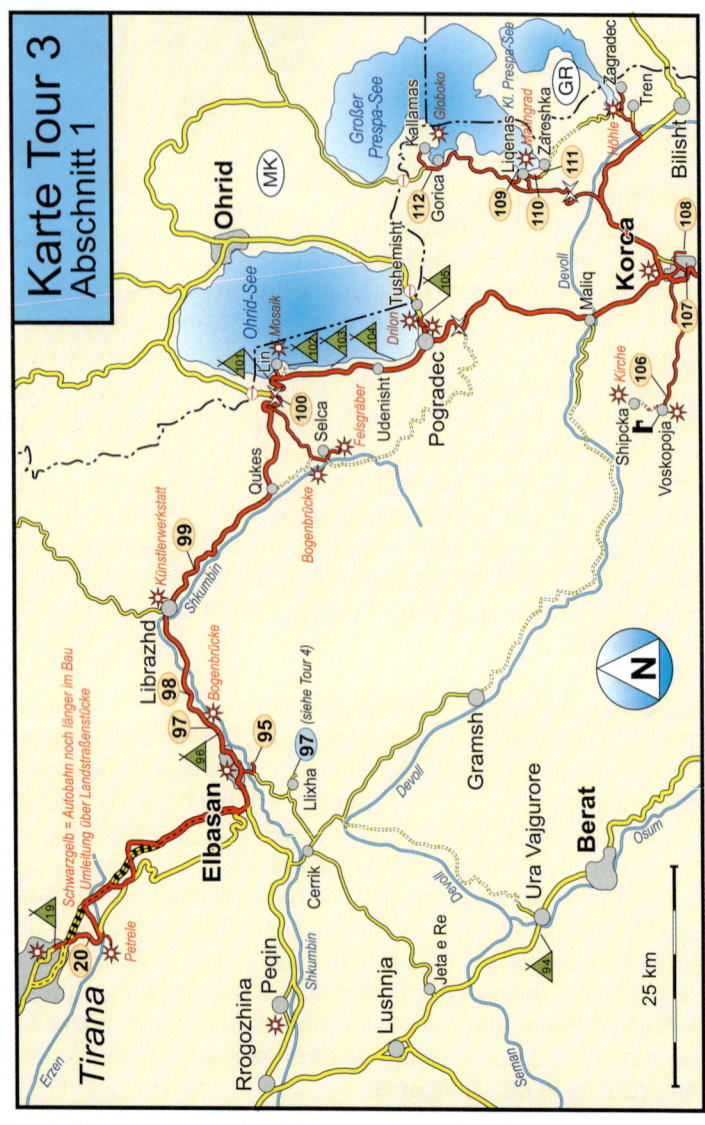

TOUR 3-1 (ca. 240 km)

Von Tirana nach Korca und Umgebung

Freie Übernachtung:	4x von Elbasan bis zum Ohrid-See, Korca, Voskopoja, Liqenas und Gorica am Prespa-See
Campingplätze:	Tirana, hinter Elbasan, 4x am Ohrid-See
Ver-/Entsorgung:	Campingplätze, Gaststätten der Stellplätze.
Baden:	Ohrid-See, Prespa-See.
Besichtigen:	Elbasan, Librazhd, Lin (Mosaik), Selca (Bogenbrücke, Felsengräber), Drilon, Korca, Voskopoja, Shipcka (Kirche), Insel Malingrad, u.a.
Essen:	Gaststätten wie im Text verwiesen.

Von Tirana bis zum Ohrid-See

Ergänzend zu den bereits genannten Einstiegsmöglichkeiten zur Tour noch der folgende **Hinweis**:
Die E852 (SH3), unsere Tourstraße, läuft zwar nominell über Tirana, als Transitstraße war ihr logischer Verlauf aber bisher vom Hafen **Durres über Rrogozhina nach Elbasan**. Diese Variante steht natürlich denjenigen, die vom Fährhafen Durres kommen und Tirana meiden möchten, noch immer als die bequemste offen. Die Strecke Durres-Fährhafen bis Rrogozhina beträgt 33 km, von Rrogozhina bis zum Anschlusspunkt an die Tour westlich Elbasan 41 km.

Besichtigen könnten Festungs-Fans auf dieser Strecke die **Stadt Peqin**, die sie ansonsten umfahren. Hier gibt es, mitten in der Stadt, eine gut erhaltene **venezianische Wachfestung** von 1430 derselben Bauart wie Bashtova (Tour 1-2), innen ebenfalls leer. Die Moschee von Peqin ist direkt an den venezianischen Uhrturm gebaut, eigentlich eine historische Unvereinbarkeit (parken Sie an der Moschee-Uhrturm-Kombination, die Festung liegt 200 m hinter den südlichen (rechten) Wohnblöcken).

Von den **Stellplätzen (18)** oder **(19)** startend, erreichen Sie den Autobahnanschluss bei Mullet Richtung Elbasan wie bei Platz **(20),** auf S. 74, beschrieben. 500 m zuvor (5 km ab dem

Petrele: Der Abstecher lohnt.

Ausfahrt-Rondell „Lunder" - „TEG") passieren Sie an einem weiteren Rondell die Abfahrt zur alten Fernstraße. Über letztere erreichen Sie die in Tour 1-1 beschriebene **Burg Petrele** (S.87). Die Autobahn läuft durch ein landschaftlich reizvolles Tieftal, beiderseits flankiert durch begrünte Bergzüge. Beeindruckend, etwa 9 km ab Rondell Sauk, der jähe, steile Bergriss nordöstlich, aus dem sowohl der Fluss **Erzen** kommt, der aber auch die Höhle von Pellumba (Tour 1-1) beherbergt. Der Erzen mit seinem breiten Schwemmbett läuft etliche Kilometer parallel zur Autobahn. Im Weiteren stellt sich der **Krraba-Bergsattel** quer, den Sie, wohl immer noch nach einiger Umleitung zuvor, in einem 2,2 km langen Tunnel durchqueren. Die **alte Straße**, bislang etwas erhöht am südwestlichen Berghang parallel verlaufend, verabschiedet sich hinter der Ausfahrt „Ibe - Berzhite" in heftigen Serpentinen nach oben, wo sie dann, auf 800 m, über zehn Kilometer jenseits des Kamms verbleibt, um dann wieder in rasanten Serpentinen nach unten zu stürzen. Eigentlich gibt es auch Gründe, den Bau der Autobahn zu bedauern. Die Passage der bisherigen schwierigen Straße über den Bergkamm war ein optisches Erlebnis per se.

Die Autobahn endet nach 27 km (ab Rondell „Lunder") in einem weiteren Rondell zunächst auf dem Rest der alten Fernstraße. 700 m weiter erreichen Sie dann jenes Rondell, das die Fernstraßenrichtungen Elbasan, Tirana und Rrogozhina auftrennt. Diesen **Knotenpunkt** nehme ich für die weitere Strecke als **Ausgangspunkt der Kilometer-Angaben**. Sie werden ab hier über einen Vorortbereich bis zum ersten innerstädtischen Rondell von Elbasan (km 4 ab Knoten) geleitet, können hier zur **Besichtigung von Elbasan** geradeaus weiter in die Stadt oder nach rechts auf die Umfahrungsstraße (ausgewiesen: Korca) gelangen. Auf dieser erreichen Sie nach einem

...am Ende haben Sie noch diesen Blick auf die Ebene von Elbasan.

weiteren Kilometer eine groß ausgebaute Kreuzung mit komplizierter Vorfahrtslage. Nach rechts, ausgewiesen Cerrik, gelangen Sie zum **Stellplatz (95)**.

(95) WOMO-Stellplatz: S-1 Elbasan, Restaurant Kriva

GPS: N 41° 5'51.4" E 20° 5'16.2"
Max. WOMOs: 3 an Wochenenden, sonst mehr.
Lage/Ausstattung: Mob. 068 2094880, vom Abzweig Richtung Cerrik nach einem Kilometer (150 m nach Überquerung des Shkumbin) nach links (Weisung: Shushica 5 km), dieser Straße weitere 500 m folgen. Ausflugs-Hotel und Restaurantkomplex im Traditionsstil, gutes Essen. Großer, bewachter Parkplatz, aber auch hier folgt man den Zeichen der Zeit: Wer nicht im Restaurant isst, zahlt fürs Stellen 15 Euro.

Ein Rundgang in Elbasan (Dauer: 2 Stunden)

Einführung zur Stadt

Schon in der Spätantike hatte an dieser strategisch wichtigen Stelle des Eingangs zum **Shkumbin-Tal** die damals bekannte Stadt Scampa gelegen. Der türkische Sultan Mehmed II. ließ am selben Ort zur Absicherung seiner Feldzüge gegen Skanderbeg 1466 die später auf 26 Türme aufgerüstete Festung „El Basan" errichten, in der 100.000 Soldaten konzentriert werden konnten. In kurzer Zeit wurde aus dem so geschützten Platz nicht nur ein bedeutender Handels- und Handwerksort, sondern auch ein kulturell-geistiges Zentrum des Islam. Die Festung verlor später ihren Wert und wurde 1832 als solche aufgelöst.

Enver Hoxha ließ ab 1974 westlich außerhalb der Stadt mit chinesischer Hilfe das wichtigste Stahlwerk seines Albaniens bauen. Dessen Ruß- und Rauchausstoß brachte die ganze Gegend um Elbasan in Verruf. Heute zum größten Teil stillgelegt, stückweise modernisiert, düpieren höchstens noch ihre Ruinen unten im Tal das Auge, wenn man auf der alten Passstraße von Tirana kommt.

Als Kompensation für den Ruß hat man schon zu Enver-Hoxha-Zeiten weitläufige Grünanlagen im Stadtzentrum angelegt, die, mit gepflegtem Gehölz und hübschen Bronzeskulpturen, der Stadt heute recht zur Zierde gereichen. Von der Riesenfestung stehen noch 400 m gut erhaltene Mauern und Türme. Dahinter dehnt sich das Altstadtareal, das sich allerdings mit seinem Umbruch auf „Touristenattraktion" recht schwer tut.

Die Stadt-„Pflichttour"

Alles Sehenswerte ist im Bereich der Festung oder südöstlich davor konzentriert. Vom Valmi-Parkplatz kommend (S. 227), liegt es nahe, den Rundgang gleich am Nebenzugang hinter dem südöstlichen Eckturm der Stadtmauer zu beginnen. Über die dortige Pforte gelangen Sie in das Ambiente des sehr angenehmen Hotelrestaurants **„Real Scampis"**. Der Platz beherbergte früher das aufgelöste archäologische Museum, Reste an antiken Skulpturen sind im Untergeschoss zu sehen.

Starten Sie am „Real Scampis" - mit einem Kaffee.

Marienkirche (Kisha e Shën Merisë): Über den langgestreckten Park-platz nördlich jenseits des „Real Scampis" erreichen Sie die Rr. Egnatia, dort rechts, nach 70 m links, die Rr. Albert Kavaja. Am Restaurant Sige-nito rechts vorbei, gelangen Sie nach 200 m zum Anwesen der Marien-kirche (Eingang um die Ecke über den Schulhof in der Rr. Saveta Mishta). Deren Ikonenwand (19. Jahrhundert) stellt eine außergewöhnlich Ar-beit aus mehrschichtig filigran ziseliertem, reich vergoldetem Schnitz-

werk dar, aus einem Holz gearbeitet, das nur in über 900 m Höhe wächst. Die Bil-der der beiden Erz-engel in der Kirche werden Onufri, dem überragenden albani-schen Ikonenmaler, zugeschrieben, der in der Region mehrere Kirchen ausstattete. Der Eingang der Kir-che liegt im bogenge-schmückten nördli-

Weit vorn in der Konkurrenz um die schönste Ikonenwand.

chen Seitengang, hinten. Falls nicht of-fen, das dahinter unmittelbar anschließende Gebäude ist das Pfarramt, der Priester wird Ihnen den Zutritt ermöglichen.

Königsmoschee (Xhamia Mbret): Diese Moschee stammt aus dem Jahr 1492, wurde also bald nach der osmanischen Eroberung unter der Herrschaft von Sultan Bayezid II. geschaffen, und gilt nicht nur als eine der ältesten in Albanien erhaltenen, sondern auch als historisch beson-derer Bautyp, der nur für die Regierungszeit dieses Sultans charakte-ristisch ist. Dem schlichten viereckigen Fachwerkkörper ist ein unge-wöhnlich großer und weit oben angesetzter, offener Moscheevorraum, ebenfalls ein Balkenkonstrukt, vorgebaut. Die einst berühmten Kalligra-fien in roter arabischer Schrift fielen leider dem Bildersturm unter Enver Hoxha zum Opfer. Zum Recherchezeitpunkt arbeitete man daran, die Moschee wieder mit einem Minarett auszustatten.

Von der Marienkirche nach rechts, dort über die Rr. Iovan Popa und die anschließende Rr. Kol Popa, erreichen Sie wieder die Rr. Egnatia. Diese 80 m in Richtung Parkplatz, dann links in die Rr. Xhaver Kongoli, finden Sie die Moschee nach 50 m, links.

Vorbereich der Festung: Von der Moschee 100 m nach Süden ge-langen Sie zum Mitteltor der Festung mit einem wasserspeienden Lö-

Entlang der Stadtmauer

Das Ausgrabungsgelände im Park

wenkopf außen davor. Der große Platz davor ist übrigens nach unserem ehemaligen Außenminster Genscher benannt, man würdigte damit dessen Rolle in der Kosovo-Krise der 1990er Jahre. Ein Blick entlang der Mauer wird Ihnen zeigen, dass die Stadt sich mit der Gestaltung des per se düster wirkenden Mauer-Vorbereichs einige Mühe gibt. Man hat Blumenrabatten angelegt und Statuen historischer Persönlichkeiten an ihr entlang gereiht. Nach einem Blick auf den **Uhrturm** im Ostbereich der Mauer betreten Sie gegenüber den schönen Park. Ins Auge fällt sofort das Gelände einer archäologischen Ausgrabung, in deren Zentrum die Überreste einer sehr frühen Bischofskirche, aus dem 4. Jahrhundert, sowie eines alten Brunnens zu besichtigen sind. An der linken (südöstlichen) Parkecke steht das eben neu restaurierte Gebäude des **Ethnografischen Museums** im osmanischen Stil. Sie sehen u.a. Exponate aus der Geschichte der örtlichen Industrie einschließlich der Herstellung von Tabakspfeifen.

Westlich vom vielstöckigen Alt-Hotel „Scampa" finden Sie das gut erhaltene Gebäude eines türkischen Bades, heute in eine Bar umgewandelt.

Mit den **Bronzeplastiken** in und um die Parkanlage liegt Elbasan ziemlich gut im Wettbewerb der albanischen Präfekturstädte um Bronzekunst. Von den Lokalhelden würde ich das Denkmal für den Elbasaner Konstantin Kristoforidi am Ostturm der Festung hervorheben wollen. Kristoforidi übersetzte u.a. die Bibel in beide albanische Dialekte und wurde damit, ähnlich wie Luther im Deutschen, zu einem Wegbereiter des Gedankens einer einheitlichen albanischen Schriftsprache. Da die Stadt weitere historische Meriten im Bereich der Bildung aufweist, widmet auch die allegorische Moderne ihre neueste Denkmalsschöpfung den „Arsimatareve Elbasanas", also allen Gelehrten Elbasans - gegenüber dem Westturm der Festung. Weiter bemerkenswert die Skulptur „Klithma" (Aufschrei), die dem – in albanischer Diktion – 1944 begangenen Völkermord der Griechen an der albanischen Minderheit gewidmet ist (vorn rechts im Park).

Anfahrt: Variante eins, falls Sie auf Platz **(95)** stehen: Lassen Sie sich vom Restaurant ein Taxi rufen. Auch mit Bordmitteln, selbst Fahrrad, dürfte der Stadtbesuch infolge der Kürze der Strecken unproblematisch sein, die Weiterführung der Straße über die Abbiegekreuzung von der Tour führt nach nur 800 m direkt vor das Ethnografische Museum im Park.

Mit dem WOMO in die Stadt: Nehmen Sie ausschließlich die Zufahrt über das östliche Abbiegerondell (S.224) der Umfahrung zum „Qender". Die Stadt hat ein kompliziertes Einbahnstraßensystem, von der Westabfahrt aus Richtung Korca kommend ist alles eng und sie finden keinen WOMO-fähigen Parkplatz. Das empfohlene Rondell kennzeichnet sich durch eine mittige Skulptur, in der eine **Draht-Erdkugel in einer dreiar-**

migen Halterung schwebt, die Richtung „Qender" ist ausgewiesen. Versuchen Sie, bereits auf die nächsten 400 m, solange die Straße einen Mittelstreifen führt, zu parken. Sie haben dann nur noch einige hundert Meter bis zur Altstadtmauer zu laufen. Zum nächsten Versuch fahren Sie bis zum bald folgenden Rondell mit Bogenarkaden-Springbrunnen (700 m) und biegen von dort schräg nach Norden (Rr. Luplin Dilja) zum bereits sichtbaren westlichen Eckturm der Festungsmauer ab. Links davor liegt der Sheshi Valmi, der als eine Art Zentralparkplatz dient. Zumindest am Nachmittag sollte hier ein WOMO unterzubringen sein.

Die Tour ab Elbasan - Umfahrungsstraße fortsetzend, gelangen Sie nach Stadtende, noch auf einer Höhe von kaum 130 m ü. NN, zunächst in ein Breittal, den Bergausgang des **Shkumbin-Flusses.** Sehr bald verengt sich dieses Tal jedoch, zunächst wachsen die Seitenwände in den Himmel, dann schrauben sich Flussbett und Straße stetig, aber fast unmerklich, weiter nach oben. Hier zunächst die Angaben zu möglichen Stellplätzen in diesem Bereich.

(96) WOMO-Campingplatz-Tipp: C-5, E852 östl. Elbasan, Hotel Colombo

GPS: N 41° 7'56.64", E 20° 8'18.29"E   **Max. WOMOs:** 6
http://www.hotel-colombo.net   Tel. 0684059159
geöffnet: Auch in der Vor- und Nachsaison.
Lage/Anfahrt: km 11, südseitig, Außenparkplatz des Hotels direkt an

der stark frequentierten Fernstraße.
Allgemeines: Trittbrettfahrer, mit geringem WOMO-spezifischem Angebot, gute Küche
Ausstattung: An der Außenmauer befindet sich eine Waschanlage, deren Strom und Wasser stehen zur Verfügung, WLAN im Hotel
Sanitäranlagen: Die des Hotels, Dusche evtl. vom Pool.
Preis : 5 €/Nacht/WOMO.

(97) WOMO-Stellplatz: S-1 E852 östl.Elbasan Hotel Keshtjella

GPS: N 41° 8'48.08", E 20° 9'31.17" (Abzweig)   **Max. WOMOs:** 5
Lage/Ausstattung: km 13. Hotelparkplatz in exquisiter Lage, herrlicher Talblick. Ab der ausgeschilderten Abfahrt (links) noch 1,6 km den Berg hinauf, 100 Hm. Großer Parkplatz unterhalb des Hotels, gute Küche.

(98) WOMO-Stellplatz: S-2, E852 östl. Elbasan Restaurant Shkumbin

GPS: N 41° 9'59.11", E 20°14'42.84"E   **Max. WOMOs:** 2.
Lage/Ausstattung: km 22. Es gibt entlang der E852, auch jenseits von

Librazhd, noch mehrere Restaurants, die WOMO stellen lassen.Dieses hier wurde angefragt, weil es etwas unterhalb der Straße liegt und man das WOMO lärmmindernd an einen Wandbereich zur Straße hin stellen kann.

(99) WOMO-Stellplatz: S-2, E852 östl. Librazhd
Restaurant Ambienti

GPS: N 41° 9'19.7", E 20°21'33.1" **Max. WOMOs:** 3
Lage/Ausstattung: km 36. Damit wir auch weiter oben einen Not-Anker-punkt haben. Es gilt Ähnliches wie für das „Shkumbin": Ein relativ weit nach hinten reichender Platz, Abschirmung durch zwei Gebäude vorn an Flan-ken, mag das Stellen hier erträglich machen. Das „Ambienti" hat oft auch Hammel am Spieß und vor der Taverne befindet sich ein Wasserspender.

Bevor Sie das WOMO nun nach oben treiben, wird es höchs-te Zeit für die erste der versprochenen landeskundlichen und historischen Lektionen auf der Tour, denn dieser Fluss, dieses Tal, ist ein inhaltsschwerer Ort:

Zum ersten ist er, was die angrenzenden Bergregionen betrifft, eine Kultur-scheide. Um es hier ganz grob zu umreißen, nördlich von hier wurden die albanischen Volksstämme zu den „Gegen" gerechnet, südlich zu den „To-sken". Zwischen beiden gab es zum einen Sprachunterschiede in der Di-mension etwa wie im deutschsprachigen Raum zwischen dem Bergsüden und den nördlichen Küstenländern. Etliche Elemente der traditionellen Folk-lore unterscheiden sich, und nicht zuletzt war der Shkumbin historisch, bevor der Islam sich ausbreitete, eine Grenze zwischen Katholiken und Orthodoxen (aufgrund dieser Gesamtbedeutung ist „Shkumbin" noch heu-te ein beliebter Vorname in Albanien).
Süffisanter allerdings ist die Geschichte des Tals in seiner Funktion als Verkehrs-Infrastruktur. Hier verlief früher eine der wichtigsten Verkehrsa-dern des Römischen Reiches, die **Via Egnatia**. Deren frühere und heutige Geschichte hier zu erzählen, würde den Reiseverlauf sprengen. Ich packe Sie daher unter „Egnatia" hinten ins Lexikon.

Mit dem Tale aufsteigend, haben Sie vielleicht Gelegenheit, die parallel laufende **Eisenbahn** zu sehen. Das in den 70er Jahren ambitiöse Projekt wurde durch mehrere lange Bergtunnel sowie über Viadukte getrieben, die Sehenswürdigkeiten per se sind.

Den größten davon unterqueren Sie beim km 47.
Zunächst jedoch empfehle ich Ihrer Aufmerksamkeit **zwei Brü-cken**: Beim km 14, wo sich die Berge eng ums Tal schließen, verweist ein Touristenschild „Ura antike" auf eine alte **Stahlbo-genkonstruktion**, die sich in etwa 300 m Entfernung über den Fluss spannt. Falls Sie ohnehin am Punkt halten, beachten Sie

Erst mal die hübsche Türken-Brücke...

...bis zum Eisenbahn-Viadukt sind es noch ein paar Kilometer.

die schönen Wasserspender gleich links am Wegabgang. Ästhetisch schöner und wirklich eher „antik" ist die türkenzeitliche **Bogenbücke „Ura e Kamares"**, die Sie beim km 23 von halber Höhe aus unten im Flussbogen, jenseits eines Hangdorfes, sehen können.

Restaurants entstanden entlang der Strecke in den jüngsten Jahren jede Menge. Die traditionellen Empfehlungen lauten auf das im Jagdbrauchtum ausgestattete „Restaurant **„Gjahtari"**, km 27, oder das **„Kalaja Balla"**, 700 m weiter. Das früher wegen seiner Schnellküche gut gelittene **„HPG Nogu",** km 35, wurde kürzlich in ein normales Restaurant umgebaut, das Schnellthekenangebot scheint zugunsten eines Döner-Kiosks eingestellt worden sein.

Die Stadt **Librazhd**, die Sie beim km 30 umfahren, hat wenig, was einen Besuch lohnt – es sei denn, Sie sind Freund erlesener Steinmetz- und Mosaik-Arbeiten.

In Librazhd wirkt einer der meines Erachtens diesbezüglich **größten Künstler Europas, Gezim Hidri,** ein Mann, der aus geradezu besessener Leidenschaft Skulpturen aus großen, stark gemaserten Flusssteinen herausarbeitet. Außerdem ist er begnadeter Maler, schafft Werke von ungewöhnlich visionärer Allegorie und Ausdrucksstärke, etliche davon erinnern frappierend an das Schaffen von Salvador Dali. Sein Hauptbetätigungsfeld sieht er im Mosaik. Jedes Quadrat beinhaltet für ihn eine philosophische Botschaft, falls er vor Ort ist, wird er Ihnen in Englisch mit überströmender Eindringlichkeit seine Überzeugungen erklären, man muss ihm da einfach folgen. Zum Recherchezeitpunkt schuf er gerade ein gigantisches Mosaik für den Fußballklub FC Chelsea, London.

Das war einmal ein Fluss-Findling.

Atelierbesichtigung: Die ausgewiesene Haupteinfahrt am Ostende der Stadt, Richtung „Diber", benutzen. Auf deren Verlauf verbleibend, am Hotel „Turizm" vorbei über die Rr. Gjorg Golemi, Rr. Arberia zur Rr. Cermenika. Nach fast genau einem Kilometer, 100 m vor der, allerdings nicht gekennzeichneten, Eisenbahnstation, haben Sie das Werkstattgelände rechts, hinter einer großen Mauer aus grauen Betonblocksteinen, mit einem Tor aus Wellblechplatten mit brauner Umrandung.

Das WOMO können Sie etwa ab Höhe der Eisenbahnstation parken. Die Gesellen lassen Sie gern die dort stehenden Stücke betrachten. Superbe Einzelstücke seines Schaffens sowie einige seiner möglicherweise wertvollsten Bilder finden Sie in der „Embeltore Flora", einem dezenten Café, knapp 500 m auf der Anfahrtsstraße, rechts.

Jenseits von Librazhd durchqueren sie noch einige wenige Dörfer, gelangen beim km 56, mittlerweile auf 550 m angelangt, den Shkumbin haben Sie beim Ort Qukes rechts verloren, in eine überschaubar breite Hochebene und durchqueren in ihr die kleine Stadt Perrenjas. Frontal gegenüber erwartet Sie eine gewaltige Wand mit dem Serpentinenanstieg zu einem der wichtigsten Bergpässe Albaniens, dem **Thana-Pass** (Qafë e Thanes), er liegt auf 933 m.

Für Leser, die dieses Buch nach 2017 in die Hand bekommen, wird es vermutlich eine Wahlalternative zum Pass geben: Der zweite historische Zweig der Egnatia kommt wieder: Man baut bereits an einer Verlegung der Haupt-Fernstraßenführung vor den Pass, ab dem Dorf Qukes beim km 50.

Unmittelbar vor dem Ansatz des Anstieges zum Thana-Pass (km 62) ist rechts die **Straße nach Golik** ausgewiesen, der - bis die neue Fernstraßenführung kommt - für WOMO einzig nutzbare Weg zu den

Selca-Gräbern und der Golik-Brücke (Dauer: 3 Std.)
Die bereits erwähnte Egnatia zweigte sich im oberen Verlauf vor dem Ohrid-See auf, wohl der Hauptzweig ging, wie heute, über den Thana-Pass nach Ohrid, dem alten Lychnidos. Ein Nebenzweig hingegen bog beim heutigen Qukes nach Süden ab. Hier liegt der Passpunkt zwar mit 1300 m deutlich höher, aber die Steigung ist allmählicher und war daher insbesondere für schwere Gespanne geeigneter. Der antik gepflasterte Unterbau ist heute im oberen Bereich an verschiedenen Stellen noch zu sehen. Ebenso ist der Übergangspunkt über den Shkumbin, der ab Qukes von Süden kommt, klar markiert: Die **Brücke beim Orte Golik** wurde zwar vermutlich von den Osmanen im 17. Jh. erneuert, stellt aber eine eindrucksvolle Landmarke dar, die auf die Antike zurück geht.
Im wirtschaftlichen Umfeld des Egnatia-Zweiges gedieh die Stadt **Pelion**, Überreste von ihr wurden zwar ausgegraben, touristisch ist heute von ihr nichts mehr zu sehen. Aber ihre Fürsten ließen sich **angemessene Gräber** in den Kalkstein einer Bergkuppe in der Nähe hauen, und diese können Sie heute besichtigen. Der Onkel Alexanders des Großen herrschte hier und eventuell kam auch seine Mutter Olympia von hier. Das befeuert immer wieder jene Hypothesen, dass die Molosser (der Stamm, aus dem Olympia stammte) eigentlich den Illyrern näher verwandt waren als den Griechen, und dies vielleicht sogar auf die Makedonen auch zutrifft. Folglich wäre Alexander der Große zwar bekennender Grieche, vom Stammbaum aber Illyrer gewesen, und damit zur Vorfahrenschaft der Albaner

Die prächtigste der Kammern.

gehörig (aber unterhalten Sie sich über sowas nie mit einem Griechen!).

Auf die Funde, die in dem nicht beraubten Grab gemacht wurden, hatte ich beim Besuch des Nationalmuseums hingewiesen (Tour 1-1). Bei der Anlage handelt es sich um eine Anordnung auf drei Ebenen. Vom Zugangspunkt überwinden Sie zunächst auf 100 m eine kleine Wiesensenke, die zum Sattel gehört, der den dicht bewaldeten Berghügel mit dem Gelände davor verbindet (Trampelpfad zeichnet sich im Rasen deutlich ab). Der Aufstieg erfolgt über einen Betontreppenweg, noch unten rechts davon haben Sie Grab 5, bestehend aus Vorkammer und eigentlicher Grabkammer, beide tonnengedeckt und in Quaderbauweise errichtet. In der Kammer selbst befinden sich die Überreste dreier Klinensarkophage, die aus aufrecht stehenden Steinquadern gebaut waren.

Ein Dutzend Meter aufwärts steigend, gelangen Sie auf eine ebene Wiesenfläche, die durch eine 70 m lange Wand begrenzt wird, in der sich mehrere rechteckige Löcher von Urnenbestattungen befinden. Ganz links nur befindet sich Gewölbegrab 4, drin sind Rahmenüberreste eines Sarkophags, die Wand dahinter ist aus Marmorblöcken gesetzt. Die Überdachung vor dem Grab schützt eine hellfarbene Fläche mit kaum noch lesbaren Inschriften, mit Mühe erkennt man Namenszüge rechts und mittig links, auf einer Höhe von 2,20 m. Es soll sich um Namen der Baumeister handeln. Die Wiese nach rechts über den leicht fallenden Weg verlassend, gelangen Sie nach knapp 100 m in den Hauptbereich und haben hier zentraloberhalb das prächtigste der Gräber (Grab 2). In ein Halbrund gearbeitet, reihten sich einst acht Pilaster, nicht alle sind mehr da und einige der Kapitelle wurden nachgesetzt. Links und rechts der Kammer die leider schon stark verwitterten Überreste zweier figürlicher Darstellungen, links ein gewesener Stierkopf (Bucranion) rechts ist eine Sonne erkennbar, es soll der Rest eines makedonischen Schildes sein. Innen ist das Grab relativ kurz, man stößt auf nackte Felswand, und das hat seinen Grund: Es war ein Scheingrab, die wirkliche Bestattung fand im Grab 3 darunter statt.

In der Kammer fand man zwei Sarkophage sowie weitere Körper- oder Urnenbestattungen mit jenen Grabbeigaben, die heute im Nationalmuseum zu sehen sind, also goldene Ohrringe, Ketten, Nadeln, Ringe, einen Gürtelbeschlag aus Eisen mit Silberverzierung, eine Kampfszene darstellend, Panzerung, Lanzenspitzen, Speerspitzen und 30 Keramikgefäße.

Weiter rechts dann Grab 1, unten im Halbrund geschlagene Rinnen, in denen die Tür lief, sowie dem eingemeißelten Zapfenloch oben, innen eine sofaähnlich im Rechteck abgeknickte Liegebank.

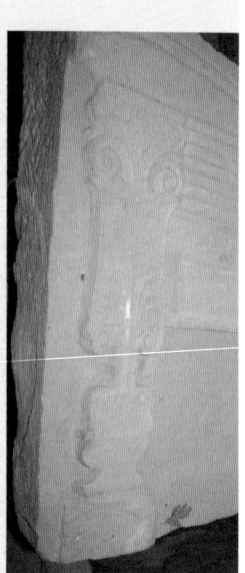

Imposantes Detail an einem Gruft-Deckel

Das ganz rechte Gebilde, das sogenannte Theater, sehen einige Experten als Urnengrabstätte an, weil im Boden eine Vertiefung ist, andere sehen es gar nicht als Grab und vermuten andere kultische Bedeutung.

Golik - die vorletzte Bogenbrücke als Bild, versprochen...

Anfahrt: 14 km ab Abfahrtspunkt. Bei 8,5 km die Gabel nach links benutzen. Die folgenden knapp 2 km zwischendrin bestanden zum Recherchezeitpunkt aus recht beschädigtem Alt-Asphalt. Nach einem knappen Kilometer ab Gabel führt ein kurzer Weg (150 m) nach rechts unten zur Golik-Brücke. Sie können die elegante Konstruktion bereits vorher von oben erspähen. Bei etwas über 10 km gelangen Sie an eine heutige Brücke. Diese dürfen Sie nicht überqueren, der Weg nach Selca zweigt unmittelbar vorher, eng, aber gut asphaltiert, nach links oben. Nach weiteren 4 km, gleich hinter dem Dorfende, haben Sie rechts den charakteristischen Bergkegel. Der Zugangspunkt liegt in der ersten Kurve. Parken können Sie nur wenige Meter dahinter an einer Verbreiterung oder 100 m weiter, dort ist wiesenartiges Schräggelände, auch einzige Wendemöglichkeit.

Wieder auf der Tourstraße, steht Ihnen nun ein - nein, schwierig ist er nicht, aber eindrucksvoll - Serpentinenanstieg bevor, es geht um 350 Hm auf 6 km. Direkt oben am Pass zweigt die Straße zum **Haupt-Grenzübergang nach Mazedonien** ab, den Sie benutzen müssten, falls Sie sich die Stadt Ohrid anschauen wollen. Den **Thana-Pass** selbst wird mancher nicht unbedingt als die große Sehenswürdigkeit empfinden. Dies gleicht allerdings der Anblick aus, den Sie kurz darauf bei der Abwärtsfahrt erlangen, etwa 2 km unterhalb des Passes gibt es auch eine **Parkbucht** dafür. Halten Sie Andacht:

Vor ihnen breitet sich, auf 690 m über NN, silberglitzernd ein Naturwunder aus. Der Ohrid-See ist der tiefste (289 m), der älteste, und vor allem der klarste See Europas. Mithin, See ohnegleichen. Er ist ein Grenzgewässer, zwei Drittel seiner Fläche gehören zu FYROM – Mazedonien. Überdies ist er ein See mit merkwürdigen Zuflussverhältnissen. Die zum Teil sehr hohen Berge ringsum besteht aus Karst, da sammelt sich nach dem Winter alles Wasser im Berg, reinigt sich und drückt dann in starken unterseeischen Quellen in den See. Daneben gibt es unterirdische Direkt-Zuflüsse vom benachbarten Prespa-See, die in Ohrid-See-Nähe als Großquellen zu Tage treten.

Die **Stellplatz-Situation** entlang des Ohrid-Sees hat ihre eigene Geschichte, und die will ich Ihnen nicht vorenthalten: Entlang des Sees wandt sich bis 2013 eine grausam unfallträchtige Engstraße, übersät mit Schlaglöchern. Als man beschloss, diese durch eine zeitgemäße Trasse zu ersetzen, stellten die Vermessungsingenieure fest, dass die vorgesehene Flucht bereits besetzt war. Durch einen Gürtel von wohl an die 15 soliden Restaurants oder mittelgroßen Hotels nämlich, alle erst in jüngsten Jahren entstanden. Für Touristen ohnehin ein Ärgernis, denn die davor liegenden Strände waren natürlich privatisiert. Die Einrichtungen hatten aber ein gemeinsames Problem, nämlich allesamt keine gültige Baugenehmigung. Die derzeitige Regierung unter Edi Rama, die ohnehin einen landesweiten Feldzug gegen die Korruption im Bauwesen führt, machte kurzen Prozess und schickte Sprengkommandos und Bulldozer. So umrunden Sie heute den albanischen Teil des Ohrid angenehm und sicher auf einem Unterbau aus zertrümmerten Hotels und haben weitgehend freie Sicht aufs Wasser. Der Säuberungsaktion fiel auch der **legendäre Camping Peshku**, viele Jahre Erster Anlaufpunkt für WOMO, zum Opfer. Aber aus der Asche von Katastrophen erblüht neues Leben, heute haben wir um den See herum mindestens sechs Stellplätze, und die stelle ich Ihnen nun vor (**Entfernungen im weiteren vom Fußpunkt des Serpentinenabstiegs vom Thana-Pass, Abzweig nach Lin**):

(100) WOMO-Stellplatz: S-1 Thana-Pass, am Reservoir

GPS: N 41° 3'48.9" E 20°36'37.9"   **Max. WOMOs:** 10.
Lage/Ausstattung: Empfehlung ausschließlich für jene, die Abends in der Gegend ankommen und sich den wunderbaren Morgen-Anblick im Abstieg hinunter zum See nicht entgehen lassen wollen. Ganz oben, unmittelbar im Thana-Passbereich befindet sich eine große, als Stellplatz geeignete Fläche.Ruhiger ist es jedoch, den abgehenden Kammweg 200 m nach Süden (rechts) zu befahren, dort befindet sich ein Wasserreservoir, an dessen Zugang man gut stehen kann. Direkt am Pass befindet sich das Hotel „Odessa" mit brauchbarem Restaurant.

(101) WOMO-Campingplatz-Tipp: C-5, oberhalb Lin, Restaurant Lin

GPS: N 41° 4'4.50", E 20°37'46.44"   **Max. WOMOs:** 4
geöffnet: Auch in der Vor- und Nachsaison.
Lage/Anfahrt: Letzte Kurve im Serpentinenabstieg vom Thana-Pass

zum See.

Allgemeines: Trittbrettfahrer, praktisch ohne Ausstattung, aber recht angenehmer Platz. Neues Restaurant mit zwei hintereinander liegenden Parkplätzen, der untere mit gewisser Abschirmung zur Fernstraße. Beschaulicher Abendblick von der Terasse auf den See.

Ausstattung: Elektrokabel verhandelbar. WLAN im Hotel.

Sanitäranlagen: Die des Hotels, keine Dusche.

Preis : 8 €/Nacht/WOMO.

(102) WOMO-Campingplatz-Tipp: C-1?, Ohrid-See, Erlin Beach Camping

GPS: N 41° 3'6.03" E 20°38'29.64"   **Max. WOMOs:** 20

geöffnet: Auch in der Vor- und Nachsaison.

Lage/Anfahrt: Im Südbereich des Lin-Hügels gelegen, Abfahrt 650 m südlich vom Messpunkt, 850 m Schotterweg.

Allgemeines: Allgemein-Camping-Platz mit separat ausgebautem WOMO-Bereich, Rasen vorgesehen. Eigenes, aufgeschüttetes (Grobkiesel-)Strandstück. Der Platz selbst liegt abseits der Tourstraße sehr ruhig - abgesehen von der platzeigenen Strandbar. **Ruhe-Alternative:** Hotel „Neli", 500 m weiter um den Hügel herum, gewährte WOMO gewöhnlich auch Asyl.

Ausstattung: 10 Feststeckdosen, 10 Wasseranschlüsse, WLAN

Sanitäranlagen: Gefälliger, fester Trakt Hocker/Sitzer zur Auswahl, 2 Duschen

Preis : 10 €/Nacht/WOMO.

(103) WOMO-Campingplatz-Tipp: C-3, Ohrid-See, Rei Camping

Hier wartet wer auf WOMO

Tel. 00355 69 7392246

GPS: N 40°59'54.69", E 20°38'10.66"

Max. WOMOs: 20

geöffnet: Auch in der Vor- und Nachsaison.

Lage/Anfahrt: km 7, eng zwischen Straße und Ufer

Allgemeines: Uferplatz auf gut begrünter Wiese, Baden vom Steg. Schöner Platz, aber direkt neben der Straße, sicher deshalb so preisgünstig. Zugehöriges Restaurant über die Straße wurde gelobt.

Ausstattung: Dockpunkt Elektro, aber für Größe des Platzes zu wenig. Kein WLAN

Sanitäranlagen: Kleintrakte, insgesamt ausreichend.

Preis : 5 €/Nacht/WOMO.

(104) WOMO-Campingplatz-Tipp: C-1, Ohrid-See, Viktoria Camping

http://hotelvictoria.weebly.com/   Tel. 00355 69 2481278

GPS: N 40°55'57.13", E 20°38'27.05"   **Max. WOMOs:** 20

geöffnet: Auch in der Vor- und Nachsaison.

Lage/Anfahrt: km 15, südlich des Orts Memelisht, uferseitig jenseits einer Wiese etwa 200 m von der Straße entfernt, Schild „Camping" auf der Wiese sichtbar. Anfahrt durch das folgende desolate Industrie-Bahnhofsgebiet, durch Anblick nicht abschrecken lassen!

Allgemeines: Recht ordentliches Hotel, mit betonberandetem, gutem Badestrand, Stellplätze auf Wiese daneben, Entfernung zur Straße genügend.
Ausstattung: Die Infrastruktur für WOMO, auch Sanitär, befand sich im Aufbau. WLAN im Hotel
Sanitäranlagen: Zum Recherchezeitpunkt Hoteltoilette, Duschen in freien Zimmern im Hotel.
Preis : 10 €/Nacht/WOMO.

(105) WOMO-Campingplatz-Tipp: C-1 Drilon, Camping Arbi

GPS: N 40°54'5.0" E 20°42'35.8"   **Max. WOMOs:** 25
kein Website, Tel. 00355 69 2061121
geöffnet: Auch in der Vor- und Nachsaison.
Lage/Anfahrt: Im Südbereich des Sees Richtung Grenzübergang Tushemisht, unmittelbar vor dem Parkgelände Drilon, knapp 4 km von der Tourstraße entfernt, Einzelheiten siehe Anfahrtsbeschreibung Pogradec.
Allgemeines: Solide ausgebauter, schöner Platz gleich am Anfang des Ausflugsareals Drilon, grasbewachsen, Bademöglichkeit über die Straße (Restaurant dazwischen, daher nur geringe Geräuschbelastung durch Strandverkehr und Grenzzubringer).
Ausstattung: 20 Feststeckdosen in Euronorm, mehrere Wasserhähne, WLAN
Sanitäranlagen: Umfassend ausgestatteter Sanitärtrakt, Entsorgungspunkt.
Preis : 10 €/Nacht/WOMO.

Die eindrucksvollste Teillandschaft im albanischen Bereich des Ohrid-Sees haben Sie während des Abstiegs vom Pass vor sich. Unterhalb dieses streckt sich, jenseits einer Wiesenfläche, ein halbinselartiger Vorsprung, der, zunächst flach, seeseitig gar zu einem respektablen Breithügel anwächst. In dessen Nordbogen kuschelt sich das kleine **Dorf Lin.**

Lin verharrt es doch noch immer in einem relativ traditionellen Zustand als Fischerdorf, wenngleich sich sein Charakter als Sommeridylle mit besonderem Flair natürlich herumgesprochen hat und auch hier mittlerweile der Bau boomt. Oben auf dem Breithügel befinden sich die Grundmauern einer **frühchristlichen Kirche** vom „seltenen, zentralisierten Bautyp mit dafür unüblich großen Abmessungen" (KOCH). Tiefe Unterkellerung, wohl eine Gräberkrypta, ist zu sehen, desweiteren ein gemauerter Brunnen, alles für albanische Verhältnisse gut konserviert, die Steine mit Mörtel wieder befestigt. Was den Bau für Touristen wohl am meisten reizvoll macht, ist ein hübsches Fußbodenmosaik mit wundersamen Vogelmotiven -

Kuschliges Lin...   siehe Bild.

Zugang: Fahren Sie höchstens bis zum Dorfplatz mit dem Hotel Leza vor und lassen Sie den Wagen dort. Ein WOMO weiter hinten zu wenden ist schwer möglich. Die Straßengabel nach 130 m führt nach oben zur Stätte, kurz vor der Wiese dann links weiter nach oben. Den Schlüssel bekommen Sie am Weg aufwärts, gleich hinter der ersten Kurve rechts. Vorn steht ein altes Wohnhaus mit zwischengelegten Bretterlagen, dahinter ein Neubau, machen Sie dort Ihren Wunsch kenntlich, nach oben zu wollen.

Zurück auf der Tourstraße, finden Sie Sie die Zugänge zu den Stellplätzen **(102) bis (104)** wie angegeben. Nach 18 km erreichen Sie den größeren Touristenort **Pogradec.** Nach dessen Durchquerung passieren Sie gegen Südende der Innenstadt (21 km) den Abzweig zum Südufer des Ohrid mit den Stadtausläufern **Drilon** und **Tushemisht**, dem dortigen **Grenzübergang** nach Mazedonien sowie dem **Stellplatz (105).** Über diesen Grenzübergang kommen Sie auch bequem auf die Tour zurück, falls Sie sich entschließen, der Stadt Ohrid einen Besuch abzustatten.

Pogradec (Dauer: 2 Std., 3 Std. mit Bootsfahrt in Drilon)

Einführung zur Stadt und „Pflichttour"

Albaniens einziger Binnensee-Resort kann leider nicht, wie das diametral gegenüber liegende Ohrid, auf respektablen historischen Stammbaum verweisen. Angeblich gibt es eine schöne alte Ur-Festung oben auf dem Berg. Ich habe es ja sowieso nie geglaubt, mich aber sicherheitshalber vergewissert (man ist ja nie gebranntes Kind genug). Der Anblick von oben war grandios (siehe Bild). Der Rest viel schlimmer als gewöhnlich. Die Überreste der so eindringlich beworbenen „Kalaja e Pogradecit" boten nicht einmal Motiv, um die Kamera überhaupt irgendwo hin zu halten. Trösten Sie sich, falls Sie es mir nach tun, mit dem Betonpfeiler-Denkmal für den Lokalhelden Collaku, das ganz oben auf der Spitze steht.

Zu Enver Hoxhas Zeiten erst zum Urlaubsort, und damit natürlich architektonisch von Anbeginn verhunzt, geworden, gibt man sich in Pogradec jetzt alle Mühe, der Moderne gerecht zu werden. Die Fortschritte der jüngsten Jahre sind unübersehbar, man kann fast von einer architektonischen Neuordnung zumindest des seenahen Stadtbereichs sprechen. Breite Schnelsen für Fußgängerboulevards wurden geschlagen, die **Seepromenade** aufpoliert, ein Bauboom an Hotels setzte natürlich sowieso ein. Kurz, mindestens einen Blick in die Stadt zu werfen lohnt sich. Arbeiten Sie sich dazu bis zu Strandpromenade durch, sehen Sie sich zunächst hier kurz um. Deren Nordende bildet

Pogradec von der „Kalaja" aus. Entschädigung für die Aufstiegsmühe!

das **Flaggschiff-Hotel „Enkelana"**, wohl zugleich als Stadtzentrum anzusprechen. Ab hier 500 m nach Nordwesten, treffen Sie den neuen, in Richtung Altstadt geworfenen Fußgängerbereich „Bulvardi Europa". Jenseits von diesem befinden sich die Reste der Altstadt mit einem hübschen, dreistrahligen Waschbrunnen der Stadt (auf der Hauptstraße zunächst 80 m nach links, dann 150 m ins Gebiet).

Falls Sie Fan niedlicher Regionalmuseen sind, vom „Enkelana" nach Süd-Südost erstreckt sich die Hauptstraße des Viertels, Rr. Reshit Collaku. In 200 m, rechts, entdecken Sie das **Stadtmuseum (**Sammlung illyrischer Helme plus eines Keltenhelms aus Stahl, Schmuckstücke aus der illyrischen Periode, Miniaturen von hoher künstlerischer Vollendung als Grabbeigaben, reich mit Silber beschlagene Kästchen aus der türkischen Periode, gute Führung in Englisch). 100 m davor, links, ein Internet-Café, das die Funktion der **Stadtinformation** mit betreut, aber sparen Sie zumindest diese besser ein...

Helme, Helme, Helme...

Zum entspannten Kaffeetrinken empfehle ich das **Park- und Lagunenteichgebiet Drilon,** das etwa 4 km den See entlang Richtung Grenzübergang Tushemisht liegt. Flankiert von zwei weit ins Hinterland reichenden, schilfbestandenen Lagunenarmen, gibt es hier eine mit ausladenden alten Bäumen bestandene Waldpark-Oase und mehrere Restaurants, einige davon über Pfahlbaustege zu erreichen. Die Lagunenteiche werden durch die bereits erwähnten Großquellen gespeist, deren Wässer, vom Prespa-See kommend, von unten aus dem Teich schwellen. Man kann sie mit Mietbooten befahren und die Quellen besichtigen.

Angeblich wegen des besonders guten Klimas unterhielten auch König Zogu und Enver Hoxha hier einen Sommersitz. In dem Haus, heute zum Hotel-Restaurant „Villa Art" konvertiert, können Sie dann den Kaffee nehmen. Baden können Sie hier auch, an breitem Sandstrand, und nebenan befindet sich Stellplatz **(105).**

Anfahrt – Parken: Auch Pogradec hat ein Einbahnstraßensystem. Von Norden kommend werden Sie im Bogen um die Stadtmitte geleitet. Erwischen Sie am Nordeingang der Stadt, bevor sich die Straßen aufspalten, einen Parkraum, müssten Sie nur etwa 800 m in uferparalleler Richtung bis zum „Enkelana" laufen (Rr. Reshit Collaku). Falls Sie hier keine Parkmöglichkeit sehen, fahren Sie durch die Stadt durch. Beim km 20

(1,6 km ab Stadteingang) kommt eine Gabelung, auf deren Mitte eine Tankstelle steht, Weisung nach links ist „Tushemisht" und „Dogana" Fol-

Strand bei Drilon - Nähe Stellplatz **(105)**

gen Sie dieser (Rr. Sul Starovari) und versuchen Sie ab hier, einen Parkplatz zu finden. Es handelt sich um eine Parallelstraße zur Strandpromenade, mehrere Gassen schließen quer, die Laufentfernung zur Promenade beträgt 300 m, zum „Enkelana" 700 m.

Nach **Drilon** fahren Sie einfach diese Straße weiter. Am Ende der Ortsbebauung nehmen Sie die ausgewiesene Straße nach links zum Strand, dort noch etwa 2 km.

Für den Fall, dass Sie meinen Mühen hinauf zur „**Kalaja e Pogradecit**" folgen wollen: Zunächst dem touristischen Hinweisschild am nördlichen Stadtausgang 500 m folgen, dort weist Sie ein weiteres Schild nach oben. Lassen Sie dort unten Ihr WOMO, weiter oben ist schlecht Wenden. Folgen Sie, zu Fuß dann, aber nicht dem sofortigem Straßenknick, sondern der Gasse gerade in Richtung Berghang. Möglicherweise finden Sie auch schon einen ausgebauten Fußgängeraufstieg, Arbeiten dafür deuteten sich an. Ansonsten, ab Bebauungsende halblinks den ausgetretenen Pfad Richtung Bergspitze, die Höhendifferenz ist nur noch 180 m.

Vom Ohrid-See im ganz großen Bogen zum Prespa-See

Nachfolgend auf der Tour steht wieder ein kleiner Zwischenpass mit einigen Serpentinen an, dann sind Sie bald in der großen Ebene von Korca, beiderseitig flankiert von recht mächtigen Bergzügen. Gleich oberhalb der Serpentinen sehen Sie rechts eine unscheinbare Weisung Richtung „Qafe e Panjes". Hier irgendwo wird in ein paar Jahren der autobahnähnliche Shortcut heraus kommen, mit dem man dann ab Qukes das gesamte Westmassiv des Ohrid von hinten umgehen kann – natürlich dann aber den Ohrid-See nicht mehr sehen wird.

Die Ebene von Korca durchfließt der eigentlich kleine Fluss **Devoll**, der aber, einst durch ein Hindernis vor dem Gebirge angestaut, die gesamte Ebene über Jahrhunderte versumpfte. Nach dem II. Weltkrieg trocken gelegt, entwickelte sie sich zur Kornkammer und brachte zahlreiche, auch heute gut gedeihende Dörfer hervor.

Die Ernte startet aber spät, Winter und Frühjahr sind hier oben, die Ebene liegt auf über 800 m, ziemlich rau und dauern lange. An den Straßenrändern werden Sie ab Spätsommer zahlreiche Stände finden und können Weintrauben und dergleichen zu günstigen Preisen kaufen. Bei der deutschsprachigen Expats-Community in Tirana galten die dunkelgrünen Kürbisse von hier als Renner, da wird eine fantastische, exotischfruchtige Suppe draus. Wer hier hinten im Herbst zu tun hatte, von dem wurde generell erwartet, dass er hinterher einen Kofferraum solcher Kürbisse an Kollegen verteilte.

Korca (km 126) liegt dann ziemlich geduckt am Bergmassiv, das sich am Ende der Ebene quer stellt. In einer längeren Vorstadtlage gelangen Sie recht unvermittelt an einen groß ausgebauten Abzweig nach links und lesen dort „Kapshtica" und „Grecia", also Griechenland. Die Tour-Idee führt allerdings

Die grünen, da unten. Lassen
Sie sich nicht die gelben aufschwatzen.

geradeaus auf die große Stadt zu (Rr. Muzakajt), nach einem Kilometer düpieren wir diese aber, indem wir am dortigen Rondell erst noch zur Besichtigung von **Voskopoja** nach rechts auf die Umfahrungsstraße (Unaza, Rr. Marigo Posio) abbiegen. Nach 600 m, an einem weiteren Rondell, folgen Sie der Weisung „Voskopoja" wieder nach rechts, auf 18 km bzw. 16 km bis zum Stellplatz **(106).** Etwa die Hälfte der Strecke windet sich die Straße durch die landwirtschaftlich genutzte Ebene, vor dem Berghang durchqueren sie ein größeres Dorf, das irritierender Weise „Voskop" heißt. Bergauf bis auf 1200 m Höhe, in mäßigen Kurven, erwartet Sie dann bald größerer optischer Genuss, die Straße bewegt sich einen Schluchtriss entlang nach oben. In die Enge der Nebenrisse schmiegen sich, hübsch anzusehen, weitere Dörfer. Noch bevor Sie Voskopoja sehen, haben Sie links, etwas abgesenkt, den Komplex zweier Gaststätten, zuvor nur Wiese – den **Stellplatz (106)**.

Voskopoja (und Vithkuq)
(Dauer für Voskopoja: 2-4 Stunden)

(106) WOMO-Stellplatz: S-2 Voskopoja, Taverna Peshku u.a.

GPS: N 40°37'41.1" E 20°36'46.7"   **Max. WOMOs:** > 5.

Lage/Allgemeines: Etwa 3 km vor Voskopoja (etwa 16 km nach Abzweig von der Umfahrung Korca), Ensemble zweier auf Forellen spezialisierter Gaststätten („Peshku" und „Ura e Kovacit") links vor einer scharfen Kurve. Große Parkwiese zuvor, aber schräg, Lärm in Grenzen, da wenig LKW-Verkehr, eher stört der Hund. Falls sie lieber in Voskopoja essen wollen, bezahlen sie den Stellplatz. Dafür gibt es wohl neuerdings auch WLAN.

Alternativen: (1) Behelfsmäßig ist auch möglich, am Zentralplatz im Ort zu stehen, der ist groß und auch eine Quellstelle ist vorhanden (weitere drei entlang der Zufahrtsstraße!). **(2)** Am westlichen Ortsausgang (Zufahrt am günstigsten über Kirche Shen Kolli, dort rechts ab, insg. 500 m ab Zentralplatz, N 40°37'58.16", E 20°35'9.55") liegt etwas einsam das hübsche **Hotel Pashuta** mit einer ruhigen Stellplatzwiese davor. Dort stehen zu dürfen, sollte sich mit dem Hoteleigner aushandeln lassen.

Einführung und „Pflichttour"

Als Korca noch ein Nest am Sumpfrande war, hatten in der Gegend zwei „Höhenkurorte" in den nahen Bergen westlich des Sumpfes ihre hohe Zeit: **Voskopoja und Vithkuq** (siehe Karte 3-2). Zwischen beiden Orten liegen 12 km Luftlinie und ein paar mächtige Berge, ihr paralleles Schicksal gestattet dennoch, beide zusammenzufassen. In den beiden Orten lebten zahlreiche vor allem aromunische Kaufleute, die erste Positionen im Fernhandel, bis weit nach Mitteleuropa, inne hatten. Die Orte gediehen beide für damalige Zeiten unglaublich. Voskopoja, gegründet 1338, hatte im 18. Jh. 30.000 Einwohner und galt als eine der großen Städte des Balkan. Vithkuq, dessen erste Kirche von 1162 stammt, hatte 15.000 Einwohner. In Voskopoja wurde 1720 die erste Druckerei auf dem Balkan gegründet. Die Stadt besaß sogar eine universitätsähnliche Bildungseinrichtung, eine „Akademia", die einzige derartige christliche Einrichtung im Türkenreich. Wohlstand gebiert Architektur. In einem immer mehr islamisierten Umfeld da oben am Berge orthodox-christlich geblieben, wurden die Kirchen in beiden Orten immer zahlreicher. In Voskopoja sollen es 26 gewesen sein, in Vithkuq 18. Pracht galt nur für innen, außen hielt man sich an die Auflagen der Türken, z. B. keine Kirche oder nur sehr kleine Türme zu bauen.

Warum und von wem die Städte gegon 1789 nieder gemacht worden, darüber gibt es keine klaren Chroniken. Die Schicksalswende ließ die beiden Reichen, Stolzen, auf das Niveau von unbedeutenden Dörfern hinab sinken. Von den Kirchen sind in Voskopoja noch fünf in relativ intakter Architektur vorhanden, plus, die vielleicht interessanteste, außerhalb, in Shipska. In Vithkuq sind es zwei.

Vithkuq: Shen Mehilli

Makabre
Vorratswirtschaft

Wenn Sie einen Wandertag einlegen, und das emp-fehle ich für Voskopoja, können Sie die Überreste von noch wesentlich mehr in Augenschein neh-men.

Wegen der Ähnlichkeit des Besichtigungsange-bots beider Orte konzentriere ich mich im Folgen-den auf das doch ergiebigere Voskopoja. Damit mich aber Vollständigkeitsfanatiker oder Kirchen-Fans nicht steinigen, vorab das Wichtigste zu **Vithkuq** im Kondensat: Die besonders ehrwür-dige **Shen Mehilli** liegt im Oberdorf, etwa 1,5 km geradeaus am Kirchenplatz im Hauptdorf vorbei auf 1264 m Höhe: Dreischiffige Basilika von 1682, ungewöhnlich ge-gliedert, der Narthex hat fast noch einmal die Größe des durch Säulen gegliederten Hauptraumes, der äußere Wandelgang überdeckt die Sei-ten beider und kommt damit auf die enorme Zahl von zwölf Säulen, sechs bis acht sind normal! Die Kuppeln sind, wie es Anweisung der Türken war, nur von innen zu sehen, nach außen tarnt sie ein flaches, schweres Natursteindach.

Das **Kloster Shen Petri** enthält Malereien der bedeutenden Brüder Zografi von 1763 sowie eine reich vergoldete Ikonostase. Das östlich dahinter befindliche schmucklose Haus ohne Fenster birgt ein Grusel-kabinett: Innen nur eine kellerartige Gruft, wurden hier im Mittelalter Gruppenbestattungen durchgeführt. Die Schädel der vielen Skelette hat die Nachwelt dann irgendwann der Ordnung halber herausgelesen und gleich links auf einer Lehmbank in vier Schichten gestapelt.

Anfahrt: 2 km vor Ortseinfahrt, **vor** der Brücke, geradeaus nach rechts nach oben. Der Fluss ist übrigens der bedeutende **Osum**, wir treffen ihn auf Tour 4 wieder. Die Schlüssel verwaltet Herr Ladi, bitten Sie jemanden im Ort, ihn anzurufen, 068 2385258, am besten von der Gaststätte am Zentralplatz aus (auch Empfeh-lung fürs Essen). Vithkuq würden Sie über einen ausgewiesenen Abzweig beim km 13 ab Umfahrungsstraße Korca erreichen, von

Wie hätten Sie's gern: Gerädert, gehenkt oder zu Tode geschleift?

dort sind es 13 km bis zum Dorf.

Aber kommen wir auf **Voskopoja** zurück. Dem Hauptstraßenverlauf in den Ort folgend, gelangen Sie zum Zentralplatz und finden dort links eine touristisch-professionelle Übersicht über die Lagen aller Kirchen sowie, an der anderen Seite der dortigen Straßenmündung, einen künstlerisch gestalten Wasserspender. Zusätzlich haben Sie in der Platzmitte das übliche Billig-Heldentaten-Denkmal sowie an der Platz-Nordseite das prächtige Gebäude eines größeren Hotels. Das Info-Büro, sofern offen, liegt 60 m vom Platz Richtung Westen.

Eben, weil die islamischen Osmanen zwar andere Religionen tolerierten (im Gegensatz etwa zu den katholischen Habsburgern, ihren historisch langzeitlichen Gegenspielern), ihnen aber natürlich öffentliche Repräsentation verboten, begnügten sich auch die Christen von Voskopoja mit zwar großen, aber nach außen ungeschmückten, daher schlicht wirkenden Bauten. Um so mehr Leistung steckten sie dann in die Ausgestaltung der Innenräume, hier waren ihnen die besten Kirchenmaler der Zeit nicht zu teuer. Die biblischen Themen werden mit solcher Eindringlichkeit dargestellt, dass auch ein Kirchenmalerei-Laie kaum Mühe hat, sich ordentlich zu gruseln (Märtyrertum und Apokalypse mit jeglicher Art von Zu-Tode-Bringung sind fast überall prominentes Thema).

In den Wandmalereien innen liegt folglich heute auch der Wert für den Touristen, scheuen Sie also bitte die ohnehin geringen Kosten für die Kirchenöffnung nicht. Den „Schlüsselträger" Petrit vermittelt Ihnen hier die Wirte der Gaststätten „Vellezerit Bardhi" oder „Bacelli" auf der Zufahrt zum Zentralplatz oder „Voskopoja", auf der vom Zentralplatz rechts (nach Norden) abgehenden Straße, 100 m, links (zum Essen zu empfehlen, schöner Sitzgarten nach hinten). Zu den „unbedingt"-Empfehlungen zählen drei Kirchen im Ortsbild bzw. ortsnah und eigentlich eine außerhalb. **Shen Kolli (St. Nikolaus):** Der Seitengang der auch heute noch genutzten, durch innere Säulen gegliederten Kuppelbasilika **Shen Kolli** weist eine ungewöhnlich reich ornamentierte Ziegelfassade auf. Die Ikonen des Ikonentableaus befinden sich im Nationalmuseum und wurden nur provisorisch ersetzt. Das filigrane, vergoldete Schnitzwerk und die plastisch und dynamisch wirkenden Wandmalereien des regional herausragenden Maler Selenica (Anfang des 18. Jh.) entschädigen dafür. Der Stifter der Innenmalerei ließ sich neben dem Ausgang im Südwesten in langem, pelzbesetztem Mantel porträtieren. In der Südecke des Außengeländes finden Sie das Grab eines Ritters der französischen Ehrenlegion. Die Kirche wird für Gottesdienste genutzt, d.h. hier haben Sie am späten Nachmittag auch ohne Führer eine Chance.

Shen Marise ist einst eine der größten dreischiffigen Kuppelbasiliken in Albanien und Bischofskirche gewesen. Die Außengangfassade von **Shen Thanasit** ist ähnlich reich verziert wie bei Shen Kolli, ihre Innenmalerei, hier 1745 von den ebenfalls herausragenden Brüdern Zografi geleistet, dürfte sowohl die reichhaltigste

Stellvertretend für die vielen in Voskopoja: Shen Thanassi.

als auch die eindrucksvollste der Voskopoja-Kirchen sein: Der Blick des Pantokrators aus der Kuppel scheint einen zu durchdringen, an den Wänden leiden die Märtyrer hier besonders anschaulich-grausam. Erfolgte Teilrestaurierung und Säuberung vom Kerzenruß unterstreichen den Eindruck.

Leider nur für jene, die etwas Mühe am Ort aufwenden wollen (siehe Anmarsch), noch folgende **Ergänzungsempfehlungen**: Die relativ kleine Kirche des Klosters **Shen Prodhomit** weist als einzige einen kurzen Turm sowie nur zweifarbige Fresken auf (Klosterlegende: Nach Beschuss durch die Deutschen im 2. Weltkrieg hätten die Heiligen alle Farben verblassen lassen). Die oft zu sehenden geschnitzten Fabelwesen über der Ikonostase wirken hier besonders gefährlich. Architektonisch interessant, wie die Kirche im Innenhof durch zusätzliche, starke Stützen einseitig gegen Wegrutschen gesichert wurde.

Shen Ilias ist eine äußerlich sehr intakte, erhaben auf schöner Wiese stehende einschiffige Basilika, die einzige mit zweistufigem Satteldach (Obergaden). Innen leer, daher auch nicht verschlossen, ist sie ein rechtes Wanderziel für in Voskopoja kurz Pausierende. Der allerdings hier angebrachte provisorische Hinweis auf eine geheimnisvolle **„Shen Michail, 2000 m"** ist entweder der ultimate Wandertipp oder bloß ein Scherz. Am Shen Ilias vorbei führt die alte Karawanenstraße in prächtigen Gebirgsraum. Sie gabelt sich aber bald und dann, wie weiter? Ich habe beide Richtungen versucht, in der linken war mein Jeep auch bald am Ende, auf der

rechten, einem sehr schönen Waldweg, drehte ich nach 2,5 km um – zu zeitig, vielleicht. Wie ich bei der Trackauswertung auf Google Earth entdeckte, liegt noch 700 m weiter noch ein Gebäudedach, das könnte sie sein. Leider ist die Nachricht, dass es Geo-Caching gibt, noch nicht in Voskopoja angekommen...

Shen Michael und Gabriel ist wieder ein stattlicher Bau, Shen Marise sehr ähnlich, aber die einzige der Voskopoja-Kirchen, die über einen Anbau verfügt, vermutlich ein Raum, von dem aus Frauen die Messe verfolgen konnten. Die Kirche hat eine besonders schöne Abschlussnische, steht leider in unpassender Nachbarschaft eines alten Hallenbaus aus Enver Hoxha-Zeiten. 500 m dahinter liegt **Shen Haralambos**, der Weg ist allerdings wegen huckliger Steine schlecht zu erlaufen.

Bei welcher Steuerbehörde hat der Grieche das wohl abgesetzt?

Zwar steht hiervon nur noch eine dachlose Außenmauerruine, interessant ist sie dennoch, weil der Bau offenkundig nicht, wie die anderen, einen Säulenaußengang mit dahinter liegenden, schmucklosen Rechteckfenstern aufwies, sondern zu den beiden Seiten vier große Rundbogenfenster wie eine gotische Kirche. Die am Ortseingang stolz als erste ausgewiesenen **Shen Gjergj und Shen Dimitri** hingegen sind nur absolut nicht lohnenswerte Rest-Steinhaufen, ohne Hilfe von Anwohnern ohnehin nicht zu finden. Die Schilder hätte man mal besser sparen sollen.

Seit 2009 gehört zum Touristenziel Voskopoja ein weiteres, vielleicht *das* Highlight. Im reichlich 5 km entfernten Ort **Shipcka** wurde die lange auch von der Fachwelt übersehene, **vermutlich älteste Kirche der Region, Shen Gjergji,** wiederentdeckt. Ihr Ursprung wurde auf das 5. Jh. datiert. Ein griechischer Europa-Abgeordneter bezahlte die Restaurierung aus seiner Privatschatulle. Das Ergebnis sticht alle anderen Kirchen der Region aus. Die aus späterer Zeit datierenden Fresken, die bunt marmorierten, ebenso wie die geheimnisvoll mit Gesichtern dekorierten Ur-Säulen, sind heute in gutem Zustand. Eine Ausstellung im Vorraum dokumentiert die Arbeiten, eine große Schauglasfläche gestattet auch teilweisen Einblick, wenn die Kirche verschlossen ist. Warum nur ergänzend zu nennen, das tolle Stück? Siehe Anmarsch.

Anmarsch: Vom empfohlenen Stellplatz **(106)** sind es noch deutlich über 2 km bis zum Ortszentrum Voskopoja, Sie sollten also mit dem WOMO vor fahren, es gibt dort genug Parkraum. Die Orientierung zur Lage der Ortskirchen entnehmen Sie bitte der touristischen Hinweistafel an der linken Platzseite. Die drei wichtigsten können Sie gut erlaufen oder auch anfahren, Shen Thanasit besser über den Fluss-seitigen Weg. Wegen schlechtem, ansteigendem Wegstück leider nicht für WOMOs zu empfehlen ist zum einen das Kloster Shen Prodhomit (2,5 km ab Zentralplatz). Auf dem Weg dorthin läge auch das historische Hotel „Akademia", wegen seiner Gartenanlage ein schöner Platz, um auf einen Kaffee zu verweilen.

Zum anderen ist auch die Empfehlung für Shipcka delikat. Dorthin gelangen Sie, wenn Sie den Weg vorbei an Shen Thanasit 5 km weiter verfolgen. Dieser ist unbefestigt, wird jedoch, wie es schien, regelmäßig geglättet (nur die ersten 500 m waren abschreckend schlecht!). Sie würden also in relativ ebenem Verlauf bis zum Bergansatz von Shipcka kommen, könnten dort am Weg parken und müssten ungefähr 800 m nach oben laufen (Höhendifferenz knapp 100 m). Schlüsselbewahrer ist Thimi Palla (068 2982339), im ersten Gehöft des oberhalb der Kirche beginnenden Dorfes wohnend (das Dorf selbst ist auch sehenswert).

Nach den Besichtigungen in Voskopoja wenden wir uns nun der Präfekturstadt **Korca** zu. Fahren Sie, von Voskopoja kommend, analog zur Herfahrt über die Umfahrungsstraße (Rr. Marigio Posio) zurück bis zur Einfallstraße, dann, am dortigen Rondell, nach rechts (Rr. Midhi Kostani), von da geradeaus bis zum Zentralplatz.

Korca (Korçë) (Dauer: 3-4 Stunden)

Zum Stellen haben Sie in Korca nur wenig Wahl. Versuchen Sie es zuerst auf Platz **(107)**.

(107) WOMO-Stellplatz: S-1 Korca, Hotel George

www.hotelgeorge.info   Tel. 00355 82 243794
GPS: N 40°36'31.4" E 20°47'34.7"   **Max. WOMOs:** 2-3
Lage/Ausstattung: Mit Stellabsicht, befahren Sie nicht wie vorstehend beschrieben, die Rr. Midhi Kostani ab Rondell Rr. Muzakajt/Marigo Posio geradeaus bis zum Zentralplatz, sondern lediglich 250 m. Dort gabelt rechts die Rr. Kico Greco. Deren Verlauf (später Bulevardi Fan Noli) folgen Sie einfach auf 2,5 km. Dann finden Sie das an der Peripherie gelegene Hotel gut sichtbar rechts. Es hat einen umzäunten Parkplatz, die Lärmbelästigung durch die Straße hält sich in Grenzen. Der Eigentümer (gut Deutsch sprechend) möchte zwar nicht als WOMO-Stellplatz firmieren und auch keine weiteren Leistungen bieten, dennoch vom WOMO kassieren (10 Euro). Bei telefonischer Voranmeldung (Englisch) wird der Platz auch garantiert . Tun Sie das, Sie stehen da gut, und auch das Essen im „George" war immer in Ordnung.

(108) WOMO-Stellplatz: S-1 Korca, Hotel Kristall

GPS: N 40°37'18.6" E 20°47'23.7"   **Max. WOMOs:** 5
Lage/Ausstattung: Falls der Parkplatz vom „George" wirklich total voll ist: 1300 m zurück (Rondell, „Sky Tower" rechts 100 m sichtbar), rechts 1000 m den Bulevardi Republika nach Norden, dort rechts in die Rr. Konferenca e Labinotit, dieser auf einen Kilometer nach oben folgen, Hotel liegt am Hang, links, Parkplatz rechts, schöne Aussicht auf die Stadt, ruhig. WOMOs wurden bislang toleriert, versprechen Sie sicherheitshalber, auch im Haus zu essen.

Einführung zur Stadt Korca

Die ältere Geschichte der Stadt mag unbedeutend erscheinen, einen Hauch von Schicksalhaftigkeit, Sinnbildlichkeit für die Region, hat sie allemal. Als andere hoch oben am Gebirgsrand gewaltig prosperierten (siehe Voskopoja), fristete Korca eher ein dürftiges Dasein am Rande des gewaltigen Sumpfes, der die Korca-Ebene über Jahrhunderte war. Nahezu reibungslos zog die Stadt nach dem Niedergang der Platzhirsche Voskopoja und Vithkuq die laufenden Geschäfte auf sich. Und das waren nicht nur regionale. In der Region kreuzten sich Fernhandelswege, die weit über das osmanische Imperium hinaus reichten. Folglich reichte der Name von Korcas großem Basar bald weit in die Region, auch Teppiche aus Korca galten als Wertbegriff. Das Unglück ereilte Korca im Zeitalter der Ethno-Staatenbildung. Der zuvor unbedeutende Unterschied zwischen Albaner und Grieche wurde zur Schicksalsfrage auch dieser Stadt. Das vor Nationalchauvinismus überströmende Griechenland beanspruchte im Ergebnis der Balkan-Kriege große Teile des Epirus-Gebietes und damit auch die Region um Korca. Die Griechen richteten zweimal Blutbäder unter den Albanern an (die Albaner zahlten zurück). Dann besetzten die Franzosen, im I. Weltkrieg in Thessaloniki herrschend, die Stadt als Vorposten gegen Ös-

Erhabenes Stück Orthodoxie

terreich-Ungarn. Korca profitierte von deren Be-
kehrungsdrang zur französischen Kultur. Architektur nach französischem Vorbild wurde
geschaffen, Bildungseinrichtungen entstanden,
noch heute versuchen sich ältere Korcaner
auf Französisch und meinen ernsthaft, ihre
Stadt sei doch Balkan-Paris. Wirtschaftliches
Elend danach induzierte Massenauswande-
rung, der heutige „Jugendpark" heißt bei der
Bevölkerung Tränenpark, weil von dort die Fuhr-
werke mit den Auswanderern starteten. Unter
Zogu entwickelte sich dann modernere Leicht-
industrie, Tabak, Alkohol, Textil. Man überlebte
Enver Hoxha durchaus gut, und selbst zwei
Erdbeben. Handel und Wandel bestimmen auch
heute ziemlich die Stadt, machen sie lebhaft,
geben ihr den Eindruck des Prosperierenden.

Wie gefällt er Ihnen?

Korca hat zwei Altstadtbereiche, eine Art Wohnviertel im Ostbereich und
den Großen (Traditions)-Basar westlich des Zentralplatzes. Das Wohn-
viertel enthält einige bemerkenswerte Häuser und Museen. Der Große
Basar strahlt nach kürzlicher weitgehender Sanierung in neuem Glanze.
Vergessen Sie das Bier nicht. Als bestes albanisches Bier gilt vielen
„Korca – birre tradicionale", für mich „zeze", die dunkle Version davon.

Die Stadt-„Pflichttour"
Das „Muss" in der Stadt ist das **Museum für mittelalterliche Kunst**.
Weiter zu empfehlen ist das **archäologische (prähistorische) Museum,**
das **Bratko-Museum** sowie ein Rundgang durch den **Großen Basar.** Die
beiden erstgenannten befinden sich im vorstehend bereits erwähnten
alten Wohnviertel. Da dieses recht verwinkelt ist, empfiehlt sich der Versuch, sich zuerst die Stadtkarte zu besorgen. Ihr Tourismus-Büro hat die
Stadt leider aufgegeben. Bei Anfahrt zum Platz **(107)** finden Sie 1100 m
nach dem Startrondell an einem großen Zwischenrondell rechts das stattliche Gebäude der „Bashkia", der Kommunalverwaltung. Im Erdgeschoss
nimmt die Rezeption, leider ohne Englisch-Kenntnisse, die Rolle der Touristeninformation ein bisschen mit wahr. Halten Sie daher vor dem Gebäude kurz mit Warnblinker, zeigen Sie drinnen **„ju lutem, Harta e qytetit"**
und greifen Sie, was man Ihnen sonst noch an Info-Material anbietet.
Für den Fall, dass Sie nur besichtigen wollen und das WOMO in dem
unter „Anfahrt" empfohlenen Bereich parken können, beginnen Sie ihre Stadt-
Tour am Zentralplatz Sheshi i Teatrit. Hier ist zunächst eine jüngste „Errungenschaft" der Stadt zu vermerken, man hat mitten auf den Platz eine
konsternierende Homage an die Neuzeit, einen vierschrötig-betonig aus-
sehenden **Aussichtsturm** hingesetzt. Fahren Sie nach oben (50 Leke),
der Blick ist grandios: Nach Westen der Große Bazar, östlich, mittelhohe,
nahe Berglandschaft, neben einer hübschen Kirche am Hang den französischen Heldenfriedhof sowie, deutlich dahinter, das Hotel Kristall (Stellplatz **108**). Wieder unten, gelangen Sie von der Südseite des Platzes aus,
links am Hotel „Koclbelli" vorbei, über die **Fußgängerzone des Bulevardi Shen Gjergji** zur **orthodoxen Kathedrale**, ein Neubau der jüngeren
Jahre, lange größtes Bauwerk der Orthodoxie im Lande, jetzt durch die
neue Kathedrale in Tirana vom Thron gestoßen. Dahinter bereitet sich
dann das erwähnte Altstadt-Wohnviertel, und über dieses gelangen Sie
auch in alle wichtigen Museen.
Zunächst, noch auf dem nur 300 m langen Bulevardi Shen Gjergji, treffen
Sie auf ein skurriles Gemisch von historischer und moderner Architektur.
Gleich links das Gebäude des ehemaligen „Kulturpalasts", aussehend

wie ein deutsches Schulgebäude, heute **städtische Bibliothek** mit gelegentlichen interessanten Ausstellungen. Davor Büsten von Ehrenbürgern der Stadt, der bekannteste wohl Naum Veqilharxhi (siehe hinten).

Es folgt, ebenfalls links, heute modern aufgemotzt, „Mapo", ein historisch besonderer Wohnblock, ein seltener **Experimentalbau der Enver Hoxha-Zeit**, bei dem ausnahmsweise versucht wurde, einen von der üblichen Billig-Bauweise der Zeit abweichenden höheren, ja „avantgardistischen" Wohnstil zu kreieren. Rechts bald gegenüber, ein hübsches gelbes **Eckhaus im „rumänischen Zuckerbäckerstil"**. In den 1920er Jahren von Aromunen (einem mit den Rumänen verwandten Volksstamm) errichtet, gilt es heute als Denkmal, das an die einst wichtige Rolle von Aromunen in der Region erinnern soll. Das hübsche Gartenhaus dahinter, heute ein Literaturcafé, war im I. Weltkrieg **Wohnsitz von Themistokli Germenji** (siehe hinten).

Wieder links haben Sie das **Nationale Bildungsmuseum**. Was man drin sieht, weiß ich nicht. Bei zahlreichen Versuchen über neun (!) Jahre fand ich stets die Tür unbegründet verschlossen. In jedem Fall wird es auf die frühe dramatische Entwicklung des albanischen Schulwesens zu Beginn des 20. Jh. abheben, den Kampf um Emanzipation vom Griechischen und um Durchsetzung einer am europäischen Muster orientierten albanischsprachigen Schulbildung. Die **Bronzestatue** mittig am Südende des Boulevards (kämpfender Held, natürlich) gilt als eines der frühesten Werke des Nationalbildhauers Paskali (siehe hinten).

An der Kathedrale dann links (östlich) vorbei, finden Sie in der ersten Querstraße sofort dahinter (rechts) das Museum **„Vangjush Mio"**. Der 1957 verstorbene Impressionist hinterließ 400 seiner Gemälde. Hinein zu gelangen ist auch hier selten, das Museum verwaltet seine uralte Witwe allein. Diese Straße durch gehend, dann nach links abbiegend (Rr. Mihal Grameno), stehen Sie unmittelbar vor dem Eingang zum **Prähistorischen Museum**. Hier zumindest gibt es geregelt die üblichen albanischen Beamten-Öffnungszeiten, unter der Woche von 8.00-14.00 Uhr. Etliche Schmankerl lohnen den Besuch. Im Hof schon mal ein gut restauriertes, typisches Herrenhaus der Osmanen-Periode, dort sitzt aber die Verwaltung. Im Museum selbst sieht man an den Decken Reste von eindrucksvoller Zimmerbemalung. Der untere Bereich dokumentiert umfassend eine der wichtigsten ur- und frühgeschichtlichen Ausgrabungen Albaniens, die einer Siedlung, die bei Trockenlegung der Korca-Ebene in den 1950ern gefunden wurde. Am meisten lohnt sich wohl der obere Saal. In der Fensterreihe sind bemerkenswerte Stücke aus Bronzezeit und Antike ausgestellt: Überreste eines antiken Helms, das sehr schöne Grabrelief einer Familie, dann künstlerisch ausgesprochen gelungene Figurinen aus Bronze: Krieger,

Sportler, eine ausnehmend hübsche Göttin darunter, die sich eben zum Bade entkleidet.

Weiter die Rr. Mihal Grameno entlang, sehen Sie nach 30 m rechts eine der gelungensten **Häuserrestaurierungen** der jüngsten Jahre, ausgewiesen als „Monument Kulture". Lassen Sie sich den Innenhof zeigen, eine ästhetische Pracht, die Leute damals verstanden etwas von trauter Gemütlichkeit im Hinterhof.

Im Museum für mittelalterliche Kunst

Danach links zweigend, der Rr. Gaqo Koroveshi 100 m folgend, erreichen Sie den Platz mit der Metropolitenkirche und dem Sitz des Metropo-
liten, rechts dahinter - zumindest bis 2017 - das Gebäude des **Museums für mittelalterliche Kunst,** die für Touristen kulturhistorisch
interessanteste Einrichtung der Stadt. Hier wurden seit Jahrzehnten
gefährdete Kunstwerke aus allen Kirchen Albaniens konzentriert: Zahlreiche Kirchengemälde, Ikonen, Schnitzwerke und metallgetriebene Buch-
einbände sowohl aus orthodoxen als auch aus katholischen Kirchen.
Neben dem Leitmuseum für byzantinische Geschichte in Thessaloniki
ist dies die zweitwichtigste solche Sammlung auf dem Balkan. Da das
Gebäude, eine ehemalige Kirche, für den Zweck nicht geeignet ist,
entsteht derzeit am Bulevardi Fan Noli ein zweckentsprechender Neubau - Fertigstellung allerdings ohne Termin.
Die nächstwichtige Sehenswürdigkeit wäre das **Bratko-Museum.** Die
Entfernung vom Museum für mittelalterliche Kunst beträgt nur 600 m, aber
ohne Karte kommen Sie schwierig durch die Altstadt. Falls Sie nicht ohnehin
dort parken (siehe Anfahrt) heben Sie sich diese Besichtigung bis zuletzt
auf und begeben sie sich mit Ihrem Fahrzeug dort hin. Das Museum ist das
hintere der zwei auffällig modernistischen Gebäude im mittleren Bereich
des Bulevardi Fan Noli, dasjenige mit Glasfassaden (das vordere ist das
Präfekturgericht „Gjykata"). Bratko war ein aus Korca ausgewanderter
Amerikaner, der sich während und nach dem 2. Weltkrieg als Militärfoto-
graf einen Namen machte. Sein Ruf schaffte ihm Zugang zu vielen zeitge-
schichtlichen Persönlichkeiten, darunter amerikanische Präsidenten und
die japanische Kaiserfamilie. Es entstand eine Fotogalerie von historischem
Wert, nebenbei hamsterte Bratko überall in Asien Antiquitäten von Selten-
heitswert. Das ganze Kuriositätenkabinett vermachte er testamentarisch
seiner Heimatstadt einschließlich der Finanzmittel für die Errichtung des
Museums.

Gehen Sie also zunächst denselben
Weg zurück, aber an der Kathedrale von
hinten links vorbei auf den Bulevardi Republika. 100 m hin, links, gelangen Sie
zum **„Sky Tower".** Oben ist ein hübsches Cafe, aber als Aussichtspunkt hat
ihm der neue Turm natürlich den Rang
abgelaufen.
Gleich links vor dem „Sky Tower" kreuzt
der baumbestandene Boulevard Fan
Noli. Nachdem Sie diesem 350 m, über
das nächste Rondell hinaus, nach Westen gefolgt sind, verlassen Sie ihn nach
links in die kleine Rr. Xhavit Dishnica. Dort
können Sie nach 100 m die **Mirahor-
Moschee** besichtigen, das älteste
Wahrzeichen der Stadt, und als frühes-
tes erhaltenes Beispiel einer Ein-Kup-
pel-Moschee in Albanien architekturhis-
torisch von besonderer Bedeutung. Ein

Schon wieder Moschee?
Es geht nicht anders...

Sohn der Region namens Ilia Panariti diente sich im 15. Jh. bei den Osmanen
hoch, wurde wegen seiner Verdienste bei der Eroberung von Konstantinopel zum „mirahor", eine Art Feldmarschall, befördert. Mit Ländereien in
seiner Heimat belohnt, stiftete er 1484 die Moschee. Sich von der Moschee
aus nach Norden haltend, gelangen Sie nach 100 m auf den meist mit
Verkaufsständen besetzten Vorplatz des **Großen Basars** von Korca.
Dessem Gelände, links davon, ist eine Fundgrube für authentische Atmosphäre – und für Grabbeltisch-Experten - wahrscheinlich der umfassends-

Sanierte Häuser am Großen Bazar

te Heimwerker-, Neu- und Gebrauchttrödelmarkt in Albanien. Nach jüngst erfolgter Teilsanierung für fünf Millionen Dollar vielleicht noch mehr ein Platz der Extreme als zuvor. Denn die Pracht sanierter Häuser kokettiert nun umso mehr mit dem deutlichen Flair von Armut, den viele der Händlerstände ausstrahlen. Südwestlich hinten ist noch traditionelles Handwerk am Arbeiten, Schmieden und Klempnerei. Das Gebäude am Nordende des Vorplatzes, der Innenhof mit oben umlaufendem Zugangsbalkon, war historisch das berühmte **Hani Elbasanit**, eine weithin bekannte Karawanserei. In der Neuzeit zunächst ebenso berühmte Backpacker-Absteige, dann fast zur Ruine verkommen, hat es die Sanierung nun gerettet. 100 m links (Westen) ein früherer, deutlich schief gegangener Versuch der Verschmelzung des Basars mit der Konsumtionsmoderne: Das eingefügte neuzeitliche **Einkaufszentrum „Grand Basari Korce"**. Bevor Sie vom Basar-Vorplatz gerade rüber in die Rr. Edith Durham, von dort nach 150 m wieder auf dem Zentralplatz und zu Ihrem WOMO gehen, werfen Sie noch einen Blick auf die neuen **Markthallen** 100 m nördlich vom Vorplatz.

Was sich noch lohnt: Den Bulevardi Republika 400 Meter nach Norden ablaufen. Neben einem hübschen Park mit dem **Denkmal für Themistokli Germenji** (links) finden Sie rechts zunächst das **Traditions-Kino „Milenium"**, in der dortigen Seitenstraße Sotir Gurra das klassizistische Gebäude des **Französischen Lyzeums**, weiter den Bulevardi entlang, rechts, die architektonisch herausragenden Gebäude des rumänischen und des griechischen **Konsulats**, gegenüber der Hip-Komplex **Life Gallery**, oben Bars für die betuchte jüngere Generation, im Souterrain vornehm versteckt das gediegene „Shendellia".

Spaziergang im Park gefällig? Korcas **„Rinia-Park"** ist dazu geeignet. Den Bulevardi Gjergj Kastriot 900 m nach Norden (Einbahnstraße stadtauswärts),.Am Anfang finden Sie Parkbuchten, denen gegenüber eine **Skulpturen-Ausstellung** des Künstlers Kolevica.

Ein Kirchen-Kleinod können Sie in Korcas Vorort Mborja besichtigen. Die hallenförmige **Kreuzkuppelkirche Kisha e Ristosit** (um 1300) gehört zu den seltenen Bauten dieser Art, die auf umlaufenden Zwischenlagen aus Holzbalken errichtet wurden. Der aufgesetzte Rundturm der Kirche tritt nicht direkt aus dem Dach hervor, sondern ihm ist ein Segmentgiebel untergebaut. Zu erreichen über den Bulevardi Fan Noli, ab Bratko-Museum 2,5 km geradeaus (ab Stellplatz **(107)** 1,1 km, zuletzt links aufwärts).

Falls Ihnen Zeit bleibt, besondere **Essensplätze** aufzusuchen: **„Vasili"**, zu empfehlen wegen seiner behaglichen, traditionellen Atmosphäre und den hier tatsächlich angebotenen Hausfrau-Originalgerichten. Gelegen in der Rr. Konstandina Gace, von der Kathedrale den Bulevardi Republika 800 m nach Norden, dort nach links einbiegen, 100 m, links.

„Villa Gofiel", rustikal-authentisch eingerichteter Villen-Altbau, Spezialität traditionelle, uns exotisch erscheinende Tiegelgerichte. Rr. Avni Rustemi, das ist hinter dem Sportplatz der gleich nördlich vom Bratko-Museum liegt.

Anfahrt – Parken: versuchen Sie, auf der Anfahrt zum Zentralplatz bereits im Bereich bis 250 m ab dem Rondell Rr. Muzakajt/Rr.Marigo Posio eine Parkposition zu erwischen. Falls nicht, fahren Sie goradeaus zum Zentralplatz Sheshi i Teatrit (700 m). Dort sofort spitz nach links, am trapezförmigen Gebäude der Bank BKT vorbei in den Bulevardi Gjergj Kastrioti. Suchen Sie auf der gegenüberliegenden Seite (rechts ist Parkverbot) nach einem Platz. Im Katastrophenfall fahren Sie zurück auf den Zentralplatz, hinten rechts über die Rr. Edith Durham auf den Bulevardi Fan Noli, diesen nach links. Nach ungefähr einem Kilometer befinden Sie sich im Bereich von Gericht und Bratko-Museum (diese auf dem Mittelstreifen), dahinter irgendwo sollten Sie dann doch einen Parkplatz finden. Starten Sie dann den Rundgang mit dem Bratko-Museum, bewegen Sie sich danach aber 500 m auf dem Bulevardi Fan Noli nach Westen und setzen Sie den Rundgang dort am Sky Tower Richtung Kathedrale an. Gleich durch die Altstadt das Museum für mittelalterliche Kunst zu finden, werden Sie ohne Karte nicht schaffen.

Großer Prespa-See

Um das nächste Tour-Ziel zu erreichen, fahren Sie auf der Einfallstraße nach Korca zurück bis zu jenem Punkt, von dem vor der Stadt die Fernstraße nach Griechenland abzweigte und nehmen, ab hier 12 km, nun diese Richtung. Dort finden Sie, nach links, den Abzweig nach „Gorice", „Maqedoni"," Zona Touristike Liqenas" usw. mit touristischen Hinweisschildern ausgezeichnet, das alles heißt - zum **Großen Prespa-See**. Nach weiteren 12 km und einigen gut ausgebauten Serpentinen (Pass auf 1083 m) erleben Sie bald den prachtvollen Anblick des Prespa-Sees, vielleicht gar in der linden Abendsonne.

Ein Schild weist Sie rechts Richtung **Liqenas** (bei den Mazedonen: **Pustec**) und **Zaroshke**. Falls Sie bis zum Ende des albanischen See-Anteils vordringen möchten, folgen Sie der Straße geradeaus noch 14 km bis **Gorica** bzw. 18 km bis **Kallamas**. Der große Prespa bietet eine erhabene Landschaft und Natureindrücke, die einen Besuch lohnen, lediglich die Stellverhältnisse sind etwas bescheiden:

(109) WOMO-Stellplatz: S-2, nordöstlich Liqenas, Restaurant Shen Thanassi

GPS: N 40°47'30.36", E 20°54'51.57"   **Max. WOMOs:** 2

Lage/Allgemeines: Das Dorf Liqenas durchqueren, ab Kirchenplatz Richtung See halten, reichlich 1 km an diesem entlang nach außerhalb. Das relativ neue Restaurant hat bergseitig eine große Parkbucht. Es wurde an erste Stelle gesetzt, weil es auch die Fahrten zur Insel Malingrad durchführt, siehe Text. WOMOs willkommen, aber Infrastruktur wird nicht geboten.

Der Prespa-See mit der Insel Malingrad

(110) WOMO-Stellplatz: S-2, südlich Liqenas, Hotel Prespa

GPS: N 40°46'38.1" E 20°54'27.1"   **Max. WOMOs:** > 5.
Lage/Allgemeines: Bis vor den Ortseingang Süd von Liqenas, dort rechts („Zaroshke"), 1,1 km der Straße folgen. Dort Schildweisung zum Hotel. 150 m nach unten fahren, aber außen parken (große Wiese), der Parkplatz innen ist zu schräg. Qualität der Taverne nicht getestet.

(111) WOMO-Stellplatz: S-2 vor Zaroshka, Restaurant Aleksandar

GPS: N 40°46'5.2" E 20°54'15.7"   **Max. WOMOs:** 2.
Lage/Allgemeines: Selbe Zufahrt wie **(110)**, aber noch 1,2 km weiter. Solitäres Anwesen weit vor dem Dorf Zaroshka, seeseitig. Hofparkplatz ist relativ klein, das Tor wird verschlossen und der Hund kläfft in der Nacht. Der Platz wird aufgeführt, weil das Restaurant früher als eine Art Wallfahrtsrestaurant am See galt. Nicht klar, ob es diese Bewertung heute noch rechtfertigt.

(112) WOMO-Stellplatz: S-2 Gorica, Restaurant Vasili

GPS: N 40°52'58.9" E 20°55'18.4"   **Max. WOMOs:** 2-3
Lage/Allgemeines: 500 m hinter der Ortsabfahrt Gorica auf der Straße zum Grenzübergang Gorica/Kallamas, links, Restaurantparkplatz direkt an der Straße, aber wenig Verkehr. „Me porosi"-Taverne, also rechtzeitig vor dem Essen bestellen.

Einführung und Besichtigungsvorschläge
Der 25 km lange Große und der Kleine Prespa-See, beides Grenzgewässer, sind durch internationale Abkommen geschützte Naturräume. Der bis zu 54 m tiefe Große Prespa ist nicht so klar wie der Ohrid. Die Uferlinie ist zumeist geröllig-felsig. Der See hat keine Strände, das Südwest-Ende, etwa bei Stellplatz **(112)**, ist stark sumpfig, Baden hier bestenfalls von Stegen möglich. Graureiher sitzen bereits auf den Bootsstegen von Liqenas, an mehreren Stellen haben Sie gute Chance, **Pelikane** in kaum 100 m Entfernung zu beobachten. Die Bevölkerung im Gebiet ist ethnisch überwiegend slawisch (bulgarischer Ursprung).
Der Ort **Liqenas (Pustec)** ist per se einen Besuch wert, die Bausubstanz partiell noch in althergebrachtem Zustand, aus unregelmäßigem Naturstein, teilweise mit Lehm verschmiert, Bretterlagen zur Erdbebensicherung dazwischen. Die nördliche als auch die südliche Zufahrtstraße führen in Seerichtung letztlich bis zum Zentralplatz mit auffällig schönem christli-

Die Insel Malingrad von der Bootstour aus.

chem Gotteshaus.

Der See bietet wieder einiges für Freunde besonderer, alter Kirchenarchitektur. Auf der **Insel Malingrad** vor Liqenas können Sie ein **Kirchen-Kleinod** aus dem 14. Jahrhundert besichtigen, 800 Jahre alt, in den Rand einer Felsgrotte eingebaut. Beachten Sie links am Fels die miniaturhaften Felszeichnungen. Sie sollten, laut einem französischen Archäologen, 10.000 Jahre alt sein.

Die Felsen des Seeufers beherbergen mehrere ehemalige Klausen von Einsiedlermönchen. Als die bedeutendste gilt eine Kirch-Klausen-Kombination 5 km östlich von Kallamas am Seeufer, **„Shen Meri ne Globoko"**. Deren mit Fresken ausgemalte Kapelle wird auch heute als Andachtsort genutzt, die Höhlenklause im Fels darüber kann von Gewandten über eine wacklige Leiterkonstruktion erklommen werden.

In **Kallamas** lohnt ergänzend die **Friedhofskirche Shen Gjergji** wegen ihrer eindringlich schauenden Gesichtsfresken.

Zu beiden wichtigsten Sakralstellen gelangt man nur mit Boot. Für die Bootsfahrt nach Malingrad ist der Eigentümer des Restaurants „Shen Thanassi" lizensiert (**Stellplatz 110**). fragen Sie aber ausdrücklich nach dem Kirchenschlüssel:

Nje shetitje per ishullin Malingrad, a keni celesin per kishen ne ishullin?

Für die Bootsfahrt nach **Globoko** braucht man in Gorica nur an irgendeinem See-nahen Grundstück zu fragen. Der Preis für beide Fahrten beträgt je 20 €, Dauer 30 min. eine Strecke.

Kleiner Prespa-See

Ausschließlich **ambitionierte Ornithologen oder Speläologen** versuchen sich dann noch am **Kleinen Prespa**. Der ist aber vom Großen direkt nicht zu erreichen. Sie müssen zurück auf die Fernstraße Richtung Grenzübergang. Nach 13 km finden Sie die Ausschilderung „Treni" und „Zona Touristike Tren", nach links. Knapp 3

Shen Meri ne Globoko

km vom Abzweigpunkt, deutlich vor dem Dorf Tren, den hier abzweigenden Weg nach Norden zum See nehmen („Qendra e Informacionit Zagradec"). Die **Tren-Höhle** finden Sie, ungekennzeichnet, nach 1 km, direkt vor dem See, im Hügelberg links vom Weg. Zum Info-Zentrum und zur Plattform nochmals 3,5 km rechts am See entlang, im Dorfzentrum fragen.

Der kleine Anteil des **Kleinen Prespa**, der zu Albanien gehört, bildet ein nahezu völlig verschilftes Vogelschutzgebiet. Im Dorf **Zagradec** (albanisch **Buzeliqen**) sind ein **Info-Kabinett** sowie eine Plattform für Beobachtungen eingerichtet worden. Am Seebeginn liegt die **Höhle von Tren**, in der man bedeutende Zeugnisse prähistorischer Kunst und Kultur fand (siehe Tour 1-1, Nationalmuseum). Es fehlt aber an jeglicher touristischer Aufbereitung, Speläologenehrgeiz ist gefragt. Die Höhle liegt nordostseitig in dem unscheinbaren kleinen, mittig zwischen den höheren Zügen liegenden Solitärberg, den Sie unmittelbar, bevor Sie den See erreichen, passieren müssen. Hinein gelangt man allerdings nur durch ein gebückt zu passierendes Eingangsloch (bei Nässe moddriges Terrain). Nach einem leicht begehbaren Vorraum von 25 m müssen Sie sich dann im Entengang durch ein weiteres, nur 1 m hohes Loch zwängen, um in den unwegsam-unübersichtlichen Hauptraum mit 40 m Durchmesser zu gelangen. Ab hier sollten in jedem Falle zwei Lampen und die Notkerze Mindestausrüstung sein. Der Großraum endet in einem kegelförmigen Feuchterdehang. Rechts zuvor geht es mehrere Meter hinunter in eine gleichmäßige Tunnelgalerie

Afrika? - Prespa!

von nochmals 30-40 m Länge, dort wird man wohl die archäologischen Relikte gefunden haben, aber außer Fledermäusen ist da heute natürlich nichts mehr zu entdecken.

Von Höhlenabenteuern können Sie in der Gegend leicht mehr haben, die hohe Wand entlang des nördlichen Seeufers zeigt, hoch oben, etliche viel versprechende Löcher. Auf der Suche nach den im Nationalmuseum gezeigten frühzeitlichen Wandbildern, die angeblich gut an der Felswand zu sehen sein sollen, verwies mich ein Einheimischer auf ein solches Loch weit oben, davor ein markanter Solitärkegel, 1,5 km ab Höhle. Als ich mich die 130 Hm steilen Hang nach oben gequält hatte, musste ich akzeptieren, dass vor der Höhle noch ungefähr sieben oder acht Meter senkrechte Wand zu erklettern gewesen wären – mit Seilsicherung. Die hatte ich nicht bei mir, und sowieso wäre die Sache zu gefährlich gewesen, da ich allein war. Also, Schluss. Hol's der Teufel, ich hab' die Wandbilder nicht gefunden. Versuchen Sie's mal.

Dafür fand ich Reste eines ebenfalls nur vorn per touristischem Hinweisschild ausgewiesenen prähistorischen „**Trajan-Walls**" 500 m weiter, am Punkt, wo die Straße endgültig Seenähe verlässt, rechts oben. Der Platz ist hier relativ leicht zu erklimmen, allein, man hat wieder Mühe, die geringen Rest-Strukturen der fast kreisrunden Anlage zu würdigen. Interessenten an einem längeren Aufenthalt in der Gegend können seeseitig vor der Tren-Höhle auch gut ihr WOMO abstellen (wegen der Verschilfung aber nicht baden).

TOUR 3-2 (ca. 240 km)

Von Korca nach Saranda über Gjirokastra

Freie Übernachtung:	Dardha, Erseka, Leskovik, Benja, Permet, Kelcyra, Gjirokastra, Libohova, Syri kalter u.a.
Campingplätze:	Kamenica, Mollas, Germenj, Saranda.
Ver-/Entsorgung:	Campingplätze, Gaststätten der Stellplätze.
Baden:	Benja, Saranda.
Besichtigen:	Dardha, Erseka, Germenj (NP), Leskovik, Benja, Permet, Gjirokastra, Antigonea, Sofratik, Syri kalter u.a.
Wandern:	In den Nationalparks, im Llengarica-Canyon.
Essen:	Gaststätten im Text verwiesen.

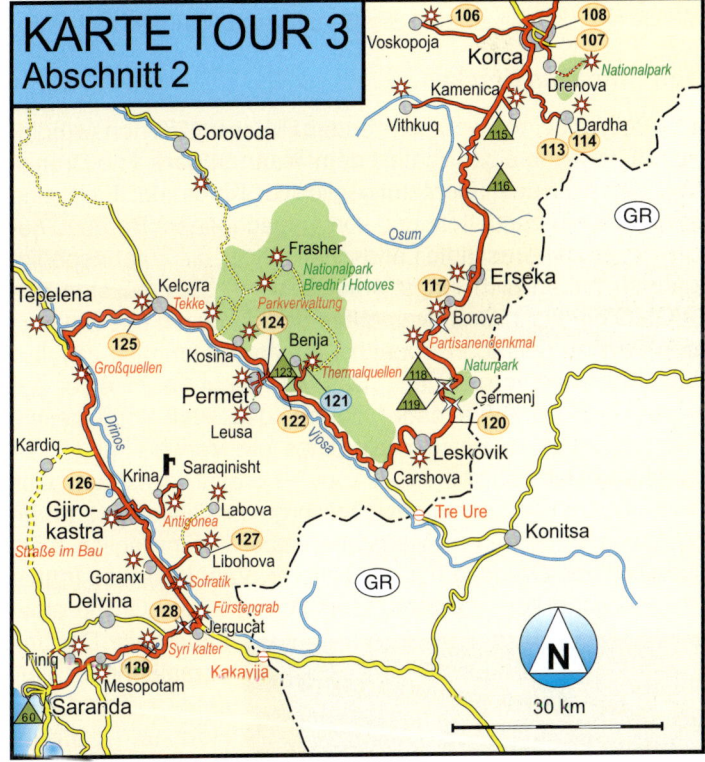

Entfernungsangaben

Korca Stadtausfahrt bis Campingplatz (**119**)..........71 km
Campingplatz (**119**) bis Benja, Badeplatz (**121**)............57 km
Benja bis Viroi-Stausee, Stellplatz (**126**) .... 69 km

Gjirokastra – Syri Kalter, Stellplatz **(129)** .... 35 km
Syri Kalter bis Saranda, Campingplatz **(60)** .... 19 km
Startpunkt der Kilometer-Angaben im Text:
Abzweig ab der Umfahrungsstraße Korca. Ende am Auftreffpunkt auf Tour 1-3 bei Saranda, gesamt 237 km.

Auch der nun folgende Abschnitt 2 bietet eine Fülle von wechselnden Panoramen, die das Auge fesseln, die die kilometermäßig relativ lange Strecke als durchgängig interessant und damit zeitmäßig fast als kurzweilig erscheinen lassen. Allerdings wird Ihre Konzentration nicht selten auch von der Straße beansprucht werden. Teile der Route wurde schon zu Enver Hoxha-Zeiten in der damals üblichen Weise asphaltiert (ohne die Ränder zu befestigen und wellig). Erst jetzt beginnt man mit einem Kernprojekt der Verbesserung: Die Überfahrt über den Pass Qafe Qarrit vor der Ebene von Erseka wird durch eine große Umfahrung ersetzt. Rechnen Sie aber im Weiteren noch mit einigen Straßenzustands-Ungelegenheiten.

Von Korca bis Erseka

Der Reigen der hier vorzustellenden Plätze und Sehenswürdigkeiten begänne eigentlich mit dem **Nationalpark von Drenova,** der nur ein paar Kilometer südlich von Korca liegt. Es ist eine teilweise wild-zerklüftete und von aufgegebenem Bergbau geprägte, also interessante Landschaft. Allein, die Zufahrtsbedingungen haben sich jüngst verschlechtert. Sie müssten das WOMO bereits in Drenova parken und dann, um überhaupt in den Park zu gelangen, zunächst auf etwa 3 km eine ziemlich öde Klamm durchwandern. Das wird wohl kaum einer tun wollen, ich verzichte daher darauf, den Park vorzustellen. Gerechtfertigt scheint mir allerdings ein Verweis für Kunst-Liebhaber. Ich hatte bereits in Tour 3-1 darauf verwiesen, dass es in Albanien einige ungewöhnlich gute Künstler gibt, deren Werke nach unserem Maßstäben aber erschwinglich sind. Nördlich von Drenova hat ein weiterer, **Vasi Kolevica (**http://www.vasillaq_kolevica.com/), sein Atelier in der Größe einer

Fabrikhalle. Der Universalkünstler, arbeitet in Ton, Stein, Holz und betreibt auch Malerei. Kaufinteresse bei Durchreisenden dürften insbesondere seine Tonreliefs als Wand-

Kolevica mit Familie und Werk

Drenova: Schöne Landschaft, aber nicht
für WOMO

schmuck erzeugen. Er hat sowohl in Korca eine eigene Freiausstellungsfläche für Groß-Skulpturen (am „Rinia"-Park") als auch in Tirana eine Galerie. **Anfahrt:** Am sichersten über Drenova. Abzweig von der Tour am km 2, dann 2 km bis zur Ortsmitte, dann links, 1,5 km. Die große Halle liegt außerorts, rechts.

Als nächstes zu verweisen wäre **Dardha**, ein Gebirgs-Erholungsort mit traditioneller, ungewöhnlich solide-reicher Gebirgsarchitektur, ja, und auch noch recht traditioneller Lebensweise vieler seiner Bewohner (nicht wundern, „Dardha" heißt „Birne" und kommt als Ortsname im Albanien wohl ein Dutzend Mal vor – siehe z. B. T2-1). Den Abzweig dahin von der Tourstraße finden Sie beim km 3 ab Umfahrungsstraße Korca, ausgeschildert, nach links (Süden).

Dardha

(113) WOMO-Stellplatz: S-2 Dardha, Hauptparkplatz

GPS: N 40°31'7.9" E 20°49'29.1"   **Max. WOMOs:** 2-3.
Lage/Allgemeines: Hauptparkplatz des Ortes, oberhalb, vor Beginn des Abstiegs in den Ort Dardha, links, etwas eingerückt von der Straße.

(114) WOMO-Behelfs-Campingplatz-Tipp: C-5 Dardha, am Hotel Mihallari

GPS: N 40°31'11.78", E 20°49'36.16"   **Max. WOMOs:** 2
geöffnet: Auch in der Vor- und Nachsaison.
Lage/Anfahrt: Nach etwa 550 m Abstieg ab Ortseingang gelangt man zu einem Privatplatz, links, gehörig zum gleich unterhalb liegenden Hotel Mihallari.
Allgemeines: Zufahrtsbedingungen siehe Anfahrt. Das Hotel erhebt nicht den Anspruch, WOMO-Stellplatz zu sein, erlaubt aber sicheres Stellen gegen Gebühr.
Ausstattung: Wasserhahn vorhanden, sonst nichts.
Sanitäranlagen: Nur die des Hotels.
Preis : 5 €/Nacht/WOMO.

Der Ort **Dardha** liegt auf 1300 m am Ostrand der Gramoz-Kette, also an ihrer nach Griechenland gerichteten Außenseite.Sein noch geschlossen charakteristisches Architekturbild ergibt sich aus auf kuschlig engem Raum gebauten, gebietstypischen Felsstein und Lehmbauhäusern mit schwerer Steinplattendeckung. Die Bauweise und -qualität umfasste ein weites Spektrum, Spiegelbild natürlich der jeweiligen Einkommensverhältnisse der Erbauer. In einigen Fällen verdeutlichen aufwändige Kleinreliefmeißelungen auf Einzelsteinen sehr hohen Repräsentationsan-

Dardha: Blick auf einen Teil der Ortslage

spruch. Das Dorf, um 1600 gegründet, erreichte seine höchste Prosperität um 1913.

Ähnlich wie etwa Razma (Tour 1-1), aber eben von ungleich höherer Architekturqualität, war Dardha ein bevorzugter Erholungsort der Enver Hoxha-Nomenklatura. Heute ist er als so eine Art Shangri-La bei etlichen Betuchten aus Korca, ja aus Tirana, angesagt. Die damit einher gehenden Um- und Neubauaktivitäten müssen Forderungen des Denkmalsschutzes erfüllen.

Empfehlenswerte **Restaurants**: „**Batelli**", 300 m vom Hauptparkplatz nach unten, dort 100 m links den Weg, gilt als das traditionellste einheimische Restaurant im Ort. „**Trofta**" ist ein uriges Forellenrestaurant, eingekuschelt in die tiefste Westecke unten, schon etwas außerhalb des Ortes. Aber auch das Restaurant vom Hotel „**Mihallari**", kurz vor dem Zentralplatz, bietet ordentliches Essen in hübscher Umgebung.

Anfahrt: 14 km ab Abzweig. Sie tangieren den Ort Boboshtica, einen Ausflugstavernenort für die Korcaner (Umfahrungsstraße links vor dem Ort benutzen, der Anstieg innerorts ist sehr steil und die Tavernen sind unter der Woche ohnehin nur auf Abendbetrieb vorbereitet). Danach noch 12 km Bergwertung,

Für die Bauweise des Ortes charakteristisches Portal

höchster Punkt der Anfahrt, mit knapp 1600 m, etwa 3 km vor Dardha-Ortsbeginn. Sie passieren hier den einzigen Skilift, den es derzeit in Albanien gibt. Der Ort liegt tief unten am Hang und hat oben einen komfortablen Parkplatz **(113)**. Nach kürzlich erfolgter solider Pflasterung der Abstiegsstraße müssten Sie auch problemlos bis zum Platz **(114)** absteigen können (60 Hm). Fußerkundung und Vereinbarung des Stellplatzes vorab ist dennoch mindestens Saison-nah zweckmäßig, da der Ort immer recht voll ist.

Auf die Tourstraße zurückgekehrt, nach wie vor die intensiv landwirtschaftlich genutzte Korca-Ebene befahrend, erreichen Sie beim km 9 den Hinweis zum **Hügelgrab von Kamenica** (Tuma e Kamenices, links), der Abstecher von vierhundert Metern lohnt sich. Falls niemand da ist: Die Schlüssel-Gewaltigen wohnen im zweiten Haus westseitig an der Zufahrtsstraße. Es handelt sich um einen vor einigen Jahren mit Hilfe amerikanischer Archäologen geöffneten und mit deren modernster Technik untersuchten Großgrabhügel.

Die Ergebnisse werden nebenan in einem kleinen, ebenfalls modern ausgestatteten Museum präsentiert, sie sind zum Teil sensationell: Ein Skelett enthielt ein ungeborenes Kind, einer der Bestatteten hatte eine ur-chirurgische Kopfoperation 6 Monate überlebt, und - die Bevölkerung damals (13. - 6. Jh v. Chr.) war genetisch nicht mit der heutigen identisch. Die spannendste Frage für die Wissenschaftler, wo eigentlich waren die Siedlungen, die zu dieser umfänglichen Begräbnisstätte gehört haben müssen? Führung und Videos in Englisch.

Kamenica: Was so groß war in dem Hügel, habe ich leider vergessen...

Den Abzweig (mit Schild) links, nur 400 m weiter, sollten Sie nicht übersehen, falls Sie Übernachtungsbedarf haben. Denn dort geht es zu

(115) WOMO-Campingplatz-Tipp: C-1 Kamenica, am Hotel Residenca Kamenica

GPS: N 40°31'53.91", E 20°43'45.52"   **Max. WOMOs:** 30
www.kamenicaresidence.com   Tel. 00355 8 6370000
geöffnet: Auch in der Vor- und Nachsaison.
Lage/Anfahrt: Ab Abzweig 1,5 km, davon die hintere Hälfte unbefestigt. Ein kurzer, hoher Brückenbuckel nach 700 m kann großen, langständigen WOMO (arge?) Probleme bereiten.
Allgemeines: Adrettes Hotel mit 10-m-Schwimmbad, echtes Shangri-La in ruhigem Winkel hinter dem Dorf. Separater WOMO-Platz davor bzw. daneben. Eigentüme-

rin spricht perfekt Deutsch.
Ausstattung: Strom, Wasser, Entsorgung per Schlauch. Fitnesszenter, römische Sauna, WLAN
Sanitäranlagen: Duschen und Toiletten perfekt, Entfernung zum WOMO-Platz allerdings fast 100 m.
Preis : 10 €/Nacht/WOMO.

Beim km 13, merke ich sicherheitshalber an, passieren Sie den Abzweig (rechts) zu dem auf S. 242 mit abgehandeltem Ort **Vithkuq**. Die Entfernung ab hier bis zum Ortseingang betrüge 16 km.

Kurz danach stellt sich ziemlich hoher Bergzug quer, der die Ebene von Korca von jener von Erseka trennt, flächig bewachsen mit hohen Nadelbäumen, meist Kiefern, darunter eine besonders schön rundkonisch geformte Art. In langen Serpentinen geht es hinauf und dann wieder hinunter, beim km 21 passieren Sie mit 1170 m den Pass Qafe Qarrit - oder schon nicht mehr. Man baute zum Recherzeitpunkt recht emsig an einer gewaltigen Passumfahrung. Zwei Quellen im Bereich (km 15 und 22) sind anzumerken.
Am Südabstieg vom Pass, der Straße rechts gegenüber, wird ein **Tischplateau** ihre Aufmerksamkeit fesseln, das in erratisch geformten, tief zerfurchten Erosionsrinnen abbricht.
Dem Serpentinenabstieg schließt sich abrupt ein Trogtal an, das auf fast 900 m fällt, gleich darauf ein zweites, ähnlich tiefes. Im Hintergrund links bauen sich die ersten, in ihrer zum Fürchten kahlen Rissigkeit beeindruckenden Züge der mittleren **Gramoz-Kette** auf. Die Trogtäler führen die von der Gramoz-Kette erzeugten Winterwässer dem Osum zu, ihre Tiefe macht den Straßenverlauf windungsreich. Ehe Sie es recht bemerken, sind Sie wieder auf über 1000 m und hier beginnt die Hochebene von Erseka.
Der Stellplatz, der nun kommt, firmierte in der 1. Auflage noch als „S"-Platz. Glaubwürdige Versprechungen des Eigentümers veranlassen mich, ihn zum „C"-Platz aufzuwerten. Bis jetzt allerdings standen Sie hier nicht sonderlich gut. Der derzeitige Parkplatz liegt recht exponiert an der Straße.

(116) WOMO-(Hoffnungs)-Campingplatz-Tipp: C-?
Mollas, Ausflugsrestaurant Sofra Kolonjare
GPS: N 40°26'35.8" E 20°40'9.1"   **Max. WOMOs:** 20?.
geöffnet: Auch in der Vor- und Nachsaison.
Lage/Anfahrt: km 29, an der Brücke des ersten Schwemmtals, links das hübsche, sich in den Talgrund kuschelnde Restaurant.
Allgemeines: Der Plan des Eigentümers sah vor, die südlich etwas erhöht davon gelegene Wiese zum Großplatz für WOMO mit aller erforderlichen Ausrüstung auszubauen. Eine zeitgemäße Initiative. Lassen Sie mich wissen, wie weit es damit gekommen ist.

Ersekas Zentralplatz im Umbruch. Auch hier hatte sich eben Geld dafür gefunden.

Von Erseka bis Permet

Bei der Einfahrt in den Kreis Kolonja (Erseka ist Hauptort) werden Sie erst mal wieder mit dem Schwachsinn der albanischen Tourismusbehörden konfrontiert. Stolz haben Sie auf zahlreichen Richtungsweisern ausgewiesen, was es alles gar nicht mehr gibt. Das Schild „Burime Thermale e Vromoneronit" verweist beispielsweise auf eine Thermaleinrichtung in der Nähe des Grenzübergangs Tre Ure nach Griechenland, die schon seit Jahren Ruine ist.

Der weite Charakter der Landschaft dieser Ebene täuscht stark über die Höhenverhältnisse: Das bei km 43 folgende **Erseka** (10.000 Ew.) gilt mit 1020 Hm als höchste Kreis-Hauptstadt des Landes überhaupt. Die Stadt besitzt eine Umfahrung, diese sollten Sie aber nur nutzen, wenn Sie die Stadt nicht sehen wollen. Ansonsten folgen Sie dem Hauptstraßenverlauf in die Stadt und sehen sich ab etwa 500 m ab Abzweig der Umfahrung nach einem Parkplatz um. Vermutlich haben Sie die besten Chancen nach einem guten Kilometer. Links, nach einer Kurve, liegt das Stadthospital, dahinter sollten Sie Parkplatz finden. Der Zentralplatz, das einzige, was sich in der Stadt lohnt, liegt immer rechts (westlich), ab der Kurve, die zum Hospital führt, 100 m hinten-nördlich.

Erseka

Erseka ist eine beschaulich und intakt wirkende, aber insgesamt unauffällige Kleinstadt. Das Aufsuchen des Zentralplatzes lohnt aus drei Gründen: Erstens, vermutlich haben Sie nach der langen Strecke Hunger. An der südlichen Seite des Platzes finden Sie eine or-

Das Ortsmuseum hat auch eine recht hübsche ethnografische Abteilung.

dentliche Schnellgaststätte, die u.a. guten Döner auf Gyros-Art im Angebot hat (falls Sie es etwas gediegener mögen: 500 m südlich des
Hospitals, also in Fahrtrichtung, liegt rechts das gut beleumdete **Re-
staurant „Zizi"**, 3 km weiter das hübsche **Ausflugsrestaurant „Mje-
dis"**).
Zweitens, in der Mitte des Zentralplatzes sehen Sie eine **Vierkantsäule
mit Bronzeadler**, den Opfern der Region gewidmet (Sie ahnen's schon:
Paskali). Inhaltlich ist dieses Denkmal aber der Einstieg in das Sie nun
am Straßenrand begleitende Thema: Die Region südlich Erseka war
Quellzentrum des Partisanenkampfes im II. Weltkrieg, und, vor allem,
Enver Hoxha persönlich hatte hier gekämpft. Folglich, während andere
Heldentaten im Lande mit weiß angestrichenen Betonpfeilern geehrt wurden, hier durfte es hochwertige Bronzekunst sein. Ich komme darauf
zurück.
Und der letzte Abbiegegrund: Das erhöht stehende Gebäude mit dem
Partisanenfries in der Südost-Ecke des Platzes ist das **Regionalmuseum.** Hier informiert eine anschauliche Ausstellung über Ur- und Frühgeschichte sowie Ethnographie der Region. Besonderer Stolz ist das „Zep-
ter" eines illyrischen Fürsten, seine Eisenstäbe versinnbildlichen die Son-
nenstrahlen. Ein weiteres Thema des Museums sind die besonderen
Leistungen der Region bei der Etablierung der albanisch-sprachigen
Schule. Sollte (was wahrscheinlich ist) niemand im Museum sein, fragen Sie in der Kommunalverwaltung diagonal gegenüber am Platz.

Nach Süden die Stadt verlassend, passieren Sie beim km 46,
also etwa 3 km ab Erseka, **Stellplatz (117)**.

(117) WOMO-Stellplatz: S-2 Erseka, Restaurant Mejdis/Hotel Shazo

GPS: N 40°18'48.7" E 20°40'8.7"   **Max. WOMOs:** 5.
Lage/Allgemeines: km 46, stadtbekanntes Ausflugsrestaurant mit Fo-
rellenanlage, schräg gegenüber Hotelanwesen Shazo. Der Hotelparkplatz eignet sich besser zum Übernachten, das Restaurant besser zum
Essen. Eventuell anzuratender Kompromiss: Auch neben beiden ist einiger Platz, um ein WOMO abzustellen.

Ganz nebenbei, wenn Sie in Höhe von Erseka mal nach links
blicken: So richtig haben Sie die dortigen Bergketten wahrscheinlich die ganze Zeit nicht aus dem Auge verloren, aber
jetzt steht dort im Hintergrund der Namensgeber jener Bergzüge, die Sie bis Leskovik begleiten, und Ihnen dabei immer
näher rücken werden: Der **Gramoz** (griechisch Grammos oder
Gramos). Der 2500er war in der Nachkriegsgeschichte Schick-
salsberg Griechenlands als auch der albanisch-griechischen
Verhältnisse. Aber das zu erläutern, würde hier wirklich den
Rahmen sprengen.
Beim km 48 kommen Sie das erste Mal mit dem in Erseka
angekündigten Thema in Berührung: Der Ort **Borova** wurde
im II. Weltkrieg von deutschen Gebirgsjägern barbarisch nieder gemacht. Hermann Frank Meyer hat die Verbrechen dieser Truppe im weiteren geografischen Raum in seinem Buch

Erhabene Gebirgszüge begleiten Sie jetzt ständig links und rechts.

„Blutiges Edelweiß" thematisiert, nachdem speziell die Gebirgsjäger in der Bundesrepublik über Jahrzehnte ihr „Helden-Image" pflegen konnten. Die Albaner scheinen sich im Moment im Umgang mit diesem Erbe nicht ganz schlüssig, weil es in der Enver Hoxha-Zeit natürlich zu Zwecken des Regimes benutzt wurde. Überdies wurde der entvölkerte Ort nach dem Kriege von Ortsfremden neu besiedelt. Infolge dessen ist der Ehrenfriedhof in Borova (als Mauer-Rund von der Straße aus zu sehen) auch im Verfall begriffen und das dem Ereignis gewidmete Ortsmuseum geschlossen.

Jenseits von Borova ändert auch bald die Fahrumgebung wieder ihr Thema. Der nun folgende Wechsel der Ansichten von Breit- zu Engtälern, von Büschen zu majestätisch hohen Föhren, immer vor rauem Berghintergrund, lässt die insgesamt nur langsam zu bewältigenden Strecke nie langweilig werden. Zunächst überqueren sie die Zwischenkette von Barmash - es wird hügelbergig, ohne wirklich höher zu gehen. Kirchen-Fans hätten hier die Chance auf ein besonderes Kleinod: Knapp 2 km ab Borova passieren Sie den im Bild dargestellten Kalkofen. Genau 3 km ab dort, unmittelbar hinter einer scharfen Kurve, führt ein Weg links ab. Nach 400 m erreichen Sie die schmucklos grausteinige, aber alt-ehrwürdige **Kirche von Barmash,** die älteste weit und breit, von 1610.

Zunächst ein „Industriedenkmal", beim km 50, bevor wir...

Der **Barmash-Pass** beim km 51 liegt immer noch kaum mal 1050 Hm hoch. Warum der Pass als solcher trotzdem einen Namen hat, erleben Sie umgehend. Südlich jenseits vom ihm senkt sich die Straße nämlich sofort heftig über Serpentinen in eine größere Talebene bis auf 830 m ü.NN beim km 57, und das ist der **tiefste Punkt auf der 85-km-Strecke** von Korca bis Leskovik.

Der eben erwähnte Tiefstpunkt markiert sich durch ein un-

...zu den Partisanendenkmalen kommen.

scheinbares Brückchen über ein Flüsschen in der Talmitte. Unmittelbar zuvor steht das größte der angekündigten **Partisanendenkmäler** auf einem hohen Hügelpostament - mittlerweile aber ziemlich von Gebüsch eingewuchert. Es ist der ersten großen Schlacht gewidmet, die die sich formierenden Partisaneneinheiten der Wehrmacht 1943 lieferten.

Nach dem entspannenden Tal geht es dann wieder ernsthaft zur Sache. Die Straße strebt zunächst in einigen kurzen Serpentinen, dann in einer längeren Rampe erneut einem Zwischenpass bei etwas über 1000 m zu (km 61), um hinter diesem sofort wieder auf deutlich unter 900 m abzutauchen. Diesmal aber in ein enges, stark keilförmiges Schluchttal mit dem Flüsschen Shales am Grund, an das sich nach Brückenpassage auch sofortiger Wiederanstieg anschließt.

Nebenbei erfährt die umgebende Natur rapide Veränderung. Schon der Passberg ist wieder schön mit Konifer- und Eichenbüschen bewachsen, das dunkle Tal dann bietet den Anblick wilder Waldnatur, aus der Tiefe weit nach oben greifen dicht bewaldete Berghänge. Deren turmartig über die Landschaft heraus ragende Felskonen verleihen dem Raum einen archaischen Anblick. Im Abstieg beeindrucken an den Hängen noch offen liegende, wie von Menschenhand gemustert wirkende Felsplattenlagen. Beim Wiederaufstieg zeigen hervortretende Kahlstellen, dass die nun folgenden Berge weniger Fels-, sondern Erdmassenberge sind. Gutes Substrat für den dichten Kiefernbewuchs hier, der zwar nicht zu den Nationalparks zählt, aber dennoch Schutzstatus hat – der **Naturpark von Germenj.**

Zahlreich sind hier auch die Quellen, eine besonders schöne direkt im Talgrund, die nächste, einen Kilometer weiter.

Am Ende des Aufstiegs (km 68) erwartet Sie ein Pausenplatz, die **„Vila Germenji Jorgo".** Als Ausflugrestaurant nicht zu bezeichnen, dazu liegt sie zu weit weg von der städtischen Zivilisation, hat sie einen weithin bekannten Namen als „Karawanserei". Wohl jeder, der die Route befährt, macht hier Pause, der auf der langen Strecke zwangsläufige Hunger wird mit einfachem Essen sättigend bedient. Da meinte wohl der Wirt, er müsse auch auf WOMO-Kundschaft zielen, obwohl ein langzeitlich ausgewiesener Platz gleich um die Ecke liegt:

(118) WOMO-Campingplatz-Tipp: C-5 Germenj, Restaurant Vila Germenji Jorgo

GPS: N 40°13'32.74", E 20°39'39.25"
Lage/Anfahrt: km 68, unmittelbar nach dem Anstieg aus dem Tieftal.
geöffnet: Auch in der Vor- und Nachsaison.
Allgemeines: Trittbrettfahrer, eigentlich nur interessant für jene unter den Wohnmobilisten, die nicht gerne auf größeren Plätzen unter Ihresgleichen stehen.
Kapazität: Einzelne kleine WOMO werden gleich im umzäunten Hof des Restaurants untergebracht, für große oder mehr Womos gibt es ein großes Garten-Wiesengelände 70 m davor.
Ausstattung: Steckdosen und Kabel
Sanitäranlagen: Defizitäre Restauranttoilette und ebenfalls defizitäre Duschen auf den (selten ausgelasteten) Zimmern.
Preis: 8 €/Nacht/WOMO
WLAN: Nur im Gastraum des Restaurants

Allerdings erreichen Sie, nach Überquerung des nur 300 m vom Restaurant entfernt liegenden Zwischenpasses (1070 m) nach 2,5 km, eben den **Stellplatz (119).** Der traditionell etablierte Platz würde sich auch für einen Tag Ausspannen und eine Wanderung in die herrlichen Umgebungswälder, rauf auf den Kamm anbieten. Ziel könnte z.B. das alte Dorf Germenj sein. Der Winzigort von 20 verstreuten Häusern, davon die Hälfte noch bewohnt, liegt in erhabener Einsamkeit kurz unterhalb des Kammes auf 1200 m. Das Dorf erhält seine Wasserversorgung durch einen Kanal mit starker Strömung, den sie kurz vor dem Ort überqueren. Die Quelle oben am Kamm zu suchen, wäre lohnendes Wanderziel, aber auch die alte Festung jenseits des Kammes. Wandermaterial erhalten Sie am Stellplatz:

(119) WOMO-Campingplatz-Tipp: C-1 Germenj, Farma Sotira

GPS: N 40°12'52.7", E 20°38'48.3"
http://www.farmasotira.com/
Lage/Anfahrt: km 71, In einer Talkurve auf einer Waldlichtung gelegen.
geöffnet: Auch in der Vor- und Nachsaison.
Allgemeines: Der Platz, der lange das (schon immer hübsche) Anhängsel einer Forellenfarm mit Bungalows war, hat sich nach einigen Neubauten nun endgültig als echter WOMO-Camping emanzipiert. Das Ensemble, ohnehin idyllisch zu nennen, wie es da unter Bäumen, am plätschernden Forellenbecken liegt, wurde durch entsprechende Installationen plus einem kleinem Schwimmbecken aufgewertet. Das Essen im zugehörigen Restaurant ist akzeptabel.

Kapazität: 15 voll ausgestattete Plätze, aber noch wesentlich mehr ohne Ausstattung auf der anschließenden Wiese.

Ausstattung: Docks in Euro-Norm, mehrere Wasserstellen, WLAN
Sanitäranlagen: Standard-Trakt entsprechend europäischen Erwartungen. Mit nur je einer Toilette/Dusche aber wohl grenzwertige Kapazität.
Preis: 10 €/Nacht/WOMO mit Frühstück

Weiter geht es durch sich jetzt auf längerer Strecke ähnlndes Territorium. Umgehend streben Sie (km 75) dem zweithöchsten Passpunkt des Abschnittes zu (1120 m ü.NN). Die Straße windet sich dann bis Leskovik sanft durch hübsch bewaldete Trogtäler und Zwischenhöhen.

Der links begleitende bewaldete Hang ist jetzt direkt die Fortsetzung der Gramoz-Kette, rechts, in der Ferne, lugt aber vermehrt anderes felskahles Hochgebirge: Die quer verlaufende Nemercka-Kette lässt zeitig grüßen. Beim km 78, in einem Hochtal-Abschnitt, finden Sie **Stellplatz (120),** Quellen, beispielsweise, bei den km 74 und 79.

(120) WOMO-Stellplatz: S-1 Bar am Stausee

GPS: N 40°10'52.9" E 20°38'53.4"   **Max. WOMOs:** > 5.
Lage/Allgemeines: km 78. Kleiner Restaurantsplatz („Bar-Bufet", d.h., gewöhnlich nur Kaffeeangebot) in hochebenenartigem Bereich an einem kleinen Stausee. Wasserspender. Häufig Busreisegruppen, die Essen vorbestellen, dann gibt es für andere auch welches. See mit bedingter Badeeignung, klar, aber relativ geringer Wasserstand im Sommer, man muss dann eine Schlammkante passieren.

Sodann geht es zügig aufwärts – nein, der Eindruck des mehrmaligen Auf und Ab täuscht. Es geht nur noch bergab, die Bewaldung lässt stark nach, in schütter mit Macchia begrünter Umgebung erreichen Sie das auf 900 m liegende **Leskovik** (km 86). Zuvor wechselt die Straße auf die Südseite unserer Begleitkette. Der Blick zunächst weit nach Griechenland, dann auf das eindrucksvoll auf einen graukahlen Bergkegel zulaufende Leskovik, tut sich auf.

Leskovik

Nicht irritieren lassen, der Ort hat nur einen Ausgang, an der scharfen Kehre vor Ortsbeginn müssen Sie die Fahrt dann auch fortsetzen. Rechts, vor der Schule, ein **Denkmal für Jani Vreto** (siehe hinten). Gleich dahinter die gewaltigen **Ortsplatanen**, sie sollen 300 Jahre alt sein, eine davon ist mit einer Wasserquelle versehen. Am oberen Ortsende, vorm Berg (700 m), eine interessante städtische **Quellengalerie**, große WOMOs wenden am Dreiecksplatz mit der Moschee, 200 m zuvor.

Leskovik

Eventuell noch interessant, die alte **Bauernkirche** des Orts. Innen dreischiffig, wirkt sie ungewöhnlich breit, enthält schöne historische Wandmalereien aus der Ursprungszeit der Kirche, sowie eine ebenfalls ungewöhnlich breit gezogene Ikonostase. Die Kirchenputzfrau wohnt im nächsten Haus rechts und öffnet Ihnen gerne.

Anfahrt/Laufweg zur Kirche: 50 m hinter der zweiten Platane zweigt eine bald sehr steile, aber bis zum Ende durchbetonierte Straße nach rechts. Dem Verlauf zu folgen ist aber wegen der Enge nur für kleine WOMOs zu empfehlen, ansonsten

400 m Laufweg von der Zentralstraße.

Entlang eines vielfach gewundenen Taleinschnitts, begleitet von einem immer imposanten Bergpanorama, in dessen Zentrum sich zunehmend die Nemercka-Kette positioniert, geht es nun auf diese zu, aber atemberaubend schnell bergab. Genau 4 km ab Leskovik finden Sie rechts ein Richtungsschild in den Ort Postenan. 30 m weiter den Ziegenpfad hinunter kraxelnd (300 m), gelangen Freunde alter **Bogenbrücken** an ein besonders filigranhaftes und noch dazu hoch angesetztes Exemplar davon. Beim km 100, im kleinen Ort Carshova, nur noch auf 350 m ü.NN, stoßen Sie auf den querlaufenden Zubringer zum **Grenzübergang Tre Ure**, der 8 km südöstlich liegen würde. Sie aber folgen der Richtung „Permet" nach rechts. Von nun an immer nahe der **Vjosa**, die, als Aoos aus Griechenland kommend, ebenfalls bei Tre Ure „eingereist" ist und unten im Tal fließt. Die zunächst stark gewundene, teilweise mäandernde Straße läuft annähernd höhengleich am Hang. Links immer das packende Panorama der nun unmittelbar jenseits des Flusses aufsteigenden **Nemercka-Kette,** die Optik zwischen der sanften Vjosa im tiefen Tal und den rau-gewaltig aufstrebendem Massiv mit dem Nemercka nahezu unüberbrückbar.

Ungefähr beim km 115 öffnet sich die Landschaft wieder, Dörfer kommen, beim km 120 überqueren Sie den Einlauf der **Llengarica** in die Vjosa.

Auf nur noch 250 ü.NN haben Sie die gröbste Bergfahrerei erst mal bis jenseits von Gjirokastra hinter sich gebracht. Hier empfehle ich, 300 m weiter dem Schild „Benjë" oder „Lixha

Nemercka: Der Ölschinken über Omas Sofa kann unmöglich ergreifender sein.

ujera termale" nach rechts auf 6 km entlang der Llengarica zu folgen. An den Installationen eines neu errichteten Tunnelkraftwerks vorbei (nicht den Fluss überqueren!), erreichen **Sie Badeplatz (121)** und mit ihm eine ausgesprochen urige Einrichtung, die **Thermalquellen-Badestellen von Benja.** Zum Stellen dürfte sich lohnen, einen Platz noch jenseits des weit vorn liegenden Parkplatzes, in der Nähe des Restaurants zu suchen. Erkunden Sie zunächst zu Fuß.

(121) WOMO-Badeplatz: B-1 Benja-Bad

GPS: N 40°14'38.4" E 20°25'53.3" **Max. WOMOs:** > 5.
Lage/Allgemeines: km 120. Stellmöglichkeit in der Nähe eines weitgehend naturbelassenen Thermalbadeplatzes, Rest siehe Text.

Benja (Benjë) - Llengarica

Die Llengarica, im Sommer ein Rinnsal, würde man bei der Überquerung vielleicht kaum wahrnehmen, aber sie ist ein bemerkenswertes Naturgebilde. Jenseits von Benja hat sie sich mit ihren starken Winterwässern mehrere Dutzend Meter tief, aber oft kaum 5 m breit, in den Sandstein der Berglandschaft geschnitten, bildet einen **Canyon** vom Feinsten. Gegen Sommerende kann man eine tolle Geröll-Kraxelwanderung

Wer ist die Schönste im Lande???

durch die 2,5 km lange Schlucht machen, eventuell unter Überwindung von einigen überspülten Passagen (Badeschuhe mitnehmen!). Unterwegs sind zahlreiche Grotten und Schlünde zu besichtigen (Taschenlampe!) und die unheimliche Höhe der eng stehenden Wände lässt einem einfach den Atem stocken.

Vor dem Schluchteingang können Sie eine stattliche **Bogenbrücke** bewundern. In deren Umfeld treten warme schweflige Quellen aus dem Flussbett oder aus der angrenzenden Uferzone (es riecht natürlich im Umkreis auch leicht schweflig).

Die starken Winterwässer formen jedes Jahr neue Badekolke, aber mittlerweile hat man den ersten ganz vorn sogar mit einer Betonumrandung versehen. Die reinen Naturkolke sind weiter hinten, ab Brücke etwa 500 m in Schluchtrichtung, zu finden, aber da kommen Sie schon ohne Kraxeln bzw. Waten kaum mehr hin. Die Temperatur des Wassers beträgt etwa 30°.

Für den Fall, dass Sie länger pausieren: Der namensgebende **Ort Benja** (Bënjë) lohnt insbesondere wegen seiner stattlichen, historischen Kirche eine Wanderung.

Anfahrten: Zu den Quellen: 6 km ab Abzweig von der Tourstraße. Links **vor** dem wuchtigen neuen Brückenbau über den

Die Schlucht am hinteren Ende.

Fluss auf den die letzten 500 m nicht asphaltierten Weg abbiegen. Der Tavernenkiosk mit brauchbarem Speiseangebot hat leider in der Vor- und Nachsaison nur begrenzt geöffnet, daher auf Sicherheitsreserven achten, vor allem auch beim Wasser, fast alle Quellen sind leicht schweflig.

Ins Dorf Benja: Auf der Anfahrt haben Sie etwa beim km 5 eine unscheinbare Brücke direkt in einer Kurve passiert. Von dort führen 2 km unbefestigter Weg in das Dorf, die Kirche liegt ganz oben (130 Hm).

Auf die die Tourstraße zurückgekehrt, erreichen Sie in unveränderter Fahrumgebung beim km 127 die Stadtzufahrt nach Permet. In diesem Bereich stehen drei Stellplätze zur Verfügung. Die Präferenz läge wohl klar auf **(123)**, aber über dem Platz schien mir doch eine gewisse Unsicherheit zu schweben. **(122)** und **(124)** sind daher als Notreserven gedacht.

(122) WOMO-Stellplatz: S-1 Badelonja, Hotel Nemercka

GPS: N 40°12'29.61", E 20°23'18.74" **Max. WOMOs:** 5
Lage/Allgemeines: km 124 (2,5 km ab Abzweig Benja). Hotel rechts-seitig in etwa 100 m von der Straße liegend, große Wiese davor stellge-eignet.

(123) WOMO-Campingplatz-Tipp: C-? Qilarisht, Camping Tabaku

GPS: N 40°13'9.83", 20°22'50.55"E
Lage/Anfahrt: km 126, rechtsseitig (4 km ab Abzweig Benja). Falls Sie es übersehen: 500 m weiter folgt der Abzweig nach „Qilarisht".
Allgemeines: Zum Recherchezeitpunkt schickte sich die Familie Taba-ku an, ein schmales, weit nach hinten reichendes Wiesengrundstück zum WOMO-Camping umzufunktionieren. Ein provisorisches Schild hing schon. Ganz vorn an der Straße steht ein einfacher Holzbau als „Bar", mit schwarzgetönten Fenstern. Alles andere war noch gute Absicht.

(124) WOMO-Stellplatz: S-2 Permet, Stadteinfahrt

GPS: N 40°14'5.1" E 20°21'20.5" **Max. WOMOs:** 3.
Lage/Allgemeines: km 127, Kleinpark-Gelände mit Tavernen vor der Stadt-Einfahrtbrücke mit mehreren Stellmöglichkeiten, am günstigsten wohl ostseitig der Straße.

Permet (Përmet)

Ein umfassendes Besichtigungskapitel, wie etwa Korca oder Gjirokast-ra, gibt die Stadt nicht her. Sie soll ein „bedeutendes" osmanisches Ver-waltungszentrum mit um die 2000 Einwohnern um 1900 gewesen sein. Anhaltspunkte geben Reststrukturen in der Oberstadt, 200 m südwest-lich vom Zentralplatz. Bauart der Gassen und Häuser dort und immerhin zwei Kirchen deuten auf eine zumindest wohlhabende Ansiedlung (ihre mehrfache Niederbrennung im II. Weltkrieg verdankt sie wieder den deut-schen und italienischen Truppen). Nichtsdestotrotz tagte hier vom 24. bis zum 28. Mai 1944 der erste Kongress der nationalen Befreiung. Er wählte eine Art Übergangsparlament, das wiederum praktisch die erste Regierung bestimmte, an deren Spitze nun Enver Hoxha stand. Es war also ein schicksalsbestimmendes Ereignis für fast das nächste halbe Jahrhundert.

Heute ist Permet eine freundliche, im großzügigen Zentrum von neue-ren Bauten geprägte Kleinstadt mit ungefähr 10.000 Einwohnern, vielleicht keinen Rundgang, aber eine Art Rund-Durchquerung mit dem WOMO lohnend. Nach der Überquerung der Vjosa-Brücke gelangen Sie nach 200 m den Uferhang aufwärts an eine große Kreuzung. Hier rechts (nach Nordwesten) abbiegend, passieren Sie etwa auf der Hälfte des kurzen Straßenstücks, rechts, eine **Büste von Naim Frasheri,** einen Sohn der Region (siehe Berühmtenliste). Danach sind Sie bereits auf dem großen Zentralplatz, haben dort gleich rechts (uferseitig) ein Bronzekämpfer vor **quadratisch-marmorner Stele** (natürlich wieder ein Paskali-Produkt), dem besagten Kongress von Permet gewidmet. Noch vor der Einfahrt in die Stadt werden Sie nördlich, ein Stück hinten am Fluss, ein markantes Naturmonument bemerkt haben, einen 30 m hohen **Solitärfels** in der Form, ich sage mal locker, eines freistehenden Backenzahns. Dieser ist bedingt besteigbar, es führen Eisenstufen hinauf. Das letzte Stück hat jedoch Klettercharakter, 4 m über rutschigen Speckstein. Die ufernahe Einbahnstraße benutzend, gelangen Sie nach 400 m zu ihm und finden dort auch Parkmöglichkeit. Der Zugang erfolgt flussseitig über das Gelände mit dem gelbgrauen Gebäude DBU Permet.

Damit hätte sich aber das Besichtigungspotential beinahe erschöpft, wenn da nicht noch vier Kirchen wären. Im oberen Stadtbereich stehen die altehrwürdig wirkende „Shen e Premtja", eine regionaltypische, alte Bauernkirche, beeindruckend durch ihr wuchtig-geducktes Aussehen und ihre Steinplattendeckung. Dann, eher der Vollständigkeit halber zu benennen, die dreischiffige Basili-

ka vom Heiligen Nikolaus („Shen Kolli" erbaut 1750). Sie enthält zwar keine Wandmalereinen, aber vergoldete Kapitelle, zahlreiche Bilder sowie eine fein geschnitzte Ikonostase mit figürlichen Darstellungen, die anrührend an naive Kunst erinnern. Bleiben noch zwei außerhalb der Stadt, in Leusa und in Kosina, und die empfehle ich doch Ihrem Interesse.

Die alte Bauernkirche

Aus gutem Grund füge ich aber an dieser Stelle die Hinweise für **Anfahrt und Parken** ein. Sowohl in die beiden innerstädtischen Kirchen als auch jene außerhalb kommen Sie nämlich nur mit Hilfe der städtischen **Touristen-information** rein. Diese befindet sich in einem leicht identifizierbaren Kommunalgebäude an jener schon beschriebenen Kreuzung gleich nach Auffahrt in die Stadt, rechts drüben. In diesem Gebäude soll auch wieder ein Regionalmuseum eingerichtet werden (es gab schon mal eins). Falls unten im Info-Foyer niemand Dienst tut, gehen Sie die innere Treppe hinauf. Lassen Sie zumindest für die Kirche in Leusa telefonisch vorklären, dass Sie hinein gelangen, damit sich sich die aufwändige Wanderung lohnt.

Permet - Blick vom „Backenzahn" auf die Stadt

Desweiteren sollten Sie, falls Sie mehr Wanderlust verspüren, im Info-Zentrum definitiv in Erfahrung bringen, ob der Weg zum **Nationalpark „Bredhi i Hotoves"** mindestens bis zur Parkverwaltung asphaltiert wurde. Falls ja, nehmen Sie hier auch gleich das Info-Material, vor allem die Wanderskizzen, mit.

Den **Parkversuch** für das Info-Zentrum starten Sie am besten gleich, nachdem Sie an der Kreuzung rechts abgebogen sind. Sehen Sie in angemessener Entfernung zum Gebäude keine Chance, überqueren Sie diese Kreuzung auf dem Rückweg jetzt geradeaus. Hinter dem Gebäude der Polizeidirektion an der Ecke weitet sich die Straße, hier dürfte sich Platz finden. Falls Sie auf die städtischen **Kirchen** nur von außen einen Blick werfen möchten: Nehmen Sie die von der Brücke kommende Straße nach Überquerung der Kreuzung weitere 200 m geradeaus Richtung Berg, dort biegt sie beidseitig ab und verengt sich (WOMO **hier parken**). Links finden Sie nach 50 m, hinter der Toreinfahrt zum Gymnasiumsplatz, die alte Bauernkirche. Ein paar Meter die Gasse weiter, geht es dann 100 m nach rechts, dann nochmals 100 m rechts und Sie befinden sich vor „Shen Kolli". Unterhalb dieser Kirche befinden sich auch die erwähnten Reste des Altstadtbereichs.

Essen: Endlich ist mal wieder ein ordentliches Angebot zu machen. An der Uferpromenade liegen die beiden honorigen Restaurants „**Edjon**" und „**Antigonea**", „Edjon" ist bekannt für Wild- und Wildgeflügel-Spezialitäten.

Kirchen von Leusa und Kosina

Bei der Kirche von **Leusa**, überzeugen, wie angedeutet, die „innere Werte", sorgfältig restaurierte Bildertafeln über alle Wände, mit zu den beeindruckendsten in Albanien gehörend, sowie reiches, feingearbeitetes Schnitzwerk. Die Kirche von **Kosina** besticht

In der Kirche von Leusa...

durch ihr Äußeres, spätbyzantinisch (13. Jh.), nahezu verblüffende architektonische Spielereien offenbarend, dabei ausgesprochen grazil-hübsch. Im Dekor an der Ostseite sind fünf Rundziegel eingelassen, der Kuppeltambour ist mit stilisierten Palmen geschmückt und die Südseite weist Fischgrätenmuster auf (nach KOCH). Das Innere ist später entstanden und lohnt den Aufwand des Schlüsselbesorgens hier nicht. Die Malereien an den Seitenwänden sind nicht mehr erhalten, lediglich der Pantokrator schaut aus intensivblauem Hintergrund von der Decke.

Anfahrten: Nach **Leusa** leider ein Anmarsch, von der äußersten Südecke Permets aus. Fahren Sie an der beschriebenen Kreuzung entgegengesetzt zur Richtung Zentrum (Südosten). Nach 200 m, vor der Tankstelle, nach rechts, nach nochmals

300 m (vierstöckiger moderner Wohnblock 100 m eingerückt sichtbar) nach links. Nach nochmals etwa 300 m, im Bereich der letzten wende-geeigneten Kreuzung, das WOMO parken. 100 m zum Berghang zu, stoßen Sie dann ganz links auf den Ansatz des Weges nach oben. Ab hier 1,5

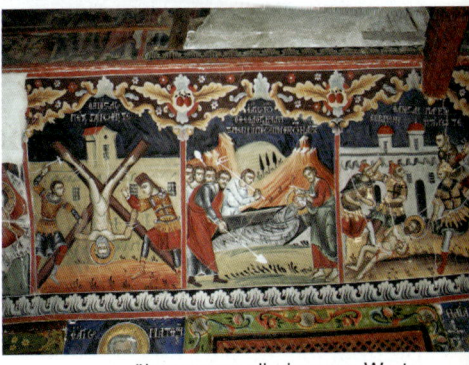

...überzeugen die inneren Werte.

km, 150 Hm straff bergauf, deshalb, damit sich die Mühe lohnt, die Öffnung im Info-Büro telefonisch vorklären lassen (Falls Sie selbst Albanisch sprechen: 068 5030851 für Leusa, 068 6372328 für Kosina).

In **Kosina** (Abzweig ausgeschildert auf der Tourstraße beim km 134 bzw. 7 km ab Brücke Permet) ist die Straße nur bis Dorfbeginn (600 m) asphaltiert, die letzten 100 m Steigung ins Dorf sind etwas geröllig. Ziehen Sie das WOMO, dem Straßenbogen nach links folgend, flott nach oben, Sie gelangen zum Zentralplatz „Sheshi Stefan Dhima". Dort bestehen auch für große WOMOs Parkmöglichkeiten.

Die Kuppel der Kirche sehen Sie in der Richtung, aus der Sie kamen (Süden), über ein Gebäudedach lugen.

Von Permet bis Gjirokastra

Der Tourstraße weiter durch die sich verbreiternde Ebene folgend, passieren Sie beim km 136 die Abfahrt zum **National-**

Die von Kosina begeistert durch ihr Äußeres.

park „Bredhi i Hotoves" sowie zur **„Teqeja Baba Aliut Ali Postivan"** (der Baba der Tekke heißt Ali, das nach ihm benannte Dorf Ali Postivan). Die Detailhinweise zu beiden Orten,

Ergibt einen herrliche Wald-Wandertag - sofern der Weg hin asphaltiert wurde.

die ich noch in die 1. Auflage aufgenommen hatte, entferne ich hier aus Frust. 2012 hatte man mir baldige Asphaltierung der Anfahrten angekündigt, 2015 waren beide Vorhaben offenbar langfristig aus dem Plan genommen. Der Weg zum **Nationalpark** (18 km) enthält aber ab km 12 einen rasanten Berganstieg (bis auf 1150 m ü.NN), den man in unbefestigtem Zustand keinem WOMO zumuten sollte.

Die Tour fortsetzend, gelangen sie unspektakulär durch die im Hintergrund mit mächtigen Bergen (links das Dhembel-Massiv) gesäumte Ebene in den ebenfalls unspektakulären Ort **Kelcyra**, am Ortseingang (links) lediglich wieder eine hübsche Türbe. Im Linksknick der Hauptstraße finden Sie abgehend die Richtung „Berat" ausgewiesen. Heute noch Spielwiese der Off-Road-Gemeinde, hat diese Relation in den Planungen der Straßenbauer einen festen Platz als künftige Autobahn. Folglich ist vorher kaum damit zu rechnen, dass man sie asphaltiert.

Schauen Sie also lieber nach Passage des Knicks nach oben, rechts an den Berg, dort entdecken Sie die **Ruinen einer Festung**. Da sie den Eingang zu jener Breitschlucht deckte, die

Hier hat Dornröschen gewohnt...

einzig durch die Berge nach Tepelena führt, und die auch Sie gleich passieren werden, war sie stets wichtig, wurde, wie die Ruinen beweisen, von der Antike bis zu den Osmanen mit Sorgfalt weiter ausgebaut. Die Osmanen errichteten gar einen Serail. Die Überbleibsel berührten mich ähnlich stark und romantisch wie jene auf Sarda (Tour 2). Der Mauerring noch schlüssig, von den Gebäuden stehen noch bis zu drei Stockwerke hohe, sorgfältig gearbeitete Einzelwände mit hohen, osmanisch abgerundeten Fensterhöhlen, Untertunnelungspartien sind zu sehen. Lust auf 100 Hm Kraxel-Aufstieg? **Parken** am Friedhof, vor dem Berg entlang 150 m. Der Hauptpfad nach oben läuft ab dem westlichen Bergwinkel ganz hinten (nochmals 200 m). Dazu den am Ansatz des Bergwinkels sichtbaren Terassengarten rechts umgehen, oberhalb sofort nach links.

Weiterfahrend, passieren Sie nun ab km 146 besagte, wichtige Schlucht, durch die parallel auch die Vjosa strömen muss, die **„Gryka e Kelcyres"**. Es handelt sich um die enge Bruchstelle eines mächtigen, aus zwei parallelen Zügen bestehenden Massivs, dessen einer, südlicher Zug uns bislang als Nemercka-Dhembel-Kette begleitete. Auch hier im Schluchtbereich steigen diese Berge beiderseitig noch bis auf 1000 Meter auf und bilden an der Bruchstelle entsprechend majestätische Flanken. Beim km 148 sehen Sie am gegenüberliegenden Ufer den gleichnamigen **Ausflugskomplex** mit mehreren Hotels und Tavernen, im Frühjahr auch mehrere Wasserfälle, die Schneewässer aus dem Massiv ableiten.

(125) WOMO-Stellplatz: S-1 Kelcyra, Gryka e Kelcyres

GPS: N 40°17'46.2" E 20°9'44.1"
Max. WOMOs: 5.
Lage/Allgemeines: km 148. Hotelparkplätze unter hohen Bäumen im Verlauf der Kelcyra-Schlucht, am gegenüberliegenden Ufer der Vjosa.
WOMO willkommen. Gute Küche und beschauliche Plätze über dem Wasserfall. Keine Angst vor der Brücke, sie soll 10 Tonnen aushalten.

Am Schluchtausgang (km 157) müssen Sie über eine gefährlich aussehende **Stahlstrebenbrücke**.
Das Schild vor Auffahrt besagt übersetzt: Nur je ein Auto darf sich auf der Brücke befinden, Buspassagiere müssen aussteigen. So gefährlich scheint sie aber nicht zu sein, denn sie ist für 20 t zugelassen und wurde vor kurzem nur saniert, statt abgerissen. Wahrscheinlich ist der lange Stahlkörper nur anfällig für gegenläufige Schwankungen.
Sodann gelangen Sie an einen historischen Punkt, den sie leider von der Tourstraße aus kaum richtig sehen: Den **Zusammenfluss von Vjosa**

Hier vereint: Die Vjosa kommt links vom Berg, der Drinos von rechts.

und Drinos. Die Bruchstellen der hier auf die vorgenannte Kette zulaufenden Bergstöcke scheinen mit die wasserhaltigsten Albaniens zu sein, die Berge bluten noch stärker als anderswo Wasser. Gesetzmäßig finden Sie auf der anderen Seite des Drinos, gleich, nachdem Sie auf der gut ausgebauten internationalen Fernstraße E853/SH4 angekommen sind (km 163, Richtung ist Gjirokastra), die bekannteste Mineralwasserfabrik Albaniens, „Tepelena". Deren Anlagen sind nichts für Touristen, aber schon beim km 165 sehen Sie, wo ihr Wasser her kommt. Gewaltige Bäche stürzen, vielfach aufgefächert, vom Berg und bilden einen Attraktionspunkt, das **Touristenareal Tepelena** mit Gaststätten und Verkaufsständen für fliegende Händler. Meist ist hier viel Betrieb, parken können Sie entweder 100 m südlich der Quellen an einer großen Seitenverbreiterung, sollte auch diese voll sein, 500 m weiter ist, uferseitig, ein großer Buchtparkplatz.

Um die **Stadt Tepelena** zu sehen, müssen Sie am Auftreffpunkt auf die SH4 5 km in die andere Richtung fahren. Die Stadt,

von der der berüchtigte Ali Pascha seinen Beinamen hatte, bietet ein **Denkmal** für ihn - siehe Bild (am südlichen Stadteingangs-Rondell), sowie die Mauern einer der vielen gleichartigen, von ihm erbauten Festungen, deren Areal aber innen heute mit Wohnhäusern verbaut ist (Eingang rechtsseitig am Zentralplatz). Eine **Gedenkplakette** für Lord Byron am Bastionsturm erinnert an die bewundernde Beziehung, die der hellenophile Lord zu dem verschlagenen Tyrannen entwickelt hatte. **Parkversuch:** Sofort ab der Südeinfahrt mit dem Ali-Pascha-Denkmal. Wendemöglichkeit besteht aber vor dem Fußgängerzonen-Zentralplatz 250 m weiter.

Der Vollständigkeit halber sei hingewiesen, dass das anschließende Stück SH4, in nördlicher Richtung, entweder in der alten Variante über Ballsh (mit Abstecher, eventuell nach **Byllis**, T1-2) oder jetzt in ihrer neu geschlagenen über Levan, nach Fier führt und damit zum einen natürlich ein auch international wichtiges Verbindungsstück darstellt. Zum anderen können Sie bei der Zusammenstellung einer eigenen Route, etwa Anschluss an die Tour 4, gut darauf zurück greifen.

Das Wichtigste von Tepelena in Kürze:
Der Turm mit der Plakette für Lord Byron

Aber setzen wir die Tour nach Süden fort. Jenseits der Quellen weiten sich bald die Seiten, Sie fahren ein in das über 50 km lange, bis jenseits der griechischen Grenze reichende, im Schnitt 5-6 km breite, platt-ebene Tal des Drinos-Flusses bei Gjirokastra, **Dropull-Ebene** geheißen, das auf nur 200 m Höhe liegt. Links haben Sie jetzt die „Rückseite" des Dhembel-Nemercka-Massivs, dessen hiesiger Zug aber **Lunxheria-Bergland** heißt. Rechts die Berge sind das breit-mächtige **Hochland von Kurvelesh,** das sich bis zur Küste erstreckt. Es enthält atemstockende Naturplätze und andere eindrucksvolle Denkmale. Aber es gibt nur eine Straße dort hinauf - und die war (2015) absolut WOMO-untauglich.

Vielleicht mehr als alle anderen Täler Albaniens hatte diese Dropull-Ebene immer militärstrategische Dimension. In der Antike nutzten es die Römer für ihre Einfälle in griechische Territorien, in der Neuzeit diente es den Griechen als Aufmarschgebiet zur Eroberung von Albanerterritorium. Kein Wunder, dass Enver Hoxha, der noch dazu aus Gjirokastra stammte, das Südende des Tales besonders massiv befestigen ließ. Wohl mehr als 500 der Pilzbunker waren hier in mehreren Wellen angeordnet, an den Bergflanken zusätzliche Artillerie- und Leitbunker.

Beim km 178 dann passieren Sie einen Abzweig nach „Kardiq". Großes hat man hier in Angriff genommen, eine Straße soll quer über den unteren Kurvelesh hinüber nach Saranda geschlagen werden. Das würde auf künftigen Reisen dorthin mindestens eine Stunde und den serpentinigen Muzina-Pass, den Sie auf dieser Tour noch vor sich haben, ersparen.

Das Projekt wurde auf vier Kilometer von dieser Seite und auf acht von der anderen betrieben, dann brach man es ab. Vermutlich wurde die schwierige Mittelpassage durch die Schluchten am Ende zu teuer.

Wir nähern uns dem nächsten Großziel, **Gjirokastra**. Klären wir zunächst die Stellplatzfrage, in dieser Gegend ein Problem. Die einzige Chance besteht an einem merkwürdigen Stausee namens **Viroi**, knapp 4 km vor der Stadt. Im Frühjahr drücken gesammelte Bergwässer von unten in den See und bilden eine starke Springquelle, die ihn füllt. Im Sommer dann fällt er ziemlich trocken. Nach kürzlichem Ausbau der linken (südlichen) See-Seite ist dort WOMO-Stellen nicht mehr gelitten. Es bleibt, an der nördlichen Seite,

(126) WOMO-Stellplatz: S-2 Gjirokastra, Viroi-Stausee Nord

GPS: N 40° 6'10.9" E 20° 7'23.6" **Max. WOMO:** 5
Lage/Allgemeines: km 183, rechts vom Viroi-Stausee, dessen Mauer direkt bis an die Straße reicht. Richtung ist zum Hotel Viktoria ausgewiesen, beste Stellmöglichkeit vor dem alten Tennisgelände, 150 m ab Straße. Gutes Essen gibt es in der dortigen Taverne „Virua" gleich vorn.

Die Tourstraße passiert nun bald die östliche Peripherie Gjirokastras, es geht gerade hindurch. Die Stadt hat einen alt- und einen Neustadtbereich mit zwei unterschiedlichen Abfahrten, beide ausgewiesen mit „Qender". Den wichtigen Unterschied macht das Symbol dabei. Der Richtungsweiser am ersten Rondell zeigt nur einen Zentrums-Doppelkreis und weist zur besuchserlässlichen Neustadt (rechts am Rand steht eine modernistische Kirche). In die Gegenrichtung wird aber, bitte vormerken, mit touristischem Hinweisschild „**Parku Arkeologjik Antigone**" ausgewiesen. Knapp einen Kilometer weiter haben Sie dann, wieder nach rechts, eine stilisierte Burg im Richtungsschild, dort müssen Sie zur Besichtigung der **historischen Altstadt Gjirokastra abbiegen** (km 187).

Gjirokastra (Gjirokastër) *Dauer: 4-5 Stunden*

Gjirokastra gehört neben Butrint und Berat zu jenen drei albanischen Stätten, die es auf die Liste des Weltkulturerbes geschafft haben. In erster Linie ausschlaggebend dafür war der besondere architekturhistorische Duktus. Streng genommen sind die Häuser Wehrbauten, wie man sie auch anderswo in Albanien sieht. Aber etliche von diesen hier sind die raffiniertesten und auch luxuriös-repräsentativsten im Lande gewesen, festungsartige Hochbauten, oft spiegelsymmetrisch gegliedert, mit Dachterassenaussparungen oder Balkongalerien unter breit überständigem, mit Balken abgestütztem Dach, mit steinernen Dachplatten gedeckt. Große, lichte Fenster gibt es nur oben, in der Mitte kleine, unten gar keine. Hochnischen in der Außenwand, oben im Bogen abgesetzt, vermitteln den Anblick optisch-ästhetisch. Eine, wie man innen dann sieht, fünfstöckige Hausfestung eben, gebaut zum Schutze eines ganzen Familienclans. Und eben auch der Repräsentationsanspruch wurde bedacht: Die meisten der Bauten enthalten ganze Gästefluchten, in denen es den Gästen an nichts fehlen sollte, der „Salon", würden wir heute sagen, war

Gjirokastra: Links „Qafë e Pazarit", das Zentrum der Altstadt

dann noch besonders auf optische Wirkung auf eben solche Gäste ausgerichtet. Von diesen Bauten gibt es natürlich nur eine Handvoll. Nur Reiche konnten sich ein solches Haus leisten. Aber das „niedere Volk" baute seine Häuser, zwar weitaus normaler, in ähnlichem Duktus, sodass das ganze Bild dieser Stadt, den Berghang entlang gegliedert, sehr streng wirkt, natürlich auch stolz und bedeutend, vor allem aber authentisch-historisch.

1336 erstmals erwähnt, nahm die Stadt wegen ihrer günstigen Lage eine stetige Entwicklung. Die stadtbeherrschenden Familien traten beim Türkeneinfall schnell zum Islam über. Die Bedienung der Fernhandelsrouten, handwerkliche Produktion und Weidewirtschaft auf den Bergen, machten die Familien zur Türkenzeit so reich, dass sie sich solche Bauweise leisten konnten. Ali Pascha zwang Gjirokastra eine mächtige Festung auf, die imposanteste und zugleich düsterste in Albanien.

Die moderneren Zeiten änderten die Verhältnisse. Die Festung wurde unter Zogu berüchtigt als Züchtigungsort für Regimegegner, dies setzte sich bis in die Hoxha-Zeit fort. Die Eigentümer der Herrenhäuser verarmten, Teile der historischen Bausubstanz verkamen. Auch heute gibt es trotz UNESCO-Status für den Erhalt noch zu wenig Fördermittel. Der Schwerpunkt des urbanen Lebens hat sich mittlerweile in die sich unten anschließende Neustadt verlagert, die Altstadt bleibt den Touristen.

Anfahrt, Parken und Besichtigungen

Vom Wegweiser „Qender" mit Burgsymbol gelangen Sie nach 1,2 km auf den zwar recht geräumigen Parkplatz vor der Altstadt. Dieser wird aber zumindest vormittags häufig von Besuchern des griechi-

Unter den prächtigsten: Hier das Zekate-Haus...

...eine Gästeflucht...

schen Konsulats okkupiert.

In diesem Falle wenden Sie hier und parken 200-500 Meter unterhalb des Platzes an der Zugangsstraße.

Die Masche Dumm-Dreist für kleine WOMOs: Die Gassen mögen atemstockend eng, steil und antik erscheinen, aber es gelten lediglich zeitliche Einschränkungen für das Befahren: Von 17-20 Uhr, am Wochenende zusätzlich von 10-14 Uhr. Ansonsten verbieten sich die Touristen das Abenteuer nur selbst, weil sie, berechtigter Weise, Gegenverkehr fürchten. Wenn Sie diesbezüglich Nerven haben, können Sie also mit kleinen WOMOs ohne Weiteres die Straße hügelaufwärts, dahinter unten dann um das Gebäude des „Keshilli i Carkut" und das Parteibüro der „Partia Demokratike" rechts-links herum, dann halbhoch am Hang entlang. Nachdem es wieder abwärts gegangen ist, endet die Gasse unterhalb des Ethnografischen Museums auf einem wunderbaren, niemals vollen, ja, ruhig-abgeschieden liegenden Balkonparkplatz – 600 m ab Zentralplatz. Und ich sage mal so: Wer es bis hier hin schafft, den wird auch kaum jemand hindern, hier über Nacht in aller Ruhe stehen zu bleiben (N 40° 4'32.63", E 20° 8'5.68").

Ansonsten starten Sie ihre Tour am **Zentralplatz „Cerciz Topulli".** Der Namensgeber ist als Statue (Paskali!) präsent, er war Führer spektakulärer terroristischer Anschläge gegen Würdenträger der Osmanen (seine Leute erschossen den „bimbash", den Polizeihäuptling). Daneben dann das Denkmal für zwei junge Partisaninnen, die von den deutschen Besatzern

...und eine ihrer Feinheiten.

gehenkt wurden. Das **Informations-Holzhäuschen** steht neuerdings links vom Haupt-Hotel „Cajupi" am Zentralplatz. Der Zugang zum als Museum ausgebauten **Führungsbunker Enver Hoxhas** liegt gleich oberhalb darüber (also, links vom Hotel).

Vom oberen linken Platzende, hügelan, geht es in die Stadt – fortan auf hochkant gestellten rohen Blocksteinquadern, man muss wohl Ureinwohner hier sein, um eine Wanderung darauf lange zu ertragen. Am Platzausgang links die Ehrenbürgergalerie, für Touristen fassbar darunter Ismail Kadare (siehe hinten), nach dem die Hauptgasse auch benannt ist. Hügelan erleben Sie einen Mischmasch von Geschäften, teils heutige Gebrauchswaren, nach oben zu und dann nach links immer mehr Touristenshops, allerdings mit zum Teil recht ansprechendem alt-handwerklichem Kunstgewerbe.

Der Hügelkopf, genannt „Qafë e Pazarit" (Einband-Bild!) gilt als der Zentralpunkt der Altstadt. Ich empfehle, zunächst nach links die **Festung** in Angriff zu nehmen. Sie ist klar der wichtigste Fokuspunkt aller Besichtigung in der Stadt. Der Aufstieg (ab Hügelkopf 60 Hm oder 600 m) kostet Schweiß, Sie können natürlich auch ein Taxi nehmen – ja, sogar mit dem WOMO hoch fahren, aber vielleicht besser nicht mit großem. Der Knackpunkt ist der Parkplatz vor dem Tor, da passen wohl nicht mehr als acht Fahrzeuge drauf. Deshalb den Versuch höchstens in der Vor- und Nachsaison starten.

Unterhalb vom Zentralplatz: Nicht vom Ambiente verschrecken lassen.

Das zunächst beängstigend-beeindruckende an der Festung ist der Baukörper selbst. Nach wenigen Schritten stehen Sie in einem Kirchenschiffartigen, wenn auch etwas düster-feuchten Riesending aus unglaublich hoch gemauerten Gewölben, so dimensioniert, dass ganze Häuser darin verschwinden können. Eine jüngst erfolgte Generalsäuberung und Neugestaltung der Beleuchtung erlaubt, das Gloriose dieses Hallenbaus in seiner architektonischen Ästhetik zu genießen. Wenn Sie sich ganz in den Südbereich vorarbeiten, finden Sie dort unerwarteter Weise eine hübsche, freundliche **Bektashi-Tekke**. Den 50-m-Hauptgang entlang, steht dann links und rechts eine respektable Sammlung von zum Teil sehr **seltenem Kriegs-Großgerät** aus dem II. Weltkrieg aufgereiht, auf die manch anderes Militärmuseum auch stolz wäre. Besonderes Prunkstück am Ende, links, ein italienischer Kleinpanzer, der nur 283 Mal produziert wurde. Rechts am Galerieende geht es in **zwei Museen**. Zum einen in das zweisprachig ausgeschilderte, anschaulich gestaltete allgemeine **Museum zur Regional- und Festungsgeschichte**. Zum anderen ins eigentliche **Armeemuseum**, jede Art von Schießprügel aus dem 20. Jahrhundert auch hier das Thema. Zum Gedenken an die hier aus politischen Gründen inhaftiert Gewesenen wurden einige Zellentrakte museal aufgearbeitet.

Links über das Galerieende gelangen Sie in den Außenbereich, mit grandioser Sicht über Stadt und umgebende Landschaft. Der vorderste Teil wird für Kulturveranstaltungen genutzt. Am Wege dorthin,

Sorry, das Bild ist noch von vor der Aufräumung

Du großes Kanonenrohr:
Selten sieht man an Festungen diese Art von Schießscharten.

ein leider immer mehr zum Rest-Wrack zerfallendes **amerikanisches Jagdflugzeug** aus den 50ern, das in Albanien einst notlanden musste und einbehalten wurde – der zufällige Akt dem gläubigen Volk als bedeutsamer Sieg über die Amerikaner verkauft, die Maschine hier als „Beweis" ausgestellt.

Wieder unten in der Stadt am Hügelkopf angekommen, sollten Sie nun links den geraden Verlauf der Hauptgasse nach unten in Richtung Moschee nehmen. Um das Kommunalgebäude rechts herum, links in den Anstieg, es ist immer noch die Rr. Kadare, dann der Fortsetzungsstraße Rr. Hysen Hoxha abwärts folgen. Das etwas hervorstehende Eckhaus nach 300 m, links, (ab Hügelkopf) ist das **Ethnografische Museum**, Geburtshaus von Enver Hoxha. Schauen Sie mal rein (Führung in Englisch).

Danach haben Sie das Zweitwichtigste zu absolvieren, einen Besuch in einer der gewaltigen **Wehr-Wohnbauten**. Aufgrund der oben geschilderten Umstände stand dafür lange nur eines, das Haus der Familie Zekate, offen. Neuerdings ist auch das Skendulli-Haus zugänglich, beides ausschließlich infolge Privatinitiative der Familie, die, wie Ihnen die Eigentümer sicher vermitteln werden, völlig ungenügend unterstützt wird. Das **Zekate-Haus** hat zwar wohl die größeren Restaurierungsfortschritte zu verzeichnen, das **Skendulli-Haus** verfügt aber über eine Reihe interessanterer Features an Bau und Ausstattung. Wenn Sie Zeit haben, sehen Sie sich beide an. Lassen Sie, am besten schon von der Touristen-Info oder dann vom Ethnografischen Museum aus, telefonisch vorklären, dass die Eigentümer öffnen. Das Zekate-Haus steht prominent und relativ freigestellt oben am Hang. Die Straße dorthin, Rr. Bashkim Kokona, zweigt, schräg zurück, weniger als 100 m hinter dem großen Kommunalgebäude von der Rr. Ismail Kadare, von dort 600 m aufwärts. Das Skendulli-Haus steht rechts 50 m vor dem Ethnografischen Museum.

Unterhalb des Skendulli-Hauses liegt auch das **Geburtshaus von Ismail Kadare,** nach mehrjähriger Restaurierung 2016 als Kulturzentrum eröffnet. Zu sehen ist u.a. eine Austellung neuzeitlicher Bilder. Ich hoffe, man hat Richtungsweiser angebracht, denn es geht um etliche Ecken.

Den privilegiertesten, nächsten Blick von oben auf das alte Zentralareal erhalten Sie eigentlich von einem mit einem **„Obelisk"** bestandenen Balkonplatz, nur wenige Meter vom „Qafe e Pazarit" entfernt, links vom Anfang der Rr. Zejtareve. Allerdings war der Zugang, ein normaler Hauseingang mit hellfarbener Tür, zum Recherchezeitpunkt so verschmutzt (Sie ahnen, wodurch), dass ich den Versuch nicht gutem Gewissens empfehlen kann. Nehmen Sie den zweitbesten Platz: Vom „Qafe e Pazarit" nördlich abwärts die Rr. Alqi Kondi. Nach 50 m halblinks nach oben, weitere 100 m, geraten Sie auf einen merkwürdigen Großplatz, heute Teil des Restaurants „Kodra". Auf dem Gelände stand einst eine große Enver Hoxha-Statue,

Verborgenes Herz der Stadt:
Der alte Ortsbrunnen

schon das garantiert natürlich exponierte Sicht in alle Richtungen. Eine letzte Empfehlung: Jede historische Kuschelstadt hat natürlich so etwas wie ein altes Herzstück, einen Platz ursprünglicher Authentizität. Der muss nicht mit dem zusammenfallen, was heute als Vorzeigeplatz gilt. In Gjirokastra ist das der Platz um den ersten **Ortsbrunnen**, an dem notgedrungen alle täglich zusammenkamen. Dort bauten Sie auch den neben der Kirche wichtigsten Ort, das **Hamam**. Er liegt gut erhalten, in historischer Würde und stolzer Ruhe, also kaum von einem Touristen besucht, dennoch erstaunlich nahe gleich unterhalb des heutigen Zentralplatzes. Mehrere Fußpfade führen nach unten, am günstigsten vielleicht jener, der von der Zufahrtsstraße, 200 m vorm Eingang des Platzes, nach unten führt. Nach etwa 150 m sind Sie in dem Bereich.

Und wo essen? Das erwähnten „**Kodra**" mag mittlerweile so eine Art Platzhirsch für Touristen sein, solide ist es ganz bestimmt. Aber: Meinem Essen mangelte es an Esprit, es schmeckte schlicht wie Massenware. Als bodenständig und in Hinblick auf die Speisen authentisch gilt das „**Kujtim**" auf dem Wege zum „Kodra", links, erhöht unter der großen Platane. Erstaunlich wenig „hotellisch", weil von vielen Einheimischen frequentiert, ist die geschlossene **Dachterasse vom „Cajupi"**. Das Essen fand ich über jede Mäkelei erhaben, ich aß „Piramide Pule me Gjathra", eine Schichtung von Hühnerfiletlagen mit verschiedenen Käsesorten zwischen.

Antigonea: Blick auf das Forum

Ergänzende Besichtigungen im Umkreis von Gjirokastra

Antigonea

Dem herausragenden Molosserkönig Pyrros (Pyrrhus) war als Herrscher auch über diese Region die besondere strategische Bedeutung der Dropull-Ebene klar. Er gründete daher 296 v. Chr. hier eine Festungsstadt mit 4000 m Mauern und 11 Türmen, die er nach seiner Frau Antigone benannte und die schnell zu Blüte gelangte. Die Römer rächten sich hundert Jahre später für die ihnen von Pyrros zugefügte Schmach, indem sie speziell diese Stadt verwüsteten, sie versank in der Erde. Das weitläufige Areal liegt auf einem Vorsprung der Hochberge gegenüber Gjirokastra. Bisher sind nur Teile des Forums mit etlichen Säulenresten ausgegraben, hinten liegt ein Mosaik frei, an anderen arbeitet man. Internationale Gelder ermöglichten vorbildliche Anschauungstafeln. Der phantastische Blick von hier oben sowie die gute,

Die Tafeln - richtig vorbildlich

neue Straße sollten weiterer Anreiz sein, sich die als „Archäologiepark" ausgewiesene Stätte mal anzutun.

Falls Sie noch Muße haben, das oberhalb liegende Dorf **Saraqinisht** ist eine günstige Gelegenheit, mal einen Blick auf eines der weit am Hang liegenden Dörfer zu werfen, die Sie ja sonst nicht sehen. Eine Reihe von Bauten verraten, dass die Erbauer zum „ökonomischen Zwecke" die antike Stätte als Steinbruch plünderten. Überdies steht auf dem Friedhof eine leider schlecht gepflegte, aber ehrwürdig alte Kirche (vermutlich vor 1300).

Falls Sie den Besuch in der Saison absolvieren, könnten Sie auf viele im Ort abgestellte Autos (mit durchweg griechischen Nummernschildern) treffen, in der Nachsaison wird Ihnen der Ort, obwohl recht gut erhalten, merkwürdig verwaist vorkommen. Die Bewohner wohl der meisten dieser Berghang-Orte sind ethnisch Griechen, die längst auch mit Sack und Pack in Athen oder Thessaloniki wohnen, ihr Eigentum jedoch hier oben wahren und als Sommerfrische wahrnehmen.

Anfahrt:

Abzweig in Gjirokastra gegenüber dem Neustadtabzweig („Parku arkeologjik Antigone"). Jenseits der Brücke gleich die Straße rechts abbiegend nehmen. 14 km und 500 Hm bis zum Eingang. Am Dorfeingang Asim Zeneli, km 7, die linke Gabel wählen, ansonsten dem Asphalt folgen.

Die Straße hat geringe Verkehrsbelastung, aber Vorsicht, gelegentlich rasen Touristenbusse hinauf. Im Dorf Krina finden Sie eine starke, verrohrte Quelle.

Problem: Die Weitläufigkeit der Stätte, fast 2 km. Wanderslust ist gefragt. Ansonsten überzeugen Sie den Kassierer, notfalls mit 500 Leke, dass er Sie mit dem WOMO aufs Gelände lässt (ab hier ist der Weg allerdings unbefestigt).

Libohova (und Labova?)
Das hoch an den Lunxheria-Bergen an der Ostseite der Ebene liegende **Libohova** gilt als wichtigster Ausflugsort um das Tal von Gjirokastra. Stimmigkeit im Ambiente und schöner Fernblick ist gegeben, man fährt ein in eine beschauliche bergparallele Zentrumszeile, die am Ende von fünf starken Pla-

Erkraxeln auf schlechtem Steg - oder hintenrum hoch fahren.

tanen, 220 Jahre alt, bestanden ist. Die Architektur der Gebäude am Ende strahlt einen bescheidenen Bürgerwohlstand des ausgehenden 19. Jahrhunderts aus. Noch ein paar Schritte weiter plätschert ein Bachlauf durch eine Taverne, deren Tische um die allergrößte der Platanen, ein Naturdenkmal, geordnet sind. Diese Platane soll über 500 Jahre alt und einer der größten Bäume ihrer Art in Europa sein.
Ein paar Meter zuvor ein Treppenaufgang zu einer Festung 50 Hm weiter oben. Wieder ein Ali-Pascha-Produkt mit höchster Präzision der Steinmetzarbeit, Geschenk an seine Schwester Shanishan, die er aus Machtgründen in einen örtlichen Clan einheiraten ließ. Ihr Grab befindet sich unter den verfallenen Anlagen des örtlichen Friedhofs. Der Festungsbau wurde zweitürmig und streng quadratisch ausgeführt. Innen ist er heute leer.

(127) WOMO-Stellplatz: S-1 Libohova, Platanentaverne

GPS: N 40° 1'50.7", E 20°15'48.4"

Max. WOMOs: 3
Lage/Allgemeines: Abfahrt beim km 198. Ab dort siehe Text. Die Taverne gilt als ordentlich und der Platz als übernachtungsgeeignet. Einen Elektroanschluss soll sich der Wirt aber mit 10 Euro bezahlen lassen.

Zur **Kirche im benachbarten Ort Labova e Kryqit** zitiere ich wieder KOCH: „Bedeutendste byzantinische Kirche in Albanien", eine bauhistorisch „singuläre Variante", „Synthese aus dem Kuppelquadrat mit Umgang und der Kreuzkuppelkirche mit vier freistehenden Säulen". Kurz, der aus dem 10. Jh. stammende Bau wäre ein Besichtigungs-Muss. An der Tür gäbe es auch eine Telefonnummer für den Einlassdienst. „Wäre", „gäbe"? Sie ahnen es schon, die Straße war zum Recherchezeitpunkt noch nicht asphaltiert. Entscheiden Sie nach aktueller Sichtlage am Abzweig.

Anfahrten: Vom ausgeschilderten Abzweig „Libohova" (siehe Fortsetzung Tourstraße im Folgenden) 9 km, zuletzt 200 Hm. Zum Ort führt ein Einbahnstraßensystem, die Zufahrt zur Zentralstraße erfolgt weit nördlich von der Zentrumstaverne, die Abfahrt südlich direkt unterhalb dieser.

Zur Festung fahren Sie die Auffahrt an der Nordseite weiter nach oben und dort südlich um die bäuerlichen Anwesen herum, der Weg zu Fuß von der Zentralstraße über die dortige Treppe ist umständlich oder „kraxelpflichtig".

Der **Friedhof** befindet sich von der Taverne etwa 200 m nach Süden und dort hinter der Tekke 50 m den Weg hinunter. Das

Erreichbar???

Grab der Ali-Pa-scha-Schwester soll jenes an der Nordseite gewesen sein, dass dem neu erbauten Wohnhaus auf der anderen Straßenseite gegenüber steht.

Nach Labova: Ausgeschilderter Linksabzweig von der Straße nach Li-bohova beim km 5,5, von dort noch 8 km. Einige Steigung (300 Hm auf die letzten 4 km) lassen anraten, mit einem WOMO-Besuch auf die Asphaltierung zu warten.

Sofratik

In jener glücklichen Zeit, als die Pax Romana ewig schien, wollte niemand mehr mühselig zu gesicherten Bergfestungen hinauf kraxeln. Man zog in die Ebene und baute beschwingt-leicht. Stadtmauern? Waren die nicht eigentlich überflüssig? Insbesondere unter Kaiser Hadrian galt diese Ideologie. Die solchermaßen entstandenen Städte wurden mehrfach **Hadrianopolis** geheißen. Eine derartige Stadt entstand auch im Drinos-Tal beim heutigen Ort Sofratik.

Bevor die Barbareneinfälle allen Hoffnungen auf ewigen Frieden ein Ende bereiteten, gelangte sie zur Blüte.

Die Archäologen förderten bisher das stattliche Amphitheater zu Tage, das wohl einzige, zumindest in Albanien, dass nicht an

Einziges Amphitheater in der Ebene!

einen Hügel gebaut, sondern mitten in die Ebene vertieft wurde.

Anfahrt: Ab dem ausgeschilderten Abzweig „Sofratik", rechts auf der Tourstraße, nach 50 m sofort die nach Süden gerichtete Straße parallel zur Fernverkehrsstraße nehmen. Fernstraßen-parallel bleiben, nicht abbiegen, nach 500 m ab Abzweig den schmalen Unterführungstunnel der Fernstraße nach Osten durchqueren (Nutzhöhe 2,50 m, Breite 3,00 m), ab Tunnel 750 m in die Ebene (zum Recherchezeitpunkt gut geschotterter Weg, höhere WOMOs parken vor dem Tunnel.

Ergänzende Hinweise zur Talebene von Gjirokastra

Die beiden bis 2200 m hohen „Mauerseiten" der Dropull-Tal-ebene haben mittlerweile auch bei ausländischen Touristen ei-nen Ruf als Wanderregion er-langt. Es schmiegen sich eine Menge Dörfer hoch an die Berg-flanken, die insbesondere auf der Ostseite traditionelle Archi-tekturelemente aufweisen. Zuvorderst zahllose weitere alte Kirchenbauten, aber auch tra-ditionelle Bergstein-Anwesen, bei denen die Rundbögen der Grundstückseinfahrten auf-wändig mit Einmeißelungen verziert sind. Auf Saraqinisht hatte ich als Beispiel bereits verwiesen.

Die Schönste - um 1600...

Auf der Westseite wäre wohl zu vorderst die **Klosterkirche** oberhalb von **Goranxi** hervorzuheben. Dazu meint KOCH: „...die wohl schönste ihrer Zeit (1600) in Albanien gewesen..." Nach Goranxi geht es beim km 196 (8 km ab Altstadtabfahrt Gjirokastra) rechts ab. Parken können Sie nach 600 m am Ortsplatz. Wichtig ist, dass Sie dann 450 m weiter den Rechts-abzweig zum Weg nach oben richtig erwischen. Dann haben Sie 4 km Anstiegswanderung (rund 500 Hm), immer dem Weg folgend, vor sich.

Von Gjirokastra bis Saranda

Nachdem ich einige der nun an der Tour liegenden Besichti-gungsplätze bereits vorweg genommen habe, sind nun die Ab-zweige nachzutragen. Beachten Sie aber bitte zunächst 3 km südlich vom Altstadtabzweig Gjirokastra die schöne, große **Bo-genbrücke** über den Drinos.

Die allerletzte, versprochen!

Als Erstes wäre beim km 198 hinzuweisen auf den gegenläufigen Keuzungsabzweig „**Sofratik**" (rechts) und „**Libohova**" (links). Am km 201 schicke ich Sie etwas traurig vorbei, dort finden Sie links den ausgewiesenen Abzweig zu einem Hotel „Antigonea Palace", das 500 m entfernt in der Ebene zu sehen ist [N 39°58'50.35" E 20°14'3.21"]. Es gäbe einen guten Stellplatz in der Nähe seines freibadgroßen Swimmingpools. Leider war es zum Recherchezeitpunkt Pleite. Ich vermute aber, es findet sich dafür ein neuer Investor, vielleicht behalten Sie die Adresse im Auge.

Am km 206 können Sie mal ohne viel Mühe meinen Spott über die Inflation der touristischen Hinweisschilder nachvollziehen. Dort sind, ebenenseitig, die Überreste eines „**Fürstengrabes**" aus der Zeit 250-230 v. Chr. ausgepriesen. Bitte gebührend würdigen, bevor Sie Ihre Aufmerksamkeit dem hübschen Restaurant Kej-Hej" zuwenden, das unmittelbar folgt.

Ganz an der anderen Seite der Ebene, das dort halblinks auszumachende weiße Großgebäude, ist übrigens eine zweite sowohl in Albanien als auch Griechenland gut bekannte Trinkwasser-Adresse, der Hersteller „Glina".

Ansonsten erreichen Sie unmittelbar danach einen Abzweig rechts hoch in die Berge, Weisung **Saranda** und **Jegucat**. Geradeaus würden Sie nach 9 km den **Haupt-Grenzübergang Kakavia** nach Griechenland erreichen und hätten über Ioannina guten Anschluss weiter nach Süden wie auch nach Igoumenitsa. Jetzt aber treiben Sie, der Weisung folgend, das WOMO ein paar mäßig scharfe Kurven nach oben und erreichen beim km 211 den **Muzina-Pass** mit 550 m ü. NN. Hier gibt es folgende Entwicklungen:

(128) WOMO-Stellplatz: S-2 Muzina-Pass, Pass-Restaurant

GPS: N 39°56'23.67", E 20°13'24.02"   **Max. WOMOs:** 3
Lage/Allgemeines: Die ehemalige Tankstelle fast genau am Pass wurde in ein recht solide erscheinendes Restaurant konvertiert, die weit nach hinten reichende Betonschürze der Tankstelle blieb als Parkplatz erhalten. Da sollte man mit einem WOMO vielleicht ein bisschen windig, aber ansonsten nicht ganz schlecht stehen.

Jenseits vom Pass bleibt Ihnen die Bergwelt längere Zeit erhalten, es geht jedoch durch stark bewaldetes Areal beständig nach unten. Beim km 213 passieren Sie rechts den Abzweig nach Delvina. Über diesen Ort kämen Sie auch nach Saranda, jedoch ist die linke Strecke die straßenmäßig bessere und touristisch ergiebigere. Beim km 219 (bei nur noch 150 m ü.NN) finden Sie hier nämlich rechts die mit touristischem Hinweisschild gekennzeichnete Abfahrt nach **„Syri i Kalter"**, dem „Blauen Auge".

(129) WOMO-Stellplatz: S-1 Bistrica, Syri i Kalter

GPS: N 39°55'23.2" E 20°11'30.2" **Max. WOMOs:** 2, Notvariante siehe Text.

Lage/Allgemeines: Parkplatz des vorderen Restaurants am „Syri kalter". Falls tagsüber belegt, weiter hinten provisorisch abstellen, gegen Abend, wenn die Tagesbesucher abfahren, dorthin umsetzen. Wasserhahn außen, Toilettentrakt defizitär.

„Abendstimmung".
Tagsüber ist der Platz oft voll.

Syri i Kalter

Das Quell-Phänomen, ähnlich dem Blautopf in der Schwäbischen Alb, bringt inmitten eines kleinen Waldteiches senkrecht aus dunkler Höhle einen gewaltigen Quellstrom reinsten Wassers hervor, 12 Grad „warm". Der Quellgang ist bisher nur bis 50 m Tiefe erforscht. Von einer Beobachtungsplattform können Sie sehen, wie es aus bodenlosem Loch hervor schwillt, zunächst tiefblau, im baldigen Wechsel zu Türkis bis grünlich. Das geschützte Naturareal ringsum ist dschungelartig ausgeprägt, enthält weitere Quellen und einen großen Reichtum an Pflanzen und Tieren. Naturalpenveilchen, Lavendel, Zitronenmelisse wachsen hier, ungewöhnliche Libellen oder Schmetterlinge mit schwarzem, langem Körper und kurzen, schwirrenden Flügeln fliegen umher. Das ganze komplexe System von Quellausflüssen vereint sich in der unmittelbaren Nähe zunächst zu einem Stausee, strebt dann als extrem klares paralleles Fluss-Kanal-System parallel zur Tourstraße dem Meer zu, um dort südlich von Saranda zu münden. Im Quellteich oder benachbart kann man baden – so man dies bei der Temperatur wirklich möchte.

Vorsicht! Nur ganz am Rande ins Flache hocken, die Strömung ist reißend und man verliert schnell den kieseligen Grund unter den Füßen! Vorn an der Taverne, wo Sie auch stellen sollen, ist es etwas günstiger zum Baden.

Das Quell-Loch, vorn Gedenkstein für die Erst-Betauchung durch Tauch-Nestor Xhemal Mato

Anfahrt: Der jüngst neu asphaltierte 2-km-Weg zum Areal windet sich nach 500 m um den kleinen Stausee herum, für den Zugang wird von am Staudamm ein geringer Eintritt erhoben. 2015 fanden auch einige Verschönerungsmaßnahmen statt, u.a. wurden die Wege zur Quelle befestigt.

Im Areal gibt es zwei Tavernen. Der ruhigere Stellplatz wäre an der hinteren, aber das ehemals erste-einzige Haus am Platze dort neigt wohl zur Selbstaufgabe, nachdem etwas weiter vorne ein schickeres Lokal eröffnet wurde. Das Umfeld des möglichen Parkpunktes ist nicht das gepflegteste, von den „Toilettenhäuschen" ganz zu schweigen. Versuchen Sie daher zunächst, vorn einen Platz zu bekommen.

Die Tour fortsetzend, kommen Sie an mehreren Quellen vorbei, sowie am Wasserkraftwerk Bistrica, das irgendwann unauffällig am linken Rande der Straße liegt. In der wieder landwirtschaftlich genutzten Ebene angelangt, nun schon nur noch zwei Dutzend Meter ü. NN, durchfahren Sie mehrere Siedlungen. Östlich vor dem Orte Mesopotam, beim km 227, etwa 150 m vor der dortigen Kanalbrücke, zweigt ein Weg aus der Kurve in Richtung Südwest in die Wiesen, auf einen markanten Hügel zu. Auf diesem steht, hinter dem Friedhof, die mehrfach außergewöhnliche

Klosterkirche von Mesopotam

KOCH sagt über sie: „Ein höchst origineller Bau, dessen Grund- und Aufriss keinem der bekannten Typen zuzuordnen ist..., (er) darf in mancher Hinsicht wohl als die ungewöhnlichste Kirche der gesamten byzantinischen Architektur gelten...".

Was KOCH über das Innenleben der Kirche weiter sagt, erspare ich Ihnen, denn Sie können es seit 2011 nicht mehr bewundern. Bei der Berühmten ist es nämlich zum Quantensprung des architektonischen Verfalls gekommen.

Es war vielleicht immer ein Wunder, dass dieses Gebäude überhaupt sich selbst trug, ist doch die unterste Gründung wahrscheinlich ein heidnischer antiker Tempel, der für andere architektonische Zwecke als diesen extrem hochwandigen Kirchenbau berechnet worden war. Vermutlich war er wunderprächtig, davon zeugen mit seltsamen antiken Fabelwesen außergewöhnlich kunstvoll bemeißelte Steine, die ihm entnommen und völlig eklektisch irgendwo in das Mauerwerk der Kirche eingefügt wurden.

Es wurden also Materialien unterschiedlichster Herkunft ohne viel Rücksicht auf die statische Wirkung kombiniert, zu irgendeinem historischen Zeitpunkt musste sich das rächen, und der ist gekommen. Zum Recherchezeitpunkt drohten die Mauern nach außen zu bersten, mit Stahlstreben und Bändern sucht man das zu verhindern. Die Kirche ist aber nicht mehr betretbar, der Eingang verschweißt. Wie lange die Sicherung hält, scheint fraglich, der Bau wirkt wie unwiderruflich zum baldigen Einsturz verurteilt. Seh'n se Venedig, bevor's im Meer versinkt. Sehn'se diese Kirche, es könnte hier mit weit größerer Wahrscheinlichkeit das letzte

Mesopotam: Raunt hier der Wind bald über Trümmer?

Verknotete Fabelwesen: Kennen Sie dazu eine passende Fabel?

Mal sein – allein die wunderbaren Fabelwesen lohnen es.

Anfahrt: Mit dem WOMO gelangen Sie über eine gesplittete 300-m-Zufahrt bis zum vorgelagerten Friedhof. Das Tor kann aufgeschoben werden und Sie können die weiteren 300 m fahren. Dann allerdings stehen Sie erneut vor verschlossener Tür und müssen seitlich über die Trampelstelle klettern, die andere Touristen vor uns schon vorgearbeitet haben.

Falls Sie nicht nach leckeren Meeresfrüchten streben – sie haben es ja bald geschafft bis an die Fischtöpfe von Saranda – die jenseits der Kanalbrücke von Mesopotam gleich rechts folgende Taverne ist bekannt für gutes Landessen.

Beim km 230 passieren Sie eine „historische" Landmarke, ein neu geschaffenes Verkehrsrondell. Ab hier könnten Sie neuerdings, falls Sie es plötzlich eilig haben sollten, ohne weitere Umschweife auf neu erbautem **Zubringer zum Grenzü-bergang Qafë Botë** und damit nach Igoumenitsa gelangen, Sie würden die ganze langwierige Passage über Saranda – Ksamil folglich „shortcutten".

Wenn Sie aber lieber nach Saranda weiter fahren, und das hoffe ich, stelle ich Ihnen vor Ankunft dort noch eine letzte Besichtigung anheim. Nur 500 m nach dem Rondell, nach Passage des mächtigen Hügels rechts, der so gar nicht in die Ebene passt, kommt, wieder rechts, ein Abzweig nach „Finiq", dem antiken Finiki, in lateinischer Verballhornung gewöhnlich **„Phoinike". oder gar „Phoenike"**

Das antike Finiki galt dem Historiker Polybios (um 150 v.Chr.) als die größte und am meisten befestigte Stadt des Epirus. Der Angriff der Illy-

rer auf die Stadt im Jahre 230 v. Chr. wurde Anlass für die dauerhafte Expansion der Römer an die Ostküste der Adria. Im ersten Makedonischen Krieg (215-205 v.Chr.) wurde hier ein wichtiges Friedensabkommen ausgehandelt. Irgendwann versank die Geschichte der Stadt im Dunklen, Erdschichten breiteten sich drüber.

Sollte ich Ihnen vielleicht schon hier das letzte Amphitheater versprechen?

Seit längerem sind Archäologen am Werke, sie wieder freizulegen. Man erhofft sich offenbar, dass daraus der dritte große Ausgrabungs-Wallfahrtsort des Landes nach Butrint und Byllis wird.

Aber offensichtlich hat es dabei Prioritätenverschiebungen oder gar Kompetenzgerangel gegeben, denn, während der Straßenbau mit einer grandiosen Zufahrtsstraße bis fast auf den Hügel schon 2009 in Vorleistung ging, stockten die Ausgrabungen die vergangenen Jahre und nahmen wohl erst 2011 wieder Fahrt auf.

Ergebnis: Bislang konnten Sie nur die älteren Freilegungen, das Amphitheater plus einige Gebäude mit Säulenresten sehen.

Derzeit nun sind die Archäologen wieder auf größeren Flächen am Arbeiten. Im Sommer 2012 wurde wieder intensiv freigelegt, dies dürfte sich die folgenden Jahre fortsetzen. Es hat besonderen Reiz, mal einen solchen Ort noch in der Vorbereitung zu besuchen, wenn es hier noch professionell-archäologisch und nicht touristisch zugeht.

Übrigens ist der Hügel auch für Freunde der Enver Hoxha–Bunker-Archäologie recht interessant. Am Südende erwartet sie ein superbes Bonbon. Eine richtige **en-minature-Maginot-Linie**, wie sie so nur an wenigen anderen Orten in Albanien noch zu finden ist. Hinter Kleinbunkern im üblichen Format zeichnet sich jeweils ein Bunker mit unüblichem Tonnenformat ab, also ein geschlossenes System mit Vorrats- und

Schlafbunkern, durch Gänge unterirdisch verbunden.

Wie wär's mit Mittagschläfchen im kühlen Bunker?

Letztlich lohnt der Besuch auch wegen des grandiosen Rundumblicks über die Ebene. Seien Sie aber etwas vorsichtig abseits der Trampelpfade im Gras (richtige Wege gibt es natürlich noch nicht). Das hier oben ist noch Natur pur, da gibt es nicht nur seltsame große Spinnen, vermutlich auch Schlangen.

Anfahrt: Für die Verzögerungen bei der Nutzbarmachung zahlt der neugierige Tourist heute einen Preis: Die Abfahrt der neuen Straße ist zum einen noch nicht ausgezeichnet, man will offenbar zumindest nicht en masse Gaffer bei den Ausgrabungen. Ab dem Abzweig in den Ort nach genau zwei Kilometern geht es hinter einem Hausgrundstück ganz unscheinbar auf einem Stück Altstraße an den Berg und dort nach oben. Zum anderen wird die neue Straße nicht gepflegt, die Ränder sind schon wieder von Wildpflanzen verwachsen und einiges Geröll liegt auf der Straße. Im Prinzip aber kann man die knapp 2 km ein WOMO nach oben bringen. Die Straße endet 30 Hm vor Erreichen der Hügelkrone auf einem platzartigen Rund von 12 m Durchmesser (Ränder noch größer), d.h., dort kann man parken, auch große WOMOs wenden. Ab hier ist Fußaufstieg über einen Trampelpfad angesagt, oben ist bis zu den Ausgrabungen etwa 600 m nach Nordwesten zu laufen.

Für die Weiterfahrt dann nach Saranda können Sie theoretisch am Bergfuß auch nach rechts abbiegen. Sie fahren dann Saranda über die von Delvina kommende Straße an und können beim Aufschluss auf diese vielleicht Fortschritt bei der Schaffung der neuen Trasse über Kardiq beobachten. Zum Recherchezeitpunkt war aber das Zufahrtsstück im Dorf von deutlich schlechterer Qualität, sodass ich empfehle, denselben Weg zurück zu nehmen.

Beim km 235 vereinigt sich dann die Tourstraße mit der von Delvina kommenden Nebenroute, beim km 237 schließen Sie vor dem Anstieg zum Stadteinfahrtspass nach Saranda auf Tour 1-3 auf, die Richtungsweisungen „Vlora" und „Himara" kennzeichnen den Punkt.

Richtung Lushnja

Richtung Fier

Seman

Devoll

136

Richtung Gramsh

Poshnje

130

Jagdflieger

Kucova

Ura Vajgurore

Perondi

Kirche

Osum

KARTE TOUR 4

131

Berat

132

Osum

Naturpark Tomorri

Gipfeltürbe

Polican

Fabrikbunker

Bektashi-Zentrum

Richtung Kelcyra

133

Bogova

Wasserfall Bogova

Osum

Kasabashi-Brücke

Corovoda

Gradec-Canyon

134

Cerenisht

Osum-Balkon 1

Osum-Balkon 2

Zogas

135

Türbe

Dhores

Osum-Balkon 3

Blezencka

N

Richtung Permet

10 km

TOUR 4 (hin und zurück ca. 140 km)

Berat und die Osum-Canyons:
Im Wechselbad von Kultur und Natur

Freie Übernachtung:	Bogova, Llixha u.a.
Campingplätze:	Ura Vajgurore, Berat, Corovoda
Ver-/Entsorgung:	Campingplätze, Gaststätten der Stellplätze.
Baden:	Llixha unter Vorbehalt (spezielles Thermalbad).
Besichtigen:	Perondi, Berat, Polican, Bogova, Osum-Canyon
Essen:	Gaststätten im Text verwiesen.
Wandern:	Zum Wasserfall Bogova, im Corovoda-Canyon.

Einführung zur Tour

Seitdem die Individualtouristen wieder munter Albanien bereisen, haben sie Probleme mit dieser Tour. Berat, die zweite der
UNESCO-Kulturerbe-Städte Albaniens, auszulassen, das
geht natürlich nicht. Und dann sind da hinten auch noch diese
komischen **Canyons**, von denen die Leute im Internet schreiben, die muss man gesehen haben (ich sage das auch). Aber
Stadt und noch mehr die Canyons liegen verflixt blöd in einer
90-km-Sackgasse. Nur für Off-Roader geht es hinten weiter
Richtung Permet, alle anderen müssen schlicht und einfach
denselben Weg, zurück, oder fast denselben. Gibt es Hoffnung? Ja. Aber kaum darauf, dass die Off-road-Strecke asphaltiert wird. Die Hoffnung kommt aus obskurer Richtung:
Man baut am Großprojekt „TAP", einer transnationalen Öl-Pipe-
line von der Türkei bis Italien via Albanien. Und dazu wird,
Pipeline-begleitend, eine neue Straße mitten durch die Wildnis bislang unzugänglicher Berge zwischen Korca und Corovoda geschlagen. Wann sie fertig sein wird? 2018 könnte es -
vielleicht - so weit sein. Bis dahin stellen Sie sich dem unver-
meidlichen Hin-Rück.
Das zweite Problem, das Wohnmobilisten bislang mit Berat
hatten, war der **Stellplatz**. Nicht, dass es keine gäbe, die Frage ist seit 2012 deutlich entschärft. Nach wie vor müssen Sie
aber bei der Reiseplanung ziemlich zirkeln, falls Sie den Co-
rovoda-Canyon ansehen wollen. Wegen der Tiefe und Enge
des Canyons spielt nämlich der Lichteinfallswinkel für das Erlebnis eine große Rolle. Die besten **Lichtverhältnisse** dürften Sie vormittags zwischen zehn und zwölf Uhr haben. Lesen Sie in diesem Falle bitte erst das Kapitel bis zu Ende durch,

bevor Sie planen. Wenn Sie vom besten der WOMO-Campings, **(130),** aus starten wollen, halten Sie sich für eine **außergewöhnliche** (manche werden sagen, umständliche) **Variante** offen: Teilen Sie die Besichtigung der Stadt Berat in einen Teil vor und einen nach der Canyon-Besichtigung. Das würde etwa folgende Variante ergeben: Aufbruch am Campingplatz **(130)** gegen 9.00 Uhr. Vormittag Berat, Burgbesichtigung (3-4 h), Weiterfahrt bis nach Bogova, Platz **(133)** (Dauer eine Stunde), dort hübsche Spätnachmittags-Wanderung zum Wasserfall, danach Essen und Übernachtung hier auf Platz. Am zweiten Tag Aufbruch vor 9.00 Uhr, anderthalb Stunden Fahrt bis zum Canyon, nach dessen Besichtigung zurück nach Berat, Ankunft gegen 15.00 Uhr, drei bis vier Stunden Besichtigung von Mangalem und Gorica. Dann wieder Campingplatz **(130).**

Entfernungsangaben

*Campingplatz **(130)** bis Berat-Zentralplatz* .... *14 km*
Berat-Zentralplatz bis Polican-Zentralplatz .... *22 km*
Polican-Zentralplatz bis Corovoda-Zentralplatz .... *27 km*
Corovoda-Zentralplatz bis Canyon Südwestknick .... *7 km*

Die letzten 13 km vor Berat vereinigen sich die beiden einzigen Fern-Zufahrtsmöglichkeiten, jene von Fier her (aus Richtung Küste/Süden) und jene von Lushnja her (von Norden). Nur 2 km dahinter liegt Campingplatz **(130).** Ausgehend von der Erwartung, dass die Mehrzahl der Wohnmobilisten diesen anlaufen wird, dient er im Weiteren als Referenzpunkt für die Entfernungsangaben. Ab Fier sind es bis hier her 32 km, ab Lushnja-Ortsausgang sind es 23 km. Die Strecke von hier bis zum weitesten beschriebenen Punkt am Osum-Canyon beträgt 70 km.
Falls Sie von Norden (Durres!) aus anreisen: Beachten Sie, dass die **Umfahrung von Lushja** kürzlich Richtung Berat erweitert wurde. Das dürften die meisten Karten noch nicht anzeigen. Fahren Sie also nicht in die Stadt ein, sondern folgen Sie zunächst dem Verlauf der Schnellstraße bis zum diesbezüglichen neuen Abzweigpunkt (4,5 km).
Ergänzender Hinweis für alle, die beabsichtigen, **von Tour 3 auf Tour 4 zu wechseln:** Die Möglichkeit, am Ende von Tour 3 über **Tepelena Richtung Fier** „auszusteigen" hatte ich dort bereits erwähnt. Da die derzeitige Landstraße vom Ende der A2 bei Levan bis Fier recht mühsam ist, dürfte bei Ziel Berat die Benutzung der neuen SH4 bis Fier nicht lohnen. Nehmen Sie die alte über Ballsh und übersehen Sie nicht den Rechts-

abzweig hinter Patos Richtung Berat. Auch „Zustiege" ab oder **nach Elbasan** sind möglich. Diesen Abkürzungen habe ich am Ende dieses Tourkapitels noch ein paar Worte mehr gewidmet.

Berat liegt im südöstlichen Endzipfel des größten Stück Tieflandes Albaniens überhaupt, sein Zentrum auf kaum 60 m ü. NN. Bedingt durch die Umschließung mit Berg- und Hügelketten herrscht hier ein besonders mildes Klima. Während der vordere Teil des Tieflandes, die Myzeqe-Ebene (siehe Tour 1-2) unlängst noch Sumpf war, wird der geologisch ältere, fruchtbare Boden im weiteren Umfeld der Stadt von je her intensiv für Landwirtschaft und Gartenbau genutzt. Sie durchqueren folglich zunächst ebene, stark mit größeren Grundstücken zersiedelte Landschaft. Es ist kaum zu unterscheiden, wo der eine Ort endet und der nächste beginnt.

Ein Produkt der Gegend können Sie am Campingplatz **(130)** vom Nachbarhof mitnehmen: Da liegt nämlich die bekannteste Qualitäts-Weinkelterei Albaniens, „**Kantina e Veres Cobo**". Deren Qualität hat allerdings auch schon seinen Preis, für einen guten Rotwein müssen Sie im Betriebsverkauf fünf bis acht Euro hinlegen. Nehmen Sie **Kashmer** (sehr geringe Säure, feines Beerenaroma), der ist zwar der teuerste, aber für eine Flasche gleicher Qualität zahlen Sie bei französischen oder spanischen Weinen mindestens das Dreifache.

Da wir gerade beim essentiellen Thema sind: Die Eigentümerin des Campingplatzes bietet zwar eine Art Vollpension (und die soll gut sein, da ihr Mann vom Beruf Koch ist). Aber genau einen Kilometer die Tourstraße zurück, dort heißt der Ort Poshnje, finden Sie auch mehrere Ausflugsgaststätten, wieder mal in sehr wuchtigem Kastell-Stil. Das Angebot der „**Keshtjella Hako**" fand ich als Abwechslung recht akzeptabel. Vor der Protzburg liegt übrigens die **Brunnengalerie** des Ortes, die das Wasser einer nahen Bergquelle freigiebig verteilt. Hier wird von den Einheimischen stets in großen Mengen abgefüllt. Zu Zeiten soll auch die Cobo-Kelterei Gastronomie betrieben haben, zum Recherchezeitpunkt jedoch nicht, vielleicht schauen Sie aber mal.

Das sind nur die vorderen zwei Sprudelchen, am Haus sind noch fünf.

(130) WOMO-Campingplatz-Tipp: C-2 Ura Vajgurore, Berat Caravan Camping

www.albaniacaravancamping.com Tel.:00355 694263697
GPS: N 40° 46' 44.2" E 19° 51' 31.5"
geöffnet: Auch in der Vor- und Nachsaison
Lage/Anfahrt: 300 m vor dem nordwestlichen Ortseingang von Ura Vajgurore, rechts (südseitig), gut ausgeschildert, hinter dem Wohnhaus der Eigentümer. Stellplätze liegen gedeckt durch Haus und Garten, daher (sehr) ruhig. Tor und Zufahrt relativ eng für große WOMOs, bei Einfahrt großen Kreisbogen schlagen.
Allgemeines: Familiär-freundlich geführter Platz mit liebevoll gestalteten Ruheflächen am Haus, insgesamt sehr gepflegter Eindruck. Stellfläche für WOMO ist der ehemalige Hausgarten, vorn ins „Erholungsareal" übergehend. Eigenes Restaurant, siehe Text.
Max. WOMOs: 28 mittlere, 5 Plätze mit Netzdächern. Wegen hoher Frequentierung generell Anmeldung ratsam, Netzdach-Platz beantragen!

Ausstattung: Hochwertige Dock-Ausstattung Elektro/Wasser. Vier entsorgungsstellen. WLAN.
Sanitäranlagen: Europäischer Standard
Preis (2015): 7€/Person/Nacht

Die Stadt **Ura Vajgurore** auf dem Weg nach Berat umfahren Sie heute auf einer Umgehungsstraße. Kein Verlust, sie bietet kaum Sehenswertes. Beachten Sie die Abfahrt nach **Kucova**, 800 m nach der Flussbrücke. Dort entlang, nach 1200 m, haben Sie rechts die „Basa Ajrore Kucova", einen der Militärflughäfen, die Albanien auf Anforderung der NATO in Bereitschaft hält. Vorn, vom Tor aus zu sehen, steht, was nicht mehr fliegt, mehrere **alte sowjetische Jagdflugzeuge** aus den 1950ern – hübscher Anblick für Fans solcher Sachen. Aufs Gelände darf man allerdings nicht. Fahren Sie 500 m weiter, und dort, rechts, weitere 1,5 km, nach **Perondi**.

Im Orte, 100 m vom Zentralplatz nach Norden, steht die besonders schöne und ehrwürdig-alte **Kirche von Perondi**, eine seltene frühe Basilika mit hölzernem Dachstuhl aus dem 10. Jahrhundert, „zu den besonders kostbaren frühen Bauten in Albanien" gehörend (KOCH). Wenn meine bescheidene Meinung etwas gilt, ich würde sie, wegen ihres Äußeren, neben der Kirche von Kosina ganz oben platzieren. Aber auch das Innere lohnt: Von den Kapitellen wird angenommen, dass sie aus dem 5. Jahrhundert stammen, die Malereien in der Apsis zeigen das sonst selten übliche Motiv der Vorbereitung auf das Weltgericht: Christus bei der Auswahl seiner Strafwerkzeuge!

Den Schlüssel bewahrt der Kiosk links vor der Kirche oder die Stadtverwaltung rechts, erhöht.

Bild - schön: Kirche Perondi

Zurück auf der Tourstraße, erreichen Sie beim km 11 dann einen kritischen Punkt in der Vorstadt von Berat, ab hier, siehe „Anfahrt und Parken".

Besichtigung der Stadt Berat *(Dauer 5-6 Stunden)*

Berats reiches, ausgeprägt unikales und im Duktus geschlossenes architektonisches Kulturerbe findet zumindest in Albanien bestenfalls in Gjirokastras Architektur seine Konkurrenz, aber beide sind so angenehm anders, dass es wieder schon keine ist.

Wenngleich auch in Berat die unteren Partien der Hausanwesen wehrhaft abweisend ausgeprägt sind, bereits das darüber liegende Stockwerk offenbart einladend wirkende Fenster, die die Wandflächen groß dominieren. Die Häuser amphitheatralisch die Hänge des kegligen Stadtberges entlang gereiht, recht eng nebeneinander, ergibt dies jenes spezifische Charakterbild, das Werbetexter in den Slogan **„Stadt der tausend Fenster"** ummünzten. Auch landschaftlich weiß Berat zu punkten, Hochberge schieben mittlerweile die Ebene zusammen, kuscheln die Stadt. Im Hintergrund östlich steht der majestätische 2500er **Tomorri**, der heilige Berg der Bektashi, westlich das faszinierend gleichförmig in herablaufenden Rinnen gefaltete Langmassiv des Shpirag.

Oben, die „Kalaja", unten Mangalem.
Die „Abwärts"-Straße läuft, parallel zur Kante, rechts hinter dem Berg.

Blick über den Minarettstumpf der „Roten Moschee" auf den Tommori.

Das heutige Berat setzt sich aus drei historisch separat entstandenen Siedlungen zusammen. Als ursprüngliche Stadt gilt die von Mauern umgebene Oberstadt „**Kalaja**" auf dem Berge. Darunter liegt der Stadtteil „**Mangalem**", die traditionelle untere Altstadt. In der Türkenzeit entstanden hier in der ursprünglich orthodoxen Stadt eine Reihe islamisch geprägter Sakral- und Repräsentationsbauten, die heute ihren Besichtigungswert ausmachen.

Gegenüber, am anderen Flussufer, liegt der spät entstandene Stadtteil „**Gorica**".

Dass die Oberstadt mindestens schon zur Römerzeit existierte, wissen wir vom Historiker Titus Livius, der ihre Einnahme – unter dem Namen **Antipatrea** – durch römische Legionen vermeldete. Die Stadt wurde fortan ein Dutzend Mal erobert und änderte auch ein Dutzend Mal ihren Namen. Die Einwohnerschaft prägte extreme handwerkliche Fertigkeit in der Kleidungsfabrikation, Steinmetz- und Schnitzarbeit, vor allem aber in Silberschmiede-Silberfiligranarbeit aus. Dies war auch der Grundstock für ihren trotz aller Plünderungen immer wieder erlangten Reichtum. Das wertvollste daraus entstandene historische Eigentum der Stadt, die „Purpur-" und die „Gold"bibel, sowie den goldgestickten „Glavenica-Epitaph" hat sich natürlich das Nationalmuseum unter den Nagel gekratzt.

Unter den Türken prosperierte die Stadt zunächst. Dann geriet auch Berat in die Auseinandersetzungen der türkischen Statthalter, wurde von – wiedermal – Ali Pascha erobert und geplündert, konnte sich aber nach dessen Sturz wieder erholen. Nach dem 2.Weltkrieg war die Stadt zeitweilig Sitz von Enver Hoxhas provisorischer Regierung. In dessen Ära wuchs sie auch beträchtlich auf etwa 70.000 Einwohner und wurde zum Zentrum von Textil- und Verarbeitungsindustrie. Ihre heutige Lebensgrundlage ist, wen wundert's, der Tourismus.

Anfahrt, Parken und wichtige Sehenswürdigkeiten

Sicherheitshalber fasse ich dies alles zusammen, denn die erste Falle stellt sich Ihnen gleich am Ortseingang. Generell können Sie Berat mit dem eigenen Fahrzeug angehen. Aber zwischen der erwähnten Oberstadt „Kalaja" auf dem Berg und dem unteren Stadtteil „Mangalem" liegen eine steile, enge und specksteingepflasterte Gasse von fast einem Kilometer Länge sowie 120 Hm Differenz. Diese sollten Sie mit WOMO besser nur abwärts benutzen. Deshalb nach oben die „Wirtschaftszufahrt" gleich bei Einfahrt am Stadteingang nehmen. Zur Besichtigung der Unterstadt fahren Sie dann einen zweiten Parkpunkt unten an.

Bei Annäherung an die Stadt gelangen Sie nach längerem Vorortbereich an einen ersten Rondellplatz unmittelbar am Bergfuß. Links am Platz steht ein kastellartiges Wohngebäude, in der Mitte finden Sie mit blauem Schild nach links „Kalaja" ausgewiesen. Dort entlang, über die verdächtig enge Gasse Rr.

Muzak Topia, geht es zwei weiterhin enge, aber wenigstens nicht ganz steile Kilometer aufwärts durch den Olivenhain. Sie landen Sie auf dem geräumigen, zum Parken geeigneten Vorplatz „Sheshi Qafa e Kalase". Die Taverna „Lazaro", links am Vorplatz, hat mittlerweile den Anspruch, ein WOMO-Camping zu sein:

(131) WOMO-Campingplatz-Tipp: C-3 Berat-Kalaja, Taverna Lazaro

GPS: N 40°42'42.00", E 19°56'48.09" **Max. WOMOs:** 8
geöffnet: Auch in der Vor- und Nachsaison.
Lage/Anfahrt: Siehe Text.
Allgemeines: Versteckt hinter der Taverne liegt ein top-Grasgarten mit wunderbarem Blick über das Tal (allein dieser ist den Preis wert).
Ausstattung: Wasserhahn vorhanden, Strom wird per Kabel geliefert.
Sanitäranlagen: Die des Restaurants, einfache Dusche im Toilettenraum.
Preis : 10 €/Nacht/WOMO.

Oberstadt Kalaja: Das Betreten der museal erhaltenen Festungsstadt ist mit geringem Obolus verbunden. Berat ist die meines Wissens einzige Stätte in Albanien, die, (zum Glück, wieder) für die Stadtführung Audio-Guides verleiht. Die Textnummern hängen an den entsprechenden Gebäuden. Das Problem: Für die Unterstadt reichen die Dinger. Für die Kalaja brauchen Sie aber noch die Schlüssel für die Kirchen, und die kann Ihnen nur ein Stadtführer besorgen. Solche bieten sich gewöhnlich auch am Haupteingang an, falls nicht, machen Sie dem Kassierer deutlich, dass Sie einen möchten. Vielleicht begrenzen Sie aber die Führungsleistung auf die Burg, unten in der Stadt reichen die Audio-Guides allemal.
Die Charakteristika der mittelalterlichen Festungsstadt, Mauern und insgesamt 24 Türme, sind noch schlüssig erhalten. Das innere Ensemble besteht aus einer Vielzahl von Gassen mit bewohnten Häusern. Viele Hauseigentümer hier oben besaßen eine eigene Kirche und diese wur-

Oberstadt: Vom Festungsgemäuer ist noch etliches zu besichtigen.

de in der Regel auch reich mit Fresken ausgestaltet. Beides, die alten Wohnhäuser von außen und die Kirchen auch von innen (es sollen noch elf sein), sind heute zu bewundern – aber eben nur mit Führer, der den Schlüssel beschafft. Falls Sie auf Führung verzichten, streben Sie geradewegs dem High-light zu, **dem Onufri-Museum** (montags Ruhe-

Das Gebäude des Onufri-Museums

tag, sonst 9-16.00, So bis 14.00 Uhr). Onufri war ein Ikonenmaler und vermutlich auch hoher Geistlicher des 16. Jahrhunderts, der insbesondere Kirchen in Berat, Kastoria und in der Nähe von Elbasan ausstattete. Sein Werk gilt zum einen als revolutionär für die byzantinische Kirchenmalerei, weil er einen breiten Kanon volkstümlicher Motive aufnahm. Zum zweiten gilt es als Zeichen des Widerstands gegen die Türken, weil ein Teil seiner biblischen Helden als Verewigung von Kämpfern gegen das Türkenjoch verstanden wurde. Und zum dritten benutzte er einen außerordentlich intensiven Rot-Ton, der von keinem Ikonenmaler wieder erreicht wurde. Das Museum ist in einer umgewidmeten Kirche im höchst gelegenen Teil des Wohnbereichs untergebracht. Vom Eingangstor der Festung geradeaus der Hauptgasse (Rr. Mbrica) nach oben folgen, nach 100 m rechts (Rr. Stavri Cylaku), nach weiteren 60 m im runden Verlauf haben Sie das Gebäude rechts (Eingang um die Ecke).

Der Gasse dann weiter folgend, sich ganz oben rechts haltend, gelangen Sie in den Zentralhof der Kernfestung. Hier sind die **Ruinen der Kasematten** zu sehen, man kann noch in das kleine Areal der „**Herrenfestung**" aufsteigen, das die mächtige Muzaka-Familie schuf. Das meiste hier ist Ruine. Die Details, was was war, werden auf Erklärungstafeln in Englisch dargeboten. Vorsicht insbesondere mit Kindern, ungesicherte Mauern verleiten zum Erklettern und Türdurchbrüche gehen ungesichert in Sturztiefe. Am Eingang (Ostrand) des großen Platzes gibt es in einer kleinen **Touristengaststätte** etwas zu Essen (und in schöner Laube zu sitzen). Empfehlenswert ist dann ein Abstecher durch den kleinen Tordurchgang nach Westen. Hier

Jedem seine Kirche:
Hier die ehrwürdige Agia Triada.

haben Sie noch ein schönes unteres Mauerareal, mehrere der Hauskirchen, sowie links, erhaben herausgestellt, die vermutlich hübscheste der **Kirchen, die Agia Triada** aus dem 13. Jahrhundert.

Gehen Sie als Letztes in Richtung Südspitze der Oberstadt, von dort haben Sie eine prächtige Aussicht auf den gewaltigen Solitärrücken des Tomorri sowie auf das, was Sie als nächstes erwartet, die Unterstadt Mangalem. Auf dem Wege zur Spitze kommen Sie noch am **Turmstumpf der „Roten Moschee"** vorbei, sie war die älteste Moschee in Albanien überhaupt (Berat wurde schon 1417 von den Osmanen erobert). Ebenso an einem scheinbar prächtigen Herrenwohnhaus, es ist aber unten im Souterrain Kirche, der Rest harrt desolat neuer Bestimmung.

Unterstadt Mangalem: Falls Sie Ihrem WOMO die steile, östlich der Burg hinab laufende Pflasterstraße zutrauen (Rr. Mihal Komnena, sie ist übersichtlich und hat Ausweichpunkte) können Sie dann am Fuße des Berges gleich links schauen, da ist ein Parkplatz und gelegentlich etwas frei. Falls nicht, stoßen Sie noch 100 m in **dreiecksplatzartige Umgebung** vor. Dort sind Sie wieder auf der durchlaufenden Hauptstraße , der Rr. Antipatrea, über die Sie auch hier ankommen, wenn Sie den „Wirtschaftsweg" zurück nehmen. Wenden Sie sich auf dieser 200 m nach rechts, am Burgberg entlang. Dort stoßen Sie auf den Fluss. Sich jetzt links eng am Fluss entlang haltend (Shetitorja Osumi), sollten Sie auf dieser Neben- und Parkstraße nach 500 m einen Platz gefunden haben. Allerspätestens ganz hinten auf einer an den städtischen Bus-Stellplatz angrenzenden Freifläche. Da für diese schon mehrere Nutzer-Erfahrungen auch als Nacht-Stellplatz vorliegen, muss ich mich dem wohl anschließen:

(132) WOMO-Stellplatz: S-2 Berat, vor dem Busbahnhof

GPS: N 40°42'6.18", E 19°57'20.18" Max. WOMOs: **6-10**

Lage/Allgemeines: Ein zwar nicht gerade wirtlicher und bei Regen matschiger Platz, zwischen Straße und Ufer, nahe der Universität (im Bild). Aber niemand (außer eventuell Streunerhunde) stört einen da. Mittlerweile ist er wohl zumindest zum Parken schon Geheimtipp der WOMO-Gemeinde.

Von hier dann 250 m schräg durch die Grünanlagen, gelangen Sie zu Berats **modernem Zentrum** mit der Präfektur. Auf der Straße jenseits - wieder die Rr. Antipatrea - nach Nordwesten erreichen Sie nach 300 m wieder den Dreiecksplatz. Das **alte Zentrum** liegt gleich rechts davon. Im Eckhaus an der Nordspitze logiert die **Touristeninformation**, da gibt's Audioguides.

Der bereits erwähnte, man möchte fast sagen, Einheitslook der Häuser entlang der Hänge, von dem das Stadtbild lebt, verdankt seine Entstehung der Tatsache, dass die meisten der Gebäude nach einem großen Erdbeben 1851 in sehr kurzer Zeit in eben dieser typisierten Weise, dem Stil jener Zeit, wieder errichtet wurden.

Von der zuvor existierenden Altstadt sind in Mangalem nur sechs als herausragend geltende Bauwerke übrig geblieben, die alle im Bereich bis 300 m um den eben erwähnten **Dreiecksplatz** am unteren Ende der vom Burgberg kommenden Pflasterstraße zu besuchen sind.

Stellvertretend für den Rest-"Islam" der Unterstadt: Die Helveti-Tekke

Die Sultans-(bzw. Königs-)moschee **(Xhamia Mbret)**, 50 m nordöstlich vom Platz, wurde unter Sultan Bayazid (1481-1512) errichtet und verfügt über eine besonders schöne Deckenverzierung. Die Bleidachmoschee **(Xhamia e Plumbit)**, am Platz 300 m südöstlich vom Dreiecksplatz, 1555 gebaut, gilt ebenfalls als eine der ältesten in Albanien. Neben dem Bleidach mögen Reste antiker Statuen von Interesse sein, die beim Bau verwendet wurden. Die Junggesellenmoschee **(Xhamia e Beqarëve**, 1827, 200 m Richtung Fluss, hangseitig) verfügt über schöne Bemalungen im oberen Außenbereich mit Ornamenten, Arabesken, Pflanzen und Stadtansichten, sowie ein schönes Relief an der Nordseite oben. Als Besonderheit verfügt sie, straßenseitig unter Arkaden, über Ladengeschäfte, die früher von (unverheirateten) jungen Männern bewacht wurden, daher soll der Name stammen. Das Gebäude der **Helveti-Tekke** (200 m nordöstlich) gilt mit seinen Rundbögen und wechselnden Steinschichten als eine besonders schöne Tekke. Innen bietet sie eine teilvergoldete Decke sowie Fresken im höheren Wandbereich. Das Mausoleum von Achmet Pasha drinnen ist leider meist verschlossen. In dem langgestreckten Gebäude mit Zugangsbalkon daneben, früher das Gästehaus der Tekke, hat heute die Monumentenverwaltung ihren Sitz.

Vom Dreiecksplatz Richtung Fluss fällt ein orientalisch wirkendes kubisches Gebäude mit einem Säulenportal ins Auge. Es handelt sich um den „Harem", jenen Teil des ehemaligen **Palasts von Achmet Kurt Pascha**, der das Erdbeben überlebte. Der Pascha bekam 1774 Berat von

den Osmanen als eigenständiges Paschalik verliehen. Die Säulen und anderes antikes Baumaterial ließ er aus Apollonia herbeischaffen.

Später ging der Palast in den Besitz der Würdenträger-Familie Vrioni über, die seinen verbliebenen Teil noch heute bewohnt. Zu besichtigen hingegen ist ein anderes sehr schönes Herrenhausgebäude, heute Sitz des **Ethnografischen Museums.** Dieses zeigt superbe Beispiele der feinen traditionellen Gold- und Silbersticke-

Das Ethnografische Museum lohnt sich in Berat besonders.

rei des Orts (vom Dreiecksplatz die Gasse Mihal Komnena wieder 250 m Richtung Burg nach oben, dort die rechte Gabelung, 100 m rechts).

Als Letztes für diesen Stadtteil: Auf halber Höhe am flussseitigen Berghang steht, von unten kaum zu entdecken, die sehr schöne **quadratische Kirche Shen Mehill** (Heiliger Michael), aus dem 13Jh., gebaut aus regelmäßige Lagen von behauenem Felsstein, getrennt durch hoch und quer liegende Ziegel, oben mit einem sechseckigem byzantinischen Stummelturm abgeschlossen. Der Zugang erfolgt über eine Treppe zwischen zwei der letzten Häuser der Uferstraßenbebauung nach Westen. Die 60 Hm Aufstieg (gut getreppter Weg) lohnen allerdings nur, wenn es Ihnen gelingt, im ersten Haus rechts oben an der ersten Treppe den Schlüssel für das Anwesen zu bekommen, denn der Kirchhof ist mit Mauer und Metallgittertor verschlossen.

Stadtteil Gorica: Was für Mangalem zutrifft, gilt noch stärker für Gorica. Hier gibt es praktisch überhaupt keine älteren, von vor dem Erdbeben datierenden Gebäude. Die Gegend war als Wohnplatz ohnehin lange unbeliebt, weil der dahinter liegende hohe Berg den Hang zumindest im Winter fast ganz ganztägig im Schatten liegen lässt. Erst eine große Welle von Aromunen, die, aus dem zerstörten Voskopoja geflüchtet, neue

Heimat suchten, besiedelte ihn um 1800 (sie brachten die orthodoxe Religion mit, Gorica hat keine Moschee). Das historisch würdigste Stück ist folglich die **steinerne Bogenbrücke** über den Fluss aus dem Jahr 1778. Ansonsten hat der Stadtteil zwei ehrwürdige Kirchen, beide 19.Jh., wobei wie es scheint, bei intensiv Gläubigen die kleinere, Shen Thanasit, in der östlichsten Ecke der Favorit ist, hier sind oft viele orthodoxe Gläubige in introvertierten Gebetshandlungen zu beobachten. Die größere, Shen Spirodon, liegt relativ deutlich im Zentrum. Edel ausgestaltet ist sie, als hervorhebenswert habe ich nichts empfunden. Beide Stadtteile mit den typisierten Häuserfronten entfalten ihr Flair, ihren ästhetischen Reiz, eigentlich vorrangig, wenn man aus der Ferne, von

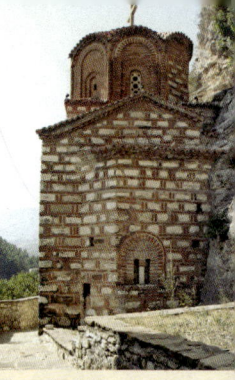

Shen Mehill - nicht ohne Schlüssel

der jeweils anderen Seite, auf sie schaut. Bei Gorica kommt noch hinzu, dass die architektonisch interessanten Teile der Häuser, ihre reiche Gliederung mit zurückgesetztem Mittelteil, drin oft einem Diwan mit Holzarkaden und dorthin aufstrebender Holztreppe, alle hofseitig liegen. Den besseren Einblick haben Sie also, wenn Sie gegenüber, etwa auf dem Wege zur Kirche Shen Mehill, mit dem Fernglas schauen. Streng genommen lohnt es also nur bedingt, die Gassen zu durchstreifen, es ist, zumindest in Mangalem, alles einsam und ruhig dort. In Gorica deutet sich Änderung an. Erstens scheinen es viele Touristen ohnehin vorzuziehen, in Mangalem den Highlights zu huldigen und in Gorica die Gassen zu durchstreifen, und das schafft hier schon ein Stück Atmosphäre durch Bewegung. Zweitens haben einige Einwohner die Touristen als Verdienstquelle entdeckt und entwickeln Kleinangebote mit Touristenbedarf, etwa Trinkwasser oder Kekse, wenn auch vorerst nur auf der Türschwelle.

Anmarsch/Anfahrt: Nach Gorica kommen Sie gut zu Fuß, über eine am Ostende errichtete Fußgängerbrücke. Dort ist auch ein guter Aufgang zu den mittleren und höheren Gassen. Diese im Bogen durchlaufend, landen Sie dann direkt vor der Steinbogenbrücke und können über diese zurück (der ge-

Stadt vis-à-vis: Das gegenüber liegende Gorica

schlossene Kreis macht etwas über anderthalb Kilometer). Kleine und mittlere WOMO können Gorica auch über die neue Flussbrücke weit nördlich des Zentrums anfahren. Fahren Sie die Rr. Antipatrea zurück bis reichlich einen Kilometer jenseits

Orientierungspunkt: Steinbogenbrücke

der Steinbogenbrücke, dort zweigt der mehrspurige Zubringer (Rr. Ura e re). Jenseits der Brücke sofort links. Unterhalb von Gorica an der Uferstraße ist begrenzt Parkplatz, notfalls auf der Uferwiese, Zugang 100 m östlich der Steinbogenbrücke.

Sonstiges Sehenswertes in Berat

Die neue **orthodoxe Kathedrale** ist der Vollständigkeit halber zu erwähnen. Sie befindet sich am Platz gegenüber der Bleidachmoschee.

Falls Sie Fan guter zeitgenössischer Kunst sind: Jenem Dreiecksplatz, den ich zum Orientierungspunkt ernannte, westlich halbschräg gegenüber steht das Gebäude des städtischen Kulturzentrums, hauptstraßenseitig dort ist die städtische **Galerie „Edward Lear"** untergebracht. Moderne Kunst zu beurteilen, wage ich nicht, aber ich kenne einige Kenner, die waren von der Exposition begeistert. Falls Sie nachfolgend den Drang verspüren, das Niveau ihrer Wohnzimmerdekoration mit Kunst aus Berat zu heben, hauptstraßenseitig gegenüber ist eine gute **Verkaufsgalerie**. Mit der bronzenen Halbbüste vor dem Kulturzentrum ehrt die Stadt **Margarita Tutulani,** Tochter aus angesehener Familie der Stadt Berat. Sie war 19 Jahre alt, als sie 1943 wegen Widerstandes gegen die italienischen Invasoren von einen Standgericht zum Tode verurteilt wurde.

Essen in Berat: Wenn Sie was richtig Solides, aber zugleich Traditionell-Örtliches möchten, gehen Sie ins Hotel „Mangalemi", am unteren Ende der zur Burg hoch führenden Straße „Mihal Komnena", links. Es lohnt sich dabei ein Rundgang im Haus. Im Kellergeschoss haben sie einen prächtigen Brunnen aus (wir würden sagen, illegal der Natur entnommenen) Stalaktiten und ein kleines Hausmuseum. Auf der Dachterrasse sitzt man vorzüglich. Falls Sie in Gorica der Hunger packt: „Aijka", 100 m südlich der Fußgängerbrücke, hat

Gorica - typische Häuser

gute Speisen, lohnt aber auch wegen des Blicks auf Berg und Unterstadt.

Von Berat bis Corovoda

Vom Platz **(132)** können Sie nach Osten weiter fahren, die Straße führt Sie nach 2,5 km auf die Tourstraße zurück. Falls Sie während der Stadtbesichtigung die Übersicht über die Kilometrierung verloren haben: Der gekennzeichnete Stadtausgang Ost bei Berat – Uznova entspricht dem Kilometer 18 meiner Berechnungen.

Von Berat aus zieht sich ein langes Tal, geologisch ist es wohl ein Grabenbruch, durch die sich nun anschließende Gebirgslandschaft. Der Osum, dem Sie vielleicht schon auf Tour 3-2 begegneten, hat diese Chance genutzt, um in irren Windungen bis hierher zu finden. Der Fluss, tief unten in kleiner Begleitebene mäandernd, sowie die immer höher wachsenden Berge links und rechts schaffen bald prächtige Reiseanblicke, die werden Sie nun auf die nächsten über 50 km begleiten. Ab und an ist links oben die imposante, schwach bewaldete Steilflanke des **Tomorri** zu sehen. Der graukahle, steile Klotz wirkt durch den schütteren Bewuchs seiner Flanken wie bepelzt, wie mit einem Bart überhangen, oder, vielleicht treffender, bealgt wie ein Stein unter Wasser. Beim km 27 überqueren Sie einen fast unmerklichen Passübergang, dort hat sich ein hübsches Ausflugsrestaurant („Qafe Mulliri") festgesetzt.

Der Zentralplatz von Polican

Bald dahinter schließt sich das bislang eher offene Tal zur schluchtartigen Pfropfenstelle, und jenseits dieser gelangen Sie in die merkwürdige **Stadt Polican** (km 36, 10.000 Ew.). Eine Stadt, die es früher nicht gab, sie ist den Albträumen des Enver Hoxha entsprungen. Jener meinte nämlich, das enge Tal sei bestens geeignet, um hier seine Waffenfabriken zu verstecken. Und so ließ er Wohnblöcke für Arbeiter aus dem Boden stampfen - und schuf nicht nur jede Menge Fabrikhallen für Waffenproduktion im anschließenden Tal, er unterhöhlte auch die umliegenden Berge wie Schweizer Käse mit in ihrer Größe und Länge auch heute kaum einschätzbaren unterirdischen Produktionsanlagen. Von ihrer Mächtigkeit bekommen Sie einen Eindruck, wenn Sie die weit verstreuten Belüftungsschächte an den Hängen sehen oder einen Blick auf die schwer verbunkerten Eingänge werfen. Fahren Sie dazu 250 m südlich vom Zentralplatz der Stadt die Stichstraße 500 m nach unten, dann haben Sie die schauerlichen Betonklotze der Eingänge links (gute Wendemöglichkeit). Vor einigen Jahren noch betrieb man in den Anlagen Entsorgung des zahlenmäßig unglaublichen Waffenmaterials, das die albanische Vergangenheit hinterlassen hat. Heute ist die Entsorgung in Polican eingestellt, alle Anlagen liegen still, die Auswirkung auf die Einkommensverhältnisse der zahlreichen ehemals dort Beschäftigten ist klar. Man versucht sich, wie mir schien, jetzt mit größeren Flächen von Gemüseanbau unter Glas auf dem Gelände der Fabriken.

Polican: Der Eingang in die Welt von Hoxhas Hobbits.

Dereinst, wenn die höhere albanische Verwaltung flexibler in ihrem Denken geworden ist, wird sie die unterirdischen Anlagen zu Touristenattraktionen konvertieren. Mit Gruseltourismus sind noch immer Massen zu locken, insofern glaube ich, dass dann hier auch etliche der heute Arbeitslosen einen neuen Job finden könnten. Bislang allerdings gibt es in der Stadt nicht mal eine lohnenswerte Kneipe – fahren Sie durch – hinein in weitere großartige Landschaftsbilder.

Im nunmehr engen Tal mit tiefem V-Profil windet sich die Straße recht weit hinunter, bietet ihre Seiten schön mit Kiefern bestanden. Die Berge hingegen ziehen sich zugleich steil immer höher, Verlauf in engen Kurven wird zur Regel. Beim km 41, jenseits des Ortes Pronovik, werden Sie eines provisorischen Schildes gewahr, dass nach links oben weist: „Teqe 20 km". Das offizielle Richtungsschild daneben besagt „Nishove". Ich erwähnte bereits, dass das Bergmassiv Tomorri der **Heilige Berg der Bektashi** ist. Jährlich im August findet hier her ein gewaltiger Pilgerzug statt, zu dem die Bektashi sogar aus den USA anreisen. Mit jener „Teqe" nun ist das spirituelle Zentrum auf 1500 m am Berg gemeint, das allerdings, ohne jede religiöse Verklärung betrachtet, nicht weiter ist als eine ziemlich hässliche grüne Baracke. Ringsum viel Wiese für das an ein Festival erinnernde, mehrtägige Campieren der Pilger. Ganz oben dann, der eigentliche Heiligort auf 2400 m, eine hübsche Türbe, in der der Geist von Abbas Ali verehrt wird. Aber mit weiteren Einzelheiten will ich sie nicht langweilen, denn die 20 km bis zum Zentrum sind nicht asphaltiert und folglich keine Option für WOMOs. Fahren Sie also weiter bis zum km 46. Sie werden zuvor schon vom dortigen Landschaftsszenarium beeindruckt sein, ein hohes, lind bewaldetes Bergmassiv stößt in Dreiecksanordnung nach vorn – und blutet wieder Wasser. Dies tut es zwar weiter hinten, aber im Straßenwinkel, wo die Bergwässer in den Osum fließen, haben sich hübsche Ausflugtavernen zum Platze

Bogova

zusammengesiedelt, bis auf eine leider zumeist direkt an der Straße, wenig WOMO-stellgeeignet. Direkt im Straßenknick befindet sich das Restaurant „Celo". Links daneben geht es

Bogova: Im linken Tal weint
der Berg wieder Quellen.

auf den schattigen, Innenhof-ähnlichen Parkplatz jener einen, eines zurückgesetzten, namenlosen Kleinrestaurants, dass sich wohl als der geeigneteste Platz fürs Stellen etabliert hat.

(133) WOMO-Stellplatz: S-2 Bogova, Ausflugstavernen

GPS: N 40°34'14.6" E 20° 8'49.5" **Max. WOMOs:** 5.
Lage/Allgemeines: km 46. Ensemble von etwa acht Ausflugstavernen an der Mündung des Ausflusses der Wasserfalls von Bogova. Empfehlung siehe Text. Fürs Stellen werden 5 Euro kassiert, aber keinerlei Leistungen geboten, wegen der Schluchtlage auch kein WLAN möglich.

Damit Sie aber auch wissen, woher das reichliche Wasser kommt: In rund 2,5 km Entfernung, im Talwinkel, liegt der der beeindruckende **Wasserfall Bogova**. In Frühjahr sind es gar zwei. Der hintere, am Talende, bleibt ganzjährig mächtig, hat sich tief ins Gestein eingearbeitet und diesem Henry Moore'schen Formen, stählern wirkende Eleganz, abgerungen. Nehmen Sie die Badehose mit, die Tiefe des Wasserbeckens dürfte für einen Hechtsprung reichen – falls es Ihnen nicht zu kalt ist.

Anmarsch: Reichlich eine Stunde. Den Fahrweg nach knapp 700 m bei einem Wirtschaftsgebäude verlassen, links an dem Grundstück etwa 300 m vorbei, bis zwei große Wasserrohre Weg und Bach kreuzen. **Vor (!)** diesen müssen Sie das erste Mal den Bach überqueren. Die dann recht gut sichtbare Wegführung erzwingt mehrfaches Überqueren des kleinen Bogova-Baches über Geröllblöcke und Behelfsbrücken, gute körperliche Verfassung daher Voraussetzung.

Nächste Station ist dann bereits **Corovoda** (km 62, wieder um die 10.000 Ew.). Auch diese Stadt lebte früher vorrangig von Waffenproduktion, die stillgelegten Anlagen sehen Sie vor der Stadteinfahrt am anderen Flussufer. Die Landschaft weitläufig um die Stadt böte noch mehr touristisches Potential als nur die Canyons. So führt nach Nordosten aus der Stadt eine Straße, die den ebenfalls überdurchschnittlich

Bogova:
Faszinierende Eleganz

interessanten Gradec-Canyon tangiert. Dort befindet sich eine der bekanntesten Höhlen Albaniens, die **Pirrogosh-Höhle**. Leider ist die Straße nur die halbe Strecke asphaltiert, der Rest wegen häufiger Schwertransporte von Steinbruchmaterial nicht in WOMO-Verfassung und auch zum Wandern nicht zu empfehlen. Falls Sie aber an Brücken interessiert sind: Gleich unterhalb dieser Straße, in 2,5 km Entfernung vom Ortszentrum, liegt die **Kasabashi-Brücke,** wegen der in der Höhe versetzten Bögen eine der ästhetisch schönsten Bogenbrücken in Albanien. Ein extra eingerichteter Aussichtspunkt ermöglicht problemloses Parken.

(134) WOMO-Stellplatz: S-2, Corovoda,
Hotel Kanione

GPS: N 40°29'34.48", E 20°13'56.67"   **Max. WOMOs:** 2.
Lage/Allgemeines: 2,2 km nach Verlassen des Zentralplatzes Corovoda Richtung Canyons. Neu errichtetes solitär stehendes und recht schmuckes Hotel mit stell-geeignetem geschottertem Nebenplatz, allerdings direkt neben der Straße. Keinerlei Infrastruktur. Essen brauchbar.

(135) WOMO-Campingplatz-Tipp:C-4 Corovoda,
Canyon Camping

GPS: N 40° 28'49.3", E 20° 15'0.6"
geöffnet: Etwa von Juni bis Mitte September bemannt, aber auch zuvor

und danach nutzbar, Hund muss ruhig gestellt werden. **Lage/Anfahrt:** km 4,5 ab Corovoda-Zentralplatz entlang der Canyon-Straße.
Allgemeines: Sehr einfacher Wander- und WOMO-Camping-Platz. Gegen Sommerende tröpfelt die örtliche Versorgungsquelle nur noch, auf eigenen Wasservorrat achten. Imbiss-Bar. Sehr schöne Aussichtsplattform mit zweitbestem Einblick in den Canyon. Trotz der deutlichen Defizite wird der Platz von WOMO erstaunlich gut angenommen.
Sanitäranlagen: stark defizitäre Toilette, keine Duschen
Preis: 5 Euro/WOMO
Max. WOMOs: >5
Ausstattung: Strom per Kabel, kein Wasser, Kein WLAN.

Corovoda selbst verfügt über ein relativ hübsches Zentrum mit kleinem Naturareal, von uralten Platanen dicht bestanden, von einem klaren, flinken Stadtbächlein ummurmelt. An dem Platze, teils terrassenförmig angelegt, das hübsche Gartenrestaurant „**Drita e Tomorrit**" (das Essen ist brauchbar).
Falls Sie sich ordentlich die Füße vertreten wollen: Aus dem Südwinkel vor Beginn des Straßenanstiegs Richtung Canyon führt eine Treppe 30 Hm aufwärts zum **Ortsmuseum**. Zu se-

hen hier ethnografisches Material sowie Exemplare der Waffen, die einst in der Stadt produziert wurden.

Für die Stadt dürfte bis 2018 ein Vorsichtszeichen zu setzen sein. Das bereits erwähnte **TAP-Projekt** hat hier einen Knotenpunkt, der schon 2015 zu einem erhöhten Aufkommen an Baustellenverkehr führte. Der Einstieg zur Baustelle liegt etwas jenseits vom Hotel Kanione. Falls der relativ geräumige Zentralplatz daher voll sein sollte: Man kann den westseitig liegenden Park rechts umfahren. Auf dem Rückkurs zum Platz ist noch eine ausgewiesene Parkstrecke.

Die gut asphaltierte **Straße zum Canyon** läuft aus der Stadt heraus ab der Südostseite des Zentralplatzes (Rr. Mestan Ujaniku). Es geht zügig und windungsreich nach oben. Folgen Sie in allen Kehren mit Abzweigen stets dem deutlicher nach oben gerichteten Zweig. Im unteren Bereich der Straße haben Sie rechts noch eine Wasserquelle. Ab dem Zentralplatz gebe ich die Kilometer jetzt neu. Für die Rückfahrt der Hinweis, falls Sie die Kasabashi-Brücke sehen wollen, dass Sie dann zur Abkürzung aus der obersten Serpentinenkurve heraus die Geradeaus-Weiterführung nehmen können, eine neue, weitläufige Stadtumfahrung, die vermutlich nur für die TAP-Schwerlaster gedacht ist. Jenseits der neuen Flussbrücke unten dann rechts, 1,5 km, zur Kasabashi-Brücke.

Nun aber wird es Zeit, konkret über die **Corovoda-Canyons** zu reden.

Selbst wenn Sie oben auf dem Bergplateau angekommen sind, sehen Sie noch gar nichts. Denn der Schluchtverlauf beginnt erst 2 km südlich von Corovoda und auch dort werden Sie ihn von der Straße aus noch nicht entdecken. Der Fluss hat sich so konsequent in die unauffällig-belanglose Landschaft gearbeitet, dass sie den wahnsinnig tiefen Riss

Blick vom Haupt-Balkon beim km 7

in ihr schon aus kurzer Entfernung überhaupt nicht mehr wahrnehmen. Ab dem Dorf Cerenisht, einen Kilometer jenseits vom kaum übersehbaren Hotel Kanione (134), hätten Sie mehrfach Gelegenheit, hin zu laufen, jedoch sind diese Plätze nicht die Besten. Für die Zukunft wird ins Auge gefasst, an einigen Stellen Glas-Balkone zu errrichten. Derzeit bietet die erste wirklich gute Einblicks-Chance die zu Platz (135) gehörige Aussichtsplattform, also beim km 4,5. Ich empfehle aber, bis zum „Haupt-Balkon" beim km 7 weiter zu fahren. Dort macht der bis dato Südost verlaufende Canyon einen rechtwinkligen Knick nach Südwest. Meines Erachtens ist hier der umwerfendste und auch der von der Straße aus nächste Einblick zu erlangen – Sie könnten sogar im WOMO sitzen bleiben. Schauen Sie also am besten von hier auf dieses Naturwunder, das die meisten Reiseführer zu den spektakulärsten in Albanien, und zu den beeindruckendsten Canyons in Europa, rechnen. Einen Fluss, der sich wohl vor drei Millionen Jahren durch eine Abfolge von hunderten dünner Sandsteinschichten, man meint, nach unten gearbeitet hat. Experten sind allerdings der Auffassung, dass der im Winter relativ mächtige Fluss die Schichten unterspült und zunächst ein unterirdisches Flussbett gebildet hätte. Die Schichten darüber seien dann im Laufe dieser langen Zeit eingebrochen. Eine Tiefe der Canyons kann ich Ihnen nicht angeben, durch die Literatur und im Internet kursieren wieder mal die obskursten Differenzen, einige sprechen von über 100 m. Ich denke, es handelt sich um die übliche krasse Überschätzung von vertikalen Höhen und halte 50-60 m für realistisch. Wie dem auch sei, überwältigend ist der Anblick allemal.

Der Wasserstand des Flusses reicht bis etwa Sommerbeginn für Kanu-Touren mit wahrhaft spektakulären Anblicken, vor allem auch auf die bald danach versiegenden Wasserfälle, die von den Seiten stürzen (zwei bleiben wohl dauerhaft). Für diese Touren gibt es auch offizielle Angebote, die allerdings langfristig vorher per Internet gebucht werden müssen. Danach schrumpft das Bett bald auf einen sehr kleinen Verlauf, im trockenen Spätsommer kann der Canyon oft durchgängig bewandert werden, der Fluss verschwindet teilweise unter dem Geröll. Von seinem kühlen Grunde her wirkt er natürlich noch viel beeindruckender. An manchen Stellen ist er kaum zwei Meter breit, der Rand birgt zahlreiche Grotten, turmartige Einzelformationen sind zu bewundern und seltene Spezies aus Flora und Fauna zu entdecken. Zugang zu erlangen ist nur an den Enden, Abstiege zwischendurch existieren nicht. Empfohlen wird eine **Teilwanderung Hin-Rück ab Corovoda**: Von der Südostecke des Zentralplatzes, Rr. Deshmoreve, ost- oder westseitig (hier zweimalige Brückenüberquerung) etwa 1,5 km bis zum ostseitigen Einstiegspunkt.

Ergänzende Hinweise zur Strecke: Nachdem Sie Platz (135) passiert haben, treffen Sie 500 m vor dem Haupt-Balkon beim km 7, uferseitig, dann noch auf eine kleine Sehenswürdigkeit, eine **Türbe mit einem Bektashi-Heiligort.** Die zugehörige Geschichte kommt uns aus Kruja schon bekannt vor: In einem bestimmten, charakteristischen Speckstein-Fels bilden sich tiefe Löcher, deren Umriss mal denen eines Menschenfußes, mal denen eines Pferdefußes ähneln. Hier soll sie gar Bektashi-Religionsstifter Abbas Ali selbst beim kühnen Sprung auf den Tomorri (wo er ja verehrt wird) mit den Hufen seines Pferdes verursacht haben. Bergseitig an der Straße existiert noch ein **Bektashi-Versammlungshaus**, das aber meist geschlossen ist. Falls

Sie nicht weiter als bis zum Haupt-Balkon möchten, sollten Sie Ihr WOMO am Parkplatz vor der Türbe parken und die paar Meter bis zum Balkon am Canyon-Knick zu laufen, denn der nächste brauchbare Wendeplatz wäre erst einen Kilometer jenseits vom Hauptbalkon.

Schauen Sie mal nach dem Pferdefuß...

Die Straße setzt sich im Weiteren relativ neu asphaltiert bis zum großen Osum-Nordost-Knick beim Ort Cepan (also noch etwa 7 km) fort. Danach beginnt der Off-road-Weg nach Permet. Zwischendrin durchläuft der Osumi, nachdem er zeitweilig wieder das Aussehen eines normalen Flusses angenommen hat, beim km 13 einen **zweiten Canyon-Bereich**, nicht so lang, aber ähnlich beeindruckend wie der erste. An dessen Beginn, das wäre beim km 12, gegenüber dem Ort Zaberzan, hätten Sie Gelegenheit, vom Ende des Flachuferbereichs ein paar hundert Meter einem Weg mittig an der beginnenden Schluchtwand bis zu einer irren, fragilen **Metallbrückenkonstruktion** zu folgen, die sich in großer Höhe extrem schräg über die Schlucht spannt.

Hinweise für die Nutzung der Abkürzungen von Berat Richtung Elbasan

Wie vorn angedeutet, bestehen durch kürzliche Neuasphaltierungen zwei Möglichkeiten, in der Richtung Berat – Elbasan bzw. umgekehrt etliches an Zeit zu sparen und zugleich noch etwas anders gestaltete Landschaften zu erleben. Beide haben ein gemeinsames Problem: Die jüngst vorgenommenen Neuasphaltierungen schließen vor dem gemeinsamen Knotenpunkt Cerrik zuletzt jeweils zu einigen Kilometern schadhaften Alt-Asphalts auf, und die testen Ihre Leidensfähigkeit.

Die **erste Variante** (45 km vom Abzweig bei Ura Vajgurore bis Cerrik, dann 14 km bis Elbasan) läuft über das kaum interessante 12.000-Einwohner-Städtchen **Kucova** (s.S. 298). Die ausgewiesene Richtung aus der Stadt heraus ist „Kozare". Beachten Sie jedoch, dass ihre Route nach dem Stadtende (km 6,5) als zwar geradeaus verlaufende, aber unscheinbare Nebenstraße von der nach Westen abbiegenden Hauptstraße nach Kozare „abzweigt". Sie starten aus einer Höhe von 25 m. Entlang des breiten Devoll-Betts windet sich die nur sechs Meter breite Straße dann zunächst eine Hügelkette hoch mit Passpunkt bei 169 m (km 11). Immer wieder öffnen sich Ausblicke auf die jenseits des Devoll liegende hübsche Land-

Landschaft am Devoll

schaft. Nach Passage des Ortes **Mollas** (km 23) war zum Recherchezeitpunkt der Asphalt der weiteren 8 km bis zum Aufschluss auf die **Straße Gramsh-Cerrik** in schlechtem Zustand. Möglicher **Not-Platz f**ür Übernachtungen: Ausflugsrestaurant Peshku, vier Kilometer jenseits von Mollas (N 40°57'44.49", E 20° 0'15.47").

Die **zweite Variante**, etwas weiter nördlich verlaufend, führt zunächst die Straße Berat-Lushnja bis in den Ort **Jeta e re** zurück (ab Platz **(130)** 18 km). Von hier verläuft sie 32 km **über den größeren Ort Belsh** (ausgewiesen) nach **Cerrik.** Schadhafte Straße: 11 km zwischen Belsh und dem Aufschluss bei Cerrik.

Zwischen Belsh und Cerrik haben Sie die Möglichkeit, nochmals, zumindest zeitlich, zu verkürzen (aber 7 km mehr), indem Sie nicht über das Zentrum von Cerrik fahren, sondern den Zugang zur Fernstraße Rrogozhina-Elbasan nehmen.

Sie durchqueren agrarische Landschaft von bald stark, man möchte fast sagen, provokativ enghügligem, und irgendwie introvertiert wirkendem Charakter. Viele der Hügel zeigen sich noch deutlich terrassiert, man nutzte wohl jeden Quadratmeter der hier fruchtbaren Erde.

Heute forstet man verstärkt mit Oliven auf. Die Dörfer wirken zum Teil extrem unterschiedlich und damit zwiespältig. Teils werden sie von richtig armseligen Enver-Hoxha -Blocks dominiert, teils von anmutige Kleinanwesen, auf denen Neubauten von bescheidenem Wohlstand zeugen. Ab und an auch historische Substanz, diese aber eher im Verfall.

Seerosen-Rätsel: Wo ist die Seejungfrau?

Zwischen den Orten Fierza und Belsh können Sie dann die Diamanten dieser Landschaft sehen: In die Tiefsenken zwischen den Hügeln eingebettete, recht zahlreiche **Seen** verschiedener Form, Größe und Charakteristika. Einige davon sehr tief, über 20 m, dabei erstaunlich klar. Ich betauchte vor Jahren einige von ihnen und erlebte Sichtweiten von drei bis fünf Meter. Andere der Seen, wie einer, 13 km ab Jeta e Re, nördlich des Dorfs Fierza, sind wohl flach, aber wunderschön fast vollkommen mit Seerosen zugewachsen. In der Region tritt man übrigens den Beweis an, dass man Puten auch ohne Tierquälerei mästen kann, sie werden hier wie Schafherden auf die Weiden getrieben.

Zwischen Cerrik und Elbasan (km 7 ab Cerrik-Zentrum) finden Sie einen Wegweiser nach **„Llixha".** Der Ort dürfte bislang der einzige in Albanien sein, der (entsprechend riechendes) Schwefel-Thermalwasser auch zu touristischen Zwecken vermarktet. Mit seinen mittlerweile wohl bald zehn netten, neuen Kleinhotels ist er schon fast ein Kurort. Die besten der Touristenhotels liegen gleich am Ortseingang.

Falls Sie vom langen Fahren mittlerweile Verspannungen verspüren, können Sie sich dort unter strenger ärztlicher Aufsicht (man achtet genau, dass Sie die Zeit nicht überschreiten) eine heißes Wannenbad in der Trübbrühe verpassen lassen, hinterher eine der Hotelgaststätten frequentieren und auf dem Parkplatz auch über Nacht bleiben. Dienstags findet im Ort ein Markt für jegliches Gebrauchszeug statt, der der größte der weiten Umgebung ist. Falls Sie nun Lust auf so ein Bad bekommen, scheinen mir das Kleinhotel **Klion Bexhet** oder das davor liegende **Iliria** mit ihren Badeeinrichtungen eine brauchbare Empfehlung. Das Klion Bexhet hat sogar einen kleinen Außenpool mit der gewöhnungsbedürftigen Brühe. Die Behandlungen (20 Euro) laufen separat vom Hotel, sie können also dennoch im WOMO schlafen.

(136) WOMO-Badeplatz: B-2 Llixha, Thermalhotel Klion Bexhet

GPS: N 41° 2'24.0"
E 20° 4'10.4"
Max. WOMOs: > 5.
Lage/Ausstattung: 3 km ab Abzweig von der Tourstraße, Parkplatz des zweiten Hotels vor dem Ortseingang von Lixha, links. Zwar an der Zufahrtsstraße zum Ort, Lärmbelastung dürfte sich aber wegen der Sackgassenlage nachts in erträglichen Grenzen halten.

Pool riecht ein bisschen ungewohnt...

TIPPS und TRICKS – alphabetisch geordnet

Adressen für konsularische Hilfe und Notruf-Nummern

Deutsche Botschaft
Rruga Skenderbej Nr. 8, Tirana, Telefon (003554) 2274505, Not-Bereitschaft 00355 68 2029109
Österreichische Botschaft
Rruga Frederik Shiroka Nr. 3, Tirana, (003554) 2274855, 2274856
Schweizer Botschaft
Rruga Ibrahim Rugova 3/1, Tirana, (003554) 2234888, (003554) 2256535
Niederländische Botschaft
Rruga Asim Zeneli Nr. 10, Tirana, (003554) 2240 828
Albanische Notruf-Nummern
Notruf Erste Hilfe: 127
Notruf Feuerwehr: 128
Notruf Polizei: 129
Notruf Straßenverkehrpolizei: 126
Bitten Sie einen Einheimischen um Sprachvermittlung. Desweiteren soll es beim Tourismus-Ministerium die Notruf-Nummer 125 geben, an die sich ausländische Touristen in Notfällen in Englisch wenden können.
Angegebene Telefonnummern, bei denen die ersten zwei Ziffern nach der **Landesvorwahl 00355** auf 67, 68 oder 69 lauten, sind Mobilfunknummern.

Ärztliche Versorgung

Die Ausstattung der medizinischen Einrichtungen in der Fläche des Landes ist defizitär. Es gibt jedoch eine Reihe erfahrener Ärzte, die zumindest eine zutreffende Erstdiagnose stellen können. In Präfekturstädten sind in den jüngsten Jahren mehrere modern ausgestattete Krankenhäuser entstanden. Sollten Sie davon Gebrauch machen müssen, setzen Sie sich mit der Konsularabteilung Ihrer Botschaft in Verbindung und lassen Sie sich von dort neueste Empfehlungen geben. Für schwere Fälle sollten Sie auf jeden Fall eine **Rückholversicherung** haben. Mittlerweile gibt es in Albanien auch Rettungshubschrauber für medizinische Notfälle.

Baden an der albanischen Küste

Der an der Adria gelegenen nördliche Küstenbereich Albaniens verfügt über feinsandige und flach hinaus laufende Strände. Das Wasser ist wegen des flachen Vorfeldes jedoch leicht aufzuwühlen und folglich oft nicht besonders klar. Alle acht größeren Flüsse Albanien münden in diesem Bereich – und transportieren die Resultate noch ungelöster Entsorgungsproblematik. Speziell in den bei WOMO-Touristen beliebteren ruhigen Randbereichen müssen Sie immer mit einem gewissen Aufkommen an Plastikmüll im Sandbett rechnen. Den Mündungsbereich der Flüsse sollte man wegen des Eintrags auch anderer Schadstoffe meiden.
Die Südküste, ab der Halbinsel Karaburun, ist weitgehend frei von Müll- und Schadstoffeinträgen, das Wasser wegen der schnellen Tiefenabfälle klar. Es empfiehlt sich, den Badeteil des Urlaubs auf die Südküste zu orientieren.

Berühmtenliste

Angesichts nicht mehr vorhandenen Platzes einige an Dürftigkeit nicht zu überbietende Hinweise zu Namen, die Ihnen auf Straßenschildern und Denkmalsbeschriftungen in Albanien begegnen werden.

Ali Pasha Tepelena (1741-1822): Sohn aus verarmter, albanischer Würdenträgerfamilie aus der Gegend von Delvina. Zunächst ins kriminelle Milieu geraten, stieg er in türkischen Diensten zum Statthalter auf und brachte letztlich mit ruchloser Gewalt große Teile des heutigen Südalbaniens und Nordgriechenlands unter seine Kontrolle. Als er Ambitionen auf Loslösung vom Osmanenreich erkennen ließ, schritt die Hohe Pforte militärisch ein, er wurde beseitigt.

Curri, Bajram (1862 – 1925): Aktivist der albanischen Nationalbewegung. Geriet in Gegensatz zur Regierung Zogu und versuchte, von Nordalbanien aus militärischen Kampf sowohl gegen diese als auch gegen die die Sorben (Jugoslawen) zu organisieren. Das misslang, er wurde von Regierungstruppen eingekesselt und, je nach Version, von diesen erschossen oder gab sich in einer Höhle im Valbona-Tal selbst die Kugel.

Dukagjin, Leke (1410-1481): Regionalfürst des Raumes etwa von Lezha bis zum heutigen Kosovo. Spielte als Mitkämpfer Skanderbegs eine Rolle, berühmter jedoch durch die von ihm (angeblich) autorisierte Sammlung überlieferter Stammesgesetze (des „Kanun") in seinem Herrschaftsbereich.

Durham, Edith (1863 - 1944): Britische Balkanreisende und Schriftstellerin, die durch schriftstellerische Aufarbeitung ihrer, für die damalige Zeit unglaublich wagemutigen, Individualreisen ins Bergland von Albanien den Europäern eine erste fundierte Vorstellung von den Verhältnissen im Raum zu dieser Zeit vermittelte.

Barleti (Barleci, Barletti), Marin: Gehörte zu den letzten Verteidigern Shkodras, 1478 mit den Venezinanern nach Venedig abgezogen, schrieb dort Werke zur Zeitgeschichte, sein wichtigstes, die Skanderbeg-Biografie (siehe Tour 1-1).

Byron, George Gordon, Lord (1788-1824): Britischer Schriftsteller, der sich längere Zeit mit Balkan-Fragen beschäftigte, als Philhellene zentrale Figur der Lobby für die Unabhängigkeit Griechenlands war und in aktiver Teilnahme am Befreiungskampf der Griechen sein Leben gab.

Frashëri, Brüder (Abdyl, Naim und Sami): Geboren im Orte Frasher bei Permet, der letzte starb 1904. In osmanischen Diensten beruflich verankert, wurden sie die vermutlich wichtigsten Wegbereiter des Gedankens eines ethnisch geschlossenen und vom osmanischen Reich unabhängigen Albaniens, traten als Publizisten und Schriftsteller hervor, erlitten Sanktionen bis zu langer Inhaftierung.

Gërmenji, Themistokli (1871-1917): Militärischer Aktivist im Kampf der Albaner gegen die Osmanen, von den Franzosen zum Oberhaupt von deren „Unabhängigen Republik Korca" ernannt, später von ihnen aufgrund falscher Anschuldigungen hingerichtet.

Godart, Justin (1871-1956, in Albanien meist „Godard"): Französischer Politiker, der sich, 1913 zeitweilig mit dem Balkanproblem befasst, im besonderen Maße für die albanische Staatsgründung engagierte.

Gurakuqi, Luigj (1879-1925): Aktivist der albanischen Staatsgründung, erlangte als Minister Verdienste um das Bildungswesen, setzte sich für die Demokratisierung der albanischen Verhältnisse ein. Musste folglich nach Zogus Machtergreifung nach Italien fliehen und wurde dort (vermutlich in Zogus Auftrag) ermordet.

Idromeno, Kole (1860-1939): Gilt als einer der ersten Fotografen und Kinematographen Albaniens sowie als bedeutender Maler und Architekt.

Kadare, Ismail (1936 geb.): Bedeutendster heutiger Schriftsteller Albaniens, in über 30 Sprachen übersetzt. Unter Enver Hoxha schrieb er teilweise systemkonform. Dies dürfte vermutlich der Hauptgrund sein, warum er, mehrfach als Anwärter auf den Nobel-Preis gehandelt, diesen bislang nicht erhielt.

Kristoforidhi, Konstandin (1827-97): Vorkämpfer der Lösung der albanischen Sprache vom griechischen Einfluss, erste Bibelübersetzung in Albanisch.

Noli, Fan (1882-1965): Orthodoxer albanischer Priester, der, zeitig nach den USA gegangen, von dort mit Erfolg die albanische Staatsgründung unterstützte. Von 1921-24 versuchte er in Albanien eine Entwicklung nach westeuropäischem Vorbild zu organisieren, konnte kurzzeitig Ministerpräsident werden, wurde aber von den traditionalistisch-reaktionären Kräften unter Zogu gestürzt und zog sich wieder in die USA zurück.

Onufri: Einer der bedeutendsten Ikonenmaler des 16. Jahrhunderts in Südosteuropa, siehe Tour 4.

Paskali, Odhise (1903-1985): Gilt als größter albanischer Bronzebildhauer der Neuzeit, er hat fast alle albanischen Städte mit mehr oder weniger großen Skulpturen ausgestattet. Da sein Hauptthema vorherrschend der Kämpfer oder der Kampf war, spielte es der Enver Hoxha-Ideologie stark in die Hände. Heute wirkt die Art seines Schaffens eher althergebracht. Eine neue Generation ist derzeit dabei, ihn kritisch zu überwinden.

Qemali, Ismail (1844-1919): Vorsitzender der albanischen Regierung, die erstmals die Unabhängigkeit des Landes ausrief. Rücktritt unter dem Druck der Großmächte, Exil in Italien.

Rustemi, Avni (1895 -1924): Widersprüchlicher Politiker, dem Wesen seines Tuns nach als „links" oder „fortschrittlich" , seine Methoden – u.a. mindestens ein tödliches Attentat gegen einen reaktionären Politiker – aus heutiger Sicht jedoch zu verwerfen. Am Ende wurde er selbst Opfer eines Attentats. Gilt bis heute als Nationalheld.

Skanderbeg (Gjergj Kastrioti, 1405-1468): Als Fürstengeisel von den Osmanen ausgebildet und zu militärischen Würden gekommen, desertierte er aus deren Diensten und formte 1444 mit anderen albanischen Fürsten ein Bündnis gegen die Osmanen. Als dessen Führer gelang es ihm vielfach, osmanische Heere zu schlagen, die ihn unterwerfen sollten. Seine Taten erregten zeitgenössisch Aufsehen, die Herrschenden im christlichen Europa waren sich aber wohl der Begrenztheit seiner Ressourcen bewusst. Der damalige Papst ernannte ihn zwar zum „Streiter für Christus", hatten aber dessen Vorgänger noch aus ähnlichem oder keinem Anlass einen Kreuzzug ausgerufen, hier, wo sich vielleicht eine Chance geboten hätte, die Osmanen wirklich zurück zu drängen, unterließ man es. Kurz, die Sache Skanderbegs war bewundert, aber aufgrund der Begrenztheit seiner Ressourcen zum Scheitern verurteilt. Nach dem Fall von Konstantinopel 1453 und bei Ausbleiben wirksamer Hilfe aus Europa war der Fall seiner Herrschaft nur eine Frage der Zeit, diese kam dann auch kurz nach seinem Tode (durch Krankheit).

Einzige große Integrationsfigur, die die albanische Geschichte bietet, wurde er in der Enver-Hoxha-Zeit über seine historische Bedeutung hinaus glorifiziert, und dies setzt sich im Bewusstsein selbst gebildeter Albaner auch heute fort.

Teresa, Mutter (Nene Teresa, 1919-97): Katholische Missionarin, die (auch indische Staatsbürgerin) sich Zeit ihres Erwachsenenlebens in Indien der Fürsorge für die ärmsten Schichten widmete und dafür nach ihrem Tod selig gesprochen wurde. Zufällig Kind albanischer Eltern (aus Skopje), kurze Zeit in Shkodra zur Schule gegangen, wird sie heute von der albanischen Tourismus-Propaganda fragwürdig als „Albanerin" vereinnahmt.

Teuta: Illyrische Königin von 230 bis 228 v. Chr., Erbin ihres Gatten **Agron**, Herrscher des wohl größten Stammesverband der Illyrer, der je zustande kam. Die Piraterie ihrer Leute zwang die Römer zum Krieg, den sie verlor und sich unterwerfen musste. Unter **Gentius** fand 168 v. Chr. das letzte Aufbegehren gegen die Römer statt, danach wurde „Illyricum" direkte römische Provinz. Die drei Namen sind, als Ausdruck der albanischen Vorfahrenverklärung, noch heute weit üblich.

Thopia: Adelsfamilie mit schicksalhafter Schlüsselstellung im 14. Jahrhundert. Hatte sich der Übergriffe der mächtigen serbisch-montenegrinischen Familie **Balsha** zu erwehren und rief zu ihrer Unterstützung die Osmanen ins Land. Diese kamen – um letztlich für mehrere Jahrhunderte zu bleiben.

Veqillarqi, Naum und Vreto, Jani: Vorkämpfer einer eigenen, vom Griechischen unabhängigen albanischen Pädagogik und Schaffung einer albanischen Schrift im Raum Korca.

Zogu I. (Ahmet, 1895-1961): Ab 1920 durch rigorosen Einsatz bewaffneter Kräfte zum politischen Faktor geworden, stieg er über Innenminister und Minsterpräsident zum Präsidenten auf, errichtete ein repressives Regime, das keine Opposition duldete und krönte sich zuletzt selbst zum König. Die Finanzprobleme, die er nicht lösen konnte, machten ihn zum Vasallen Mussolinis, der ihn nach einiger Zeit hinweg fegte und Albanien gänzlich vereinahmte. Zogu starb im Exil.

Blutrache
Spielt im Norden Albaniens leider noch heute eine Rolle. Es soll bis zu 5000 Personen geben, die unter der Gefahr von Blutrache leben. Gemeinnützige bzw. kirchliche Organisationen bemühen sich um Vermittlung. Der reisende Tourist kommt damit aber höchstens per sehr unglücklichen Zufall in Berührung.

Bunker
Dass Enver Hoxhas paranoide Angst vor Invasoren im Bau von zahlreichen pilzartig ausschauenden Kleinstbunkern gipfelte, erregt noch heute die Neugier der Touristen. Aber bereits mehr als zwei Drittel dieser Pilze sind wieder verschwunden. Sie werden nicht nur bei Baumaßnahmen abgeräumt, Schrottsammler aus ärmeren Schichten zermeißeln sie, um die Stahlarmierungen heraus zu holen. Was wohl ewig wirksam bleiben wird, ist Hoxhas Propaganda-Lüge, dass das Land angeblich über 750.000 solcher Kleinbunker verfügte. Die Nachplapperer müssen allesamt ihren Verstand in einem der Bunker gelassen haben, sonst hätten sie mit ein paar einfachen Überschlagrechnungen festgestellt, dass im Erfolgsfalle beispielsweise im Lande alle 200 m so ein Bunker hätte stehen müssen. Einigen wir uns darauf, dass es dennoch unerhört viele waren.

Campingplätze und andere Übernachtungs-Stellplätze
Es gab bis zum Recherchezeitpunkt in Albanien kein Gesetz, das wildes Campen verbietet. Das Geschäftsinteresse von Restauranteigentümern machte es schon immer möglich, im WOMO auf praktisch jedem Restaurantparkplatz für eine Nacht relativ offiziell zu bleiben. Das Kleingedruckte dabei lautet aber ganz klar: Dafür isst du nachher mit deiner Frau in meinem Restaurant.
Seit 2009 gibt es aber auch offizielle WOMO-Campingplätze (bei mir „C"-Kennzeichnung). Ich habe versucht, deren Qualität etwas durchsichtig zu machen(siehe bitte auch Stichwort „Hygiene..."). Entsorgungseinrichtungen für Chemietoiletten oder Entbunkerung von Schmutzwassertanks gab es zum Recherchezeitpunkt in keiner der Camping-Einrichtungen.

In der „C"-Kategorie bedeuten also etwa:
C-1: 1. Räumlich akzeptabler Sanitärtrakt, Duschen mit Duschtasse und warmen Wasser, Beckentoiletten einschließlich Brille 2. Professionelle Versorgungsdocks für Elektroenergie und Wasserzapfstellen am Platz, 3. Lage an einem Ort, der Lust auf mehrtägiges Erhol-Verweilen macht.
C-2: Plätze, die zwar ungefähr die eben genannten Versorgungseinrichtungen bioten, aber die man aufgrund ihres Ambientes doch eher als ein- oder zweimalige Übernachtungsstation ansieht.
C-3: Plätze, die eigentlich der Kategorie 2 oder gar 1 entsprechen könnten, aber durch spezifische Mankos aufgefallen sind, meist durch Hocktoiletten oder In die Tuilettenkabine integrierte Duschen ohne Duschtasse.
C-4: Einfache Plätze für Zeltler mit zumeist auch provisorischen Sanitäranlagen. WOMO-Übernachtung ist möglich, aber erstens sind die Plätze nur in der Saison in Betrieb und zweitens (siehe Stichwort „Lärm") für situierte WOMO-Reisende nicht das Ideal.
C-5: Hotels oder Restaurants, die durch Aushängen eines entsprechen-

den Schildes versuchen, WOMOs auf ihre Parkplätze zu locken. Außer Stellplatz und – unter Hygienevorbehalt – Mitbenutzung der Restauranttoilette können Sie nichts weiter erwarten.

Qualitätscode für die Stellplatz-Kategorie „S" (und „B"):
S-1: Relativ angenehme Plätze möglichst etwas abseits der Hauptstraße, auch an einem Restaurant mit so geräumigen Parkplatz, dass man sich etwas im Hintergrund platzieren kann.
S-2: Übernachtungsplätze für den Fall absoluter Unlust, heute noch weiter zu fahren. Meist Restaurantparkplätze direkt an der Straße.
„Wildes" Übernachten abseits der Küste: Die ländlichen Albaner sind aus Tradition sehr misstrauisch gegenüber verdächtigen Aktivitäten in der Nähe ihrer häufig einsam verstreuten Grundstücke. Das kann bedeuten, dass man im Dunkeln um ihr Auto schleicht. In der Nähe von Grundstücken ist es daher zweckmäßig, dem Eigentümer deutlich zu machen, dass Sie hier übernachten möchten.

Definition der Wohnmobile
Unter „kleine WOMOs" rechne ich jene mit Längen um 5-6 Meter. Zu den „großen WOMOs" solche mit Längen von 6-8 Meter oder Wohnwagen.

Egnatia
Die Römer bauten den Weg entlang des Shkumbin-Einschnittes zur wichtigsten Verkehrsader des Römischen Reiches aus. Als Via Appia lief diese von Rom nach Brindisi und am anderen Adria-Ufer als Via Egnatia bis nach Byzanz. Die Straße behielt ihre Bedeutung bis in die jüngere Vergangenheit, verlor sie erst durch die Selbstisolationspolitik Enver Hoxhas. Die Griechen schlugen in den jüngsten Jahren eine Parallel-Egnatia vom Fährhafen Igoumenitsa quer über den unzugänglichsten Bereich des Pindos. Albanien versucht, den dadurch entstandenen wirtschaftlichen Schaden wieder gut zu machen und strebt nach Wiederbelebung der alten Strecke. Ziel ist deren Ausbau bis Sofia als neuer europäischer Korridor.

Enver Hoxha-Wohnblöcke (keine offizielle Bezeichnung)
Allerorts gegenwärtige drei bis fünfstöckige Wohnblöcke, die ob ihrer unverputzten roten Ziegel bei Besuchern als Sinnbild der übrig gebliebenen Armseligkeit dieser Epoche gelten. Zu jener Zeit waren sie allerdings Vorzugswohnraum des „Bildungsbürgertums", das dort auch heute noch wohnt. In der Regel keine kriminellen Areale.

Gasbeschaffung
Heizgas wird an speziellen Füllstationen abgegeben, die es in jeder Stadt gibt. Für die Abfüllung benötigen Sie das Euro-Füllset (Campingzubehör).

Gastronomie und Essen in Albanien
Die Eröffnung von Gaststätten („Bar Restaurant") gehört zu den beliebtesten Investitionen in Albanien. Infolge der Einkommensverhältnisse im ländlichen Bereich beschränkt sich deren Angebot dort aber vielfach auf Getränke.
Gaststätten an Fernstraßen bieten mittlerweile in der Regel eine begrenzte Auswahl von Fleischgerichten („mish") von vorzugsweise Hammel („qengji"), Ziege („keci"), Hühnchen („pule"), manchmal auch Rind („vici"), in nicht-islamischen Regionen auch Schwein („derri"), im Gebirge oft Forelle („trofte"). In Kotelettform geschnitten heißt es „berxolle". In **Städten und in speziellen Ausflugsgaststätten** ist die Gastronomie zum Teil schon in Hochform aufgelaufen, etliche Restaurants bieten geradezu Gourmet-Angebote zu noch gut erschwinglichen Preisen.
Das beliebteste **Fastfood** ist „Sufllaqe", ein Mittelding zwischen Gyros

und Döner. Vielfach sind aber auch Hackfleischbällchen oder -finger („Qofte") im Angebot.

Seien Sie auf Campingplätzen zunächst zurückhaltend mit der Frage nach einem Restaurant. Gewöhnlich gibt es eines, und die Eigentümer möchten natürlich, dass Sie dort auch essen. Es kann aber gut sein, dass gleich um die Ecke ein außergewöhnlich gutes liegt, dessen Besuch sich mehr lohnt.

Geldbeschaffung, Umrechnungskurs

Der **Umrechnungskurs** des Leke ist langzeitlich relativ stabil und bewegte sich Anfang 2014 bei 1 Euro = 141 Leke. Getauscht bekommen Sie das Geld in zahlreichen Wechselstuben, auf allen Banken sowie an zahlreichen **Geldautomaten**. Die Automaten der ProCredit Bank, eines örtlichen Ablegers der KfW, sind eigentlich dafür eingerichtet, auch Euro auszuzahlen, leider sind sie oft nicht bestückt. In Restaurants und an Tankstellen können Sie in der Regel auch in Euro bezahlen.

Geschichte und Gegenwart Albaniens

Als Vorfahren der Albaner gelten **illyrische Stämme**. Diese gerieten ab 228 v. Chr. unter römische Herrschaft. Auf dem Illyrer-Gebiet entwickelten sich frühzeitig griechische Kolonien, deren Kultur den Raum zunehmend prägte.

Nach den Römern herrschten bis in die Neuzeit fremde Mächte, zuletzt für über vierhundert Jahre die **Osmanen**. Große Bevölkerungsteile wurden islamisiert. Unter Skanderbeg gab es einen kurzzeitigen Versuch der Erringung von Unabhängigkeit. Gegen Ende des 19. Jh. kam es auch in Albanien zu Bestrebungen der Schaffung eines **Nationalstaats**, was endgültig erst 1920 gelang. Die politischen Konstellationen nach dem 1. Weltkrieg bewirkten, dass überwiegend von Albanern bewohntes Territorium Serbien, Montenegro und Griechenland zugeschlagen wurde, letztlich der Keim für jene Konflikte, die in den End-1990ern zum Kosovo-Krieg führten.

In dem entstandenen Albanien konnte sich nach längeren inneren Machtkämpfen ein ruchloser Politiker namens **Zogu** zum Monarchen empor schwingen. Finanziell bald stark in italienischer Abhängigkeit stehend, wurde er letztlich von Mussolini abgesetzt, der die Herrschaft im Lande selbst übernahm. Stärkeren inneren Widerstand fand erst die Besetzung des Landes durch deutsche Truppen. Es formierte sich ein **Partisanenkampf** gegen sie, in dessen Verlauf insbesondere von Gebirgsjägern Verbrechen gegen die Zivilbevölkerung begangen wurden. Auf Seiten der Partisanen konnte sich **Enver Hoxha** als Führer profilieren. Nach Kriegsende zunächst durch verschiedene populäre Schritte, wie etwa einer Bodenreform, auch parlamentarisch im Amt bestätigt, griff dieser unmittelbar danach zu brutaler Gewalt, um sich die Herrschaft im Lande auf Dauer zu sichern. Er schuf im Inneren Friedhofsruhe und isolierte das albanische Volk auch von jeglichem der internationalen Entwicklungsvorgänge.

Der Diktator starb 1985. In der Folge des Zusammenbruchs der stalinistischen Herrschaftssysteme überall fand auch das albanische Volk den Mut, sich von Hoxhas System zu befreien. Ungewissheiten über das Kommende veranlassten zunächst viele Albaner, in **Flüchtlingsströmen** das Land zu verlassen. Im Weiteren entstanden pro forma demokratische Strukturen, als Hauptparteien eine „Demokratische Partei" und eine „Sozialistische Partei" sowie mehrere kleinere. Das politische System nahm aber schnell die Form einer **korrupten Klientelwirtschaft** an. Der Zusammenbruch betrügerischer Kreditsysteme, bei dem ein Großteil der Bevölkerung seine Ersparnisse verlor, führte 1997 zu einem **explosiven Ausbruch von Gewalt**. Es bedurfte der Intervention der OSZE, um wieder Stabilität herzustellen.

Unter internationaler Aufsicht konnte Albanien seine Finanzen so sanieren, dass es die Finanzkrise von 2008/09 relativ unbeschadet überstand. Im infrastrukturellen Bereich wurden Fortschritte erreicht, nicht nur die Sanierung des Straßennetzes, auch die der Energieversorgung kamen spürbar voran. Leider wurde dieser Weg verlassen, heute beurteilt der IMF die wirtschaftliche und die Schuldenlage des Landes recht düster. Hinzu kommen erhebliche **Defizite** bei der Bekämpfung von Vetternwirtschaft und Korruption. Damit hat sich die wirtschaftliche Lage großer Bevölkerungsteile kaum verbessert, der Auswanderungsdruck hält an. Ein Regierungswechsel nach den Parlamentswahlen 2013 böte die Chance für einen Neuanfang. Ob und wie diese genutzt wird, war zumindest Anfang 2014 noch nicht abzusehen. Albanien möchte gern **Mitglied der EU** werden. Angesichts der Defizite bei der inneren Demokratisierung sowie der wirtschaftlichen Lage gilt das Land aber derzeit vielen in der EU nicht als beitrittsreif.

Geschenke

Natürlich können Sie ein paar Gummibären im Kühlschrank haben, wie manche Reiseführer empfehlen. Aber selbst größere Kinder erwarten, für kleine Führungsleistungen etwa, lieber ein paar Leke. Da mein Auto keinen Kühlschrank hat, habe ich Dankespflichten ohnehin stets mit Geld abgelten müssen (etwa, wenn ich auf einem Grundstück übernachtet habe). Da sich das Familienoberhaupt in der Regel rituell ziert, Geld anzunehmen, habe ich das Geld grundsätzlich im Beisein der Eltern den Kindern zugesteckt, das wurde immer sofort akzeptiert.

Grundinformationen zum Land

Albanien hat eine Gesamtfläche von **28748 km²** , die größte Längsausdehnung beträgt **340 km**, die größte Breite **148 km**. Es besteht zu 85% seiner Oberfläche aus Bergland mit über 500 m Höhe. Der höchste Berg ist mit 2764 m der **Korab** (Mali i Korabit), der längste der acht Flüsse ist mit 285 km der **Drin**. Albanien hat Territorialanteile an den beiden größten Seen des Balkan, dem Shkodrasee und dem Ohridsee.

In Albanien gilt dieselbe **Zeitzone** wie im deutschsprachigen Regionalraum.

Der in Europa gebräuchliche Name Albanien geht noch auf römische Quellen zurück. Die Albaner selbst bezeichnen sich als „shqiptaret", ihr Land als „Shqiperia" bzw. offiziell als **„Republika e Shqiperise"** (ausgesprochen ungefähr wie „schtchiptaret" und „schtchipria").

Die **Bevölkerung** Albaniens zählt etwa 3,5 Millionen, ethnische Minderheiten sind Griechen, (Slawo-)Mazedonier, Montenegriner, sowie Roma und Aromunen (Mazedorumänen).

Administrativ gliedert sich Albanien in 12 Verwaltungs-Großbezirke und 36 Unterbezirke (im Buch mit „Präfektur" und „Kreis" übersetzt).

Hunde, streunende und andere

Praktisch auf allen S-Plätzen müssen Sie mit ihnen rechnen. In der Regel reichen einige (angedeutete) Steinwürfe, um ihnen zumindest Distanz beizubringen. Gefährliche Rudelbildung im Spätsommer, etwa wie bei den Streunern in Rumänien, habe ich bislang in Albanien selten festgestellt.

Hygienefragen

Trinkwasser in Städten keinesfalls der Leitung entnehmen, ein Vorratssystem infolge maroden Leitungsnetzes bewirkt immer wieder bakterielle Verschmutzungen. Vorsicht ist gegenüber bestimmten **Fastfood-Produkten** (vor allem mit Grünzeug) geboten sowie gegenüber **Produkten von Kleinläden**, noch mehr bei Produkten örtlicher Bauernmärkte, etwa Milch und Käse. In Gaststätten, leider auch auf etlichen Campingplätzen, ist nicht nur die Sauberhaltung, auch die generelle Anlage der Sanitäreinrichtungen ein Problem. Historisch bedingt, bevorzugen viele Albaner noch heute die **Hocktoilette**. Wo Toilettenbecken vorhanden sind, fehlen oft die Brillen. Üblich ist auch auf Campingplätzen, in einer relativ engen Kabine (Hock-)Toilette und Dusche ohne Duschtasse zu kombinieren. Die entsprechenden Anlagen wurden als „defizitär" gekennzeichnet.

Das Ergebnis dieser und noch anderer Hygienemängel im Lande ist u.a. eine deutlich erhöhte Rate an Hepatitis- und Meningitisfällen. Entsprechende Impfungen werden zwar nicht verlangt, sind jedoch anzuraten.

Empfehlenswerte Sonderausrüstungen: Plastiklatschen zum Duschen, Papierauflagen oder Sprüh-Desinfektionsmittel (Sagrotan) für Toilettenbrillen, eigenes Klopapier (Aber: Sie haben doch Ihre eigene Dusche & Toilette dabei?!).

Zugangserlangung zu Kirchen

Falls keine Hinweise gegeben wurden, wie Sie Zugang gelangen können, oder diese nicht mehr stimmen, seien Sie findig und unnachgiebig. Fragen Sie am besten im nächstgelegenen Restaurant oder klopfen Sie am nächstgelegenen Tor **(Kush e ka celesin per kishen?)**.

Kriminalität

Nach Abflauen der Gewalt- und Anarchiewelle um die Jahrtausendwende galt insbesondere die Zeit zwischen 2005 und 2010 auch bei Touristen als „Goldene Jahre" von willkommen Sein und Sicherheit. Mittlerweile scheint sich eine neue Generation existenziell Hoffnungsloser daran zu erinnern, dass man auch mit Überfällen auf Fernstraßen zu Geld kommen kann. Noch sind die Fälle vereinzelt (ein bis zwei pro Jahr). Dennoch veranlassen sie mich zu dem Hinweis, dass es sich empfiehlt, einsame Nachtfahrten auf ausgeprägten Fernrouten zu vermeiden und möglichst geschützte Stellplätze zu beziehen. Die Bedrohung des Touristen ist insgesamt keineswegs so systematisch wie etwa in Süditalien. Betrugs- und Raubkriminalität gegenüber Touristen in den Stadtbereichen ist im Allgemeinen noch kein intensiv ausgeprägter Geschäftszweig.

Landkarten und Digitalkarten, Datenangabe

Trotz erheblicher Mängel, zur groben Reiseorientierung brauchbar, sind **„Albanien", 1 : 220.000 von der Firma Reise know how** (gibt's beim WOMO-Verlag) und „Albanien", 1 : 200.000 von der Firma Freytag & Berndt. Käufer meines GPS-Datensatzes bevorzugen erstere, da deren Koordinatengitter mit meinem Code bestens kompatibel ist. Für das Auto-Navi war zum Recherchezeitpunkt nichts Brauchbares im Angebot, die Behauptung von Becker Navi, der für über 50 € angebotene Osteuropa-Satz enthalte auch Albanien, erwies sich als nicht zutreffend.

Die Aufnahme von **Stadtkarten** in dieses Buch war leider nicht möglich. **Mein Tipp:** Drucken Sie sich vor Reisebeginn zumindest für die Zentren aller 12 Präfekturstädte (Peshkopi, Durrës, Elbasan, Fier, Gjirokastra, Korça, Kukës, Lezha, Shkodra, Tirana, Vlora) Screenshots von Google Maps aus. **Kilometrierung im Buch:** Die Kilometerangaben basieren überwiegend auf Vermessung von gps-Tracks. Nach Tacho fahrend, müssen Sie ihren Tachofehler abrechnen (in der Regel um 5%).

Lärm

Lärm ist im Juli-August an den Stränden die Daseinsweise der Mediterranier im Allgemeinen – und der Albaner im Besonderen. Wählen Sie die Vor- oder Nachsaison, da kehrt schlagartig herrliche, fast naturnahe Ruhe ein.

Lebensmittelversorgung

Die Supermärkte in den mittleren Städten bieten weitgehend das übliche europäische Sortiment (außer Schwarzbrot, Milch eingeschränkt, oft nur H-Milch). Beachten Sie die Hinweise zur Hygiene.

Literatur, andere

Auf eine Bibliografie verzichte ich, es guckt sowieso keiner rein. Aus gutem Grund werden Sie häufig auf einen Herrn KOCH verwiesen. Dessen Werk „Albanien. Kunst und Kultur im Land der Skipetaren" setzt einen bis heute unangefochtenen Standard.

Den Standard in punkto allgemeine Reiseführung setzt derzeit Meike Gutzweilers „Albanien" von 2012, die aber in ihrer Führung für Mobiltouristen so defizitär blieb, dass ich ihr Werk als nützliche Ergänzung empfehlen kann.

Merkwürdigkeiten, geheimnisvolle, beim Straßenbau

Der Plan, nachdem Straßen in welcher Breite saniert wurden, ist ein undurchsichtiges Rätsel. Sie finden wichtige Ortszufahrten, da gehörte einfach eine breitere Straße hin, es hat aber nur zu vier Metern gelangt. Dann wieder finden Sie Strecken, acht Meter breit, da fragen Sie sich, wie man so verschwenderisch mit dem Asphalt umgehen kann. Und letztlich geheimnisvolle Stichstraßen, sogar mit Peitschenmastenbeleuchtung und mit Fußwegen, für die es keine interessierten Fußgänger gibt. Albanien-Kenner vermuten Kalkül. Die Unternehmen haben die Ausschreibung für die betreffende Hauptstraße „gewonnen", indem sie versprochen haben, ohne zu fragen, genau dort, als in den Gesamtkosten einzurechnende Zusatzleistung, eine solche Stichstraße zu bauen. Und das Areal dahinter, das besitzt vermutlich bereits eine Gesellschaft undurchsichtiger Eigentümer: In ein paar Jahren wird man an dieser Stelle ein Hotel mit Spielkasino errichten.

Mobilfunk und Internet

Angegebene Telefonnummern, bei denen die ersten zwei Ziffern nach der Landesvorwahl 00355 nochmals durch Leerzeichen getrennt wurden (meist 67, 68 oder 69), sind Mobilfunknummern.

Die Mobilfunkdeckung in Albanien ist recht gut. Roaming-Preise entsprechen den in Europa üblichen. Internet per Stick ist im Angebot.

Müll

Stellen Sie sich auf einige diesbezügliche Anblicke ein, die unter unseren Verhältnissen gemeinhin empören würden – und denken Sie daran, dass es auch in Italien Regionen gibt, in denen es nicht viel anders aussieht.

Museen, Archäologieparks und andere Besichtigungen

Die Neuordnung der Museenlandschaft ist noch im Gange. Sie finden bereits einige recht ordentlich aufgebaute **Zentralmuseen in Präfekturstädten.** In kleineren Städten sind die Museen entweder geschlossen oder fristen ein liebloses Dasein. Bei **„Archäologieparks"** verspricht der Name, bis auf wenige Ausnahmen (Butrint, Byllis, vielleicht noch Apollonia), mehr, als die Einrichtung bietet.

Öffnungszeiten: Große Museen zwischen 10.00 und 16.00 Uhr, meist sogar bis 18.00 Uhr, sonntags bis 14.00 Uhr, Montags geschlossen. Regionalmuseen unter der Woche zwischen 9.00 und 16.00 Uhr, sonnabends (früh) selten, sonntags nie.

Für den Touristen unangenehmstes Defizit ist der **Mangel an fremdsprachigem Erläuterungsmaterial** bzw. an englisch sprechendem Personal. Audiohilfen gibt es zurzeit in keiner der musealen Stätten.

An etlichen Stätten stehen **private Führer** - oft auch deutschsprachige - zur Verfügung, die Sie für einen gewissen Betrag durch das Areal begleiten. An kleineren Stätten wird es verschiedentlich möglich sein, einen Jugendlichen zu finden, der Englisch spricht, geben Sie ihm, je nach Umfang seiner Dienste, 200 bis 500 Leke.

Scheint das Museum in Funktion zu sein, nur keiner da, haben Sie keine Hemmungen, in den örtlichen Kommunalverwaltungen nachzufragen. In der Regel wird man meist beflissen sein, den Öffnungsverantwortlichen per Handy herbei zu zitieren.

Nationalparks

In Albanien stehen derzeit 14 Gebiete als Nationalpark unter Schutz. Touristische Leistungen dürfen Sie praktisch nirgends erwarten.

Naturgefahren

Beachten Sie bitte das Vorhandensein einer Reihe gefährlicher Tiere, z.B. hochgiftiger Balkanschlangen (die Viecher sind u.a. in Badekolken sauberer Bäche anzutreffen!). Klar sollte auch sein: Es gibt in Albaniens Bergwäldern Bären und Wölfe.

Nützliche Ergänzungshinweise

Angeln bedarf, so in Forellenregionen nicht ausdrücklich verboten, keiner Erlaubnis. Falls Sie Lagunen-Fan sind, vergessen Sie nicht den Mückenschutz. Halten Sie für Entdeckungen in Dunkelräumen immer eine Taschenlampe bereit. Adapter werden Sie eher nicht benötigen, zumindest die E-Docks waren alle passend für deutsche Normen.

Öffentliche Verkehrsmittel, Furgon, Taxi, Bus, Bahn

Für die Albaner wichtigstes Verkehrsmittel ist der „Furgon". Das Wort bezeichnet privat betriebene Minibusse, die auf regelmäßigen Routen ohne feste Haltestellen verkehren. Hinter ihnen zu fahren ist übrigens kreuzgefährlich, weil der Fahrer für jeden abrupt stoppt, der anzeigt, dass er mit will. Niemals komfortabel, aber billig, können auch Sie die Furgone gut als Zubringer vom Übernachtungsplatz zu Stadtzentren nutzen.

Mit dem Taxi zu fahren ist in Albanien so preiswert, dass Sie diese Variante immer in Erwägung ziehen sollten. Taxameter sind Pflicht in Albanien – aber selten vorhanden oder nicht eingeschaltet. Lassen Sie das Taxi immer durch den Stellplatzeigner bestellen und diesen auch den Preis verhandeln! Bei der Rückfahrt erfragen Sie den Preis vorher! Nehmen Sie, auch für Furgon-Reisen, eine Visitenkarte des Stellplatzes mit, um den Fahrern auf der Rückfahrt klar ihr Ziel definieren zu können. Es existiert zwar auch ein öffentliches Bus- und Bahnnetz, die Busse und Bahnen verkehren aber, außer in Tirana, nur in weiter Frequenz.

Pannen- und Unfallhilfe

Bitte beachten Sie, dass Albanien zu den wenigen Ländern zählt, in denen der ADAC keinen Vor-Ort-Partner hat. Sie müssen sich also in Albanien alle Notfall-Leistungen **selbst organisieren**. Allerdings half der Club in verschiedenen Fällen durch Organisation der Zuführung notwendiger Ersatzteile von außen.

Pannenhilfsdienste gibt es genug. Sollte Polizei in der Nähe sein, wird diese Ihnen jemanden schicken. Ansonsten halten Sie einen Furgon an und zeigen dem Fahrer die passende Stelle im Sprachführer. Der kennt garantiert einen Abschleppdienst und ruft diesen per Handy an.

Preise, Trinkgelder, „Honorare"

Zwangsläufig zielt auch in Albanien alles auf zumindest das Preisniveau seiner Nachbarländer. Mit bis zu 20 Euro haben einige WOMO-Stellplätze dieses schon erreicht (ohne dafür erforderliches Niveau zu bieten). Auch **Spritpreise** oder Preise für europäische **Waren des täglichen Bedarfs** liegen nur noch gering unter denen der Nachbarn. An etlichen Stellen kann man aber noch richtige Schnäppchen machen. Für 10 € werden Sie in der Provinz gewöhnlich satt, ein Bier einbegriffen. Für 20 € kriegen Sie speziell in einigen **Fischgaststätten** ein Menü, das im Pariser Feinschmeckerlokal wohl ab 200 € aufwärts kostet – und viel frischer ist als dort.

Besichtigungspreise: Zum Recherchezeitpunkt wollte man nirgends mehr als 200 Leke (Butrint habe ich nicht geprüft).

Bettelei ist, wie im ganzen Balkan, überwiegend ein Geschäft, und oft Kinderausbeutung. Aber Leute zu animieren, sich als touristische Dienstleister zu versuchen, halte ich für richtig. Insofern honoriere ich hier auch kleine Leistungen, etwa Kinder, die mich auf Nachfrage an einen gesuchten Ort hinbringen, oder Leute, die mir individuellen Zugang zu einem besonderen Platz gestatten, immer mit etwas Geld.

Trinkgelder sind landesüblich, allerdings nicht Pflicht, die Erwartungen zielen eher auf kleine Summen. In Fällen von Bedienungs- oder Qualitäts-Minderleistung habe ich sie auch demonstrativ verweigert.

Reisewetter, beste Reisezeit

In der Hauptsaison haben Sie mit dem WOMO bekanntlich fast überall rings ums Mittelmeer schlechte Karten, in Albanien noch deutlich schlechtere (siehe Stichworte „Lärm" und „Tourismus"). Wenn Sie können, fahren Sie im **Juni oder September.** In den Bergen kann das Wetter jedoch bereits im September umschlagen, richten Sie sich entsprechend ein. Frühstarter (April – Anfang Mai) beachten bitte, dass das Winterwetter in Albanien oft verheerende Straßenschäden bewirkt, die erst spät ausgebessert werden. Desweiteren können Wanderungen im hohen Bergbereich noch bis Ende April durch Schnee blockiert werden.

Sprache und Möglichkeiten der Verständigung

Etwa die Hälfte des Personals, von dem man es eigentlich erwarten müsste, besitzt **Englischkenntnisse**. Deutschkenntnisse sind die Ausnahme, kommen aber vor. Die albanische Sprache ist mit kaum einer anderen Sprache verwandt. Das Alphabet basiert auf dem Lateinischen, Besonderheiten der Aussprache legen nahe, dass sich der Kurzzeittourist nicht daran versucht. Bei dennoch vorhandenem Interesse ist das Büchlein „Kauderwelsch Albanisch Wort für Wort" vom Reise Know How Verlag zu empfehlen (gibt's beim WOMO-Verlag). Worüber der Tourist auf jeden Fall stolpert, sind die Endungen der Substantive, die den Artikel und den Fall ausdrücken. Unbestimmte Substantive, feminin, Nominativ, lauten auf „ë" („Tiranë"), bestimmte auf „a" („Tirana"). Vorgeschrieben für einfache Benennungen ist der unbestimmte Artikel, viele Albaner weichen davon ab, deutschsprachige Ausländer grundsätzlich, da es für sie ungewohnt ist. Bei mir finden Sie einen Mischmasch, größere Orte gewöhnlich bestimmt, wenig bekannte zwar auf „e", aus Bequemlichkeit am Computer habe ich aber oft die Punkte eingespart.

Zur Notverständigung benutzen Sie die folgenden Hilfs-Sätze zum drauf Zeigen oder zum Zusammensetzen von Sätzen. Drücken Sie gegebenenfalls dem Albaner Stift und Zettel in die Hand, er wird Ihnen die erfragten Orts- oder Straßenziele aufschreiben und mit diesem Script können Sie sich dann weiter vorarbeiten.

Ja - **po**, nein - **jo** (nickend!)
Wo ist ... . **Ku është...**
...das ethnografische Museum .... **...muzeu etnografik,**
...das archäologische Museum .... **...muzeu arkeologjik**
...die historische Kirche .... **...kisha historike**
...der Weg zu... (Grenze)?" .... **...rruga për ne ...(kufi)?**

Was kostet das?	**Sa kushton?**
Können Sie den Preis aufschreiben?	**A mund te na e shkruani cmimin?**
Was kostet der Eintritt?	**Sa kushton hyrja?**
Wo ist (die Toilette)?	**Ku ndodhet tualeti, banja?**
Wo ist der Geldautomat	**Ku ndodhet automati lekeve?**
Wer hat den Schlüssel für die Kirche?	**Kush e ka celesin i kishes?**
Wo ist die Haltestelle...	**Ku ndodhet stacioni...**
...für die Autobusse... (nach Tirana)?	**...i autobuzit per ne...(Tirane)?**
...für Furgone nach...	**...furgoneve per ne...?**
Ich brauche dringend einen Arzt.	**Me duhet urgjentisht nje mjek.**
Mir ist schlecht.	**Nuk ndjehem mire.**
Ich habe Schmerzen.	**Une kam dhimbje.**
Wo ist das Krankenhaus?	**Ku ndodhet spitali (ambulanca)?**
Wo die Apotheke?	**Ku ndodhet farmacia?**

Ist die Straße durchgängig asphaltiert?
A ishte kjo rruge e asfaltuar komplet/e gjitha?

Bitte helfen Sie mir, ich bin mit dem Auto stecken geblieben und brauche einen Traktor oder Jeep, um mich heraus zu ziehen:
Te lutem me ndihmoni kam me ka ngecur makina dhe dua nje traktor ose nje makine te fuqishme qe te me terheqe.

Mein Auto ist kaputt, ich brauche einen Reparaturdienst:
Me eshte prishur makina,kerkoj nje servis makinash.

Rufen Sie bitte einen Abschleppdienst	**Te luten thrrisni nje karrotec**
Können Sie diesen Reifen reparieren?	**A mund ta riparoni gomen?**
Rufen Sie bitte die Polizei.	**Ju lutem lajmeroni policine.**
Rufen Sie bitte die Botschaft an.	**Ju lutem lajmeroni ambasaden.**

Religionsfragen

Bedingt durch die im Vergleich zu anderen Balkan-Völkern starke Osmanisierung erlangte neben der ursprünglichen **katholischen** und der **orthodoxen** christlichen Religion der **sunnitische Islam** und der **Bektashi-Islam** starken Rückhalt. Nach Verfolgung und starker Dezimierung erlebten alle nach 1991 eine unerwartet starke Renaissance und sind heute anerkannte Staatsreligionen. Die **Bektashi** folgen einer Derwisch-Sonderform des Islam, relativ stark mit Elementen der christlichen Religionen vermischt. Bis zu 15% der albanischen Bevölkerung sollen dem Glauben folgen. Bektashis haben keine rythmisierten Gebetszeiten und auch andere Gebetsformen als der strenge Islam, Frauen sind einbezogen und Alkohol ist erlaubt, Ihre Priester heißen Baba oder Dede, äußeres Kennzeichen der Verbreitung der Religion sind meist kleine, quadratische Gebetshäuser mit grüner Kuppel, **Tekken** (Teqe, Teqeja, Teqja). In deren Zentrum stehen grün eingedeckte symbolische Katafalke verstorbener Babas. Persönliche Wäsche darauf über Nacht abzulegen, gilt als Wunder bewirkend. Die Tekken werden häufig nach dem hier beerdigten Stifter benannt (z.B. „Kusum Baba" oder „Ali Postivan"). Nach 1991 baute man mehrere prächtige Groß-Tekken, etwa in Vlora, oder derzeit in Tirana, am Welt-Hauptquartier der Religion in der nordwestlichen Vorstadt.

Straßennamen

Vorher selten vorhanden, mussten 2010 per Dekret von oben alle Straßen beschildert werden. Die Kommunen nutzten dies vielfach zu Last-Minute-Umbenennungen, die ihren Weg noch nicht in Stadtkarten, manchmal selbst noch nicht in Google Maps fanden. Verwirrung herrscht also zum Teil. Ich bitte daher um Vergebung, falls Sie irgendwo feststellen, die Straße heißt doch ganz anders…

Tanken

Das Überangebot an Tankstellen, vor allem im ländlichen Raum, hat Auswirkungen auf die Qualität dort. Der Sprit lagert zu lange, die Tanks sammeln Schmutz. Tanken Sie tunlichst in großen Städten, bei Ketten, deren Tankstellen schon von ihrem Äußeren gewisse Solidität versprechen: **Alpet, Taci, Elda, Kastrati** und einige mehr. Jede dritte oder vierte Tankstelle hat auch über Nacht auf.

Touristische Hinweisschilder

Diese sind, ähnlich wie in den Nachbarländern, braun-weiß, häufig ohne Entfernungsangaben und inflationär-lästig über das ganze Land verteilt. Der Platz kann in dreißig Meter Entfernung vom Schild liegen, aber genauso nach 15 oder 20 km. Bei den meisten der hyperinflationären „Kalaja" (Burg) und „Keshtjella" (Festung) sehen Sie bestenfalls einige schüttere Grundmauerreste.

Straßenbau und Straßenzustände

Das ambitöse Straßenbauprogramm hat bis 2013 beachtliche Fortschritte gebracht, nach dem Regierungswechsel 2013 aber längerzeitlich völligen Stillstand erfahren. Wiederaufnahme deutete sich 2014 mit dem Abschluss internationaler Finanzierungsabkommen an. **Nachhaltige Qualität** dürfen Sie jedoch auch vom erfolgten Neubau kaum irgendwo erwarten. In der Regel sind weder der Untergrund noch die untere Deckschicht genügend stabilisiert. Die Oberflächen werden schnell netzbrüchig, der zu schwache Asphalt schwimmt nach außen. Die Folgen in Form von verbreiteten Straßenschäden werden sie allerorten zu spüren bekommen.

Mein subjektiver Eindruck ist, dass heute etwa 70% des albanischen Hauptverkehrswegenetzes eine für WOMO einigermaßen akzeptable Oberflächenqualität aufweisen, mindestens 30% jedoch als unbefriedigend eingeschätzt werden müssen.

Unbefestigte Straßen in das Tourprogramm aufzunehmen, verbot sich wegen des Bergcharakters des Landes. Selbst wenn diese Straßen regelmäßig geglättet werden, führen Regenfälle alsbald wieder teils grabenartige Rinnenbildungen herbei. Die Entscheidung auf Nutzung solcher Trassen obliegt also, selbst in jenen Fällen, wo ich andeute, man könne sich die Strecke mit dem WOMO vermutlich zutrauen, immer Ihrer konkreten Einschätzung vor Ort.

Tourismus-Entwicklung in Albanien

Albanien empfängt laut Statistik jährlich über **zwei Millionen ausländische Besucher,** deckt aber derzeit kaum mehr als 5% seines ohnehin schwachen BIP aus Tourismus-Einnahmen.

Der Grund liegt in der architektonischen Fehlentwicklung der meisten der größeren Tourismus-Orte an der Küste seit Beginn der 1990er. Die chaotisch auf Engstraum hingeworfenen Touristen-Ghettos belegt kein zentraleuropäischer Reiseveranstalter. Albanien fehlt folglich das gesamte Segment des **Pauschalreisetourismus**. Die Unterkünfte werden, ausschließlich im Juli-August, durch einkommensschwache Einheimische oder durch Albaner aus dem Kosovo und Mazedonien genutzt, die über 70% der ausländischen Einreisen stellen.

Der eingeschlagene Weg, dies zu ändern, ist bedenklich. Zwar laufen gegenwärtig an mehreren Küstenstellen Unternehmungen, auf der grünen Wiese neue Resorts zu schaffen. Es scheint sich aber durchweg um Anlagen zu handeln, die analog zum montenegrinischen Vorgehen als **private Wohnanlagen** für Reiche zum Kauf angeboten werden. Dauerhaft Arbeitsplätze schafft dies nicht, und die zugehörigen Buchten werden überdies dem öffentlichen Zugang entzogen.

Aus west- und mitteleuropäischen Ländern reisen daher fast ausschließlich geführte **Kleingruppen des Bildungstourismus, neuerdings auch ein Anteil Natur- oder Abenteuertourismus, ein, ansonsten Individualtouristen.** Der Anteil der Deutschsprachigen an den Einreisen soll ungefähr 5% ausmachen und damit ungefähr 100 000 Personen.

Der bisher geringen Potenz des Tourismus steht umgekehrt proportional eine von oben gezüchtete Erwartungs-Fama an ihn gegenüber, der an den Glauben an die „Wunderwaffe" grenzt. Albanische Familien, die etwas Geld haben, investieren in der verzweifelten Hoffnung auf kommenden Tourismus in ein „Bar Restaurant" („siehe „Gastronomie") oder in ein Kleinhotel. Das Ergebnis: Im Lande stehen hunderte solche Kleinhotels minderausgelastet herum, man versucht verzweifelt, Kunden von der Straße wegzufangen.

Ergänzend sollte man wissen, dass in der Auseinandersetzung zwischen den politischen „Hauptparteien" des Landes der Kampf um die wirtschaftliche Pfründe Tourismus stets hoch im Fokus stand. Kern war dabei der Kampf um Immobilieneigentum an der Küste mit Hilfe von sprunghaften Änderungen der Immobiliengesetze. Die Erfahrung der Annullierung von Rechtstiteln ist aber einer der wesentlichen Gründe, warum internationale Investoren sich bislang in Albanien stark zurückhalten – und damit das Feld gänzlich mafiösen einheimischen Unternehmen überlassen (siehe auch „Merkwürdigkeiten").

Verkehr, Regeln und Verkehrsbesonderheiten

Allgemeines: Albanische Verkehrsregeln entsprechen zwar den international üblichen, Verhalten der Verkehrsteilnehmer, Durchsetzung der Regeln durch die Polizei und Interpretationen durch die Gerichte weichen jedoch davon ab. Fahren wird nicht selten als eine **kämpferische oder gar Ehren-Auseinandersetzung** begriffen, es gibt eine Hackordnung, Besitzer kleinerer Wagen und Frauen am Steuer haben nachzugeben, dunkel getönte BMW X5 und ähnliche nehmen sich immer das Recht auf Vorfahrt.

Besonders unangenehm ist das **Verhalten der Albaner im Stau.** Hier führen geringe Anlässe zu Disziplinlosigkeit bis zum Chaos. Rechnen Sie mit Fehlverhalten, die in deutschsprachigen Ländern (noch) nicht die Regel sind. „Sportliches Fahren" mit **Spurwechsel in den Sicherheitsabstand** ist üblich, bei daraus resultierenden Auffahrunfällen wird vom Schnippler wie von der Polizei der Auffahrende für schuldig gehalten, weil er nicht gebremst hat. Zebrastreifen finden weder von Autofahrern Beachtung noch wird dies von Fußgängern erwartet, die sich ihrerseits völlig disziplinlos bewegen (rote Ampeln werden von ihnen grundsätzlich ignoriert). Es gilt aber als recht schweres Vergehen (vielleicht stärker noch moralisch als rechtlich), einen Fußgänger oder Radfahrer anzufahren, wie undiszipliniert dieser auch die Straße überquert. Beachten Sie hierbei insbesondere den Weltenwechsel, wenn Sie hinterher nach Montenegro einfahren, dort wird Rücksichtslosigkeit an Fußgänger-Übergängen hart geahndet.

Nervend gehupt wird immer, lassen Sie sich dadurch, z. B. bei der Parkplatzsuche, nicht aus der Ruhe bringen, mehr als Hupen passiert nicht.

Das Ergebnis all dessen ist, dass in Albanien 20 Unfälle auf 10 000 Fahrzeuge kommen, in Mitteleuropa sind es 5. Das sollte Sie aber nicht abschrecken, sofern Sie in der Lage sind, einen Mentalitätsvorteil auszuspielen. Bleiben Sie einfach ruhig, fahren Sie vorausschauend-defensiv und geben sie nach. Ich habe keinen Ausländer gekannt, der bei Einhaltung dieser Regeln nicht mit den Verhältnissen klar gekommen wäre.

Verhalten bei Blechschaden-Unfällen: Sollte es dennoch zu einem von Ihnen verursachten leichten Unfall mit geringen Schäden kommen, empfiehlt sich der Versuch privater Regelung. Die Ausbesserung eines Stoßstangenschadens etwa kostet in Albanien wenig, weil eine billige vom

Schrottplatz angebaut wird. Der Geschädigte wird von Ihnen je nach Umfang hundert oder wenige hundert Euro verlangen. Der Versuch, das über Polizei, Versicherung oder Anwälte zu regeln, wird zeit- und kostenaufwändig und ist häufig nicht erfolgreich. Weit verbreitete Korruption auch im Rechtswesen mindern ihre Chance auf faire Verfahren.

Spezielle Hinweise: Die albanische Polizei wurde, als Unterstützungsmaßnahme zur Wiederherstellung von deren Autorität nach dem Zusammenbrauch der staatlichen Ordnung Ende der 1990er, auf europäische Kosten mit einer großen Anzahl von **Radargeräten** ausgestattet. Davon macht sie rege Gebrauch. Seit 2014 gibt es auch in Albanien Alkoholkontrollen. Strafen dürfen nicht mehr vor Ort kassiert werden, sondern müssen auf der Post oder einer Bank innerhalb von fünf Tagen eingezahlt werden.

In Albanien herrscht, ebenso wie in Montenegro und Mazedonien, **Lichtpflicht**. In beiden Fällen können Ausländer bislang (im Gegensatz wieder zu Montenegro) mit relativ hoher Toleranz rechnen. Es soll diesbezüglich sogar eine Weisung zur „Wohlbehandlung von Ausländern" von ganz oben geben. Aber auch diese Toleranz hat natürlich Grenzen.

Die **Schnellstraßenbeschilderung** orientiert sich am französischen Modell, nicht am deutschen, d.h. Autobahnen sind **grün** beschildert, die Geschwindigkeit ist hier, falls nicht anders angegeben, auf 110 km/h begrenzt. **Blaue Schilder** kennzeichnen ausschließlich Schnellstraßen, diese sind generell **auf 90 km begrenzt.** Hier dürfen auch Radfahrer, sogar Pferdewagen, verkehren. Für Landstraßen gelten 80 km/h, innerorts 40 km/h.

Besondere Gefahren

Bauzonen: Gebaut wird in Albanien gewöhnlich bei fließendem Verkehr, das erklärt sich schon daraus, dass im Gebirgsraum selten Alternativstraßen für Umleitungen zur Verfügung stehen. Erwarten Sie weder hier noch an anderen aktuellen Gefahrenstellen adäquate Ausschilderung oder gar Beleuchtung.

Aufhöckerungen: Dienen den Gemeinden als (wohl einzig wirksames) Hilfsmittel zur Geschwindigkeitsbegrenzung. Sie sind häufig asphaltfarben und damit schwer erkennbar, sehr hoch und werden niemals durch Warnschilder angekündigt. Private Anlieger können sich willkürlich solche Dämme setzen lassen, auch die Verwendung alter Schiffstaue, ja sogar das Auslegen von riesigen Feldsteinen zum selben Zweck auf der Straße ist oft zu beobachten.

Furgon-Zeiten: Zwischen 13-14.00 Uhr ist Rückfahrzeit der Furgone (Mini-Busse) aus der Stadt auf die Dörfer. Rechnen Sie damit, dass Ihnen auf bislang kaum befahrener Straße plötzlich ganze Flotten davon wild entgegen rasen.

Weitere Gefahren, auf die Sie vorbereitet sein sollten, sind **Tiere** auf der Straße, abendliche Transporte mit **unbeleuchteten Fahrzeugen, Randabrutschungen oder tiefe Randeinrisse** auf Gebirgsstraßen, **fehlende Leitplanken, nicht nachasphaltierte Quergräben** von Kabelverlegungen, **Müllkästen** am Straßenrand, **Steinschlag** nach Regen und **abrutschendes Hang-Gestein** oder größere **Absätze** in der Fahrbahn wegen fehlender Teildecken.

Generell gilt also für die Straßenbenutzung in Albanien: Fahren Sie möglichst langsam, um Hindernisse und Gefährdungen rechtzeitig erkennen zu können (meine erreichte Durchschnittsgeschwindigkeit während der Recherche betrug auf größeren Straßen in der Regel unter 40 km/h, auf anderen Abschnitten unter 30 km/h). Fahren Sie mit ganzer Konzentration auf die Straßen- und Verkehrsverhältnisse!

Haftungsregelungen wie in deutschsprachigen Ländern greifen in Albanien nicht. Der Trottel, der sich an einem fehlenden Gullideckel die Achse bricht, ist selber schuld, warum passt er nicht auf.

Stichwortverzeichnis

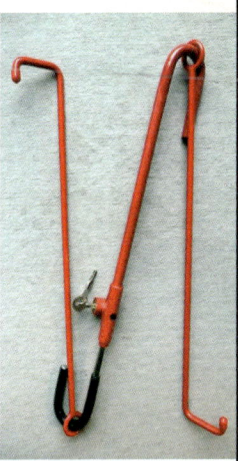

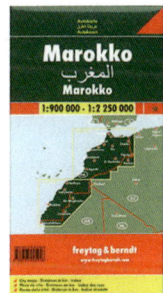
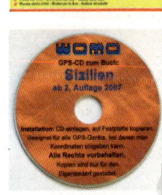

Info-Blatt für das WOMO-Buch: Albanien '16
(ausgefüllt erhalte ich 10% Info-Honorar auf Buchbestellungen direkt beim Verlag)

Lokalität: **Seite:**   **Datum:**
(Stellplatz, Campingplatz, Wandertour, Gaststätte, usw.)

○ unverändert   ○ gesperrt/geschlossen   ○ folgende Änderungen:

Lokalität: **Seite:**   **Datum:**
(Stellplatz, Campingplatz, Wandertour, Gaststätte, usw.)

○ unverändert   ○ gesperrt/geschlossen   ○ folgende Änderungen:

Lokalität: **Seite:**   **Datum:**
(Stellplatz, Campingplatz, Wandertour, Gaststätte, usw.)

○ unverändert   ○ gesperrt/geschlossen   ○ folgende Änderungen:

Lokalität: **Seite:**   **Datum:**
(Stellplatz, Campingplatz, Wandertour, Gaststätte, usw.)

○ unverändert   ○ gesperrt/geschlossen   ○ folgende Änderungen:

Lokalität: **Seite:**   **Datum:**
(Stellplatz, Campingplatz, Wandertour, Gaststätte, usw.)

○ unverändert   ○ gesperrt/geschlossen   ○ folgende Änderungen:

Lokalität: **Seite:**   **Datum:**
(Stellplatz, Campingplatz, Wandertour, Gaststätte, usw.)

○ unverändert   ○ gesperrt/geschlossen   ○ folgende Änderungen:

Meine Adresse und Tel.-Nummer:
Nur komplett ausgefüllte, zeitnah eingesandte Infoblätter können berücksichtigt werden!